LGPD
DIREITOS DOS TITULARES

DENISE DE SOUZA LUIZ FRANCOSKI
MARCELLO MULLER TEIVE

Coordenadores

José Luiz de Moura Faleiros Júnior
Prefácio

LGPD
DIREITOS DOS TITULARES

Belo Horizonte

2023

© 2023 Editora Fórum Ltda.

É proibida a reprodução total ou parcial desta obra, por qualquer meio eletrônico, inclusive por processos xerográficos, sem autorização expressa do Editor.

Conselho Editorial

Adilson Abreu Dallari	Floriano de Azevedo Marques Neto
Alécia Paolucci Nogueira Bicalho	Gustavo Justino de Oliveira
Alexandre Coutinho Pagliarini	Inês Virginia Prado Soares
André Ramos Tavares	Jorge Ulisses Jacoby Fernandes
Carlos Ayres Britto	Juarez Freitas
Carlos Mário da Silva Velloso	Luciano Ferraz
Cármen Lúcia Antunes Rocha	Lúcio Delfino
Cesar Augusto Guimarães Pereira	Marcia Carla Pereira Ribeiro
Clovis Beznos	Márcio Cammarosano
Cristiana Fortini	Marcos Ehrhardt Jr.
Dinorá Adelaide Musetti Grotti	Maria Sylvia Zanella Di Pietro
Diogo de Figueiredo Moreira Neto (*in memoriam*)	Ney José de Freitas
Egon Bockmann Moreira	Oswaldo Othon de Pontes Saraiva Filho
Emerson Gabardo	Paulo Modesto
Fabrício Motta	Romeu Felipe Bacellar Filho
Fernando Rossi	Sérgio Guerra
Flávio Henrique Unes Pereira	Walber de Moura Agra

FÓRUM
CONHECIMENTO JURÍDICO

Luís Cláudio Rodrigues Ferreira
Presidente e Editor

Coordenação editorial: Leonardo Eustáquio Siqueira Araújo
Aline Sobreira de Oliveira

Rua Paulo Ribeiro Bastos, 211 – Jardim Atlântico – CEP 31710-430
Belo Horizonte – Minas Gerais – Tel.: (31) 99412.0131
www.editoraforum.com.br – editoraforum@editoraforum.com.br

Técnica. Empenho. Zelo. Esses foram alguns dos cuidados aplicados na edição desta obra. No entanto, podem ocorrer erros de impressão, digitação ou mesmo restar alguma dúvida conceitual. Caso se constate algo assim, solicitamos a gentileza de nos comunicar através do *e-mail* editorial@editoraforum.com.br para que possamos esclarecer, no que couber. A sua contribuição é muito importante para mantermos a excelência editorial. A Editora Fórum agradece a sua contribuição.

Dados Internacionais de Catalogação na Publicação (CIP) de acordo com ISBD

L687	LGPD: direitos dos titulares / coordenado por Denise de Souza Luiz Francoski, Marcello Muller Teive. - Belo Horizonte : Fórum, 2023.
	294p.; 14,5cm x 21,5cm.
	ISBN: 978-65-5518-500-3
	1. Direito. 2. Direitos dos Titulares. 3. Lei Geral de Proteção de Dados Pessoais. 4. LGPD. 5. Direito Digital. 6. Privacidade. I. Francoski, Denise de Souza Luiz. II. Teive, Marcello Muller. III. Título.
2022-4053	CDD 340.0285 CDU 34:004

Elaborado por Vagner Rodolfo da Silva - CRB-8/9410

Informação bibliográfica deste livro, conforme a NBR 6023:2018 da Associação Brasileira de Normas Técnicas (ABNT):

FRANCOSKI, Denise de Souza Luiz; TEIVE, Marcello Muller (coord.). *LGPD*: direitos dos titulares. Belo Horizonte: Fórum, 2023. 294 p. ISBN 978-65-5518-500-3.

Ao Team Deludi, pelo notável comprometimento e otimismo em cada novo projeto!

(Denise)

À Christiane, Ana Carolina, Marcelo, Elisabeth e André, pela inspiração constante.

(Marcello)

SUMÁRIO

PREFÁCIO
José Luiz de Moura Faleiros Júnior 13

PEDIDOS DOS TITULARES: CANAIS DE ATENDIMENTOS E CASOS PRÁTICOS SUBMETIDOS À APRECIAÇÃO NO TJSC
Denise de Souza Luiz Francoski 21
    Introdução 21
1   O rol de direitos dos titulares especificados na LGPD 22
2   O papel do Comitê Gestor de Proteção de Dados e da Encarregada do TJSC no atendimento dos pedidos dos titulares 24
3   Canais de atendimento das requisições apresentadas no TJSC e a utilização do aplicativo LGPDJus 25
4   Casos práticos de requisições submetidas à apreciação no TJSC 28
    Considerações finais 35
    Referências 36

O DIREITO AO CONHECIMENTO E À CONFIRMAÇÃO DA EXISTÊNCIA DO TRATAMENTO NA LEI GERAL DE PROTEÇÃO DE DADOS PESSOAIS: UM DIREITO A SER CONHECIDO E LEVADO A SÉRIO
Oscar Valente Cardoso 41
    Introdução 41
1   Antecedentes histórico-normativos 42
2   Fundamento da autodeterminação informativa 44
3   Direitos do titular na LGPD 46
4   O direito ao conhecimento e à confirmação da existência do tratamento na LGPD 49
5   Procedimento para o exercício do direito à confirmação da existência do tratamento 52
    Considerações finais 54
    Referências 55

O DIREITO DE ACESSO AOS DADOS PESSOAIS: COMO REQUERÊ-LO E CONCEDÊ-LO?
Carlos Renato Silvy Teive 57

    Introdução 57
1   Evolução do direito à privacidade 59
2   Direito de acesso 62
2.1   Realização do pedido e a concessão do acesso 64
2.1.1 Pedido de acesso: forma oral ou escrita? 65
2.1.2 Concessão de acesso 67
    Considerações finais 71
    Referências 72

A CORREÇÃO E A ELIMINAÇÃO DOS DADOS PESSOAIS: DESAFIOS PRÁTICOS À EFETIVAÇÃO DOS DIREITOS DO TITULAR
Roberta Volpato Hanoff 75

    Introdução 75
1   Correção de dados incompletos, inexatos ou desatualizados 78
2   Eliminação de dados desnecessários, excessivos ou tratados sem o consentimento do titular 80
3   Os desafios práticos à efetividade dos direitos de retificação e eliminação de dados pessoais 83
3.1   A temporalidade do tratamento 83
3.2   As travas em sistemas de gestão ou em plataformas a ele integradas por API 85
3.3   O desalinhamento entre o DPO, Tecnologia da Informação, Departamento Jurídico e Recursos Humanos no gerenciamento dos riscos de violação aos incisos III e VI do artigo 18 da LGPD 91
    Considerações finais 93
    Referências 94

CONCEITO, LIMITES E EXPECTATIVA REGULATÓRIA: DIREITO DO TITULAR A ANONIMIZAÇÃO, BLOQUEIO OU ELIMINAÇÃO DE DADOS DESNECESSÁRIOS E EXCESSIVOS À LUZ DA LGPD
Valéria Reani Rodrigues Garcia 95

    Introdução 95
1   *Profiling* e a sociedade da informação 97
2   Como o algoritmo matemático permite identificar uma pessoa 98
3   A chegada da LGPD com os direitos dos titulares de dados 99

4	Bloqueio ou eliminação de dados desnecessários, excessivos ou tratados em desconformidade com a LGPD	103
5	Anonimização e dado anonimizado – Conceito e limites	104
6	Técnicas de anonimização	110
7	Anonimização por supressão	112
8	Anonimização por generalização	114
8.1	*k*-anonimato	115
9	Anonimização por aleatorização	116
10	Possibilidade de reidentificação do dado pessoal	116
10.1	ISO/IEC 27559 – Segurança da informação, segurança cibernética e proteção da privacidade – Estrutura de desidentificação de dados para aprimoramento da privacidade	116
11	Preocupações a serem regulamentadas acerca da anonimização	118
12	O papel da ANPD na anonimização de dados	118
	Considerações finais	119
	Referências	121

O DIREITO À PORTABILIDADE DE DADOS NA LGPD: POTENCIAIS BENEFÍCIOS AO TITULAR
Daniela Copetti Cravo 127

	Introdução	127
1	A portabilidade de dados na LGPD	129
2	Portabilidade de dados e seus potenciais benefícios ao titular	134
3	Novidades no tema da portabilidade de dados	138
	Considerações finais	139
	Referências	140

DIREITO À REVOGAÇÃO DO CONSENTIMENTO
Rodrigo Pironti, Mariana Tomasi Keppen 143

	Introdução	143
1	O direito à revogação do consentimento	145
1.1	Os requisitos de validade do consentimento	145
1.2	O atendimento à solicitação de revogação do consentimento	146
1.3	A viabilidade e as consequências da retirada do consentimento	149
2	O uso da base legal do consentimento pelo Poder Público	151
	Considerações finais	153
	Referências	154

A REVOGAÇÃO DO CONSENTIMENTO PELO TITULAR DE DADOS NA LGPD
Chiara Spadaccini de Teffé, Pedro Teixeira Gueiros 155

Introdução 155
1   O consentimento como manifestação da vontade no ordenamento jurídico brasileiro 156
2   A base legal do consentimento para o tratamento de dados 158
3   A revogação do consentimento: direito do titular de dados e forma de controle informacional 167
3.1   Mecanismos para a expressão da revogação conforme a LGPD 170
Considerações finais 174
Referências 175

PRATICANDO O IMPRATICÁVEL: OS DILEMAS DOS DIREITOS DE ACESSO E DE CONFIRMAÇÃO DA EXISTÊNCIA DO TRATAMENTO
Felipe Palhares 179

Introdução 179
1   O direito de confirmação da existência do tratamento 180
2   O direito de acesso 183
Considerações finais 193
Referências 194

DIREITO A REVISÃO DE DECISÕES AUTOMATIZADAS: QUESTÕES PRÁTICAS DE INTERPRETAÇÃO
Nuria López 195

Introdução 195
1   Objeto do direito a revisão: decisões tomadas *unicamente* com base em tratamento automatizado de dados pessoais 197
2   Conteúdo do direito a revisão: informações claras e adequadas a respeito dos critérios e dos procedimentos utilizados para a decisão automatizada 201
3   Fundamento: autodeterminação informativa e princípio da não discriminação 204
4   Algumas aplicações no direito brasileiro 207
Considerações finais 208
Referências 209

DIREITOS DOS TITULARES: UMA COMPARAÇÃO ENTRE AS LEGISLAÇÕES EUROPEIA (GDPR) E BRASILEIRA (LGPD) DE PROTEÇÃO DE DADOS PESSOAIS
Samara Schuch Bueno, Caren Benevento Viani..........213

    Introdução 213
1. Origens dos direitos de titulares de dados pessoais 215
2. Procedimentos para o atendimento dos direitos dos titulares previstos no GDPR (Regulação Europeia de Proteção de Dados Pessoais) e na LGPD (Legislação Brasileira de Proteção de Dados Pessoais) 221
3. Principais similaridades e diferenças entre direitos dos titulares na comparação entre leis – GDPR *versus* LGPD 225
3.1 Direito à confirmação da existência de tratamento e de acesso aos dados (art. 15 do GDPR e artigo 18, incisos I e II da LGPD) 230
3.2 Direito de retificação – correção de dados incompletos, inexatos ou desatualizados (art. 16 do GDPR e art. 18, inciso III da LGPD) 234
3.3 Direito de eliminação dos dados (art. 17 do GDPR e art. 18, incisos IV e VI da LGPD) 235
3.4 Direito de limitação do tratamento e direito de bloqueio (art. 18 do GDPR e art. 18, inciso IV da LGPD) 237
3.5 Direito de portabilidade (art. 20 do GDPR e art. 18, inciso V da LGPD) 238
3.6 Direito de oposição (art. 21 do GDPR e art. 18, §2º da LGPD) 240
3.7 Direito de não se submeter a decisões tomadas unicamente de forma automatizada (art. 22 do GDPR e art. 20 da LGPD) 242
    Considerações finais 244
    Referências 245

DIREITO DOS TITULARES E NOVOS SERVIÇOS DE TECNOLOGIAS
Monike Clasen 249

    Introdução 249
1. Dado pessoal – o seu titular e o seu poder de influência 250
2. Dado pessoal como ativo de mercado 253
3. Gestão de dados pessoais e serviços baseados em tecnologia 255
    Considerações finais 267
    Referências 268

ENTRE O CABO DAS TORMENTAS OU DA BOA ESPERANÇA: COMO NAVEGAR A PROTEÇÃO DOS DIREITOS DOS TITULARES EM UM MUNDO GLOBALIZADO
Christian Perrone 271

        Introdução 271
1   Entendendo a proteção global de dados 272
2   Os modelos de proteção internacional de dados 274
2.1   O modelo de fluxo livre 274
2.2   O modelo de obrigações para os exportadores de dados 276
2.3   O modelo híbrido 276
3   Os desafios da jurisdição 278
4   Dois exemplos ilustrativos: Schrems II e ADC 51 281
4.1   Caso Schrems II 282
4.2   Ação Direta de Constitucionalidade no 51 283
5   O exercício transfronteiriço dos direitos dos titulares 285
5.1   Pontos de atenção 285
5.2   Instrumentos práticos de proteção 285
        Considerações finais 287
        Referências 287

SOBRE OS AUTORES 291

PREFÁCIO

> *"(...) la conoscenza di 'se stesso' derivante dal trattamento dei propri dati, infatti, non è soddisfatta dalla semplice comunicazione di quali siano i dati raccolti, ma esige appunto una consapevolezza complessiva del senso che tali dati assumono nella elaborazione che altri ne facciano".*[1]
>
> Stefano Rodotà

Foi com enorme alegria que recebi da Dra. Denise Francoski e do Dr. Marcello Teive, notáveis pesquisadores, o honroso convite para redigir o prefácio à obra coletiva *LGPD: direitos dos titulares*, por ambos coordenada e que condensa trabalhos desenvolvidos por pesquisadoras e pesquisadores de escola, na busca pela clarificação técnica e dogmática do espectro de direitos que a Lei Geral de Proteção de Dados Pessoais (Lei nº 13.709/2018) brasileira assegura aos titulares de dados.

Não há dúvidas de que a promulgação da Emenda Constitucional nº 115, de 10 de fevereiro de 2022, propiciou destaque textual ao direito fundamental, que já era reconhecido em caráter implícito, à proteção de dados pessoais.[2] De fato, o acréscimo do inciso LXXIX[3] ao rol de direitos e garantias fundamentais do artigo 5º da Constituição da República fez reverberar ainda mais a preocupação decorrente da metamorfose que

---

[1] RODOTÀ, Stefano. *Il diritto di avere diritti*. Roma-Bari: Laterza, 2012, p. 332.
[2] Valioso o comentário de Ingo Sarlet: "uma compreensão/interpretação/aplicação constitucionalmente adequada do direito fundamental à proteção de dados deverá sempre ser pautada por uma perspectiva sistemática, que, a despeito do caráter autônomo (sempre parcial), desse direito, não pode prescindir do diálogo e da interação (por vezes marcada por concorrências, tensões e colisões) com outros princípios e direitos fundamentais, que, entre outros pontos a considerar, auxiliam a determinar o seu âmbito de proteção, inclusive mediante o estabelecimento de limites diretos e indiretos". SARLET, Ingo Wolfgang. Proteção de dados pessoais como direito fundamental na Constituição Federal brasileira de 1988: contributo para a construção de uma dogmática constitucionalmente adequada. *Direitos Fundamentais & Justiça*, Belo Horizonte, ano 14, n. 42, p. 179-218, jan./jun. 2020, p. 188.
[3] "Art. 5º. (...) LXXIX – é assegurado, nos termos da lei, o direito à proteção dos dados pessoais, inclusive nos meios digitais".

acomete a sociedade da informação em relação aos novos paradigmas de controle e vigilância.[4]

Para além das finalidades ilícitas ou abusivas relacionadas à exploração do cidadão internauta, em flagrantes violações à privacidade, tem-se uma preocupação verdadeira com a própria sobrevivência do Estado. Em sintonia com o pensamento de Bart van der Sloot, que reconhece a "privacidade como virtude",[5] a criação de marcos regulatórios se apresenta como mecanismo necessário para assegurar a plena liberdade do indivíduo na sociedade da informação, reequilibrando a assimetria informacional causada pelo intenso uso de dados pessoais e, ainda, visando ao favorecimento do fluxo de dados pessoais entre entidades que respeitem as garantias do cidadão sobre seus próprios dados.

A epígrafe desse prefácio, extraída da obra imortal do saudoso Professor Stefano Rodotà, resume, por um lado, a essência dos desafios enfrentados no percurso investigativo que concerne às complexas interações sociais transpostas para essa nova realidade: no ciberespaço, relações anteriormente compreendidas com a causalidade típica das interações mundanas passam a desafiar a Ciência do Direito à apresentação de soluções diferentes para problemas reais (manifestados em ambientes virtuais), embora sem a necessária suficiência normativa.

E o efetivo zelo pelos dados pessoais, antes concebido como de cariz individual, atrelado à privacidade e à intimidade, com reflexos alinhados ao mero direito de acesso por mecanismos como o *habeas data*, passa, nesse novo momento, a ostentar natureza reticular, demandando proatividade do indivíduo para desvendar tudo o que se realiza com seus dados pessoais.

Para isso, a realização concreta do fundamento normativo da autodeterminação informativa (art. 2º, II, da LGPD) "dá uma resposta convincente à abordagem crítica da relatividade da esfera privada, pois se trata exclusivamente do poder do titular do direito, e não mais da atribuição de dados à esfera privada".[6]

Dito isso, é essencial registrar que a LGPD define, em seu Capítulo III, importantíssimo repertório de direitos, que variam da singela confirmação de existência (art. 18, I) e do já conhecido acesso

---

[4] HENSCHKE, Adam. *Ethics in an age of surveillance*: personal information and virtual identities. Cambridge: Cambridge University Press, 2017, p. 192-198.

[5] VAN DER SLOOT, Bart. *Privacy as virtue*: Moving beyond the individual in the Age of Big Data. Cambridge: Intersentia, 2017. p. 169.

[6] MENDES, Laura Schertel Ferreira. Autodeterminação informativa: a história de um conceito. *Pensar: Revista de Ciências Jurídicas*, Fortaleza, v. 25, n. 4, p. 1-18, out./dez. 2020, p. 16.

(art. 18, II), a outros mais complexos, como a anonimização (art. 18, IV), a portabilidade (art. 18, V), a revisão e a prestação de informações sobre decisões automatizadas (art. 20, *caput* e §1º, respectivamente) – apenas para citar alguns. Para além disso, incorpora-se a noção protetiva da pessoa humana a partir do delineamento de importante amálgama,[7] composto pelos direitos fundamentais à liberdade, à intimidade e à privacidade (art. 17), na configuração do próprio conceito de "titularidade", que ultrapassa a tradicional noção de "propriedade" sobre os dados – inferida por assimilação restritiva do contexto normativo estabelecido – para viabilizar, além da tutela de situações jurídicas patrimoniais, também a de situações jurídicas existenciais.

Na exata medida em que as Tecnologias de Informação e Comunicação (TICs) são apontadas por muitos como as principais forças-motrizes das transformações hodiernas, com expressões emblemáticas como "bomba das telecomunicações" para Albert Einstein, "terceira onda"[8] para Alvin Toffler[9] ou mesmo "aldeia global" para Marshall McLuhan e Bruce Powers,[10] tem-se como certo que, para além dos predicados de impacto, severas são as consequências sociais advindas das mudanças tecnológicas dos últimos anos. Noutras palavras, a tecnologia deixa de se apresentar como um elemento autônomo e desconectado da sociedade e da cultura, passando a constituir o próprio epicentro das inter-relações individuais, agora ressignificadas aceleradamente!

Devido à circunstância de os usuários da Internet estarem suscetíveis à rastreabilidade de seus passos e ações no mundo virtual, sendo frequentemente privados da escolha quanto à técnica de obtenção de dados e quanto às informações que serão colhidas a seu respeito,[11] vieses passam a permear a inegável preocupação de Operadores do

---

[7] ROSENVALD, Nelson; FALEIROS JÚNIOR, José Luiz de Moura. A despersonalização da personalidade: reflexões sobre corpo eletrônico e o artigo 17 da Lei Geral de Proteção de Dados pessoais. In: COLOMBO, Cristiano; ENGELMANN, Wilson; FALEIROS JÚNIOR, José Luiz de Moura (coord.). *Tutela jurídica do corpo eletrônico*: novos desafios ao direito digital. Indaiatuba: Foco, 2022, p. 470-471.

[8] Segundo Pierre Lévy, a expressão teria sido cunhada por Einstein ao se referir às três grandes transformações que modificariam sobremaneira a vida em sociedade no curso do século XX: a bomba das telecomunicações, a bomba demográfica e a bomba atômica. (LÉVY, Pierre. *Cibercultura*. Tradução de Carlos Irineu da Costa. 3. ed. São Paulo: Editora 34, 2010, p. 13).

[9] *Cf.* TOFFLER, Alvin. *The third wave*. Nova York: Bantam Books, 1980.

[10] *Cf.* McLUHAN, H. Marshall; POWERS, Bruce R. *The global village*: transformations in world life and media in the 21st Century (communication and society). Oxford: Oxford University Press, 1989.

[11] ROUTIER, Richard. Traçabilité ou anonymat des conexions? In: PEDROT, Philippe (org.). *Traçabilité et responsabilité*. Paris: Economica, 2003, p. 154.

Direito que anseiam por soluções capazes de frear os efeitos deletérios da disrupção tecnológica desregulada.

O fato evidente é que sociedade e tecnologia se interconectam, mas não caminham em sintonia: a primeira, em sua estruturação contemporânea, não é capaz de acompanhar o ritmo incessante da inovação, e problemas jurídicos surgem a partir disso.[12]

Para José de Oliveira Ascensão, a sociedade da informação é composta de elementos relativos a programas de computador, circuitos integrados, bases de dados eletrônicas e utilização de obras por computador, representando não um conceito técnico, mas um *slogan*, pois, em suas palavras, seria "(...) melhor até se falar em sociedade da comunicação".[13] A grande preocupação que disso decorre não diz respeito à quantidade de dados, mas ao tratamento dispensado pelas grandes corporações[14] aos dados, demandando intervenções estatais para regulamentar determinadas relações jurídicas, sem que, com isso, desconsidere-se a importância da atuação individual proativa, na busca pelo cumprimento dos direitos reservados, por lei, aos próprios titulares de dados.

O fato de se pensar a tecnologia sob o prisma da reticularidade,[15] ou seja, de dispositivos técnicos integrados em redes, permite abandonar a ideia amplamente aceita de que as tecnologias digitais devem ser entendidas como pouco mais do que simples ferramentas que permitem a troca de dados e a coordenação da interação humana. É preciso pensar o fenômeno tecnológico como um ecossistema do qual o indivíduo humano faz parte como agente principal que atua em prol da efetivação da privacidade em razão de seu valor social.[16]

---

[12] VAN DIJK, Jan. *The network society*. 2. ed. Londres: Sage Publications, 2006, p. 128. Comenta: *"The law and justice have lagged behind new technology in almost every period in history. This is understandable, as new technology must become established in society before legislation can be applied to it. Furthermore, the consequences of new technology are not always clear right away. That is why the legal answer usually has the character of a reaction or an adjustment of existing principles. In civil society, this character is enhanced by the principle of civil law, in which individuals initially act freely and the law subsequently makes corrections".*

[13] ASCENSÃO, José de Oliveira. *Direito da internet e da sociedade da informação*. Rio de Janeiro: Forense, 2001, p. 67

[14] Sobre o papel dos "impérios da comunicação" (expressão de Tim Wu), recomenda-se a leitura dos seguintes trabalhos: WU, Tim. *The master switch*: the rise and fall of information empires. Nova York: Vintage, 2010; VAIDHYANATHAN, Siva. *The Googlelization of everything*: (and why we should worry). Berkeley: University of California Press, 2011.

[15] Conferir, por todos, ROSA, Hartmut. *The uncontrollability of the world*. Tradução de James C. Wagner. Cambridge: Polity, 2020; SADIN, Éric. *La vie algorithmique*: critique de la raison numérique. Paris: Éditions L'Échappée, 2015.

[16] A esse respeito, Daniel J. Solove afirma: *"Privacy isn't the trumpeting of the individual against*

Tudo se reconfigura a partir de uma infinidade de pontos conectados a outros pontos. Em outras palavras, os dispositivos tecnológicos não são ferramentas para um determinado propósito, mas para o atingimento de uma multiplicidade de seres vivos e artificiais, humanos e máquinas, que realizam um conjunto de ações, graças a determinados procedimentos, que tornam possível a sua interconexão e interoperação.

São criados os "mercados ricos em dados" (*data-rich markets*), descritos por Viktor Mayer-Schönberger e Thomas Ramge como ambientes nos quais o usuário se torna espectador de suas próprias preferências, posto que seus dados são utilizados para mapear seus interesses e predizer suas decisões.[17] Tudo é funcionalizado a partir de uma nova *commodity*: a atenção.

O técnico não se opõe ao humano; um e outro estão ligados pelo que Simondon chamou de relação transdutiva:[18] um termo não pode existir sem o outro, e uma relação de tensão é mantida entre eles. Por isso, modificam-se os contextos, na transição do real para o virtual, mas os problemas permanecem. Para superá-los é imprescindível que os direitos estabelecidos sejam adequados e efetivos. Na dimensão individual, o exercício de tais direitos pressupõe adequada compreensão de seus limites e possibilidades.

Nesse sentido, o projeto capitaneado pela Dra. Denise Francoski e pelo Dr. Marcello Teive cumpre tal finalidade com magnanimidade e esmero. Além de agregar valor ao estudo de tema essencial da LGPD, que tem o especial mérito de reverberar as preocupações com a efetivação da autodeterminação informativa, une pesquisadoras e pesquisadores que nutrem verdadeiro interesse por compreender as minúcias teóricas e práticas do rol de direitos do titular de dados inserido na sociedade da informação.

No primeiro capítulo da obra, "Pedidos dos titulares: canais de atendimento e casos práticos submetidos à apreciação no TJSC", assinado pela Dra. Denise Francoski, a experiência concreta do Judiciário catarinense é trazida à lume para delinear importante chanfro para a experiência prática de agentes de tratamento que interagem com

---

society's interests but the protection of the individual based on society's own norms and values. (...) Therefore, privacy has a social value. When the law protects the individual, it does so not just for the individual's sake but for the sake of society". SOLOVE, Daniel J. *Nothing to hide*: The false tradeoff between privacy and security. New Haven: Yale University Press, 2011, p. 50.

[17] MAYER-SCHÖNBERGER, Viktor; RAMGE, Thomas. *Reinventing capitalism in the age of Big Data*. Nova York: Basic Books, 2018, p. 7.

[18] SIMONDON, Gilbert. *Du mode d'existence des objets techniques*. Paris: Aubier, 1969, p. 9-16.

titulares de dados no recebimento, processamento e cumprimento de pedidos e requisições.

Na sequência, é de autoria do Dr. Oscar Valente Cardoso o texto intitulado "O direito ao conhecimento e à confirmação da existência do tratamento na Lei Geral de Proteção de Dados Pessoais: um direito a ser conhecido e levado a sério". Nele, a previsão do artigo 18, inciso I, da LGPD é explorada com profundidade, a partir de antecedentes histórico-normativos, aspectos procedimentais e reflexões críticas que ilustram bem a importância desse direito em espécie.

O terceiro capítulo é assinado pelo Dr. Carlos Renato Silvy Teive, com o seguinte título: "O direito de acesso aos dados pessoais: como requerê-lo e concedê-lo?". No texto, o autor se reporta ao direito previsto no artigo 18, inciso II, da LGPD, e o explora a partir dos princípios do livre acesso e da transparência, com comparação às previsões do Regulamento Geral sobre a Proteção de Dados da União Europeia (2016/679(EU)) e de leis internas de países europeus.

No quarto capítulo, de autoria da Dra. Roberta Volpato Hanoff, cujo título é "A correção e a eliminação dos dados pessoais: desafios práticos à efetivação dos direitos do titular", são exploradas as figuras listadas no artigo 18, incisos III e VI, da LGPD, a saber: correção de dados incompletos, inexatos ou desatualizados e eliminação de dados, com importantes destaques acerca da relevância da interação entre equipes e departamentos internos com o encarregado de dados, especialmente para o adequado cumprimento da governança de dados.

Em seguida, a Dra. Valéria Reani Rodrigues Garcia assina o quinto capítulo da obra, intitulado "Conceito, limites e expectativa regulatória: direito do titular a anonimização, bloqueio ou eliminação de dados desnecessários e excessivos à luz da LGPD". Reportando-se ao direito descrito no artigo 18, inciso IV, da LGPD, a autora explora conceitos, modelos técnicos, estruturas de segurança da informação e preocupações regulatórias em torno da famigerada anonimização, elucidando ao leitor procedimentos de aplicação da técnica para o fomento à proteção de dados pessoais.

No sexto capítulo, intitulado "O direito à portabilidade de dados na LGPD: potenciais benefícios ao titular", a Dra. Daniela Copetti Cravo apresenta os contornos do que estabeleceu o legislador no artigo 18, inciso V, da LGPD, com ênfase nos benefícios que a portabilidade de dados propicia ao titular de dados, para além da clássica compreensão do direito de acesso, e com a apresentação de importantes desenvolvimentos da matéria nos anos recentes.

A seguir, o Dr. Rodrigo Pironti e a Dra. Mariana Tomase Keppen assinam o capítulo que trata do "Direito à revogação do consentimento". Reportando-se ao direito insculpido no artigo 18, inciso IX, da LGPD, exploram o requisito de validade para a expressão do consentimento, os contornos práticos e teóricos do atendimento de solicitações de revogação formuladas por titulares de dados e as consequências de seu acolhimento.

Ainda sobre o referido tema, a Dra. Chiara Spadaccini de Teffé e o Dr. Pedro Teixeira Gueiros assinam o oitavo capítulo da obra, intitulado "A revogação do consentimento pelo titular de dados na LGPD". Os autores apresentam, com elevado detalhamento, os contornos conceituais do consentimento na lei e os principais aspectos para o exercício do controle pelo titular adequadamente informado, ressaltando os mecanismos para a expressão da revogação.

O nono capítulo da obra é assinado pelo Dr. Felipe Palhares e recebe instigante título: "Praticando o impraticável: os dilemas dos direitos de acesso e de confirmação da existência do tratamento". O autor se reporta às previsões dos incisos I e II do artigo 18 da LGPD com criticidade em relação à forma como o legislador brasileiro incorporou o acesso e a confirmação de existência na lei, a partir de inspiração colhida da experiência europeia.

No décimo capítulo da obra, a Dra. Nuria López assina o seguinte capítulo: "Direito a revisão de decisões automatizadas: questões práticas de interpretação". Em suas reflexões sobre o artigo 20 da LGPD, destaca os limites, o conteúdo, os critérios e procedimentos para a revisão de decisões tomadas unicamente com base em sistemas algorítmicos. Reporta-se ao fundamento normativo da autodeterminação informativa e ao princípio da não discriminação e ainda explicita importantes aplicações no direito brasileiro.

A seguir, a Dra. Samara Schuch Bueno e a Dra. Caren Benevento Viani assinam o capítulo intitulado "Direitos dos titulares: uma comparação entre as legislações europeia (GDPR) e brasileira (LGPD) de proteção de dados pessoais". Cumprindo o mister de proporcionar ao leitor importante aparato interpretativo sobre a própria LGPD e a legislação que a inspirou – o Regulamento Geral sobre a Proteção de Dados da União Europeia (2016/679(EU)) –, as autoras apresentam importante retrospecto histórico, conceitual, bem como as similaridades e diferenças entre os direitos estabelecidos nas duas normas.

A Dra. Monike Clasen trata do tema "Direito dos titulares e novos serviços de tecnologias". Em suas reflexões, apresenta aos leitores evidências de que dados pessoais são ativos de mercado que demandam adequada gestão. Ilustra suas percepções com exemplos concretos de aplicações e modelos de negócio especialmente desenvolvidos por grandes corporações para realçar a importância de que se avance com a preservação da simetria informacional entre titulares e agentes de tratamento.

Encerrando a obra, o Dr. Christian Perrone assina o artigo intitulado "Entre o Cabo das Tormentas ou da Boa Esperança: como navegar a proteção dos direitos dos titulares em um mundo globalizado". No texto, o autor apresenta importantes considerações sobre os modelos de proteção internacional de dados, ressaltando desafios de natureza jurisdicional para a compreensão do escopo colaborativo entre nações quanto à efetivação de sistemas de proteção de dados pessoais, e destaca o precedente europeu Schrems II e a Ação Declaratória de Constitucionalidade 51, em curso no Supremo Tribunal Federal, que trata dos Acordos de Assistência Judiciária em Matéria Penal.

Honrado pelo convite que me foi formulado para redigir essas singelas palavras introdutórias, congratulo os autores e coordenadores pela iniciativa, na expectativa de que a obra se consolide como importante fonte para acadêmicos e profissionais dedicados ao estudo do Direito Digital e para o fomento à efetiva e concreta proteção de dados pessoais.

Belo Horizonte, novembro de 2022.

José Luiz de Moura Faleiros Júnior

Doutorando em Direito Civil pela Universidade de São Paulo e em Direito, Tecnologia e Inovação pela Universidade Federal de Minas Gerais. Mestre e Bacharel em Direito pela Universidade Federal de Uberlândia. Especialista em Direito Digital. Advogado. Professor.

PEDIDOS DOS TITULARES
CANAIS DE ATENDIMENTOS E CASOS PRÁTICOS SUBMETIDOS À APRECIAÇÃO NO TJSC

DENISE DE SOUZA LUIZ FRANCOSKI

Introdução

Dentro da dinâmica apresentada pela Lei Geral de Proteção de Dados Pessoais – LGPD, é no Capítulo III – artigos 17 a 22, referente aos direitos dos titulares, que encontramos de maneira especial a demonstração da importância que devemos dar ao conhecimento de tais direitos e à forma como eles podem ser exercidos junto às organizações.

No presente estudo, pretende-se inicialmente apresentar o rol dos direitos constantes na LGPD assim como apontar como as demandas dos titulares são recepcionadas e atendidas no TJSC. Em seguida, será apresentado qual é o do papel do Comitê Gestor e da Encarregada nos atendimentos de tais requisições, divulgando quais os canais hoje disponíveis para que os titulares possam ser atendidos no TJSC, incluindo-se aqui a importância fundamental da utilização do aplicativo LGPDJus, uma ferramenta tecnológica criada para facilitar a resposta para a pessoa natural e para o gerenciamento das demandas pela Encarregada.

Por fim, serão especificados os principais casos práticos já submetidos à apreciação do Comitê Gestor e da Encarregada no que se refere aos pedidos dos titulares – e de que maneira eles foram e vêm sendo analisados juridicamente, quais sejam: a) exclusão do nome da pessoa natural do cadastro de estagiários do TJSC; b) pedido de pesquisa em autos findos para a construção de árvore genealógica; c) pesquisa de processos findos para requisição de dupla cidadania; d) requisição de autos findos para realização de pesquisa acadêmica; e) verificação de editais de acordos de cooperação técnica, convênios e ou contratos firmados pelo TJSC com outras organizações; e f) compartilhamento de dados pessoais entre o TJSC e outras instituições. Observa-se que a escolha de tais casos foi feita considerando-se a quantidade de pedidos apresentados na atividade diária do Comitê/Encarregada e a relevância da questão discutida diante da dinâmica de proteção de dados estabelecida na LGPD.

Espera-se que o presente estudo possa oferecer uma contribuição de natureza prática para as demais instituições públicas e privadas, bem como a todos os estudiosos da matéria, visando a promover cada mais vez a inserção de uma nova cultura de proteção de dados e privacidade em nosso país, além de mostrar aos titulares dos dados pessoais a importância do seu protagonismo no movimento de adequação das organizações em todo o contexto da Lei Geral de Proteção de Dados Pessoais.

1 O rol de direitos dos titulares especificados na LGPD

A edição da Lei Geral de Proteção dos Dados Pessoais – LGPD, Lei nº 13.709/2018, inseriu dentro do nosso ordenamento jurídico-social diversos aspectos relevantes quanto à aquisição de uma nova cultura de proteção de dados e privacidade por parte do titular do dado pessoal, além de trazer em seu contexto normas de aplicabilidade sobre o tratamento de tais dados tanto por organizações privadas quanto por instituições públicas.

Dentro desse cenário, a LGPD delimita conceitos importantes, os quais aparecem descritos no artigo 5º, princípios e bases legais, além de agregar em seu conteúdo rol de direitos a serem exercidos pelo titular do dado pessoal, os quais estão delineados no Capítulo III[1] da lei protetiva, "empoderando" de forma determinante a pessoa natural identificada ou que possa ser identificada por algum cruzamento de informações.

Nos artigos 18, 19 e 20 da LGPD é que encontramos efetivamente a relação desses direitos, tais como: confirmação da existência de tratamento, acesso aos dados, correção de dados incompletos, inexatos ou desatualizados, anonimização, bloqueio ou eliminação de dados desnecessários, excessivos ou tratados em desconformidade com a lei, portabilidade dos dados, eliminação dos dados tratados com o consentimento do titular, informações sobre as entidades com as quais

---

[1] L13709 (planalto.gov.br) – Art. 17 a 22.

o controlador realizou uso compartilhado de dados, possibilidade de não fornecimento de consentimento e suas consequências negativas, a revogação do mencionado consentimento e, por fim, revisão de decisões automatizadas.

Entretanto, conforme já fora anteriormente mencionado por essa autora em publicação,[2] os direitos dos titulares não se esgotam nas citações do artigo 18 e seguintes, eis que na verdade estão declinados também em outros tantos artigos, como por exemplo o direito à liberdade (art. 1º) e o livre desenvolvimento da personalidade, devendo a compreensão e leitura dos direitos dos titulares ser feita de forma conjunta com todo o conteúdo dos 65 artigos da LGPD, possibilitando, dessa maneira, uma visão tridimensional e exata do Capítulo III da LGPD.

Convém aqui citar a visão de Renato Leite Monteiro e Sinuhe Cruz:[3]

> Faz-se necessário salientar que a LGPD não surge no contexto de um vazio regulatório: a Lei nº 13.709/2018 complementa, harmoniza e sistematiza um ecossistema de mais de quarenta normas setoriais que regulam, direta ou indiretamente, a proteção da privacidade e dos dados pessoais no Brasil, e que deve, por isso, ser levado em conta na interpretação dos direitos previstos na LGPD.

Ao titular do dado pessoal caberá cada vez mais conhecer todos os direitos citados na LGPD, a fim de que possa exercitar todo o seu protagonismo quando do seu efetivo exercício, contribuindo, dessa forma, com a sedimentação de uma nova cultura de proteção de dados e privacidade.

De outro lado, deverão as organizações, incluindo-se os Tribunais de Justiça Estaduais, preparar-se para o bom atendimento das demandas que serão apresentadas pelos titulares dos dados, possibilitando que eles tenham uma resposta imediata e segura de suas informações, em conformidade com o que se encontra disposto no artigo 19 da LGPD.

---

[2] Artigo desta autora: O exercício dos direitos dos titulares dos dados pessoais sob a ótica do controlador e do encarregado das organizações públicas: expectativas e possibilidades. FRANCOSKI, Denise de Souza Luiz, inserido na obra *Estudos sobre a privacidade e proteção de dados*. Coordenador Felipe Palhares, São Paulo: Thomson Reuters Brasil, 2021, p. 571 a 606.

[3] MONTEIRO, Renato Leite; CRUZ, Sinuhe. Direitos dos titulares, fundamentos, limites e aspectos práticos. In: FRANCOSKI, Denise de Souza Luiz; TASSO, Fernando Antonio. (Coord.) *A Lei Geral de Proteção de Dados Pessoais LGPD*: aspectos práticos e teóricos relevantes no setor público e privado. 1. ed. São Paulo: Thomson Reuters Brasil, 2021, p. 259 a 300.

2 O papel do Comitê Gestor de Proteção de Dados e da Encarregada do TJSC no atendimento dos pedidos dos titulares

O plano de ação[4] desenhado para a implementação da LGPD junto ao TJSC teve seu início no final do ano de 2018, mas somente em 12 de junho de 2019[5] é que a formação do Comitê Gestor de Proteção de Dados Pessoais se tornou uma realidade na estrutura organizacional da Corte Catarinense, optando-se naquela oportunidade por uma estruturação com sete membros, incluindo-se a sua coordenadora.

Por outro lado, a indicação da Encarregada para tratamento de dados pessoais do citado Tribunal somente se efetivou em julho de 2020,[6] após a realização de diversos atos preparatórios previamente descritos no *road map*[7] da capacitação de todos os membros do Comitê Gestor,[8] e sua devida estruturação, e da adaptação necessária para o cumprimento da atividade fim e administrativa do TJSC em face ao período pandêmico iniciado em março de 2020, o qual impôs o distanciamento social com a introdução do trabalho em *home office*.

Desde então, tanto o Comitê Gestor quanto a Encarregada vêm exercendo papel fundamental não somente na formatação da cultura de proteção de dados do TJSC, mas de maneira pioneira no atendimento das requisições externas apresentadas pelos titulares e daquelas oriundas dos departamentos internos da referida Corte.

No TJSC, a Coordenadora do Comitê Gestor acumula também as funções de Encarregada,[9] o que faz com que todas as requisições

---

[4] Este Plano de Ação pode ser visto de forma detalhada na obra: FRANCOSKI, Denise. TASSO, Fernando. (Coord.) *A Lei Geral de Proteção de Dados Pessoais LGPD*: aspectos práticos e teóricos relevantes no setor público e privado. 1. ed. São Paulo: Thomson Reuters Brasil, 2021, p. 93 a 99.

[5] Comitê Gestor de Proteção de Dados Pessoais – Poder Judiciário de Santa Catarina (tjsc.jus.br). Acesso em: 26 out. 2022

[6] Encarregada pelo tratamento de dados pessoais – Ouvidoria – Poder Judiciário de Santa Catarina (tjsc.jus.br) Portaria GP nº 1.481, de 17 de julho de 2020. Acesso em: 26 out. 2022.

[7] *Road Map* ou plano de ação é um documento onde serão detalhadas todas as atividades constantes no Programa Geral de Implementação da LGPD em uma organização, quer seja de natureza pública ou privada.

[8] Mais detalhes sobre o Comitê do TJSC podem ser vistos no artigo desta autora: "Aspectos práticos para a implementação da Lei Geral de Proteção de Dado Pessoais – LGPD nos Órgãos Públicos: o case do Tribunal de Justiça de Santa Catarina – TJSC", contido na obra: FRANCOSKI, Denise. TASSO, Fernando. (Coord.) *A Lei Geral de Proteção de Dados Pessoais LGPD: aspectos práticos e teóricos relevantes no setor público e privado*. 1. ed. São Paulo: Thomson Reuters Brasil, 2021, p. 30 a 100.

[9] Para mais detalhes, *vide*: Comitê Gestor de Proteção de Dados Pessoais – Poder Judiciário de Santa Catarina (tjsc.jus.br) e Encarregada pelo tratamento de dados pessoais –

sejam recebidas e solucionadas de forma conjunta, proporcionando, dessa forma, maior agilidade no atendimento, além de conhecimento amplo de todas as demandas que transitam nos canais de atendimento do referido Tribunal.

Quando a entrada de uma requisição for proveniente de um titular do dado pessoal, ou mesmo através de um pedido de um departamento interno da Corte, ela será automaticamente enviada para a Coordenadora do Comitê/Encarregada, que analisará a questão e, se for o caso, solicitará a participação do setor administrativo competente.

Esgotada essa etapa, a Coordenadora/Encarregada emitirá o respectivo parecer ao Controlador, a quem caberá a decisão final sobre a situação apresentada, salientando que todos os pareceres do Comitê possuem caráter opinativo, segundo o que prevê os termos do art. 3º, III, da Resolução GP nº 28,[10] de 12 de junho de 2019, em que está descrito que uma das atribuições do Comitê Gestor de Proteção de Dados Pessoais é "prestar orientações sobre o tratamento e a proteção de dados pessoais de acordo com as diretrizes estabelecidas na Lei nº 13.709, de 14 de agosto de 2018, e nas normas internas".

Entretanto, se o pedido apresentar em seu contexto certa complexidade, a Coordenadora/Encarregada, antes de emitir o seu parecer, poderá consultar todos os membros do Comitê, para que de forma conjunta possam compor uma solução adequada para a demanda, esclarecendo-se, todavia, que tal providência é exceção, e não a regra, nos respectivos atendimentos.

O que se constata no presente é que a participação conjunta do Comitê e da Encarregada é essencial para a celeridade do atendimento das respectivas requisições, internas ou externas, possibilitando ao Controlador agilidade e segurança em suas decisões, sendo que os canais pelos quais transitam tais pedidos no TJSC serão devidamente apresentados no item 3 deste artigo.

3 Canais de atendimento das requisições apresentadas no TJSC e a utilização do aplicativo LGPDJus

Em um primeiro momento, em razão dos efeitos do período de pandemia (2020), e porque o TJSC ainda não havia formalizado seu

---

Ouvidoria – Poder Judiciário de Santa Catarina (tjsc.jus.br) – Portaria GP nº 1.481, de 17 de julho de 2020. Acesso em: 26 out. 2022.

[10] Comitê Gestor de Proteção de Dados Pessoais – Poder Judiciário de Santa Catarina (tjsc.jus.br). Acesso em: 26 out. 2022

Comitê Gestor nem tão pouco nomeado a Encarregada, optou-se pela utilização de estrutura já existente junto à Ouvidoria do TJSC, criando-se na oportunidade um formulário[11] específico para atendimento das requisições apresentadas pelos titulares dos dados pessoais, solicitando-se, entre outras informações, o nome da mãe do requerente, seguindo os fluxos[12] formatados para tal atendimento.

De início, tal metodologia atendeu adequadamente aos pedidos que foram chegando para análise; entretanto o Comitê e a Encarregada tinham sérias preocupações quanto ao modelo adotado, eis que seria preciso encontrar um caminho que fosse ao mesmo tempo adequado para o fornecimento das respostas dos pedidos, mas que contivesse também um grau de segurança apropriado para o tratamento das informações, de tal forma que os dados pessoais solicitados pela pessoa A fossem efetivamente entregues a ela, e não para a pessoa B.

A Encarregada e o seu Grupo de Trabalho Técnico[13] foram em busca de tais soluções através de ferramentas tecnológicas, entretanto tais dispositivos quase em sua totalidade apresentavam um alto custo para o poder judiciário catarinense naquele exato período, o qual, à semelhança de outras instituições públicas, precisou fazer contingenciamento financeiro para o enfrentamento do período marcado pela Covid-19.

Diante disso, a Encarregada e sua equipe elaboraram um projeto de criação de um aplicativo que pudesse atender à demanda de requisições dos titulares no TJSC com duas características essenciais – segurança e inclusão –, sendo esta última voltada para as pessoas de baixa escolaridade ou com deficiência auditiva ou visual.

---

[11] O respectivo formulário poderá ser visto em detalhes no artigo: "Aspectos práticos para a implementação da Lei Geral de Proteção de Dado Pessoais – LGPD nos Órgãos Públicos: o case do Tribunal de Justiça de Santa Catarina – TJSC", contido na obra: FRANCOSKI, Denise. TASSO, Fernando. (Coord.). *A Lei Geral de Proteção de Dados Pessoais LGPD*: aspectos práticos e teóricos relevantes no setor público e privado. 1. ed. São Paulo: Thomson Reuters Brasil, 2021, p. 81 a 82.

[12] Os respectivos fluxos poderão ser vistos em detalhes no artigo: "Aspectos práticos para a implementação da Lei Geral de Proteção de Dado Pessoais – LGPD nos Órgãos Públicos: o case do Tribunal de Justiça de Santa Catarina – TJSC", contido na obra: FRANCOSKI, Denise. TASSO, Fernando. (Coord.). *A Lei Geral de Proteção de Dados Pessoais LGPD*: aspectos práticos e teóricos relevantes no setor público e privado. 1. ed. São Paulo: Thomson Reuters Brasil, 2021, p. 80 a 81.

[13] Maiores detalhes sobre o Grupo de Trabalho Técnico poderão ser encontrados no artigo: "Aspectos práticos para a implementação da Lei Geral de Proteção de Dado Pessoais – LGPD nos Órgãos Públicos: o case do Tribunal de Justiça de Santa Catarina – TJSC", contido na obra: FRANCOSKI, Denise. TASSO, Fernando. (Coord.). *A Lei Geral de Proteção de Dados Pessoais LGPD*: aspectos práticos e teóricos relevantes no setor público e privado. 1. ed. São Paulo: Thomson Reuters Brasil, 2021, p. 42 a 47.

Realizadas as tratativas decorrentes de tal projeto, o referido aplicativo foi denominado de LGPDJus, tendo sido firmado um acordo de cooperação técnica entre o TJSC e o ITSRio,[14] com o apoio do AMBLAB[15] e do Governo da Inglaterra, através de seu ministério de relações exteriores, o qual dispõe de aporte financeiro para aplicação em projetos de inovação em vários continentes.

O LGPDJus[16] possuía, naquele momento, autenticação do titular de maneira híbrida, ou seja, que ocorria por meio de um programa de inteligência artificial e de um servidor da área de tecnologia da informação para verificação de foto da pessoa natural com o seu documento, além de camadas de segurança utilizando-se a tecnologia *blockchain*. Havia também vários painéis de gerenciamento,[17] os quais facilitavam o trabalho de controle das demandas pela Encarregada.

Dessa forma, o LGPDJus[18] foi lançado no dia 30 de junho de 2021 e imediatamente colocado em uso, passando a ser o meio mais procurado no TJSC para que o titular do dado pessoal tivesse conhecimento de suas informações em tal instituição. Sua VERSÃO 2 encontra-se programada para entrar em vigor até o final do ano de 2022, já habilitada para pessoas com deficiências visual e auditiva, mas agora com a autenticação do requerente através da plataforma GOV-BR,[19] mantendo-se todos os painéis da Encarregada da versão beta.

Assim, atualmente o TJSC consegue atender o titular dos dados pessoais através dos seguintes canais: a) formulário da Ouvidoria;[20] b) e-mail da Encarregada;[21] c) telefone da Encarregada;[22] e d) aplicativo LGPDJus encontrado nas lojas dos sistemas IOS[23] e Android.[24]

---

[14] Instituto de Tecnologia e Sociedade – por uma internet livre e aberta (itsrio.org) Acesso em: 26 out. 2022.
[15] AMBLAB – Laboratório de Inovação e Inteligência da AMB. Acesso em: 26 out. 2022.
[16] Informações detalhadas sobre o aplicativo poderão ser lidas no artigo desta autora: "O atendimento dos direitos dos titulares dos dados pessoais: o case do TJSC com o aplicativo LGPDjus". Livro_Pós_ITS-UERJ_COMPLETO_v3-1.pdf (itsrio.org). Coordenação: Sérgio Branco Chiara de Teffé. Publicação outubro/2022. p. 87 a 123.
[17] Informações detalhadas sobre os painéis de gerenciamento poderão ser vistas no artigo desta autora: "O atendimento dos direitos dos titulares dos dados pessoais: o case do TJSC com o aplicativo LGPDjus". Livro_Pós_ITS-UERJ_COMPLETO_v3-1.pdf (itsrio.org). Coordenação de Sérgio Branco Chiara de Teffé. Publicação outubro/2022, p. 87 a 123.
[18] Mais informações poderão ser vistas na Varanda de lançamento do LGPDJus; Varanda ITS #105 LGPDJus e inovação no setor público (itsrio.org). Acesso em: 26 out. 2022.
[19] Plataforma gov.br – Português (Brasil) (www.gov.br). Acesso em: 26 out. 2022.
[20] Ouvidoria (tjsc.jus.br). Acesso em: 26 out. 2022
[21] Encarregado pelo tratamento de dados pessoais – Ouvidoria – Poder Judiciário de Santa Catarina (tjsc.jus.br). Acesso em: 26 out. 2022.
[22] Encarregado pelo tratamento de dados pessoais – Ouvidoria – Poder Judiciário de Santa Catarina (tjsc.jus.br). Acesso em: 26 out. 2022.
[23] https://www.apple.com/br/app-store. Acesso em: 26 out. 2022.
[24] Apps Android no Google Play. Acesso em: 26 out. 2022.

No futuro, pretende-se aprimorar ainda mais o aplicativo LGPDJus, havendo também a elaboração de um formulário direto para contato com a Encarregada, através da diretoria de tecnologia do TJSC, colocando-se em consequência disso em desuso o Formulário da Ouvidoria, passando a Corte Catarinense a ter apenas três meios para atendimento do titular, ou seja: e-mail e telefone da Encarregada, formulário da Encarregada e, por fim, o aplicativo acima citado.

4 Casos práticos de requisições submetidas à apreciação no TJSC

É através dos canais de atendimento apresentados no item 3 que a Coordenadora do Comitê Gestor do TJSC/Encarregada recebe todas as demandas oferecidas, tanto de maneira externa quanto internamente, pelos diversos setores administrativos que fazem parte da estrutura organizacional da Corte Catarinense.

Neste item, pretende-se apresentar de forma didática os principais pedidos que são submetidos ao Tribunal Catarinense, os quais foram escolhidos para este estudo com base no número de solicitações e na complexidade de sua resposta. Em cada exemplo, faremos referência à solução jurídica encontrada, esclarecendo mais uma vez que tanto a Coordenadora do Comitê quanto a Encarregada emitem pareceres apenas opinativos, sendo que a decisão final cabe ao representante legal do Controlador, neste caso, ao Presidente do Tribunal de Justiça em evidência.

A seguir, faremos as citações dos principais casos práticos submetidos à apreciação ora pelo Comitê, ora pela Encarregada, na seguinte ordem:

A) Exclusão do nome da pessoa natural do cadastro de estagiários do TJSC

Este pedido ocorreu antes da disponibilidade do aplicativo LGPDJus e foi feito através do formulário da Ouvidoria. Nele a pessoa natural A se identificou com nome e e-mail masculinos, mas requereu a exclusão de um nome feminino do cadastro virtual de inscrição de estagiários no portal do TJSC.

A ouvidoria fez o encaminhamento do pedido para a Encarregada, a qual, diante da controvérsia existente com o nome e a identificação da pessoa, solicitou para ela que enviasse uma foto portando o seu documento de identidade. Feito isso, verificou-se a necessidade de tutela dos direitos de pessoa transgênero, a qual pretendia – adequadamente – excluir o seu nome feminino da base de dados em questão, uma vez que já estava utilizando nome social masculino.

Realizadas as devidas constatações, o TJSC, através do setor competente, excluiu o nome feminino do cadastro virtual dos estagiários, tendo a Encarregada informado para a Ouvidoria, que por sua vez comunicou à pessoa natural A que seu pedido havia sido devidamente atendido.

Convém mencionar que, atualmente, o atendimento do titular através do aplicativo LGPDJus, nesses casos de utilização de nome social, já é feito de maneira automática, de acordo com a informação fornecida pelo requerente, evitando-se assim todas as demais providências que foram descritas na narrativa acima mencionada.

B) Pedido de pesquisa em autos findos para a construção de árvore genealógica

Desde a criação do Comitê Gestor, em 12 de junho de 2020, e a designação da Encarregada em julho de 2021, este é o requerimento que apresenta um volume considerável, demandando a confecção de vários pareceres diariamente, sendo que normalmente nesses pedidos a pessoa natural requer a pesquisa de autos findos quase sempre de processos de inventário do ano de 1800 em diante, objetivando a construção de sua árvore genealógica.

O parecer do Comitê a princípio tinha como fundamento o contexto do artigo 4º, inciso I, da LGPD, que determina que a Lei não se aplica ao tratamento de dados pessoais "realizado por pessoa natural para fins exclusivamente particulares e não econômicos", concluindo-se que a finalidade pretendida nesses casos não possuía qualquer ligação com uma atividade profissional ou comercial, tampouco com aferição de vantagem econômica ou patrimonial, enquadrando-se na exceção do artigo acima citado, não havendo, por consequência, a aplicação da lei protetiva ao tratamento de dados referidos pelo titular.

No início de tais requisições era solicitado pelo Comitê a comprovação da relação de parentesco, sendo que, uma vez comprovada a dita relação familiar, era sugerido que fosse firmado termo de responsabilidade pelo solicitante.

Todavia, tendo o Comitê constatado que a grande maioria dos requerimentos fazia referência a processos judiciais antigos, datados dos séculos XVIII e XIX, decidiu o mesmo, em reunião no dia 26 de outubro de 2021, por unanimidade, realizar uma diferenciação dos pedidos de acesso dos referidos autos com base na idade do processo que se pretendesse acessar, estabelecendo o ano de 1900 como data de corte.

Assim, aplica-se o entendimento de que os pedidos de acesso a processos anteriores ao ano 1900 não deverão sofrer a incidência da LGPD, pois há a certeza de que nesses casos não existem mais dados pessoais de pessoas naturais vivas a serem tratados.

Por outro lado, firmou-se também o entendimento de que em processos que datam do ano 1900 e posteriores, em caso de dúvida ou certeza da existência de dados pessoais de pessoas naturais ainda vivas, deve o pedido ser remetido ao Comitê para análise, que, em sendo positiva, deverá manter sua posição inicial de não aplicação da LGPD, conforme dispõe o seu artigo 4º, inciso I.

C) Pesquisa de processos findos para requisição de dupla cidadania

O pedido para verificação de processos findos objetivando a aquisição de cidadania estrangeira, da mesma forma que os requerimentos para construção de árvore genealógica, apresentam um maior número de requisições, demandando a confecção de diversos pareceres quase que diariamente.

Normalmente, os pleitos vêm focados em consulta de processo de inventários do ano 1800 em diante, visando à realização de um relatório de descendentes da parte interessada para obtenção da respectiva cidadania estrangeira.

A Lei Geral de Proteção de Dados Pessoais estabeleceu, em seu artigo 4º, as previsões para a sua não incidência, destacando no seu inciso I que a norma não se aplica em tratamentos de dados pessoais realizados pela pessoa natural com finalidade exclusivamente particular e sem nenhuma repercussão econômica.

Sobre esse assunto, extrai-se de parecer da lavra do Senador Ricardo Ferraço,[25] ao propor a redação do artigo 4º, I, que acabou vingando no texto final da LGPD, a seguinte análise:

> (...) com relação ao inc. I, que estabelece uma exceção de aplicabilidade da LGPD às atividades pessoais, busca conferir maior clareza ao sentido proposto, na medida em que qualquer atividade realizada por pessoa natural é, evidentemente, uma atividade pessoal.

---

[25] Disponível em: https://legis.senado.leg.br/sdleggetter/documento?dm=7751566&ts=15940 12451098&disposition=inline. Acesso em: 23 abr. 2021.

A adjetivação pura e simples de uma atividade de tratamento como pessoal não tem força semântica suficiente para se criar a exceção à norma parametrizada pelos diplomas internacionais, como o RGPD, ou mesmo o texto original do PL que deu origem ao PLC 53, de 2018. Esses paradigmas dão a entender que o que se deseja excepcionar é a atividade exclusivamente particular e sem fim econômico realizada por pessoa natural (...).

Veja-se que o artigo 4º, I, institui três diferentes requisitos para o tratamento de dados, quais sejam: (i) realizado por pessoa natural; (ii) finalidades exclusivamente particulares; e (iii) finalidade não econômica.

No presente caso, o requerente normalmente se enquadra na condição de pessoa natural e pretende acesso a processos judiciais findos, com o intuito de resgate de informações para fins de comprovação da cidadania ora pretendida, não possuindo qualquer ligação com uma atividade profissional ou comercial, tampouco com aferição de vantagem econômica ou patrimonial.

Ademais, a pesquisa de antepassados para fins de cidadania estrangeira se relaciona com o particular interesse do pleiteante de obter informações sobre sua cadeia ancestral, na medida em que busca conhecer suas origens familiar e genética, enquadrando-se perfeitamente na exceção do art. 4º, inciso I, de maneira que a LGPD não se aplica a este específico tratamento de dados pessoais, revelando-se desnecessário o enquadramento em uma das bases legais do artigo 7º ou 11 da norma protetiva.

Todavia, conforme adverte Rony Vainzof,[26] "a LGPD se aplicará aos agentes de tratamento (controlador e operador) que forneçam os meios para o tratamento dos dados pessoais dessas atividades pessoais", sendo recomendável, nesses casos, que o requerente firme junto à organização um termo de responsabilidade contendo requisitos mínimos de segurança e confidencialidade a serem seguidos perante a instituição envolvida, a exemplo do que ocorre junto ao Tribunal de Justiça de Santa Catarina.

---

[26] VAINZOF, Rony. *LGPD – Lei Geral de Proteção de Dados Comentada*. RT, 2019, p. 67. MALDONADO, Viviane Nóbrega; OPICE BLUM, Renato. (Org.) *Comentários ao GDPR*: Regulamento Geral de Proteção de Dados da União Europeia. São Paulo: Thomson Reuters Brasil, 2018. 252 p.

D) Requisição de autos findos para realização de pesquisa acadêmica

Os requerimentos para tal finalidade normalmente são feitos por estudantes de graduação, mestrandos e/ou doutorandos visando à realização de pesquisa em autos para o desenvolvimento de pesquisas acadêmicas.

A Lei Geral de Proteção de Dados Pessoais estabeleceu, em seu artigo 4º, inciso II, letra "b", as previsões para a sua não incidência, conforme se constata por sua redação: "Art. 4º – Esta Lei não se aplica ao tratamento de dados pessoais: (...) II – realizado para fins exclusivamente: (...) b) acadêmicos, aplicando-se a esta hipótese os arts. 7º e 11 desta Lei".

A parte em destaque da norma privilegia a liberdade didático-científica, sendo que a expressão "acadêmicos" possui a conotação de atividades de ensino, pesquisa e extensão, pilares da atuação escolar ou universitária, seja no âmbito científico ou tecnológico.

Ocorre que a LGPD, em verdadeira dicotomia interpretativa, excluiu de sua incidência o tratamento de dados para fins acadêmicos ao mesmo tempo em que impõe a incidência dos artigos 7º e 11, que cuidam das bases legais, observando-se que não se trata, portanto, de não aplicação da LGPD, mas sim de aplicação mitigada, devendo o tratamento de dados pessoais para fins acadêmicos ter suporte em uma das bases legais previstas nos artigos anteriormente citados.

Analisando-se todas as bases legais do artigo 7º e/ou do artigo 11 da LGPD, verifica-se que nenhuma delas serve de suporte para justificar o referido tratamento ou mesmo autorizar o deferimento do pedido para a respectiva pesquisa acadêmica.

O debate remanescente seria em relação à hipótese de realização de estudos por órgão de pesquisa (art. 11, II, c) cuja definição consta no art. 5º, XVIII, da LGPD, cujo conceito se pode extrair do Relatório elaborado pela Comissão Especial destinada a proferir Parecer ao Projeto de Lei nº 4060/2012[27], sob o comando do Deputado Orlando Silva, da seguinte forma:

---

[27] A Lei Geral de Proteção de Dados Pessoais (Lei nº 13.709/2018) é fruto da reunião de dois Projetos de Lei que tramitavam juntos na Câmara dos Deputados – o PL 4060/2012, com origem na própria Câmara, e o PL 5276/2016, de autoria do Executivo. Nesta Casa Legislativa foi a criada a Comissão Especial de Proteção de Dados Pessoais, cujo relator, Deputado Orlando Silva, após diversas audiências públicas, reuniões setoriais e seminários, conduziu o Projeto para votação no Plenário, que o aprovou por unanimidade. Remetido ao Senado Federal para revisão, designada a relatoria ao Senador Ricardo Ferraço, foi renumerado como PLC (Projeto de Lei da Câmara) nº 53/2018, bem como lhe foi apensado o PL 330/2013, que ali corria. No dia 10 de julho de 2018, o Projeto de Lei foi aprovado por unanimidade na Casa Legislativa Revisora. Nota da autora.

Como forma de dar maior clareza aos comandos gerais optamos por incluir definições para "relatório de impacto à proteção de dados pessoais" (inciso XVII), "órgão de pesquisa" (XVIII) e "órgão competente" (XIX). Para o primeiro determinamos que o relatório deverá conter a documentação dos processos que possam gerar risco, bem como as medidas de mitigação. Os órgãos de pesquisa são aqueles consagrados pela legislação de ciência, tecnologia e inovação, isto é, órgãos públicos ou privados sem fins lucrativos, que possuam como missão institucional a pesquisa básica ou aplicada (...).

Assim, os comandos dos art. 7º, inciso VI, e art. 11, inciso II, "c", da norma protetiva devem ser interpretados de maneira conjunta e restritiva, visto que consta apenas especificação concernente aos "órgãos de pesquisa", e não sobre pesquisa de ordem acadêmica.

Sobre esse assunto vale aqui mencionar os ensinamentos de Maurício Barreto, Bethania Almeida e Danilo Doneda:[28]

> Na LGPD, as instituições de pesquisa são responsáveis por aplicação e zelo dos preceitos legais. Pela necessidade de infraestrutura adequada, pessoal especializado e governança de dados, chamamos atenção para existência de centros de dados pessoais criados em alguns países para prover o acesso a dados de qualidade, de forma segura e controlada para pesquisa, avaliação, planejamento e elaboração de políticas.

Os autores mencionados até comentam a necessidade de normatização específica do setor e de estipulação de protocolos a reger o tratamento de dados, a serem detalhados pela Autoridade Nacional de Proteção de Dados e pelo Sistema de Comitê de Ética em Pesquisa[29] da seguinte forma:

> A LGPD é uma lei geral voltada ao estabelecimento de princípios e conceitos norteadores para preservar o equilíbrio entre a necessidade de proteger efetivamente os direitos dos titulares dos dados, ao mesmo tempo em que permite o processamento de dados pessoais e sensíveis para fins determinados, inclusive a pesquisa científica. O respeito a

---

[28] BARRETO, Maurício; ALMEIDA, Bethânia; DONEDA, Danilo. *Uso de dados na pesquisa científica, apud* HARRON *et al.*, 2017, p. 184. Disponível em: https://www.portaldeperiodicos.idp.edu.br/direitopublico/article/view/3895/Doneda%3B%20Barreto%3B%20Almeida%2C%202019. Acesso em: 26 out. 2022.

[29] BARRETO, Maurício; ALMEIDA, Bethânia; DONEDA, Danilo. *Uso de dados na pesquisa científica apud* HARRON *et al.*, 2017, p. 184. Disponível em: https://www.portaldeperiodicos.idp.edu.br/direitopublico/article/view/3895/Doneda%3B%20Barreto%3B%20Almeida%2C%202019. Acesso em: 26 out. 2022.

padrões éticos é parte da legalidade do processamento de dados pessoais e sensíveis em pesquisa, que deverá ser consistente com normatização específica do setor, que, no caso, será de responsabilidade do Sistema CEP/Conep e da Autoridade Nacional de Proteção de Dados em diálogo com a comunidade científica para definir o que necessitará ser regulado e normatizado como desdobramento da LGPD.

Entretanto, e embora se reconheça a importância dos referidos estudos, verifica-se que diante da ausência de regulamentação específica para a pesquisa científica e acadêmica, a manifestação do Comitê do TJSC tem-se pautado somente nos ditames normativos, eis que as pessoas naturais requerentes não se enquadram na condição de "órgão de pesquisa", inexistindo na LGPD base legal a respaldar tal operação de tratamento de dados, levando por consequência ao indeferimento de tais pedidos, ao menos até que a ANPD[30] venha regulamentar a questão definitivamente.

E) Verificação de editais de acordos de cooperação técnica, convênios e/ou contratos firmados pelo TJSC com outras organizações

Para a análise de pedidos relacionados a acordos de cooperação técnica, convênios ou mesmo contratos firmados com instituições externas, o Controlador no TJSC vem optando por ouvir inicialmente o Comitê Gestor, o qual tem a tarefa de analisar se todas as cláusulas que compõem tais documentos estão de acordo com a LGPD, recomendando, se for o caso, as adequações necessárias para que os referidos instrumentos estejam em conformidade com o contexto da lei, lembrando mais uma vez que os pareceres são apenas opinativos, cabendo ao Controlador a decisão final de cada caso concreto.

Assim, diariamente o Comitê é chamado a opinar nessas questões, fazendo com que cada vez mais os instrumentos anteriormente citados estejam com suas cláusulas lapidadas e formatadas à luz da legislação protetiva, contribuindo dessa forma para que a LGPD esteja presente na atividade diária desenvolvida pelos vários setores do TJSC, conforme

---

[30] Em 3 de maio de 2022 a ANPD publicou o estudo técnico denominado "A LGPD e o tratamento de dados pessoais para fins acadêmicos e para a realização de estudos por órgão de pesquisa" objetivando avaliar o regime jurídico para o tratamento de dados pessoais para fins exclusivamente acadêmicos bem como sobre os aspectos relacionados ao tratamento por órgão de pesquisa. Dados sobre o respectivo estudo podem ser encontrados na página da ANPD. ANPD publica estudo técnico "A LGPD e o tratamento de dados pessoais para fins acadêmicos e para a realização de estudos por órgão de pesquisa" – Português (Brasil) (www.gov.br). Acesso em: 26 out. 2022.

vem descrito na política de proteção de dados e privacidade[31] da referida instituição.

F) Compartilhamento de dados pessoais entre o TJSC e outras instituições

Várias são as instituições que requerem ao TJSC o compartilhamento de informações que compõem o seu banco de dados pessoais; dentre elas, podemos citar: companhia de água e esgoto, instituto de previdência estadual, polícia civil, secretaria de segurança pública, polícia militar, comissão estadual judiciária de adoção do Estado de SC, Conselho Nacional de Justiça (CNJ). Nesses casos, a Coordenadora do Comitê/ Encarregada verifica inicialmente se os compartilhamentos dos dados pessoais referidos possuem uma finalidade específica e adequada (art. 6º, I, da LGPD) e se há bases legais previstas na legislação protetiva (artigos 7º, 11 e 23 da LGPD) que autorizem tais tratamentos de dados.

Se o pedido for apresentado de forma incompleta, a Coordenadora/ Encarregada requisita novas informações, e na sequência, se tudo estiver correto, é elaborado parecer opinativo positivo para o respectivo compartilhamento, enviando-se em seguida o mesmo ao Controlador para a sua decisão final.

Muitos outros exemplos práticos de pedidos ao TJSC poderiam ser ainda apresentados neste artigo, entretanto o objetivo deste estudo foi trazer apenas as principais demandas que são levadas à apreciação do Comitê/Encarregada, de acordo com o número de proposições e sua importância jurídica, desejando-se que tais narrativas, por consequência, sirvam de inspiração aos membros de outras organizações para a solução de tais problemáticas.

Considerações finais

A Lei Geral de Proteção de Dados Pessoais traz consigo uma tarefa árdua referente à inserção de uma mudança cultural quanto à proteção de dados pessoais e privacidade, a qual atingirá não somente nossa vida pessoal, mas também a nossa vivência social e profissional.

Os Tribunais de Justiça Estaduais, aqui, de forma prática, representados pelo Tribunal de Justiça de Santa Catarina – TJSC, necessitam

---

[31] Política Geral de Privacidade e Proteção de Dados Pessoais do PJSC – Ouvidoria – Poder Judiciário de Santa Catarina (tjsc.jus.br). Acesso em: 26 out. 2022.

cada vez mais aprimorar o recebimento de requisições dos titulares dos dados pessoais criando mecanismos internos ágeis e seguros para o seu processamento, possibilitando assim que as demandas sejam resolvidas em conformidade com a legislação protetiva.

Os papéis desempenhados pelo Comitê Gestor e pela Encarregada de tratamento de dados pessoais do TJSC são determinantes não somente na resolução prática dos pedidos dos titulares, mas principalmente na sensibilização e sedimentação da cultura de proteção de dados pessoais perante todos os membros que compõem sua estrutura.

A utilização de tecnologia adequada, como aquela apresentada pelo desenvolvimento do aplicativo LGPDJus e seus painéis de gerenciamento, em muito tem colaborado para que todas as solicitações oferecidas ao TJSC possam ser respondidas em tempo e modo adequados, além de possibilitar que a Encarregada tenha um controle dinâmico e preciso de todo o fluxo percorrido por elas, até a resposta final de cada solicitação.

Espera-se que a apresentação dos casos práticos neste estudo venha ajudar as demais instituições de natureza pública ou privada a desenvolverem suas interpretações jurídicas nos casos então apresentados, bem como possa fornecer subsídios para a elaboração de estruturas adequadas para o recebimento e resposta dos pedidos em cumprimento ao contexto da Lei Geral de Proteção de Dados Pessoais.

Referências

AMBLAB. Laboratório de Inovação e Inteligência da AMB.

ANDROID. Apps Android no Google Play.

ANPD. *A LGPD e o tratamento de dados pessoais para fins acadêmicos e para a realização de estudos por órgão de pesquisa*. Português (Brasil) (www.gov.br).

APPLE. Disponível em: https://www.apple.com/br/app-store.

BARRETO, Maurício; ALMEIDA, Bethânia; DONEDA, Danilo. *Uso de dados na pesquisa científica apud* HARRON *et al.*, 2017, p. 184. Disponível em: https://www.portaldeperiodicos.idp.edu.br/direitopublico/article/view/3895/Doneda%3B%20Barreto%3B%20Almeida%2C%202019.

BIONI, Bruno Ricardo. *Proteção de dados pessoais*: a função e os limites do consentimento. 2. reimp. Rio de Janeiro: Forense, 2019, 314 p.

BRASIL. *Lei nº 13.709*, de 14 de agosto de 2018. L13709 (planalto.gov.br). Acesso em: 14 jun. 2022.

BRASIL. *Medida Provisória nº 959*, de 29 de abril de 2020. Disponível em: http://www.planalto.gov.br/ccivil_03/_ato2019-2022/2020/Mpv/mpv959.htm#:~:text=Estabelece%20a%20operacionaliza%C3%A7%C3%A3o%20do%20pagamento,Lei%20Geral%20de%20Prote%C3%A7%C3%A3o%20de.

BRASIL. *Lei nº 13.853*, de 8 de julho de 2019. Altera a Lei nº 13.709, de 14 de agosto de 2018, para dispor sobre a proteção de dados pessoais e para criar a Autoridade Nacional de Proteção de Dados, e dá outras providências. L13853 (planalto.gov.br) Acesso em: 15 jun. 2022.

BRASIL. *Lei nº 14.010*, de 10 de junho de 2020. http://www.planalto.gov.br/ccivil_03/_ato2019-2022/2020/lei/L14010.htm#:~:text=Disp%C3%B5e%20sobre%20o%20Regime%20Jur%C3%ADdico,coronav%C3%ADrus%20(Covid%2D19).

BRASIL. Plataforma gov.br. Português (Brasil) (www.gov.br).

BRUNO. Marcos Gomes da Silva. *LGPD – Lei Geral de Proteção de Dados comentada*. São Paulo: Revista dos Tribunais, 2019, p. 144.

CNJ. Disponível em: https://www.cnj.jus.br/lgpd-norma-define-criterios-minimos-para-adequacao-pelos-tribunais/. Acesso em: 25 jan. 2023.

CRESPO, Marcelo Xavier de Freitas. (Coord.) *'Compliance' no direito digital*. São Paulo: Thomson Reuters Brasil, 2020. Vol. 3. 379 p.

CUEVA, Ricardo Villas Boas; DONEDA, Danilo. MENDES, Laura Schertel. (Coord.) *Lei Geral de Proteção de Dados* (Lei nº 13.709/2018: a caminho para a implementação da LGPD). São Paulo: Thomson Reuters Brasil, 2020, 255 p.

DONEDA, Danilo. *Da privacidade à proteção de dados pessoais*: elementos da formação a Lei Geral de Proteção De Dados. 2. ed. São Paulo: Thomson Reuters Brasil, 2019, 352 p.

DONEDA, Danilo; SARLET, Ingo Wolfgang; MENDES, Laura Schertel; JUNIOR, Otávio Luiz Rodrigues. (Coord.) BIONI, Bruno Ricardo (Coord. exec.). *Tratado de proteção de dados pessoais*. Rio de Janeiro: Forense, 2021. 741 p.

FRANCOSKI, Denise de Souza Luiz; TASSO, Fernando Antonio. (Coord.) *A Lei Geral de Proteção de Dados Pessoais*: aspectos práticos e teóricos relevantes no setor público e privado. 1. ed. São Paulo: Thomson Reuters Brasil, 2021, 987 p.

FRASÃO, Ana; TEPEDINO, Gustavo; OLIVA, Milena Donato. (Coord.). *Lei Geral de Proteção de Dados Pessoais e suas repercussões no direito brasileiro*. São Paulo: Thomson Reuters, 2019, 820 p.

FRASÃO, Ana; CUEVA, Ricardo Villas Boas. (Coord.) *Compliance e políticas de proteção de dados*. São Paulo: Thomson Reuters Brasil, 2021, 1263 p.

ITSRIO. Instituto de Tecnologia e Sociedade. *Por uma internet livre e aberta* (itsrio.org).

ITSRIO; BRANCO, Sergio. TEFFÉ, Chiara. (Coord.). *Inteligência artificial e Big Data* [livro eletrônico]: diálogos da pós-graduação em direito digital. Rio de Janeiro: Ed. dos autores, 2022. 326 p.

ITSRIO. Varanda ITS #105 LGPDJus e inovação no setor público (itsrio.org).

LIMA, Cintia Rosa Pereira. (Coord.) *Comentários à Lei Geral de Proteção de Dados*: Lei nº 13.709/2018, com a alteração da Lei nº 13.853/2019. São Paulo: Almedina, 2020, 431 p.

LIMA, Cíntia Rosa Pereira de. *Autoridade nacional de proteção de dados e a efetividade da Lei Geral de Proteção de Dados*: de acordo com a Lei Geral de Proteção de Dados (Lei nº 13.709/2018 e as alterações da Lei 13.853/2019), o Marco Civil da Internet (Lei nº 12.965/2014) e as sugestões de alteração do CDC (PL 3.514/2015). São Paulo: Almedina, 2020, 333 p.

MALDONADO, Viviane Nóbrega; OPICE BLUM, Renato. (Org.) *Comentários ao GDPR*: Regulamento Geral de Proteção de Dados da União Europeia. São Paulo: Thomson Reuters Brasil, 2018. 252 p.

MALDONADO, Viviane Nóbrega; OPICE BLUM, Renato. (Coord.). *Lei Geral de Proteção de Dados comentada*. São Paulo: Thomson Reuters Brasil, 2019, 411 p.

MALDONADO, Viviane Nóbrega. (Coord.) *LGPD: Lei Geral de Proteção de Dados pessoais*: manual de implementação. São Paulo: Thomson Reuters Brasil, 2019.

MALDONADO, Viviane Nóbrega. (Coord.) *Manual do DPO*: Data Protection Officer. 1. ed. São Paulo: Thomson Reuters Brasil, 2021, 240 p.

MONTEIRO, Renato Leite; CRUZ, Sinuhe. Direitos dos titulares, fundamentos, limites e aspectos práticos. *In*: FRANCOSKI, Denise de Souza Luiz; TASSO, Fernando Antonio. (Coord.). *A Lei Geral de Proteção de Dados Pessoais LGPD*: aspectos práticos e teóricos relevantes no setor público e privado. 1. ed. São Paulo: Thomson Reuters Brasil, 2021, 987 p.

PALHARES, Felipe. (Coord.). *Temas atuais de proteção de dados*. São Paulo: Thomson Reuters Brasil, 2019. 549 p.

PALHARES, Felipe. (Coord.). *Estudos sobre a privacidade e proteção de dados*. São Paulo: Thomson Reuters, 2021, 644 p.

PIRONTI, Rodrigo. (Coord.). *Lei Geral de Proteção de Dados*: estudos sobre o novo cenário de governança corporativa. Belo Horizonte: Fórum, 2020, 254 p.

PIRONTI, Rodrigo. (Coord.). *Lei Geral de Proteção de Dados no setor público*. Belo Horizonte: Fórum, 2021, 490 p.

RODOTÁ, Stefano. *A vida na sociedade da vigilância*: a privacidade hoje. Organização, seleção e apresentação de Maria Celina Bodin de Moraes. Tradução de Danilo Doneda e Luciana Cabral Doneda. Rio de Janeiro: Renovar, 2008, 381 p.

TEIXEIRA, Tarcísio; ARMELIN, Ruth Maria Guerreiro da Fonseca. *Lei geral de proteção de dados*: Comentado artigo por artigo. 2. ed. rev. atual. e ampl. Salvador: Editora JusPodivm, 2020, 224 p.

TJSC. Comitê Gestor de Proteção de Dados Pessoais – Poder Judiciário de Santa Catarina (tjsc.jus.br).

TJSC. Encarregada pelo tratamento de dados pessoais – Ouvidoria – Poder Judiciário de Santa Catarina (tjsc.jus.br). Portaria GP nº 1.481, de 17 de julho de 2020.

TJSC. Comitê Gestor de Proteção de Dados Pessoais – Poder Judiciário de Santa Catarina (tjsc.jus.br). Encarregada pelo tratamento de dados pessoais – Ouvidoria – Poder Judiciário de Santa Catarina (tjsc.jus.br) Portaria GP nº 1.481, de 17 de julho de 2020. Acesso em: 26 out. 2022

TJSC. Encarregado pelo tratamento de dados pessoais – Ouvidoria – Poder Judiciário de Santa Catarina (tjsc.jus.br).

TJSC. Política Geral de Privacidade e Proteção de Dados Pessoais do PJSC – Ouvidoria – Poder Judiciário de Santa Catarina (tjsc.jus.br).

VAINZOF, Rony. *LGPD – Lei Geral de Proteção de Dados comentada*. MALDONADO, Viviane Nóbrega; OPICE BLUM, Renato. Organizadores. Comentários ao GDPR: Regulamento Geral de Proteção de Dados da União Europeia. São Paulo: Thomson Reuters Brasil, 2018. 252 p.

VAUGHN, Gustavo Favero; BERGSTROM, Gustavo Tank; FABER, Bárbara Breda. (Coord.). *Primeiras impressões sobre a Lei Geral de Proteção de Dados* – LGPD. Ribeirão Preto: Migalhas, 2021, 519 p.

Informação bibliográfica deste texto, conforme a NBR 6023:2018 da Associação Brasileira de Normas Técnicas (ABNT):

FRANCOSKI, Denise de Souza Luiz. Pedidos dos titulares: canais de atendimentos e casos práticos submetidos à apreciação no TJSC. *In*: FRANCOSKI, Denise de Souza Luiz; TEIVE, Marcello Muller (coord.). *LGPD*: direitos dos titulares. Belo Horizonte: Fórum, 2023. p. 21-39. ISBN 978-65-5518-500-3.

O DIREITO AO CONHECIMENTO E À CONFIRMAÇÃO DA EXISTÊNCIA DO TRATAMENTO NA LEI GERAL DE PROTEÇÃO DE DADOS PESSOAIS
UM DIREITO A SER CONHECIDO E LEVADO A SÉRIO

OSCAR VALENTE CARDOSO

Introdução

A Lei Geral de Proteção de Dados Pessoais (LGPD – Lei nº 13.709/2018) possui um caráter objetivo, de proteção específica dos dados pessoais, razão pela qual se deve ter inicialmente o entendimento de que se trata de uma lei geral de proteção dos dados pessoais com viés posterior de uma lei geral de proteção dos titulares dos dados pessoais.

Contudo, a LGPD não apenas regula as atividades de tratamento e tutela os dados pessoais, de forma objetiva e sistematizada, mas também confere direitos aos titulares, para a proteção de seus dados.

Entre esses direitos está o direito ao conhecimento, ou direito à confirmação da existência do tratamento, que atribui ao titular a legitimidade para exigir que qualquer controlador esclareça se trata – ou não – qualquer um de seus dados pessoais. Tendo em vista que qualquer operação realizada sobre os dados é considerada pelo art. 5º, X, da LGPD como atividade de tratamento (inclusive o armazenamento e o arquivamento de dados pessoais, sem a efetiva utilização), trata-se de um direito amplo e que pode ser exercido diante de qualquer controlador.

Para analisar a regulação desse direito, o artigo reconstrói os antecedentes histórico-normativos do direito ao conhecimento e à confirmação da existência do tratamento de dados no Brasil, destaca as principais características do fundamento da autodeterminação informativa, examina as regras gerais sobre os direitos dos titulares para, na sequência, especificar o conteúdo e a extensão do direito ao conhecimento na LGPD e, por fim, o procedimento legal para o exercício desse direito.

1 Antecedentes histórico-normativos

A LGPD não é a primeira lei no Brasil que regula e protege os direitos dos titulares de dados pessoais. O tema é objeto de atenção do Legislativo há alguns anos, mesmo antes da popularização da internet e do enquadramento jurídico da matéria em sua amplitude atual.

Desde a Constituição de 1988 já existem fundamentos normativos no país para a tutela dos dados pessoais (ainda que essa denominação não fosse utilizada na época).

A LGPD tem a característica principal de regular a proteção de dados pessoais de forma geral e sistematizada. Porém, em decorrência da abrangência da matéria e da produção de seus efeitos em relações jurídicas variadas (regulação e fiscalização da atividade pela autoridade nacional, relações de consumo, contratos entre empresas, negócios jurídicos presenciais ou à distância, observância pelas pessoas jurídicas de direito público – inclusive pelo Judiciário – entre outras), a interpretação e a aplicação da Lei Geral de Proteção de Dados precisa, invariavelmente, do auxílio subsidiário ou supletivo das normas específicas incidentes sobre a relação jurídica subjetiva que tiver os dados pessoais (total ou parcialmente) em seu objeto.

A entrada em vigor da LGPD não causou a revogação dos dispositivos legais que regulam os dados pessoais (com base nos critérios da cronologia ou da especialidade). Ao contrário, é mais apropriado falar no "diálogo das fontes" entre a Lei Geral de Proteção de Dados e outras leis que tratam da proteção de dados pessoais, que continuam coexistindo no ordenamento jurídico e devem ser aplicadas de forma conjunta, para manter a coerência do sistema normativo e resolver os conflitos de interpretação e aplicação das normas.

De forma específica, a Constituição contém as normas gerais e abstratas para a proteção dos dados pessoais no Brasil (reforçada pela inclusão expressa da proteção de dados pessoais como um direito fundamental no inciso LXXIX do art. 5º, pela EC 115/2022), além de um dos meios processuais adequados para o exercício dos direitos de conhecimento e retificação de dados pelo titular. Trata-se do *habeas data*, ação constitucional específica para assegurar o conhecimento de dados e informações relativos à pessoa natural, constantes de registros ou bancos de dados de entidades governamentais ou de caráter público, e para promover a retificação dos dados (art. 5º, LXXII, da Constituição). Porém, esse meio processual ainda é pouco utilizado, e predomina uma interpretação restritiva ao seu uso nas decisões dos tribunais brasileiros. Como exemplo de admissibilidade do *habeas data* para o acesso aos dados pessoais em bancos de dados públicos, destaca-se o Tema nº 582 da Repercussão Geral do Supremo Tribunal Federal: "O *habeas data* é a garantia constitucional adequada para a obtenção, pelo próprio contribuinte, dos dados concernentes ao pagamento de tributos constantes de sistemas informatizados de apoio à arrecadação dos órgãos da administração fazendária dos entes estatais".

Por outro lado, o *habeas data* não é o único meio processual adequado para a efetivação dos direitos de conhecimento e de retificação dos dados pelo titular, que pode fazer uso da tutela específica de cumprimento de obrigação de fazer, no procedimento mais adequado para o caso.

No Código de Defesa do Consumidor (CDC – Lei nº 8.078/90) há a previsão da comunicação de abertura de cadastro pelo controlador sem a solicitação do titular (art. 43, *caput* e §2º, do CDC). O consumidor titular de dados tem o direito de ser informado sempre que houver a inclusão de seus dados pessoais em cadastros, fichas, registros ou banco de dados, quando tiver sido aberto sem o seu consentimento. Além disso, a abertura de qualquer espécie de banco de dados deve ser informada de forma clara ao consumidor, para que haja o seu consentimento informado e inequívoco (art. 5º, XII, da LGPD), ou, quando a base legal utilizada não for o consentimento, que sejam observados os direitos inerentes à autodeterminação informativa (art. 2º, II, da LGPD), especialmente o conhecimento.

Na Lei do Cadastro Positivo (Lei nº 12.414/2011, derivada da Medida Provisória nº 518/2010) também existem regras que preveem a comunicação inequívoca do titular (art. 4º, §4º, I a III, da LCP). Essas regras são similares à prevista no art. 43, *caput* e §2º, do CDC, ao exigirem a comunicação do titular dos dados sobre a abertura, para que ele mantenha, requeira a retificação ou opte pela exclusão de seus dados do cadastro positivo. De acordo com o CDC, a LCP e a LGPD, a criação de qualquer espécie de banco de dados deve ser informada de forma clara ao titular dos dados (com base no fundamento da autodeterminação informativa e nas regras legais), o que assegura o seu conhecimento e (quando for exigido) o seu consentimento informado e inequívoco (arts. 5º, XII, 7º, I, e 11, I, da LGPD).

Analisadas as principais normas anteriores no país sobre o direito de conhecimento e confirmação da existência do tratamento de dados pessoais, passa-se ao exame da regulação dos direitos do titular na Lei Geral de Proteção de Dados Pessoais.

2 Fundamento da autodeterminação informativa

A autodeterminação informativa ou informacional (art. 2º, II, da LGPD) é uma cláusula aberta de proteção dos direitos do titular, que lhe confere o direito de controlar e proteger o acesso aos seus dados pessoais.

Enquanto o respeito à privacidade previsto no inciso I do art. 2º da LGPD consiste na transposição da cláusula geral de privacidade da Constituição (art. 5º, X e XII) para a lei, a autodeterminação informativa protege, de modo mais específico, a privacidade decisional e informacional sobre os dados pessoais.

Em outras palavras, a autodeterminação informativa realiza a transposição da proteção geral à privacidade para a proteção específica da privacidade dos dados pessoais, com base na autonomia da vontade do titular.

Com isso, o titular dos dados pessoais tem direito ao conhecimento adequado e correto do tratamento realizado por determinado controlador – e de que forma esse tratamento é realizado. Em suma, o titular tem o *direito de controle* sobre os seus próprios dados pessoais.

A autodeterminação informativa é um conceito parcialmente novo no ordenamento jurídico brasileiro, proveniente do Direito alemão. A concepção de autodeterminação informativa na proteção de dados pessoais foi elaborada pelo Tribunal Constitucional alemão em 1983, em um julgamento sobre a constitucionalidade da Lei do Censo de 1981. Essa lei submetia as pessoas (naturais e jurídicas) a um questionário extenso e invasivo (com aproximadamente 160 perguntas) que seria aplicado no ano de 1983, não garantia a preservação da privacidade e tinha regras desproporcionais aos fins pretendidos. Em resumo, a Lei do Censo autorizava o tratamento de dados pessoais para objetivos estatísticos e a transmissão anonimizada desses dados para a execução de políticas públicas (ou seja, os titulares deixavam de ter controle sobre os seus dados pessoais e não tinham ciência prévia sobre as finalidades do tratamento).

A Corte Constitucional alemã decidiu que a lei era parcialmente constitucional, o que incluiu constitucionalidade da permissão para a coleta e as demais atividades de tratamento de dados pessoais dos cidadãos independentemente do seu consentimento. Com isso, houve o reconhecimento expresso da permissão em lei como uma das bases legais possíveis para o tratamento dos dados pessoais.

Por outro lado, o tribunal declarou a inconstitucionalidade de diversos dispositivos da Lei do Censo de 1981, sob o fundamento de interferência relevante e injustificada sobre direitos individuais (nas perguntas invasivas da privacidade), especialmente porque não assegurava o direito à privacidade e extrapolava as finalidades do censo. Por exemplo, a permissão geral conferida pela lei para a comparação e o compartilhamento de dados pessoais entre órgãos públicos foi declarada inconstitucional.

Em outras palavras, a coleta de uma grande quantidade de dados pessoais pressupõe a existência de finalidades específicas para o uso de cada um deles.

Consequentemente, decidiu-se que as pessoas têm o direito de saber como os seus dados pessoais são armazenados – e quem tem acesso a eles – como uma forma de prevenir influências indevidas sobre os seus comportamentos. Os julgadores concluíram que a lei violava não apenas os direitos individuais, mas também o bem comum, tendo em vista que a existência de uma sociedade livre e democrática pressupõe as efetivas autodeterminação e participação dos cidadãos.

Com isso, o Tribunal Constitucional alemão reconheceu expressamente a existência do direito à autodeterminação informativa (*"Recht auf informationelle Selbstbestimmung"*), extraído dos direitos da personalidade e do princípio da dignidade da pessoa humana.

Essa autodeterminação informativa foi definida como o direito dos titulares dos dados pessoais de controlar os dados que são requeridos e que poderão ser obtidos deles próprios (titulares), quem serão os seus destinatários, os agentes de tratamento e quais as modalidades para a utilização desses dados.

Em outras palavras, o titular dos dados pessoais tem o direito de ciência sobre quais são as pessoas que acessaram (ou podem acessar) os seus dados, o que elas sabem sobre eles, em que momento e em quais situações o tratamento dos dados ocorreu.

Ainda, o titular tem o direito de saber com quem o controlador compartilhou os seus dados pessoais e por quem recebeu dados compartilhados. Em suma, *o titular tem o direito de conhecer onde e com quem os seus dados estão*.

A autodeterminação informativa compreende cinco direitos principais: o consentimento, o conhecimento, a retificação, a interrupção e a eliminação.

De forma específica, o conhecimento consiste no direito do titular de ter ciência do início do tratamento de seus dados, *ainda que possa ser realizado sem o seu consentimento*. Em outras palavras, mesmo que o consentimento não seja utilizado como base legal para o tratamento dos dados pessoais, o titular tem o direito de ser cientificado do seu início.

Em resumo, o titular tem o direito de saber tudo o que será feito com os seus dados e as informações que são extraídas deles.

O fundamento da autodeterminação informativa reflete em todos os nove incisos do art. 18 da LGPD, a partir do consentimento, do conhecimento, da retificação, da interrupção e da eliminação.

Em consequência, o titular tem o direito de obter do controlador a confirmação da existência de tratamento (conhecimento); o acesso aos próprios dados pessoais (conhecimento); a correção de dados incompletos, inexatos ou desatualizados (retificação); a anonimização, o bloqueio ou a eliminação de dados desnecessários, excessivos ou tratados em desconformidade com o previsto na LGPD (interrupção e eliminação); a portabilidade dos dados a outro fornecedor de serviço ou produto (interrupção); a eliminação dos dados pessoais tratados com o consentimento do titular (eliminação); a informação das entidades públicas e privadas com as quais o controlador realizou o uso compartilhado de dados (conhecimento); a informação sobre a possibilidade de não fornecer consentimento e sobre as consequências da negativa (conhecimento, consentimento); e a revogação do consentimento (consentimento e eliminação) (art. 18, I a IX, da LGPD).

Dessa forma, o fundamento da autodeterminação informativa confere ao titular o direito de dar o seu consentimento para o tratamento de seus dados ou, quando este não for utilizado como base legal, de ser informado sobre a realização do tratamento, com sua extensão, os dados que são tratados, a finalidade, a necessidade, a adequação, a duração, quem é o agente de tratamento entre outros aspectos.

3 Direitos do titular na LGPD

A LGPD possui um caráter objetivo, de proteção específica dos dados pessoais. Por isso, como afirmado na introdução, trata-se inicialmente de uma lei geral de proteção dos dados pessoais com viés posterior de uma lei geral de proteção dos titulares dos dados pessoais.

Como consequência principal, as normas de proteção dos dados pessoais devem ser observadas em qualquer atividade de tratamento, independentemente do acompanhamento ou monitoramento pelo titular. Há uma descrição objetiva das operações de tratamento, dos deveres e responsabilidades do controlador e do operador no desempenho de suas atividades.

A proteção de dados pessoais não se exaure na proteção dos direitos dos titulares, porque contém instrumentos que proporcionam, de forma independente e destacada, a tutela (individual ou transindividual) dos dados pessoais.

Isso significa que a proteção dos dados pessoais é realizada de forma separada da proteção dos titulares, ou seja, os dados pessoais são tutelados independentemente da manifestação de vontade dos seus titulares.

A LGPD contém princípios e regras objetivas sobre o tratamento de dados pessoais, que definem o que pode e o que não pode ser feito com eles nas operações de tratamento.

De outro lado, a LGPD não se limita a regular as atividades de tratamento e a tutelar os dados pessoais, mas também confere direitos aos titulares, para que eles próprios possam proteger os seus dados. Por isso, o primeiro direito assegurado no art. 17 da LGPD, que é a base de todos os demais, é o direito de titularidade dos dados pessoais. Não há uma relação de propriedade ou de posse (ou seja, derivada de um direito real), mas os dados são atributos da personalidade, que, por isso, integram os direitos pessoais da pessoa natural.

Assim, a LGPD insere o titular, ao mesmo tempo, como um destinatário e um legitimado para a proteção dos dados pessoais: além de ser beneficiado pela tutela conferida pela lei aos seus dados (e por instrumentos de proteção que não dependem de sua iniciativa), ele próprio pode exercer os seus direitos para a proteção dos próprios dados pessoais e de outros direitos relacionados a eles (como a privacidade, a informação, a intimidade, a honra, a imagem e os direitos do consumidor).

Para a proteção subjetiva, existe um capítulo específico na LGPD destinado aos direitos do titular (Capítulo III, com os arts. 17/22), que contém um rol de direitos assegurados no art. 18 e outros previstos em diversos dispositivos da lei. Ainda, os arts. 19/20 contêm procedimentos para o exercício dos direitos.[1]

Os titulares possuem direitos assegurados expressamente na LGPD e, além disso, têm o direito de conhecer quais são os seus direitos sobre os dados pessoais e de solicitar providências específicas para o seu cumprimento (para os agentes de tratamentos, para a ANPD e outros

---

[1] Sobre os direitos dos titulares na LGPD: FONSECA, Edson Pires da. *Lei Geral de Proteção de Dados Pessoais – LGPD*. Salvador: JusPodivm, 2021, p. 115-116.

órgãos administrativos e, se não for suficiente, buscar a sua efetivação no Judiciário).

O *caput* do art. 18 da LGPD deixa claro que não pode haver limites ao exercício dos direitos do titular. Os direitos assegurados na LGPD se aplicam de forma ampla a qualquer espécie de relação jurídica que tenha os dados pessoais em seu objeto, inclusive naquelas reguladas em outras leis (como, por exemplo, o Código de Defesa do Consumidor, a Lei do Cadastro Positivo e o Marco Civil da Internet), de modo a proteger os direitos dos titulares.

Os direitos dos titulares são os parâmetros que, de forma objetiva, esclarecem aos agentes (controlador e operador) e aos titulares quais são os limites de tratamento, ou seja, o que os titulares podem – e não podem – permitir que seja realizado com os seus dados e, consequentemente, a licitude do tratamento dos dados pessoais pelos agentes de tratamento. A LGPD não foi elaborada com o intuito de impedir ou de tornar ilícito o desempenho de atividades econômicas com os dados pessoais, mas sim o de regular a licitude e os limites das operações de tratamento (e, a partir disso, verificar eventuais ilicitudes).

Os titulares podem exercer os seus direitos em toda a cadeia de dados, logo, por exemplo, se houve o compartilhamento dos dados do controlador com o operador, ambos podem ser responsabilizados pelo incidente e pelo descumprimento de normas legais ou contratuais.

A efetivação dos direitos exige ações positivas dos agentes de tratamento. É comum ver em estabelecimentos comerciais um aviso da existência de um exemplar do Código de Defesa do Consumidor para consulta. Porém, não é suficiente oferecer o texto da Lei Geral de Proteção de Dados Pessoais para consulta. É preciso informar ao consumidor titular dos dados pessoais quais são os seus direitos e, inclusive, se ele pode se negar a fornecer os seus dados e quais são as consequências da negativa. Por exemplo, se for pedido ao titular o número do CPF para a realização de compra de produtos em uma farmácia, devem ser informados o motivo da coleta, qual a necessidade de obter esse dado e a finalidade do tratamento, ou seja, para que ele será usado.

Ainda, alguns direitos do titular são instrumentais, ou seja, destinam-se aos exercícios dos demais direitos. Nesse sentido, os direitos de confirmação e de acesso aos dados são usados para, por exemplo, exercer os direitos de correção, de eliminação ou de portabilidade.

Por essa razão, os dados pessoais devem ser armazenados em um formato que favoreça o exercício de direitos de acesso, motivo pelo qual o controlador deve adotar medidas que viabilizem o exercício dos direitos do titular.

Os direitos do titular compreendem a concretização dos fundamentos, princípios e garantias já fixados em lei para o tratamento de dados pessoais, as formas de seu exercício, os deveres e ônus impostos aos agentes de tratamento.

Na sequência, será examinado o direito específico ao conhecimento e à confirmação da existência do tratamento de dados pessoais.

4 O direito ao conhecimento e à confirmação da existência do tratamento na LGPD

Existe atualmente um descontrole informacional, porque os titulares não sabem com quem estão os seus dados pessoais e que atividades são realizadas com eles.

Por isso, o direito de conhecimento compreende, de forma inicial, o direito do titular de saber se determinada pessoa coletou, armazena ou realiza qualquer atividade de tratamento com seus dados pessoais (art. 18, I, da LGPD). Em resumo, o titular tem o direito de saber se os seus dados estão – ou não – sendo tratados por determinado controlador, de ter o conhecimento e a confirmação sobre a existência de um possível tratamento dos seus dados.[2]

Trata-se do primeiro direito imediatamente derivado do direito de conhecimento ou à informação (e diretamente relacionado a ele), que é o de confirmação da existência (ou não) do tratamento. Com base nele o titular tem o direito de obter do controlador informações sobre a existência – ou não – de alguma atividade de tratamento dos seus dados pessoais, de questionar se os seus dados são objeto de alguma operação de tratamento. Recorda-se que o mero armazenamento dos dados já caracteriza uma atividade de tratamento (art. 5º, X, da LGPD).

Esse direito decorre do princípio da transparência (art. 6º, VI, da LGPD), que assegura ao titular a prestação de informações claras, precisas e facilmente acessíveis sobre a realização do tratamento e os respectivos agentes (ressalvada a proteção dos segredos comercial e industrial).[3] Essa prestação de informações (pelo controlador ou pelo

---

[2] Sobre o assunto, Patrícia Peck Pinheiro afirma que a "(...) preocupação é garantir que o titular possa assegurar que seus dados estão sendo tratados de forma segura, verídica e cumprindo a sua finalidade" (PINHEIRO, Patrícia Peck. *Proteção de dados pessoais:* comentários à Lei nº 13.709/2018 (LGPD). 2. ed. São Paulo: Saraiva, 2020, p. 101).

[3] Acerca das relações entre o direito à confirmação da existência e o princípio da transparência: MONTEIRO, Renato Leite; CRUZ, Sinuhe. Direitos dos titulares: fundamentos, limites e aspectos práticos. *In:* FRANCOSKI, Denise de Souza Luiz; TASSO, Fernando Antonio

encarregado) abrange a confirmação da existência de tratamento, ou seja, a afirmação para o titular de que os seus dados são tratados pelo controlador ou operador.

Além de permitir ao titular o livre acesso aos seus dados pessoais e às atividades de tratamento realizadas sobre ele, a transparência garante o seu direito de saber que seus dados pessoais foram coletados e são tratados por alguém.

Antes da LGPD entrar em vigor, já existiam leis no Brasil que impunham ao controlador a comunicação inequívoca do titular sobre o início do tratamento de seus dados pessoais (em especial, o art. 43, *caput* e §2º, do Código de Defesa do Consumidor, e o art. 4º, §4º, I a III, da Lei do Cadastro Positivo, analisados acima), ou seja, quando o consentimento não for utilizado como a base legal do tratamento, deve ser cumprido o direito de conhecimento do titular sobre o início do tratamento.

A LGPD não tem regra específica e expressa sobre a necessidade de o controlador informar o titular sobre o início do tratamento.

As outras duas leis citadas estabelecem esse dever ao controlador.

De acordo com o §2º do art. 43 do Código de Defesa do Consumidor (Lei nº 8.078/90), "a abertura de cadastro, ficha, registro e dados pessoais e de consumo deverá ser comunicada por escrito ao consumidor, quando não solicitada por ele".

Por essa razão é que, por exemplo, a inclusão dos dados pessoais do devedor no banco de dados dos órgãos de proteção de crédito é precedida de sua notificação prévia, para conhecimento dessa nova atividade de tratamento e para se manifestar previamente sobre ela (e, eventualmente, comprovar o pagamento ou outro fato que impeça a negativação).

De forma semelhante, o inciso I do §4º do art. 4º da Lei do Cadastro Positivo determina: "A comunicação ao cadastrado deve: I – ocorrer em até 30 (trinta) dias após a abertura do cadastro no banco de dados, sem custo para o cadastrado". Em complemento, o inciso III do mesmo dispositivo legal impõe ao controlador o dever de "informar de maneira clara e objetiva os canais disponíveis para o cancelamento do cadastro no banco de dados".

Assim, de acordo com as regras do CDC, da LCP e da LGPD, a abertura de qualquer espécie de banco de dados ou a coleta (ou outra

---

(coord.). *A Lei Geral de Proteção de Dados Pessoais:* aspectos práticos e teóricos relevantes no setor público e privado. São Paulo: RT, 2021, p. 259-300.

operação de início, como a recuperação) dos dados pessoais deve ser informada de forma clara ao titular.

Portanto, pode-se afirmar que, quando a base legal de tratamento não for o *consentimento*, deve ser assegurado ao titular o direito de *conhecimento* sobre o início das atividades com os seus dados pessoais.

A ausência de norma expressa e semelhante na LGPD deve levar a controvérsias, especialmente sobre se consiste em uma ausência de imposição desse dever (logo, não é necessária a informação ao titular sobre o início do tratamento, quando ele não tiver consentido) ou se é uma omissão que pode ser preenchida com a aplicação subsidiária do CDC e da LCP.

Nas relações de consumo (o que compreende as relações reguladas pela Lei do Cadastro Positivo), o titular de dados pessoais tem o direito de conhecimento do início do tratamento, sempre que for utilizada uma base legal diversa do consentimento.

Por outro lado, quando o início do tratamento de dados pessoais ocorrer em uma relação que não se enquadrar como sendo de consumo, os controladores deverão analisar a necessidade de informar os titulares e os riscos derivados da ausência de comunicação, considerando a falta de clareza da LGPD.

Quando o controlador não tiver informado sobre o início do tratamento ou quando o titular pretender a confirmação da existência de dados pessoais a ele relacionados com determinado controlador, pode pleitear a confirmação sobre a existência de tratamento.

Por exemplo, ao receber e-mail ou ligação de uma empresa, o titular pode requerer a confirmação do tratamento. A LGPD permite a compreensão de que a coleta ou outra atividade inicial de tratamento com uma base legal diferente do consentimento é condicionada ao conhecimento, ou seja, à informação ao titular da realização do tratamento.

Esse direito pode ser exercido pelo titular de forma autônoma (apenas com o objetivo de ter o conhecimento sobre a realização – ou não – de alguma atividade de tratamento com os seus dados) ou como um meio para o exercício de outros direitos (de acesso, correção, portabilidade, bloqueio, eliminação etc.).

Por isso, independentemente de receber qualquer tipo de contato de uma empresa (e-mail ou ligação telefônica, entre outros) ou de justificar o motivo de seu interesse e a finalidade do exercício desse conhecimento, o titular pode pedir a confirmação sobre a existência – ou não – de operação de tratamento dos seus dados pessoais.

A partir do conhecimento de onde estão os seus dados pessoais, quem os coletou e que outras operações de tratamento realiza sobre eles (classificação, utilização, acesso, reprodução, transmissão, distribuição, armazenamento, modificação, difusão etc.), o titular pode eventualmente exercer outros direitos relativos a eles.

Por isso, em regra (mas não de forma obrigatória), o titular que exerce o direito de confirmação da existência de tratamento normalmente também exerce o direito de acesso (previsto no art. 18, II, da LGPD), para, caso a resposta do controlador seja positiva sobre a confirmação, também forneça informações detalhadas sobre quais são os direitos tratados, a base legal utilizada, a finalidade e outros aspectos relacionados ao cumprimento das normas legais (especialmente aquelas previstas no art. 9º da LGPD).

Por outro lado, isso impõe aos controladores o dever de registro das operações de tratamento realizadas (para provar o que foi feito com os dados pessoais, nos termos do art. 37 da LGPD) e também a existência de regras ou política de governança para o tratamento dos dados pessoais.

Assim, pode-se afirmar que a LGPD exige que a coleta ou outra atividade inicial de tratamento com uma base legal diferente do consentimento é condicionada ao conhecimento, ou seja, à informação ao titular da realização do tratamento.

5 Procedimento para o exercício do direito à confirmação da existência do tratamento

É preciso deixar claro qual é o procedimento para o exercício dos direitos pelo titular e o que o controlador precisa fazer ao receber um requerimento. O art. 19 da LGPD prevê a forma e o procedimento de requisição e entrega de informações relativas aos dados pessoais do titular.

Na perspectiva do titular, o requerimento deve ser formulado para o controlador, com o seu registro.

O controlador deve informar previamente o titular sobre os meios para o exercício de seus direitos (e-mail, formulário no site etc.) e a indicação do encarregado para esse recebimento.

Em consequência, o controlador deve se preparar especificamente para o recebimento dos requerimentos para o exercício de direitos dos titulares. Isso pode ocorrer, por exemplo, com a manutenção dos dados e informações de modo estruturado e organizado, com a criação de um canal de comunicação para esse fim (e-mail, formulário, aplicativo de mensagens, *chatbot* etc.), com mecanismos de identificação do titular e com decisão (de deferimento ou não) fundamentada sobre as pretensões de exercício dos direitos dos titulares.

Especificamente sobre os direitos de confirmação de existência do tratamento e de acesso aos dados pessoais, o art. 19 da LGPD prevê que o atendimento deve ser providenciado mediante requisição do titular:

(a) em formato simplificado, imediatamente;
(b) ou por meio de declaração clara e completa, fornecida no prazo de até 15 dias, contado da data do requerimento do titular, indicando a origem dos dados, a inexistência de registro, os critérios utilizados e a finalidade do tratamento, observados os segredos comercial e industrial.

Assim, os direitos do titular devem ser exercidos por meio de requerimento ao controlador ou ao operador (ou, eventualmente, ao encarregado). Não há forma prevista em lei para o requerimento, que não pode ser negado em decorrência do descumprimento de formalidade exigida pelo destinatário.

Todos os dados constantes do requerimento e seus eventuais anexos não poderão ser utilizados pelo agente e quaisquer terceiros com quem este tenha acesso compartilhado em prejuízo do titular. Se os dados constantes do requerimento estiverem atualizados em relação ao banco de dados, este não pode ser atualizado sem o conhecimento e o consentimento expresso do titular.

O requerimento deve ser gratuito e pode ser formulado pelo titular ou eventual procurador constituído por ele (art. 18, §§3º e 5º, da LGPD).

A resposta do agente, como visto acima, deve ser imediata (em formato simplificado), ou prestada em até 15 dias, contados a partir da data do requerimento do titular (quando este pretender uma declaração clara e completa das informações).

A ANPD pode estabelecer prazos diferenciados para o fornecimento das informações em meio eletrônico ou digital (art. 19, §4º, da LGPD).

O controlador que não responder ao titular no prazo de 15 dias está sujeito às sanções administrativas previstas na LGPD.

A resposta completa deve informar a origem dos dados, a finalidade do tratamento, os dados pessoais tratados, a base legal utilizada, o acesso à política de privacidade vigente do controlador ou o documento equivalente para mais informações.

O meio de fornecimento de resposta do controlador sobre a confirmação do tratamento ou o acesso aos dados pode ser físico ou digital, conforme a escolha feita pelo titular (art. 19, §2º, da LGPD).

Caso o titular não tenha exercido expressamente a sua opção, deve ser observado o paralelismo das formas, ou seja, a resposta do controlador deve ser fornecida no mesmo meio utilizado para o requerimento (físico ou digital).

Ainda, a resposta do controlador pode eventualmente indicar que a providência requerida não pode ser tomada de imediato, desde que indique o prazo previsto para a resposta e a sua justificativa.

Por fim, existem dificuldades na validação do titular, ou seja, como a pessoa pode demonstrar que é o titular dos dados solicitados. O agente de tratamento deve confirmar ou autenticar que a pessoa que pede a confirmação da existência ou o acesso é efetivamente o titular dos dados pessoais.

Por exemplo, se o titular escrever o seu nome de forma errada, e o agente fornecer os dados de terceiro, há um incidente com dados pessoais, consistente no vazamento indevido.

Ainda, se um terceiro fornecer um nome falso apenas para saber se uma pessoa realizou consultas com um médico ou realizou exames em um determinado laboratório, a simples confirmação da existência do tratamento para outra pessoa (não autorizada por escrito pelo titular) já é um incidente com dados pessoais (sensíveis, nesse caso).

Assim, o controlador deve, inicialmente, comprovar a identidade do titular dos dados pessoais (indicação de determinados dados, cópia de documento, *selfie*, assinatura digital entre outros meios de validação).

Considerações finais

Ao tratar dados pessoais, os agentes passam a ter acesso a direitos fundamentais do titular (saúde, privacidade, educação etc.). Por isso, existem fundamentos para autorizar o tratamento (bases legais) e direitos dos titulares que condicionam as operações de tratamento, que precisam ser respeitados, sob pena de tornar a atividade ilícita.

Assim, deve ser verificada a observância da proporcionalidade entre o acesso aos dados pessoais e a efetivação de direitos fundamentais do titular, ou seja, deve existir um equilíbrio entre o tratamento e os direitos dos titulares.

Para esse fim, a LGPD assegura os direitos de acesso e de oposição, o consentimento como a principal base legal para o tratamento de dados pessoais sensíveis, o dever do agente em realizar avaliações de risco (relatório de impacto) entre outras medidas.

Viu-se neste artigo que o direito de conhecimento ou de confirmação da existência do tratamento compreende, de forma inicial, o direito do titular de saber se determinada pessoa coletou, armazena ou realiza qualquer atividade de tratamento com seus dados pessoais (art. 18, I, da LGPD).

Com isso, o titular tem o direito de saber se os seus dados estão – ou não – sendo tratados por determinado controlador, de ter o conhecimento e a confirmação sobre a existência de um possível tratamento dos seus dados.

Este direito decorre do princípio da transparência (art. 6º, VI, da LGPD), que assegura ao titular a prestação de informações claras, precisas e facilmente acessíveis sobre a realização do tratamento e os respectivos agentes (ressalvada a proteção dos segredos comercial e industrial).

Consequentemente, quando a base legal de tratamento não for o *consentimento*, deve ser assegurado ao titular o direito de *conhecimento* sobre o início das atividades com os seus dados pessoais.

Em decorrência do fundamento da autodeterminação informativa, o titular tem direito à confirmação de tratamento e acesso aos próprios dados pessoais perante o controlador: o primeiro direito permite ao titular saber se os seus dados são tratados por determinada pessoa, enquanto o segundo direito lhe autoriza a saber quais são os dados e sob quais regras, ao conhecimento adequado e correto do tratamento realizado por determinado controlador e de que forma ele é realizado.

Referências

FONSECA, Edson Pires da. *Lei Geral de Proteção de Dados Pessoais – LGPD*. Salvador: JusPodivm, 2021.

MONTEIRO, Renato Leite; CRUZ, Sinuhe. Direitos dos titulares: fundamentos, limites e aspectos práticos. *In*: FRANCOSKI, Denise de Souza Luiz; TASSO, Fernando Antonio (coord.). *A Lei Geral de Proteção de Dados Pessoais*: aspectos práticos e teóricos relevantes no setor público e privado. São Paulo: RT, 2021, p. 259-300.

PINHEIRO, Patrícia Peck. *Proteção de dados pessoais*: comentários à Lei nº 13.709/2018 (LGPD). 2. ed. São Paulo: Saraiva, 2020.

Informação bibliográfica deste texto, conforme a NBR 6023:2018 da Associação Brasileira de Normas Técnicas (ABNT):

CARDOSO, Oscar Valente. O direito ao conhecimento e à confirmação da existência do tratamento na Lei Geral de Proteção de Dados pessoais: um direito a ser conhecido e levado a sério. *In*: FRANCQSKI, Denise de Souza Luiz; TEIVE, Marcello Muller (coord.). *LGPD*: direitos dos titulares. Belo Horizonte: Fórum, 2023. p. 41-55. ISBN 978-65-5518-500-3.

O DIREITO DE ACESSO AOS DADOS PESSOAIS
COMO REQUERÊ-LO E CONCEDÊ-LO?

CARLOS RENATO SILVY TEIVE

Introdução

Inicialmente, ressalta-se que o direito de acesso a dados pessoais pelos seus titulares, embora já fosse, em certa medida, previsto no ordenamento jurídico brasileiro[1] e acolhido judicialmente[2] mesmo

---

[1] "De todos os dispositivos instituídos pela CRFB, a maior de suas promessas à tutela dos dados pessoais foi o *habeas data*, um dos importantes remédios constitucionais nela previstos, configurando-se como instrumento de proteção da esfera íntima dos indivíduos e, por esse motivo, foi expressamente previsto entre as garantias fundamentais dispostas no art. 5º. (...) Por fim, a maior das *debilidades congênitas* encontradas no funcionamento do *habeas data* e incorporada em sua legislação – excetuado o fato de constituir instrumento judicial de tutela, como já salientado no modelo do *controle do sujeito* – diz respeito à exigência de recusa da autoridade que está de posse dos dados em propiciar seu acesso ou retificação. Ainda que fortemente atacado pela doutrina, o requisito foi mantido pela jurisprudência do STJ, resultando na elaboração da Súmula nº 02 do mesmo Tribunal, que não encontrou abrandamentos interpretativos." (RODRIGUEZ, Daniel Piñeiro. *O direito fundamental à proteção de dados*: vigilância, privacidade e regulação. Rio de Janeiro: Lumen Juris, 2021, p. 149 e 152)

[2] DIREITO CONSTITUCIONAL. DIREITO TRIBUTÁRIO. *HABEAS DATA*. ARTIGO 5º, LXXII, CRFB/88. LEI Nº 9.507/97. ACESSO ÀS INFORMAÇÕES CONSTANTES DE SISTEMAS INFORMATIZADOS DE CONTROLE DE PAGAMENTOS DE TRIBUTOS. SISTEMA DE CONTA CORRENTE DA SECRETARIA DA RECEITA FEDERAL DO BRASIL – SINCOR. DIREITO SUBJETIVO DO CONTRIBUINTE. RECURSO A QUE SE DÁ PROVIMENTO.
(...)

[2] A tese fixada na presente repercussão geral é a seguinte: "O *Habeas Data* é garantia constitucional adequada para a obtenção dos dados concernentes ao pagamento de tributos do próprio contribuinte constantes dos sistemas informatizados de apoio à arrecadação dos órgãos da administração fazendária dos entes estatais." (RE 673.707/MG, Rel. Min. Luiz Fux, Tribunal Pleno, DJe 30.9.2015).

antes da edição da Lei nº 13.709/18, também chamada de Lei Geral de Proteção de Dados – LGPD, ele toma, de fato, uma proporção muito maior a partir do advento da referida lei.[3]

Ocorre que a lei brasileira de proteção de dados pessoais, não obstante tenha estabelecido parâmetros a serem observados para o exercício desse direito, deixou vários pontos em aberto, sobretudo quanto ao procedimento a ser observado para realizar o pedido de acesso e respondê-lo. E essa lacuna torna ainda mais desafiante a interpretação da norma, na medida em que, além da temática ser nova no Brasil, a Autoridade Nacional de Proteção de Dados – ANPD, até o momento, não regulamentou o direito dos titulares, dentre os quais o de acesso.

Não se olvida que a ANPD já elencou o tema em questão como prioritário, tanto que consta, em sua Agenda Regulatória para o biênio 2021-2022,[4] a publicação de uma resolução sobre a matéria. Contudo, até que ela sobrevenha e, quiçá, mesmo após sua edição, muitos questionamentos precisam ser respondidos.

Ora, como saber se o "requerimento expresso do titular", mencionado no §3º do artigo 18 da referida lei, deve ser feito, por exemplo, de forma oral ou por escrito? E mais: quais meios poderiam ser utilizados para conceder o acesso aos dados pessoais a seu titular?

Enfim, esses são apenas alguns dos questionamentos que podem ser feitos à novel legislação e que, através de uma breve abordagem histórica da evolução do direito à privacidade e, sobretudo, através da análise do direito de acesso previsto na LGPD e na utilização de direito comparado europeu, buscar-se-á responder neste artigo, o qual não tem pretensão de exaurir a abordagem do tema.

Registra-se, outrossim, que não se olvida que diversos outros pontos poderiam ser abordados apenas quanto ao direito de acesso – tais como legitimidade ou não de herdeiros para postulá-lo; limites fáticos ou jurídicos que poderiam justificar seu indeferimento; sua tutela judicial coletiva etc. Contudo, diante da inviabilidade de tratá-los com a profundidade necessária neste artigo, optou-se aqui por focar a análise apenas das formas como se pode realizar o requerimento de acesso pelo titular de dados pessoais e as maneiras de respondê-lo. Ou seja, tratar-se-á apenas da forma, mas não do conteúdo e de outras questões.

---

[3] Para o exercício do direito de acesso, previsto na LGPD, é prescindível a judicialização bem como qualquer motivação pelo titular dos dados pessoais. Nota do autor.

[4] Portaria nº 11, de 27 de janeiro de 2021. Disponível em: https://www.in.gov.br/en/web/dou/-/portaria-n-11-de-27-de-janeiro-de-2021-301143313. Acesso em: 28 set. 2022.

1 Evolução do direito à privacidade

Antes de tratar propriamente do direito de acesso dos titulares de dados pessoais previsto na Lei nº 13.709/18 (LGPD), entende-se importante fazer uma breve abordagem sobre a evolução do direito à privacidade a fim de melhor compreender aquele que é considerado "o produto mais importante da primeira geração de leis sobre o tratamento automático de informações, o direito de acesso".[5]

É indubitável que a evolução social faz com que certas normas jurídicas, pensadas e criadas num determinado tempo da história, tornem-se inadequadas ou insuficientes quando são simplesmente transpostas para um novo contexto. A sociedade muda, e o direito, como um produto social, também deve mudar para, assim, tutelar os valores sociais de forma consentânea.

Sobre a mutabilidade do direito, colhe-se do voto da Ministra Rosa Weber proferido na ADI 6.387:

> No clássico artigo *The Right to Privacy*, escrito a quatro mãos pelos juízes da Suprema Corte dos Estados Unidos Samuel D. Warren e Louis D. Brandeis, já se reconhecia que as mudanças políticas, sociais e econômicas demandam incessantemente o reconhecimento de novos direitos, razão pela qual necessário, de tempos em tempos, redefinir a exata natureza e extensão da proteção à privacidade do indivíduo.

Quanto ao direito à privacidade, essa necessidade de atualização mostra-se muito premente, sobretudo em razão dos grandes avanços tecnológicos ocorridos nos últimos anos, os quais permitiram um crescimento exponencial na capacidade de coleta, armazenamento, transferência e processamento de dados.[6] Em suma, a realidade de hoje é muito diversa daquela da época do seu surgimento como uma figura jurídica fortemente individualista e de não intervenção, no final do século XIX, nos Estados Unidos.

Dessa forma, embora tenha sido justamente o avanço tecnológico daqueles tempos – notadamente máquinas fotográficas e jornais

---

[5] RODOTÁ, Stephano. *A vida na sociedade da vigilância* – a privacidade hoje. Rio de Janeiro: Renovar, 2008, p. 44.
[6] A previsão é de que até 2025 o total de dados criados, capturados, copiados e consumidos globalmente cresça rapidamente, passando de 64,2 *zetabytes* em 2020 para 180 *zetabytes*. Statista. Disponível em: https://www.statista.com/statistics/871513/worldwide-data-created/#statisticContainer. Acesso em: 27 set. 2022.

impressos – que, de forma preponderante, fez com que os juristas norte-americanos[7] percebessem a necessidade de se proteger a privacidade como um direito individualista, estático e de não intervenção, é o atual – grande capacidade de armazenamento e processamento de dados, uso de inteligência artificial, transferências internacionais de dados – que traz uma nova realidade e a necessidade de outra abordagem ao direito à privacidade. A concepção apenas como sendo o "direito a ficar só" e de caráter essencialmente negativo não é mais suficiente a tutelar a personalidade humana na sociedade de informação.

Nessa senda, a privacidade precisa ser vista também como "direito à autodeterminação informativa",[8] ou seja, "o direito a manter o controle sobre suas próprias informações e de determinar a maneira de construir sua própria esfera particular".[9] É neste contexto que se insere o direito de acesso.

Comentando aludida questão, leciona Stefano Rodotà:

> (...) no direito ao respeito à vida privada e familiar manifesta-se, sobretudo, o momento individualista e o poder exaurem-se substancialmente na exclusão da interferência de outrem; a tutela, portanto, é estática e negativa. Já a proteção dos dados pessoais, ao contrário, fixa regras sobre a modalidade de tratamento dos dados e concretiza-se em poderes de intervenção; a tutela é dinâmica, segue os dados em circulação. (*A vida na sociedade da vigilância* – a privacidade hoje. 2008, p. 8)

E continua o mesmo estudioso, tratando especificamente sobre o direito de acesso:

---

[7] "Zanon (2013, p. 40) ressalta que foi Thomas McIntyre Cooley (1824-1898), jurista norte-americano e Presidente da Suprema Corte de Michigan, quem cunhou, em 1888, a expressão *o direito de estar só* (*the right to bel et alone*). No entanto, por mais que a noção de privacidade não seja de todo recente, fato é que o impulso dado ao tema por Warren e Brandeis serviu para valorizar e chamar a atenção para esse direito em gestação, de forma autônoma e protagonista. Motivado pela divulgação não autorizada, nos jornais da época, de determinados fatos íntimos acerca do casamento de sua filha, Samuel Warren (que veio a se tornar juiz da Suprema Corte dos EUA), juntamente com Louis Brandeis deu vazão à construção da doutrina do *right to privacy*, em moldes adequados às necessidades da sociedade burguesa norte-americana do final do século XIX (DONEDA, 2000, p. 2)" (p. 5, artigo UFSC, *O Direito à Privacidade hoje*: perspectiva histórica e o cenário brasileiro). Mikhail Vieira de Lorenzi Cancelier.

[8] O direito a "autodeterminação informativa" já foi reconhecido em 1983 pelo Tribunal Constitucional Alemão, quando declarou inconstitucional a chamada Lei do Censo alemã, e constitui um dos fundamentos da LGPD, previsto no seu art. 2º, II. (ADI n. 6649, Rel. Min. Gilmar Mendes)

[9] RODOTÁ, Stephano. *A vida na sociedade da vigilância* – a privacidade hoje. 2008, p. 15

Desta forma verifica-se a passagem de uma enunciação negativa e passiva da proteção dos dados para uma positiva e dinâmica. A técnica jurídica utilizada não é mais a da atribuição ao sujeito privado de um direito acionável diante de um órgão *ad hoc* somente depois da sua violação. Agora é concedido ao privado um poder de controle direto e contínuo sobre os coletores de informações, independentemente da existência real de uma violação. (*op. cit*. p. 60)

É bem verdade que essa preocupação de se tutelar a privacidade também através da proteção de dados pessoais não é algo recente no mundo, especialmente na Europa, que há mais de 40 anos[10] já trata da matéria, tendo inclusive previsto expressamente, há mais de 20 anos, em sua Carta de Direitos Fundamentais, o seguinte:

Artigo 8º.
Proteção de dados pessoais
1. *Todas as pessoas têm direito à proteção dos dados de caráter pessoal que lhes digam respeito.*
2. Esses dados devem ser objeto de um tratamento leal, para fins específicos e com o consentimento da pessoa interessada ou com outro fundamento legítimo previsto por lei. Todas as pessoas têm o direito de aceder aos dados coligidos que lhes digam respeito e de obter a respetiva retificação.
3. O cumprimento destas regras fica sujeito a fiscalização por parte de uma autoridade independente. (Grifo nosso.)

Aliás, não só na Europa essa preocupação já existe há mais tempo. A Argentina e o Uruguai são exemplos de países sul-americanos que já editaram suas leis de proteção de dados pessoais, respectivamente nos anos 2000[11] e 2008,[12] sendo hoje ambos os países considerados adequados à tutela desse direito.[13]

Contudo, no Brasil o tema somente ganhou maior importância mais recentemente. Os adventos tecnológicos e a divulgação de

---

[10] Além do histórico julgamento do Tribunal Constitucional Alemão em 1983, digno de registro a recomendação da OCDE de 1980, e a Convenção do Conselho da Europa de 1981, que já tratavam da proteção de dados pessoais.
[11] Lei nº 25.326/2000. Disponível em: https://www.argentina.gob.ar/normativa/nacional/ley-25326-64790/actualizacion. Acesso em: 23 set. 2022.
[12] Lei nº 18.331/2008. Disponível em: https://www.impo.com.uy/bases/leyes/18331-2008. Acesso em: 23 set. 2022.
[13] Disponível em: https://www.serpro.gov.br/lgpd/menu/a-lgpd/mapa-da-protecao-de-dados-pessoais. Acesso em: 13 out. 2022.

escândalos com a utilização indevida de dados,[14] aliados a uma exigência econômica imposta pela Europa com a edição do Regulamento Geral Europeu de Proteção de Dados (RGPD),[15] fizeram com que o Poder Legislativo percebesse a importância do tema e aprovasse, em 2018, a LGPD e, em 2022, a Emenda Constitucional nº 115, esta por unanimidade em ambas as Casas do Congresso Nacional,[16] inserindo a proteção de dados pessoais como direito fundamental expresso no art. 5º, LXXIX, da CF.[17]

Em suma, a partir dessa breve abordagem acerca do direito à privacidade, contextualiza-se o surgimento do chamado "direito de acesso" bem como demonstra-se o porquê da utilização subsidiária do direito europeu na obtenção de respostas aos questionamentos formulados.

2 Direito de acesso

Conforme visto no item anterior, a evolução da tutela da privacidade implicou a necessidade de mudança de paradigma, passando o titular de dados pessoais de um mero coadjuvante passivo para um protagonista ativo nessa busca pela proteção de seus dados pessoais. Em consonância com esse empoderamento do titular de dados pessoais, o qual está preponderantemente fundamentado na autodeterminação informativa,[18] a LGPD previu, entre outros direitos, o de acesso.

---

[14] O caso envolvendo o Facebook e a empresa Cambridge Analytica, o qual demonstra como a utilização indevida de dados pessoais pode colocar em xeque a própria liberdade de escolha de representantes eleitos. Disponível em: https://noticias.uol.com.br/ultimas-noticias/afp/2022/08/28/facebook-tem-acordo-preliminar-em-processo-por-escandalo-da-cambridge-analytica.htm. Acesso em: 08 out. 2022.

[15] "(...) foi a legislação europeia, o GDPR – Regulamento Geral de Proteção de Dados (Regulamento 2016/679), o grande fator propulsor da aprovação da legislação brasileira, que tramitava há algum tempo no Congresso, mas que sentiu a urgência de ser editada ante ao receio plenamente justificável de se barrarem consideráveis operações comerciais devido à falta de equivalência entre as normas protetivas da União Europeia e do Brasil." (TEIXEIRA, Tarcísio. *Lei Geral de Proteção de Dados Pessoais*: comentada artigo por artigo, p. 5).

[16] Disponível em: https://www.gov.br/anpd/pt-br/protecao-de-dados-pessoais-agora-e-um-direito-fundamental#:~:text=O%20texto%2C%20de%20relatoria%20da,e%20 tratamento%20de%20dados%20pessoais. Acesso em: 12 out. 2022.

[17] "Art. 5º, LXXIX – é assegurado, nos termos da lei, o direito à proteção dos dados pessoais, inclusive nos meios digitais."

[18] "Art. 2º. A disciplina da proteção de dados pessoais tem como fundamentos:
(...)
II – a autodeterminação informativa;"

Com efeito, referido direito pode ser interpretado como a materialização dos princípios do livre acesso e da transparência, previstos, respectivamente, nos incisos IV e VI do art. 6º da LGPD, os quais preveem *in verbis*:

> Art. 6º. As atividades de tratamento de dados pessoais deverão observar a boa-fé e os seguintes princípios:
> (...)
> IV – livre acesso: garantia, aos titulares, de consulta facilitada e gratuita sobre a forma e a duração do tratamento, bem como sobre a integralidade de seus dados pessoais;
> (...)
> VI – transparência: garantia, aos titulares, de informações claras, precisas e facilmente acessíveis sobre a realização do tratamento e os respectivos agentes de tratamento, observados os segredos comercial e industrial;

Assim, de forma coerente com os fundamentos e princípios trazidos pela novel legislação, ela traz em seu rol exemplificativo de direitos,[19] previsto no art. 18, inciso II,[20] o de acesso, o qual é exercitável, pelo titular, independentemente da ocorrência de violação de dados pessoais e tampouco da necessidade de motivação.

Ou seja, é prescindível ao titular de dados pessoais a demonstração de qualquer lesão ou ameaça para que ele possa postular dos agentes de tratamento[21] acesso a seus dados pessoais, inclusive de forma gratuita.[22]

---

[19] "A autodeterminação informativa, um dos fundamentos da LGPD com previsão no inciso II do art. 2º, confere à pessoa titular de dados o direito de controlar seus próprios dados pessoais, com base nos preceitos da boa-fé e da transparência. (...) Considera-se que o rol de direitos dispostos no art. 18 é exemplificativo, tendo em vista a previsão de direitos em outros dispositivos da LGPD, como o constante no art. 20." (*Guia orientativo aplicação da Lei Geral de Proteção de Dados Pessoais (LGPD) por agentes de tratamento no contexto eleitoral*, 2021 p. 38)

[20] "Art. 18. O titular dos dados pessoais tem direito a obter do controlador, em relação aos dados do titular por ele tratados, a qualquer momento e mediante requisição:
(...)
II – acesso aos dados;"

[21] A LGPD traz, em seu artigo 5º, um rol de definições, tais como os de controlador, operador, encarregado e agentes de tratamento. Neste artigo, utilizaram-se referidos termos com os significados definidos pela lei, quais sejam: controlador (pessoa natural ou jurídica, de direito público ou privado, a quem competem as decisões referentes ao tratamento de dados pessoais); operador (pessoa natural ou jurídica, de direito público ou privado, que realiza o tratamento de dados pessoais em nome do controlador); encarregado (pessoa indicada pelo controlador e operador para atuar como canal de comunicação entre o controlador, os titulares dos dados e a Autoridade Nacional de Proteção de Dados – ANPD); e agentes de tratamento (o controlador e o operador).

[22] "Art. 18. §3º. Os direitos previstos neste artigo serão exercidos mediante requerimento expresso do titular ou de representante legalmente constituído, a agente de tratamento.

Ocorre que, a despeito de a LGPD ter trazido em seu bojo disposições que disciplinam o exercício desse direito, a sua aplicação prática suscita vários questionamentos, conforme já mencionado no início deste artigo, notadamente quanto à forma de exercê-lo e atendê-lo.

Dessa feita, considerando o direito de acesso como uma ferramenta de efetivação do direito fundamental à proteção de dados pessoais, bem como norteado pelas disposições constantes na própria LGPD, e valendo-se, quando necessário, do direito comparado europeu, buscar-se-á, sem pretensão de esgotamento da matéria, responder aos questionamentos formulados.

2.1 Realização do pedido e a concessão do acesso

Ab initio, ressalta-se, mais uma vez, que o presente artigo abordará apenas as formas de se realizar o pedido de acesso – e de atendê-lo –, ficando ao largo da abordagem outras questões igualmente relevantes, mas inviáveis de serem tratadas num único artigo, em razão da complexidade da temática.

Nesse caminho cumpre destacar que, não obstante a LGPD seja silente sobre vários pontos, até mesmo em razão de sua remissão expressa à futura regulamentação da ANPD,[23] ela traz princípios que auxiliam sua aplicação nessa seara, cabendo destaque, além dos princípios do livre acesso e da transparência já citados, o da segurança.[24]

Assim, partindo-se desses parâmetros, e valendo-se de forma suplementar do direito comparado de países onde a temática já se encontra mais amadurecida, analisam-se os questionamentos suscitados na introdução deste artigo quanto ao procedimento a ser observado

---

(...)
§5º. O requerimento referido no §3º deste artigo será atendido *sem custos para o titular*, nos prazos e nos termos previstos em regulamento." (Grifo nosso.)

[23] "Art. 18. §5º – O requerimento referido no §3º deste artigo será atendido sem custos para o titular, *nos prazos e nos termos previstos em regulamento*.
Art. 19, §3º – Quando o tratamento tiver origem no consentimento do titular ou em contrato, o titular poderá solicitar cópia eletrônica integral de seus dados pessoais, observados os segredos comercial e industrial, *nos termos de regulamentação da autoridade nacional*, em formato que permita a sua utilização subsequente, inclusive em outras operações de tratamento." (Grifo nosso.)

[24] "Art. 6º – As atividades de tratamento de dados pessoais deverão observar a boa-fé e os seguintes princípios:
(...)
VII – segurança: utilização de medidas técnicas e administrativas aptas a proteger os dados pessoais de acessos não autorizados e de situações acidentais ou ilícitas de destruição, perda, alteração, comunicação ou difusão;"

pelo titular e pelo agente de tratamento, respectivamente, para requerer o acesso e concedê-lo.

2.1.1 Pedido de acesso: forma oral ou escrita?

A LGPD permite o requerimento de acesso de dados pessoais de forma oral? E, mais, quando o agente de tratamento permitir que o requerimento possa ser feito de forma escrita, ele estará sempre em conformidade com a Lei? Entende-se que as respostas a essas perguntas dependerão da análise do caso concreto.

Isso porque, neste ponto, a lei disciplinou apenas, em seu art. 18, §§3º e 5º, que o direito de acesso é exercido "mediante requerimento expresso do titular ou de representante legalmente constituído", "nos prazos e nos termos previstos em regulamento". Ou seja, a norma não requer uma fórmula específica para realização do requerimento e, além disso, como já mencionado, até o momento a ANPD não regulamentou a questão.

Assim, entende-se que a maneira, seja oral, seja escrita, estará em conformidade com a LGPD se permitir acesso fácil e seguro aos dados pelo titular. Por outro lado, estará em afronta à norma de regência se impuser dificuldade e insegurança. Em suma, a observância ou não à lei não dependerá da forma eleita, mas na garantia – ou não – do acesso facilitado e seguro ao titular no caso concreto.

Ora, estaria em observância à LGPD vedar o requerimento de acesso feito diretamente, de forma oral, por um titular que esteja diante do encarregado ou de um outro representante do agente de tratamento que pudesse certificar a titularidade do requerente e reduzir a termo seu pedido? Seria facilitar-lhe o acesso impor-lhe, neste caso, a exigência de uma formalização de requerimento por escrito, através do acesso de um sistema informatizado, com autenticação de titularidade apenas através do chamado acesso "gov.br",[25] para que fosse analisado?

Por certo, esse proceder iria de encontro à facilidade de acesso preconizada pela norma em tela, máxime quando os titulares

---

[25] Registra-se que não se entende equivocada a utilização da plataforma "gov.br" para autenticar a titularidade de um titular que busque acesso aos seus dados pessoais, até mesmo porque existe uma grande dificuldade prática para se verificar se o requerente do acesso é de fato o titular dos dados pessoais buscados. O que se defende, entretanto, é que ela não seja a única forma disponível para o exercício desse direito. Um exemplo de utilização da referida plataforma, verifica-se no portal do CIASC – Centro de Informática e Automação do Estado de Santa Catarina S.A. Disponível em: https://www.sc.gov.br/sc-digital/auth?returnUrl=https:%2F%2Fwww.sc.gov.br%2F%2Fsc-digital%2Fformularios%2Fdireitos-dados-pessoais-lgpd-ciasc. Acesso em: 13 out. 2022.

forem pessoas de baixa instrução e sem conhecimentos para utilizar adequadamente meios digitais mais complexos, como a autenticação de titularidade pelo chamado sistema "gov.br".

Da mesma forma, estaria em conformidade com a LGPD exigir de um titular que já possui certificação digital e fácil acesso a computadores o deslocamento para comparecimento pessoal na sede do controlador, por exemplo, para que pudesse formalizar seu requerimento oralmente ou com o preenchimento de um formulário impresso? Sem dúvida que não.

Dessa forma, entende-se que, considerando o porte do controlador e do operador de dados pessoais e notadamente os titulares envolvidos, deva ser disponibilizado ao titular mais de uma forma segura para a realização do pedido de acesso.

Nessa linha, traz-se, a título ilustrativo, a Política de Privacidade e de Proteção de Dados Pessoais do Ministério Público do Estado de Santa Catarina,[26] que embora não preveja expressamente a possibilidade de o requerimento dos titulares ser feito oralmente e reduzido a termo, contemplou a possibilidade de ele ser realizado de duas maneiras: por e-mail ao Encarregado, e pessoalmente, em Secretaria de Promotoria de Justiça, justamente com a finalidade de facilitar o acesso.

A propósito, dispõe referida Política de Privacidade:

> Art. 13. O titular dos dados pessoais tem direito, de forma gratuita, mediante requerimento encaminhado ao Encarregado pelo Tratamento de Dados Pessoais, através do e-mail encarregado@mpsc.mp.br, ou protocolizado e recepcionado em Secretaria de Promotoria de Justiça, onde houver, a obter:
> I – confirmação da existência de tratamento e acesso aos dados pessoais;
> (...)
> §1º – O requerente deverá comprovar que é o titular dos dados pessoais.
> §2º – O requerimento protocolizado e recepcionado em Secretaria de Promotoria de Justiça deverá ser, após confirmada a titularidade do requerente, imediatamente encaminhado ao Encarregado pelo Tratamento de Dados Pessoais para análise e providências cabíveis.

Prevendo múltiplas formas para o exercício desse direito, tem-se o exemplo da Itália, que através do Decreto Legislativo nº 196/2003,

---

[26] Disponível em: https://www.mpsc.mp.br/politica-de-privacidade. Acesso em: 02 out. 2022.

conhecido como Código de Proteção de Dados Pessoais daquele país, já previa desde 2003, ou seja, antes inclusive da vigência do Regulamento Geral Europeu de Proteção de Dados, o seguinte:

> Art. 9º. Regras para o exercício
> 1. O requerimento dirigido ao titular ou ao responsável pode ser transmitido através de carta registrada, fax ou correio eletrônico. O Garante pode determinar outros meios idôneos, derivados de novas soluções tecnológicas. No que diz respeito ao exercício dos direitos previstos no art. 7, itens 1 e 2, o requerimento pode ser formulado também oralmente e neste caso é anotado sinteticamente pelo encarregado ou responsável.
> (...)
> 4. A identidade do interessado é verificada por meios de elementos idôneos para sua comprovação, como atos ou documentos disponíveis ou a exibição ou anexação da cópia de um documento de reconhecimento. (RODOTÀ, 2008, p. 355-356)

Assim, tem-se que, a despeito de a lei não especificar a forma como possa ser realizado o "requerimento expresso do titular", entende-se que não se deva limitar os meios para o exercício desse direito, sendo que qualquer forma escolhida estará em consonância com a proteção de dados pessoais, desde que, na prática, mostre-se segura e de fácil utilização para formalização do pedido de acesso pelos seus titulares.

2.1.2 Concessão de acesso

Quais meios podem ser utilizados para conceder o acesso aos dados pessoais a seu titular? Ora, a despeito de a LGPD também ter deixado em aberto pontos sobre essa pergunta, ela trouxe algumas disposições, especialmente em seu art. 19, o qual prevê o seguinte:

> Art. 19. A confirmação de existência ou o acesso a dados pessoais serão providenciados, mediante requisição do titular:
> I – em formato simplificado, imediatamente; ou
> II – por meio de declaração clara e completa, que indique a origem dos dados, a inexistência de registro, os critérios utilizados e a finalidade do tratamento, observados os segredos comercial e industrial, fornecida no prazo de até 15 (quinze) dias, contado da data do requerimento do titular.
> §1º Os dados pessoais serão armazenados em formato que favoreça o exercício do direito de acesso.
> §2º As informações e os dados poderão ser fornecidos, a critério do titular:

I – por meio eletrônico, seguro e idôneo para esse fim; ou
II – sob forma impressa.

§3º. Quando o tratamento tiver origem no consentimento do titular ou em contrato, o titular poderá solicitar cópia eletrônica integral de seus dados pessoais, observados os segredos comercial e industrial, nos termos de regulamentação da autoridade nacional, em formato que permita a sua utilização subsequente, inclusive em outras operações de tratamento.

§4º. A autoridade nacional poderá dispor de forma diferenciada acerca dos prazos previstos nos incisos I e II do *caput* deste artigo para os setores específicos.

Tendo como ponto de partida a norma acima – a qual deve ser interpretada em conformidade com os princípios do livre acesso, da transparência e da segurança, todos já mencionados – consegue-se iniciar a resposta ao questionamento exordial.

A partir delas, tem-se os seguintes esclarecimentos: Primeiro, as informações com os dados pessoais poderão ser fornecidas tanto por meio digital quanto impresso, cabendo ao titular a escolha. Segundo, quando o tratamento de dados pessoais tiver como hipótese legal o consentimento do titular ou contrato, ele poderá solicitar, ainda que seus dados pessoais sejam disponibilizados em formato eletrônico que permita sua utilização subsequente. Terceiro, a maneira utilizada para conceder o acesso, seja qual for, deverá sempre ser segura, de forma a garantir que não haja acessos não autorizados e situações acidentais ou ilícitas. Quarto, a concessão do acesso deverá ser gratuita.

Dessa forma, é indiscutível que, ao menos de forma perfunctória, as disposições constantes na própria lei têm o condão de responder a pergunta inicial.

Todavia, também é imperioso reconhecer que os parâmetros e esclarecimentos acima citados não são capazes de sanar dúvidas que a prática suscita.

Isso porque sua aplicação no dia a dia impõe, neste ponto, um menor nível de granularidade e, por consequência, um maior detalhamento, que provavelmente somente ocorrerá com a regulamentação a ser realizada pela Autoridade Nacional de Proteção de Dados – ANPD.

Ocorre que, até que seja editada aludida normativa e que haja um amadurecimento da temática em âmbito nacional, algumas balizas precisam ser encontradas para auxiliar nas respostas de questionamentos comuns, tais como: Como serão disponibilizados os dados por meio eletrônico? Isso seria atendido com a mera demonstração deles na tela de um computador para o titular, ou seria necessário o envio de um arquivo digital, por e-mail ou por mensagem? Neste caso, em qual formato? A quem cabe a escolha do meio eletrônico utilizado? E, mais, se o titular preferir a forma impressa para ter acesso aos seus dados, poderia ele exigir que lhe fosse entregue em domicílio?

Enfim, sem qualquer pretensão de exaurir os questionamentos possíveis, analisam-se parâmetros que poderão auxiliar nas respostas às perguntas acima.

É indiscutível que, calcado na autodeterminação informativa e nos princípios previstos na LGPD, deve o agente de tratamento sempre disponibilizar, inclusive ponderando as especificidades de eventual caso, ao titular de dados pessoais uma forma fácil e segura de acesso, cabendo ao titular a escolha entre o meio digital ou impresso, conforme expressamente disciplinado na lei.

No entanto, é importante que se leve em conta também que esse poder de escolha do titular não deva ser interpretado de forma a impor um ônus excessivo e desnecessário ao agente de tratamento, pois, diferentemente do Regulamento Geral Europeu de Proteção de Dados (RGPD), que prevê a possibilidade de, em certos casos, cobrar uma taxa para cobrir os custos administrativos dessa disponibilização de acesso, a norma brasileira contempla expressamente a gratuidade.

A propósito, dispõe o citado Regulamento Europeu:

Artigo 15º. Direito de acesso do titular dos dados
(...)
3. O responsável pelo tratamento fornece uma cópia dos dados pessoais em fase de tratamento. *Para fornecer outras cópias solicitadas pelo titular dos dados, o responsável pelo tratamento pode exigir o pagamento de uma taxa razoável tendo em conta os custos administrativos.* Se o titular dos dados apresentar o pedido por meios eletrônicos, e salvo pedido em contrário do titular dos dados, a informação é fornecida num *formato eletrônico de uso corrente*. (Grifo nosso.)

Na Espanha, por exemplo, a Lei Orgânica nº 03/2018, cujo objeto é a Proteção de Dados Pessoais e garantia dos direitos digitais, dispõe:

Artigo 13. Direito de acesso.
(...)
4. Quando o afetado opte por um meio diferente do oferecido que envolva um custo desproporcional, a solicitação será considerada excessiva, de modo que o afetado assumirá os custos excedentes que sua escolha acarretar. (Tradução livre.)

Em Portugal[27] também existe a possibilidade, de forma excepcional, de cobrança de uma taxa para cobrir os custos administrativos associados.

Por outro lado, a norma brasileira, além de ter previsto a consulta facilitada e gratuita dos dados pessoais ao tratar do princípio do livre acesso no seu art. 6º, IV, ratificou a inexistência de custos ao titular para o exercício de seus direitos no art. 18, §5º, embora relegando à futura regulamentação maiores detalhes.

Nessa toada, entende-se que, a despeito de o titular de dados ter o direito de escolha entre as formas eletrônica ou impressa de acesso, cabe ao agente de tratamento, dentre a selecionada, eleger o meio que lhe seja mais econômico, desde que, por óbvio, garanta um acesso facilitado e seguro ao titular, considerando a situação em concreto.

Assim, se por exemplo o titular de dados pessoais optou pela forma eletrônica de acesso, não caberá a ele exigir que lhe seja franqueado o uso de um computador na sede do agente de tratamento. A escolha, dentre os meios eletrônicos possíveis – empréstimo de aparelho; envio de e-mail ou mensagem com os dados em questão etc. – incumbirá ao agente de tratamento, devendo este, entretanto, disponibilizar uma forma eletrônica fácil e segura.

Pela mesma razão, se o titular preferir a forma impressa, não cabe a ele, a seu bel-prazer, a escolha da maneira como isso será materializado.

Outro ponto importante para ser tratado, quanto à disponibilização do acesso pelo meio eletrônico, diz respeito ao formato digital a ser eventualmente utilizado para gerar o arquivo a ser encaminhado ao titular, contendo seus dados pessoais. A LGPD dispõe apenas que o meio eletrônico deva ser "seguro e idôneo", e além disso, conforme os princípios do livre acesso e da transparência, precisa permitir também um acesso facilitado.

Assim, partindo-se dessas premissas e sem prejuízo de futura padronização e disciplina da matéria, tem-se que – além das medidas

---

[27] Lei nº 59/2019, art. 13º Comunicações e exercício dos direitos do titular dos dados
(...)
4 – A prestação de informações e o exercício dos direitos são gratuitos, sem prejuízo do disposto no número seguinte.
5 – Nos casos em que o pedido do titular dos dados seja manifestamente infundado ou excessivo, designadamente devido ao seu caráter repetitivo, o responsável pelo tratamento, mediante decisão fundamentada, pode:
a) Exigir o pagamento de uma taxa de montante a fixar por portaria do membro do Governo responsável pela área da justiça, tendo em conta os custos administrativos associados; ou
b) Recusar dar seguimento ao pedido.

de segurança a serem adotadas para a geração, o envio e a recepção do arquivo pelo titular – é necessário, nos termos previstos no Regulamento Geral Europeu de Proteção de Dados, que se utilize "um formato eletrônico de uso corrente". Assim, se a informação for prestada através do envio de um arquivo, este deverá ser de um tipo comumente utilizado, tal como pdf, sob pena de afronta à LGPD.

Enfim, sem pretensão de abordar todos os questionamentos e respostas cabíveis apenas quanto à forma de concessão de acesso, apresentam-se esses parâmetros que, embora não sejam a panaceia para o problema, certamente auxiliarão na aplicação prática da norma, sobretudo até que ocorra a futura regulamentação pela ANPD e o amadurecimento da temática no Brasil.

Considerações finais

O direito de acesso, o qual está previsto no rol exemplificativo de direitos do titular, no art. 18, II, da LGPD, precisa ser entendido não apenas como mais um mero direito previsto na legislação brasileira, mas sim como uma importante ferramenta para efetivação do direito fundamental à proteção de dados pessoais, estando intimamente relacionado à autodeterminação informativa, um dos fundamentos da própria LGPD.

Com efeito, mesmo que seja exercido apenas por um titular, ele provoca, de forma mediata, a adequação do tratamento dos dados pessoais de toda a coletividade, pois é evidente que, ao serem instados, através do direito de acesso, ainda que por um percentual pequeno de titulares, os Controladores e Operadores buscarão a adequação no tratamento de todos os dados pessoais que estejam sob suas responsabilidades.

Assim, diante da importância do tema e ciente da possibilidade de sua abordagem sob outros enfoques, optou-se, em razão da amplitude dos questionamentos que a aplicação prática suscita, abordá-lo, após breve contextualização dentro da evolução do direito à privacidade e à proteção de dados pessoais, apenas quanto à forma de exercê-lo e de concedê-lo.

Para tanto, sem pretensão de esgotamento da matéria, almejou-se – a partir da interpretação das disposições da própria LGPD e da análise do direito comparado europeu, em razão de este tratar da temática há mais de 40 anos – encontrar parâmetros que possam nortear o operador do direito nesta seara, sobretudo até que haja a futura regulamentação dos direitos dos titulares pela ANPD e o amadurecimento da matéria em nível nacional.

De toda maneira, independentemente da vindoura resolução e evolução do tema, mostra-se claro que tanto a forma de se requerer o acesso aos dados pessoais quanto a forma de concedê-lo estarão em conformidade com a proteção do direito fundamental em questão sempre que, na prática, disponibilizar-se, de forma menos onerosa ao agente de tratamento, um meio fácil e seguro para o titular postulá-lo e acessá-lo gratuitamente.

Referências

ARGENTINA. *Lei nº 25.326/2000*, de 30 de outubro de 2000. Proteccion de Los Datos Personales. Disponível em: https://www.argentina.gob.ar/normativa/nacional/ley-25326-64790/actualizacion. Acesso em: 23 set. 2022.

BRASIL. *Constituição da República Federativa do Brasil*. Promulgada em 05 de outubro de 1988. Disponível em: http://www.planalto.gov.br/ccivil_03/constituicao/constituicao.htm. Acesso em: 17 out. 2022.

BRASIL. *Lei nº 13.709*, de 14 de agosto de 2018. Lei Geral de Proteção de Dados. Disponível em: http://www.planalto.gov.br/ccivil_03/_ato2015-2018/2018/lei/l13709.htm. Acesso em: 17 out. 2022.

BRASIL. *Portaria nº 11*, de 27 de janeiro de 2021. Torna pública a agenda regulatória para o biênio 2021-2022. Disponível em: https://www.in.gov.br/en/web/dou/-/portaria-n-11-de-27-de-janeiro-de-2021-301143313. Acesso em: 28 set. 2022.

BRASIL. Supremo Tribunal Federal. *Recurso Extraordinário nº 673.707/MG*, Relator Ministro Luiz Fux, julgado em 30 set. 2015.

BRASIL. Supremo Tribunal Federal. *Ação Direta de Inconstitucionalidade nº 6.387*, Relatora Ministra Rosa Weber, julgado em 6 mai. 2020.

BRASIL. Supremo Tribunal Federal. *Ação Direta de Inconstitucionalidade nº 6.649*, Relator Ministro Gilmar Mendes, julgado em 15 set. 2022.

BRASIL. Tribunal Superior Eleitoral. *Guia Orientativo Aplicação da Lei Geral de Proteção de Dados Pessoais (LGPD) por agentes de tratamento no contexto eleitoral, de 2021*. Disponível em: https://www.gov.br/anpd/pt-br/documentos-e-publicacoes/guia_lgpd_final.pdf. Acesso em: 17 out. 2022

CANCELIER, Mikhail Vieira de Lorenzi. *O direito à privacidade hoje:* perspectiva histórica e o cenário brasileiro. Disponível em: https://periodicos.ufsc.br/index.php/sequencia/article/view/2177-7055.2017v38n76p213. Acesso em: 2 out. 2022.

ESPANHA. *Ley Orgánica 3/2018*, de 5 de diciembre de 2018. Protección de Datos Personales y garantia de los derechos digitales. Disponível em: https://www.boe.es/buscar/pdf/2018/BOE-A-2018-16673-consolidado.pdf. Acesso em: 21 out. 2022.

ESTADO DE SANTA CATARINA. Portal de Serviços: SC Digital. Disponível em: https://www.sc.gov.br/sc-digital/auth?returnUrl=https:%2F%2Fwww.sc.gov.br%2F%2Fsc-digital%2Fformularios%2Fdireitos-dados-pessoais-lgpd-ciasc. Acesso em: 13 out. 2022.

ITÁLIA. *Decreto Legislativo 30 giugno 2003, nº 196*. Codice in materia di protezione dei dati personali. Disponível em: https://archivio.pubblica.istruzione.it/amministrazione/allegati/dlg300603.pdf. Acesso em: 21 out. 2022.

MINISTÉRIO PÚBLICO DE SANTA CATARINA. *Ato nº 558/2022/PGJ*. Institui, no âmbito do Ministério Público do Estado, a Política de Privacidade e de Proteção de Dados Pessoais. Disponível em: https://www.mpsc.mp.br/atos-e-normas/detalhe?id=3210. Acesso em: 02 out. 2022.

PORTUGAL. *Lei nº 59/2019*, de 30 de outubro de 2000. Proteccion de Los Datos Personales. Disponível em: https://www.argentina.gob.ar/normativa/nacional/ley-25326-64790/actualizacion. Acesso em: 23 set. 2022.

RODOTÁ, Stephano. *A vida na sociedade da vigilância* – a privacidade hoje. Rio de Janeiro: Renovar, 2008.

RODRIGUEZ, Daniel Piñeiro. *O direito fundamental à proteção de dados*: vigilância, privacidade e regulação. Rio de Janeiro: Lumen Juris, 2021.

SERPRO. *Em que "estágio" estamos?* Confira o mapa da proteção de dados pessoais no mundo. Disponível em: https://www.serpro.gov.br/lgpd/menu/a-lgpd/mapa-da-protecao-de-dados-pessoais. Acesso em: 13 out. 2022.

STATISTA. *Volume of data/information created, captured, copied, and consumed woeldwide from 2010 to 2020, with forecasts from 2021 to 2025*. Disponível em: https://www.statista.com/statistics/871513/worldwide-data-created/#statisticContainer. Acesso em: 27 set. 2022.

TEIXEIRA, Tarcísio. *Lei geral de proteção de dados pessoais*: comentada artigo por artigo. 2. ed. rev. atual. e ampl. Salvador: JusPodivm, 2020.

TV SENADO. *Proteção de dados pessoais agora é um direito fundamental*. Disponível em: https://www.gov.br/anpd/pt-br/protecao-de-dados-pessoais-agora-e-um-direito-fundamental#:~:text=O%20texto%2C%20de%20relatoria%20da,e%20tratamento%20 de%20dados%20pessoais. Acesso em: 12 out. de 2022.

UNIÃO EUROPEIA. *Regulamento nº 679/2016*. General Data Protection Regulation (GDPR) – versão em português. Disponível em: https://eur-lex.europa.eu/legal-content/PT/TXT/PDF/?uri=CELEX:32016R0679&from=PT. Acesso em: 21 out. 2022.

UOL. Facebook tem acordo preliminar em processo por escândalo da Cambridge Analytica. Disponível em: https://noticias.uol.com.br/ultimas-noticias/afp/2022/08/28/facebook-tem-acordo-preliminar-em-processo-por-escandalo-da-cambridge-analytica.html. Acesso em: 08 out. 2022.

URUGUAI. *Lei nº 18.331/2008*, de 31 de agosto de 2009. Ley de Proteccion de Datos Personales. Disponível em: https://www.impo.com.uy/bases/leyes/18331-2008. Acesso em: 23 set. 2022.

Informação bibliográfica deste texto, conforme a NBR 6023:2018 da Associação Brasileira de Normas Técnicas (ABNT):

TEIVE, Carlos Renato Silvy. O direito de acesso aos dados pessoais: como requerê-lo e concedê-lo? *In*: FRANCOSKI, Denise de Souza Luiz; TEIVE, Marcello Muller (coord.). *LGPD*: direitos dos titulares. Belo Horizonte: Fórum, 2023. p. 57-73. ISBN 978-65-5518-500-3.

A CORREÇÃO E A ELIMINAÇÃO DOS DADOS PESSOAIS
DESAFIOS PRÁTICOS À EFETIVAÇÃO DOS DIREITOS DO TITULAR

ROBERTA VOLPATO HANOFF

Introdução

A proteção de dados pessoais, antes mesmo da Emenda Constitucional nº 115/2022, já era tratada como uma das dimensões do direito fundamental à privacidade.

A teor do disposto no artigo 5º, inciso X, da Magna Carta, "são invioláveis a intimidade, a vida privada, a honra e a imagem das pessoas, assegurado o direito à indenização pelo dano material ou moral decorrente de sua violação".

Com o advento da EC 115 foi acrescido ao referido artigo o inciso LXXIX dispondo que "é assegurado, nos termos da lei, o direito à proteção dos dados pessoais, inclusive nos meios digitais".

No afã de regulamentar o tratamento de dados pessoais, inclusive nos meios digitais, protegendo os direitos fundamentais de liberdade e privacidade constitucionalmente reconhecidos, foi sancionada a Lei nº 13.709/018, conhecida como Lei Geral de Proteção de Dados brasileira, ou LGPD, em vigor desde 18 de setembro de 2020 – à exceção das sanções administrativas, que passaram a ser exigíveis a partir de 1º agosto de 2021, nos termos da Lei nº 14.010/2020.

Dentre os fundamentos legais da proteção de dados pessoais, tem-se a *autodeterminação informativa* (artigo 2º, inciso II). Segundo Bioni (2019):[1]

---

[1] BIONI, Bruno Ricardo. *Proteção de dados pessoais*: a função e os limites do consentimento. São Paulo: Editora Gen, 2019. Posição 522.

Historicamente, a proteção dos dados pessoais tem sido compreendida como o direito de um indivíduo autodeterminar as suas informações pessoais. (...) Recorre-se, por isso a técnica legislativa de eleger o consentimento do titular dos dados pessoais como seu pilar normativo. *Por meio do consentimento, o cidadão emitiria autorizações sobre o fluxo dos seus dados pessoais controlando-os.* (Grifo nosso.)

O direito à autodeterminação informativa traduz-se, portanto, no controle do cidadão sobre a próprias informações, proporcionando o tratamento legítimo, em preservação à sua intimidade e privacidade.

Na LGPD, o artigo 18 demonstra a aplicação concreta desse princípio ao prever instrumentos que permitem ao titular o monitoramento do tratamento de seus dados pessoais por parte do agente, a qualquer momento, mediante pedido:

> Art. 18. O titular dos dados pessoais tem direito a obter do controlador, em relação aos dados do titular por ele tratados, a qualquer momento e mediante requisição:
> I – confirmação da existência de tratamento;
> II – acesso aos dados;
> III – correção de dados incompletos, inexatos ou desatualizados;
> IV – anonimização, bloqueio ou eliminação de dados desnecessários, excessivos ou tratados em desconformidade com o disposto nesta Lei;
> V – portabilidade dos dados a outro fornecedor de serviço ou produto, mediante requisição expressa, de acordo com a regulamentação da autoridade nacional, observados os segredos comercial e industrial
> VI – eliminação dos dados pessoais tratados com o consentimento do titular, exceto nas hipóteses previstas no art. 16 desta Lei;
> VII – informação das entidades públicas e privadas com as quais o controlador realizou uso compartilhado de dados;
> VIII – informação sobre a possibilidade de não fornecer consentimento e sobre as consequências da negativa;
> IX – revogação do consentimento, nos termos do §5º do art. 8º desta Lei.

Inobstante pareçam, em primeira análise, de fácil atendimento, os direitos enumerados nos incisos do artigo 18, não raro, podem ter sua aplicabilidade prática comprometida por circunstâncias alheias à vontade do agente de tratamento.

É o que ocorre, por exemplo, com a correção de dados incompletos, inexatos ou desatualizados e com a eliminação – prerrogativas descritas, respectivamente, nos incisos III e VI do sobredito dispositivo.

Em plena era da *big data*, em que o uso de *softwares* de gestão organizacional, separadamente ou em conexão com outras soluções via

API[2] (*Application Programming Interface*), tornou-se prática habitual em organizações de todo o porte e planta, públicas ou privadas, os fluxos de dados pessoais transcendem o controle exclusivo de um único agente de tratamento, motivo pelo qual a obediência a uma requisição do titular deixa de ser responsabilidade exclusiva do controlador originário para se estender aos fornecedores das soluções por ele utilizadas – ou seja, os denominados *controladores conjuntos*.[3]

Nessa esteira vêm à baila os debates acerca de cláusulas contratuais e travas tecnológicas existentes na acepção das soluções e, por vezes, impossíveis de serem sanadas, fatores esses que acabam, em certos casos, demandando dos agentes de tratamento soluções alternativas que viabilizem o resultado prático equivalente ao esperado pelo titular, e noutros, tornando inexequível a sua solicitação.

O distanciamento entre a teoria-base do preceito legal e sua aplicabilidade prática podem vulnerabilizar os agentes de tratamento de dados pessoais frente à Autoridade Nacional de Proteção de Dados – ANPD e o Poder Judiciário, submetendo-os a sanções administrativas

---

[2] "A sigla API deriva da expressão inglesa *Application Programming Interface* que, traduzida para o português, pode ser compreendida como uma interface de programação de aplicação. Ou seja, API é um conjunto de normas que possibilita a comunicação entre plataformas através de uma série de padrões e protocolos. Por meio de APIs, desenvolvedores podem criar softwares e aplicativos capazes de se comunicar com outras plataformas." Disponível em: https://www.techtudo.com.br/listas/2020/06/o-que-e-api-e-para-que-serve-cinco-perguntas-e-respostas.ghtml.

[3] De acordo com o artigo 26, item "1" do GDPR, "(...) quando dois ou mais responsáveis pelo tratamento determinem conjuntamente as finalidades e os meios desse tratamento, ambos são responsáveis conjuntos pelo tratamento. Estes determinam, por acordo entre si e de modo transparente as respectivas responsabilidades pelo cumprimento do presente regulamento". De acordo com o "Guia 07/2020 sobre conceitos de controlador e operador de dados no âmbito do GDPR" (*Guidelines 07/2020 on the concepts of controller and processor in the GDPR*), "(...) a qualificação como controladores conjuntos pode surgir, portanto, quando mais de um ator estiver envolvido no processamento. O GDPR introduz regras específicas para controladores conjuntos e define uma estrutura para reger seu relacionamento. O critério geral para a existência de controladoria conjunta é a participação conjunta de duas ou mais entidades na determinação dos fins e meios de uma operação de processamento. A participação conjunta pode revestir a forma de uma decisão comum tomada por duas ou mais entidades ou resultar de decisões convergentes de duas ou mais entidades, quando as decisões se complementam e são necessárias para que o tratamento se processe de forma a que tenham um impacto tangível na determinação das finalidades e meios do tratamento. Um critério importante é que o processamento não seria possível sem a participação de ambas as partes no sentido de que o processamento por cada parte é inseparável, ou seja, indissociável. A participação conjunta deve incluir a determinação dos fins, por um lado, e a determinação dos meios, por outro". (Tradução livre.). Essa nomenclatura foi incorporada pelo Governo Federal Brasileiro no "Guia Orientativo para Definições dos Agentes de Tratamento de Dados Pessoais e do Encarregado", de maio de 2021, e se encontra disponível em: https://edpb.europa.eu/sites/default/files/consultation/edpb_guidelines_202007_controllerprocessor_en.pdf.

e judiciais, respectivamente, caso insuficientes as provas da adoção de todas as medidas disponíveis ao seu alcance para a observância do direito dos titulares.

Trazidos todos esses elementos à análise, importa perquirir de quais modos os agentes de tratamento podem, na medida do que é possível e permitido pelo legislador pátrio, promover a efetividade dos direitos à correção e eliminação de dados pessoais quando reclamados pelos titulares, superando os desafios operacionais que se lhes apresentam.

1 Correção de dados incompletos, inexatos ou desatualizados

Pelo quanto dispõe o artigo 18, inciso III, da LGPD, o titular dos dados pessoais tem direito a obter do controlador, em relação aos dados do titular por ele tratados, a qualquer momento e mediante requisição, correção de dados incompletos, inexatos ou desatualizados.

A propósito, Maldonado[4] traça um paralelo dessa imposição com o artigo 16 do Regulamento Europeu e, ainda, com o guia de boas práticas em privacidade da OCDE, lecionando:

> Tal direito guarda relação com o princípio *data accuracy* estabelecido pela OCDE (*Organization for Economic Cooperation and Development*). A Organização elaborou *guidelines* para a proteção da privacidade nos fluxos transfronteiriços de dados pessoais. Nessas *guidelines*, que vieram a ser atualizadas no ano de 2013, consta, a par das questões relacionadas à legalidade e à necessidade, que os dados pessoais devem ser precisos, completos e atualizados (*accurate, complete and kept-up to-date*). (...) A compreensão que se extrai da valorização, naquele contexto, da acurácia dos dados diz respeito aos riscos inerentes a problemas de identificação de pessoas no que se refere aos fluxos transnacionais, recomendando a organização, pois, que as empresas disponham de meios para corrigir informações equivocadas ou desatualizadas ponto ademais, destaca que a imprecisão é capaz de ensejar reflexos no que se refere ao *profiling* dos titulares de dados.

Prossegue a autora esclarecendo que, muito embora a lei brasileira tenha se inspirado no legado europeu, o inciso III do artigo 18 visa, para

---

[4] MALDONADO, Viviane Nóbrega; BLUM, Renato Opice (Coord.). *LGPD*: Lei Geral de Proteção de Dados: comentada. São Paulo: Revista dos Tribunais, 2019. Posição 6898.

além de mitigar riscos inerentes ao tratamento transfronteiriço de dados pessoais, prevenir fraudes, especialmente em ambientes *on-line*.

Destarte, eventos da vida dos titulares de dados pessoais que impliquem alteração de nome, endereço, estado civil, gênero etc., devem ser, sempre, atualizados mediante solicitação formal ao agente de tratamento – já que este, por sua vez, não dispõe de meios para tomar ciência de tais modificações sem a provocação do interessado.[5] Na mesma esteira, os dados incompletos devem ser completados, enquanto os equivocados, corrigidos.

Em caso de dúvidas quanto à real identidade do titular, o agente de tratamento pode solicitar informações adicionais para fins de comprovação de sua legitimidade.

Para fazer cumprir a determinação do artigo 18, inciso III, da LGPD, as organizações devem implementar um processo de gestão dedicado ao recebimento de pedidos de retificação de dados pessoais, nos mesmos moldes daqueles referentes ao direito de acesso ou à confirmação da existência do tratamento.

O processo deverá ter um fluxo bem estruturado de contato com o titular, coleta de sua requisição, análise e adoção das providências pertinentes em tempo hábil e, finalmente, resposta formal fundamentada, acompanhada da evidenciação objetiva de atendimento, ou, se for o caso, da impossibilidade de fazê-lo.

Os controladores de dados pessoais têm o dever de modificar os dados exigidos quando o pedido for razoável, levando em consideração, também, a importância do dado e a relevância da informação incorreta ou incompleta.

Ainda que nem sempre seja possível, tecnicamente, efetuar essa correção, o controlador deve se dispor a tomar todas as medidas razoáveis à correção, especialmente em contextos em que os dados incorretos são utilizados para embasar decisões automatizadas, por exemplo.

É importante que o controlador seja transparente com o titular, validando a correção procedida ou, em caso de impossibilidade, justificando-a comprovadamente. Na hipótese de os dados corrigidos serem compartilhados com terceiros, a organização deve contatá-los e atualizá-los acerca da retificação.

Havendo dúvidas quanto ao próprio objeto do pedido submetido pelo titular, o agente de tratamento de dados poderá solicitar informações complementares para, então, avaliar e responder.

---

[5] MALDONADO, Viviane Nóbrega; BLUM, Renato Opice (Coord.). LGPD: Lei Geral de Proteção de Dados: comentada. São Paulo: Revista dos Tribunais, 2019. Posição 6910.

Todavia, em qualquer das circunstâncias acima aventadas, é prudente ao controlador registrar e reter todo o histórico de tratativas mantidas com o titular, assim como das providências adotadas, possibilitando, assim, não apenas a revisitação e conferência por todas as partes interessadas, mas, sobretudo, a adequada apreciação por parte do regulador e do Poder Judiciário, sempre que instado a responder a essas autoridades.

2 Eliminação de dados desnecessários, excessivos ou tratados sem o consentimento do titular

Por intelecção do artigo 18, inciso VI, da LGPD, o titular de dados pessoais tem o direito de exigir que o agente de tratamento os elimine, exceto nas hipóteses previstas no artigo 16, quais sejam:

> Art. 16. Os dados pessoais serão eliminados após o término de seu tratamento, no âmbito e nos limites técnicos das atividades, autorizada a conservação para as seguintes finalidades:
> I – cumprimento de obrigação legal ou regulatória pelo controlador;
> II – estudo por órgão de pesquisa, garantida, sempre que possível, a anonimização dos dados pessoais;
> III – transferência a terceiro, desde que respeitados os requisitos de tratamento de dados dispostos nesta Lei; ou
> IV – uso exclusivo do controlador, vedado seu acesso por terceiro, e desde que anonimizados os dados.

Segundo Maldonado:[6]

> O intuito da norma, pois, é autorizar a eliminação dos dados pessoais quando da retirada do consentimento, salvo se estiver presente alguma das hipóteses de exceção previstas no artigo 16. E, seguindo a mesma lógica quanto aos demais direitos caso não seja possível o atendimento em questão, a negativa deverá ser prontamente comunicada e justificada ao titular.

A rigor, o agente de tratamento, em respeito ao direito de autodeterminação informacional do titular, tem a obrigação de eliminar imediatamente os dados pessoais e, em caso de impossibilidade de fazê-lo, comunicar as razões de fato ou de direito correspondentes.

---

[6] MALDONADO, Viviane Nóbrega; BLUM, Renato Opice (Coord.). *LGPD*: Lei Geral de Proteção de Dados: comentada. São Paulo: Revista dos Tribunais, 2019. Posição 7128.

No caso de, por razões técnicas ou organizacionais, os dados continuarem presentes, por exemplo, em *backups*, isso deve ser informado ao titular, e o agente de tratamento deve afiançar que esses dados, muito embora persistam armazenados, não sejam utilizados novamente.

Existem duas alternativas ao titular para que postule a eliminação de seus dados pessoais.

A primeira consiste no exercício do direito por desnecessidade do tratamento, excesso de coleta ou utilização em desconformidade com a LGPD. Esse direito é considerado absoluto, já que dados desnecessários, excessivos ou tratados em desconformidade com a LGPD afrontam diretamente os princípios da finalidade, da adequação e da necessidade.

À luz do princípio da finalidade, o motivo da coleta de dados pessoais deve ser compatível com o objetivo final do tratamento. Desse modo, não há que se falar em recebimento de dados pessoais para um dado propósito e, após, aproveitamento como insumo para outro, ainda que ambos tenham base legal que, formalmente, os legitime.

Nesse diapasão, as finalidades de coleta e tratamento devem ser legítimas, específicas e explícitas, sendo vedado o uso secundário dos dados pessoais sem prévia ciência e anuência de quem os forneceu.

Por sinal, a segunda alternativa à eliminação dos dados pessoais apoia-se, justamente, no consentimento do titular, mas nem por isso isenta o agente de tratamento de dados pessoais do cumprimento de certos protocolos.

E isso porque, antes de qualquer encaminhamento, cabe averiguar se é, realmente, o caso de serem excluídos os dados pessoais. Estão exauridas a finalidade e a necessidade? A temporalidade exigida por leis, decretos, normas e/ou regulamentos, e corroborada por políticas e procedimentos internos da organização para armazenamento dos dados já foi completada?

Em caso positivo, cabe ao DPO (*Data Protection Officer*) endereçar o pedido de eliminação de dados à área de TI (Tecnologia da Informação), que, por seu turno, executará retroalimentando os controles do DPO com a evidenciação respectiva. O DPO, então, devolverá resposta positiva ao titular em forma de *autodeclaração*.

Essa rotina é a mais simples de ser implementada, porém insta admitir que a prova da efetividade da eliminação, para fins de exibição à autoridade reguladora ou judiciária, será demasiadamente frágil caso se restrinja à afirmação de atendimento à pretensão posta.

Nesta senda, é recomendável ao agente de tratamento embasar a resposta formulada ao titular, por exemplo, com os *logs* gerados pelo sistema em que os dados eram tratados, os quais abrangerão a data da ação de exclusão, hora, eventual *hash*[7] ou código da operação. Esses metadados – que não identificam os dados pessoais, mas estão atrelados à atividade de exclusão –, serão preservados e servem de comprovação futura em caso de questionamento administrativo ou judicial, juntamente com a ID de registro.

Outro meio de prova admitido é o registro de interface de pesquisa, onde não há a exibição do dado pessoal, uma vez que, consultando o sistema pelo ID, código ou dado do titular, não se obtém nenhum *match* – isto é, inexistem registros retornáveis.

Ainda, é possível de se proceder ao *screenlogging*, também conhecido como operação assistida, realizada através de *software* capaz de armazenar a posição do *mouse* e da tela apresentada no monitor, nos momentos em que o *mouse* é clicado – ou a região onde o ponteiro se encontra. A tela é capturada e salva como uma imagem ou vídeo quando se executa a eliminação dos dados pessoais, e o registro deve ser mantido de forma segura para eventual questionamento judicial ou administrativo, para demonstrar que a solicitação do titular foi fielmente satisfeita.

Mesmo depois de feito o *screenlogging*, orienta-se que o agente de tratamento de dados mantenha, junto às telas salvas, o registro de simulação de consulta dos dados do titular feita após concluída a eliminação, certificando não haver registro retornável.

Outra forma de atestar a eliminação de dados pessoais é a avaliação, por profissionais independentes e devidamente habilitados, realizada sob a premissa "*trust, but verify*" – "confiar, mas verificar". Nesta conjuntura, o agente de tratamento de dados pessoais procede à descentralização do processo de exclusão através de auditoria feita por um terceiro, que verifica e registra a ocorrência do processo de exclusão.[8]

Finalmente, é facultada ao agente de tratamento a contratação dos serviços de eliminação certificada, que têm por escopo o acompanhamento, registro e certificação do processo de exclusão dos dados pessoais por parte de consultores especializados.

---

[7] "A função *Hash* (Resumo) é qualquer algoritmo que mapeie dados grandes e de tamanho variável para pequenos dados de tamanho fixo. Por esse motivo, as funções Hash são conhecidas por resumirem o dado. A principal aplicação dessas funções é a comparação de dados grandes ou secretos. Dessa forma, as funções Hash são largamente utilizadas para buscar elementos em bases de dados, verificar a integridade de arquivos baixados ou armazenar e transmitir senhas de usuários." Disponível em: https://www.techtudo.com.br/noticias/2012/07/o-que-e-hash.ghtml.

[8] Disponível em: https://www.isaca.org/resources/news-and-trends/newsletters/atisaca/2021/volume-36/five-key-considerations-when-applying-a-trust.

Sem embargo do meio de prova eleito pelo controlador, importa restar claro que a simples eliminação de dados pessoais, reforçada ou não por declaração prestada pelo DPO, não é bastante a assegurar que a postulação feita pelo titular foi acolhida, fazendo-se imprescindível, portanto, a rastreabilidade das providências adotadas e, ainda, o arquivamento para eventual necessidade de exibição em processo fiscalizatório ou judicial.

3 Os desafios práticos à efetividade dos direitos de retificação e eliminação de dados pessoais

Nada obstante os direitos do titular de correção de seus dados, ou mesmo cessação do tratamento por eliminação a pedido, faz-se necessário trazer à luz os desafios de ordem prática que dificultam aos controladores o atendimento a solicitações desta espécie: o controle da *temporalidade* de tratamento (específico ao inciso VI do artigo 18); as travas em sistemas utilizados à gestão das organizações (merecendo ênfase os ERP) ou em plataformas outras que por API lhe estejam integradas; e o desalinhamento entre o DPO e áreas de Tecnologia da Informação, Jurídico e Recursos Humanos no planejamento e gerenciamento dos riscos de *non compliance* à LGPD.

3.1 A temporalidade do tratamento

A LGPD regulamenta o tratamento de dados pessoais desde a coleta, o armazenamento, processamento e exclusão, destacando a importância de que ocorra em consonância com o ramo de atividade do controlador.

E isso porque o contexto organizacional de cada agente de tratamento e suas características é que ditam o objetivo do tratamento desses dados e as particularidades sobre o seu armazenamento, permitindo, na hipótese de comprovado enquadramento em um ou mais incisos do artigo 16, que este se prolongue no tempo e no espaço, independentemente da vontade manifestada pelo titular.

A teor do aludido dispositivo é autorizada a conservação dos dados pessoais para cumprimento de obrigação legal ou regulatória pelo agente de tratamento; estudo por órgão de pesquisa (garantida, sempre que possível, a anonimização); transferência a terceiro, conquanto respeitados os requisitos dispostos na lei; ou uso exclusivo do controlador (vedado seu acesso por terceiro, e desde que anonimizados os dados).

Como mecanismo de controle interno à mitigação do risco de armazenamento por tempo indevido, tem-se os ROPA – sigla para *Record Of Processing Activities*, recepcionada pelo artigo 37 da LGPD sob a tradução de "Registros das Operações de Tratamento dos Dados Pessoais", que se prestam a provar como uma organização procede à coleta, ao tratamento e exclusão de dados pessoais.

De acordo com a ICO (*Information Commissioner's Office*),[9] da Inglaterra, um ROPA deve ter, no mínimo:

a) Dados de contato e informações dos agentes de tratamento e entidades envolvidas (controladores, operadores, sub operadores, DPO etc.);
b) As finalidades do processamento, ou seja, o propósito a ser atingido com o tratamento de dados;
c) Descrição das categorias e tipos de dados pessoais que são necessários para atingir a finalidade;
d) Detalhes sobre a transferência internacional de dados e medidas e salvaguardas para a proteção dos dados pessoais;
e) Prazos para retenção, eliminação ou, em sendo necessário, anonimização;
f) Descrição das medidas técnicas e organizacionais para a proteção de dados, conhecidas por Governança em Privacidade.
(Grifo nosso.)

Na mesma linha, e fazendo menção expressa aos modelos propostos pelas autoridades de proteção de dados da França, Bélgica e Inglaterra, o "Guia de Elaboração de Inventário de Dados Pessoais",[10] publicado pelo Governo Federal em abril de 2021, enumera, dentre as informações sobre tratamento de dados pessoais que devem se manter registradas para fazer cumprir os direitos dos titulares, as seguintes:

- Atores envolvidos (agentes de tratamento e o encarregado);
- Finalidade (o que a instituição faz com o dado pessoal);
- Hipótese (artigos 7º e 11 da LGPD);

---

[9] Sigla que, em inglês, faz referência ao Gabinete do Comissário de Informação do Reino Unido. Essa é a autoridade pública do Reino Unido que aplica as leis de proteção de dados no país, e cujas recomendações práticas à Proteção de Dados pessoais são utilizadas em todo o mundo. Disponível em: https://ico.org.uk/for-organisations/accountability-framework/records-of-processing-and-lawful-basis/.

[10] BRASIL. *Guia de elaboração de inventário de dados pessoais*. Disponível em: https://www.gov.br/governodigital/pt-br/seguranca-e-protecao-de-dados/guias/guia_inventario_dados_pessoais.pdf

- Previsão legal;
- Dados pessoais tratados pela instituição;
- Categoria dos titulares dos dados pessoais;
- *Tempo de retenção dos dados pessoais;*
- Instituições com as quais os dados pessoais são compartilhados;
- Transferência internacional de dados (art. 33 LGPD); e
- Medidas de segurança atualmente adotadas.
(Grifo nosso.)

É de se reparar que não consta na Lei a prescrição de temporalidade a cada tipo de dado pessoal armazenado, motivo pelo qual recomenda-se que o DPO *(Data Protection Officer)* implemente mecanismos dedicados a organização e monitoramento dos prazos de tratamento, atentando às regras estipuladas por instituições oficiais e órgãos governamentais e direcionando a organização à revisão de seus processos conforme mudanças em leis, decretos e regulamentos.

Uma vez efetivados e atualizados esses mecanismos, caem por terra os entraves à observância dos direitos dos titulares, porquanto qualquer pedido de eliminação terá sua procedência, ou improcedência, devidamente substanciada, ademais de passível de conferência por controladores conjuntos e operadores, ANPD e Poder Judiciário.

3.2 As travas em sistemas de gestão ou em plataformas a ele integradas por API

Os *softwares de gestão* (por exemplo, o ERP – *Enterprise Resource Planning* – e o CRM – *Customer Relationship Management*) são amplamente conhecidos e utilizados, graças à sua funcionalidade de integração e controle dos dados tratados pelas diferentes áreas da organização, de modo a mitigar a exposição a riscos de erro operacional, retrabalho e desperdícios; além de salvaguardar de fraude as informações que, processadas nas atividades mais relevantes ao *core,* devem ser íntegras e consistentes o bastante à tomada de decisão nos níveis estratégico, tático e operacional.

Essas soluções, portanto, aumentam a eficiência, eficácia e economicidade dos processos de gestão, através do compartilhamento de dados, ao tempo em que induzem confiabilidade e assertividade às lideranças organizacionais.

Com o advento da LGPD, incrementaram-se os debates acerca da adequação desses sistemas à lei, visto que, embora as grandes marcas desenvolvedoras comercializem as licenças em nível global, e por isso já devessem, desde a concepção, considerar os ditames legais e regulatórios atinentes à privacidade de dados pessoais – principalmente pelo quanto dispõe o conceito de *"privacy by design"*, sublinhado à letra do artigo 46, §2º –, na prática a realidade é outra.

Para a conformidade de um sistema de gestão com a LGPD, é habitual verificar-se a eficiência dos controles de *Segurança da informação*, a *rastreabilidade* de acessos e a *existência de bases legais* ao tratamento – ou, quando necessário, o *protocolo de consentimento* concedido pelo titular dos dados pessoais.

Entretanto também compõem o rol de pressupostos de adequação legal a *integração de sistemas* e a *possibilidade de exclusão de dados a despeito desta integração*, sendo esses os principais desafios percebidos à efetividade dos direitos previstos no artigo 18, incisos III e VI da LGPD.

A integração de um sistema como o ERP ou o CRM com outras soluções via API assegura a interação eficiente das ferramentas e aplicativos utilizados pela organização, viabilizando atualizações simultâneas e recorrentes de dados e informações.

As API funcionam como intermediárias entre os sistemas de gestão e outros programas, garantindo que as informações destes estejam integradas e acessíveis. Dessa forma, o sistema procede ao intercâmbio de dados com todas as soluções a que estiver conectado por API, conquanto haja as bases legais e/ou permissões necessárias, sendo, portanto, o responsável pelo controle no fluxo de dados.

Como exemplos mais corriqueiros de integrações dos *softwares* de gestão organizacional à API, cite-se o cadastro de colaboradores, fornecedores, clientes e mercadorias: com as bases da Receita Federal do Brasil, Sintegra, Simples Nacional, Fazendas Estadual e Municipal; com o SERASA; com as plataformas de benefícios a empregados (vale-transporte, vale-alimentação, vale-refeição e plano de saúde); as soluções de pagamento; a plataforma de emissão e envio de notas fiscais eletrônicas, *marketing*, logística etc.

Essas integrações permitem, entre outras funcionalidades, a extração automatizada de dados pessoais de uma determinada base e importação aos sistemas de gestão, além da tipificação e triagem eletrônica de documentos; análise de risco com *score* de crédito; *due diligences* de integridade e conformidade legal de pessoas físicas e jurídicas;[11]

---

[11] De acordo com o requisito 3.30 da ABNT ISO 37001:2017, *due diligence* é o "processo para aprofundar a avaliação da natureza e extensão dos riscos de suborno e ajudar as organizações a tomar decisões em relação a transações, projetos, atividades, parceiros de negócio e pessoal específico". (*International Organization for Standardization, ISO 37001 Anti-Bribery*

validação de *checkbox* e assinatura; mapeamento de contratos e termos de adesão; e até mesmo *face match* (utilização de inteligência artificial para confirmação da identidade de pessoas através de reconhecimento facial e, consequentemente, validação cadastral).

Nessa esteira, a comunicabilidade entre os sistemas de gestão e as API acarreta o compartilhamento frequente de dados pessoais das partes relacionadas entre as diversas plataformas interligadas, tornando inarredável a *incidência sistêmica da LGPD* – isto é, em toda a cadeia de fluxos de informação, permeando todas as empresas parceiras interligadas e demandando-lhes proteção em todas as pontas, além de suficiente preparo para atendimento às exigências de retificação e exclusão de dados, sejam elas derivadas das leis, decretos e regulamentos aplicáveis às atividades, ou de solicitações formais dos próprios titulares.

Com efeito, o titular pode, a qualquer momento, solicitar a correção ou exclusão de seus dados pessoais do sistema. Para atendimento a essas requisições, bastaria, a princípio, que o próprio *software* de gestão permitisse a pronta edição ou eliminação, haja vista figurar como centralizador do tratamento de dados.

Entretanto, dois são os principais desafios enfrentados pelos agentes: o primeiro, relacionado à própria dificuldade de interferir no *modus operandi* de um sistema de gestão; o segundo, ao esforço necessário à convergência jurídico-operacional com as soluções integradas via API.

No primeiro caso, é preciso ter em conta que algumas das marcas líderes de mercado no desenvolvimento e comercialização de *softwares* de gestão não estão dispostas a modificar seus produtos visando atender a leis e regulamentos de proteção de dados pessoais.

Para elas, o conceito de *privacy by design* (artigo 46, §2º da LGPD) é ineficaz, por razões óbvias, enquanto a *privacy by default* pode sujeitá-las a sanções por descumprimento de leis e normas que, emanadas de países específicos, mas com eficácia transnacional,[12] impõem às empresas avaliações periódicas de seus sistemas de controles internos e *compliance*, além de auditorias trimestrais obrigatórias de registros financeiros e demonstrações contábeis.

Management Systems, 2016). Disponível em: https://www.iso.org/iso/iso_37001_anti_bribery_mss.pdf.

[12] Tenha-se, por exemplo, o *Foreign Corrupt Practices Act* (FCPA), lei anticorrupção norte-americana; o *UK Bribery Act*, lei antissuborno do Reino Unido; e a *Lei Sarbanes-Oxley*, também proveniente dos EUA, cujo objetivo consiste em proteger os acionistas e o público em geral de erros contábeis e práticas fraudulentas nas empresas, contribuindo para uma maior precisão das divulgações corporativas.

Muito embora consideradas controladoras conjuntas a seus contratantes, frente aos regulamentos de proteção de dados pessoais, as resistências a certas customizações de sistemas acabam deixando aos controladores originais poucas alternativas em se tratando de compartilhamento de riscos de violação aos direitos do titular; entre elas: *(a)* a tentativa de negociação, em contrato, *(a.1)* do dever de adoção de todas as medidas possíveis à obtenção do resultado prático equivalente ao pretendido na LGPD, sob pena de corresponsabilização administrativa e civil das partes; *(a.2)* do dever de reparar danos provocados por erros sistêmicos ou fragilidades de codificação capazes de comprometer a confidencialidade, integridade e a disponibilidade dos dados pessoais; *(b)* a coleta da ciência e consentimento do controlador conjunto sobre as políticas de segurança da informação e privacidade, atestando que sua diretrizes de gestão sempre foram do conhecimento do contratado; e *(c)* o registro formal e retenção de todas as tratativas feitas antes e durante a vigência do contrato de licenciamento do *software*, demonstrando que o agente principal é diligente e de boa-fé em todas as interações com o seu fornecedor, fazendo tudo o que está a seu alcance para fiel cumprimento da requisição submetida pelo titular.

No que tange ao segundo desafio, é referente ao esforço necessário para convergência jurídico-operacional com as soluções integradas via API.

Considerando que, geralmente, o processo de cadastro de clientes, sócios, colaboradores, ou terceiros é executado de forma *automatizada*, mediante o intercâmbio robotizado de dados pessoais entre os sistemas de gestão e as outras plataformas a ele conectadas por API – as quais, por sua vez, contêm as bases informacionais necessárias à consulta e preenchimento dos formulários inerentes –, cabe ao controlador original (individual) não somente planejar e implementar o gerenciamento de riscos junto ao fornecedor dos *softwares* (ERP, CRM etc.), como, também, fazê-lo em relação a cada um dos sistemas que lhe estão conectados; sendo cediço que alguns deles funcionam sob custódia de órgãos públicos (a exemplo, as bases da Receita Federal do Brasil), enquanto outros se contrapõem a pedidos de customização para adequação à LGPD pelas mesmas razões expostas anteriormente, alusivas aos preceitos legais internacionais sobre controles antifraude e *compliance* contábil-financeiro.

Como forma de mitigar os riscos de infração à LGPD, poderá o agente de tratamento principal, em acréscimo às cautelas contratuais e de auditabilidade *retro* descritas, valer-se da *anonimização* de dados pessoais quando se deparar, especificamente, com um pedido de eliminação cujo atendimento dependa da intervenção de um fornecedor recalcitrante.

O artigo 5º, inciso III, da LGPD define dado anonimizado como sendo o dado "relativo a um titular que não possa ser identificado, considerando a utilização de meios técnicos razoáveis e disponíveis na ocasião de seu tratamento" – ou seja, o *dado anonimizado não é considerado um dado pessoal*, por não servir para identificar um titular de forma direta ou indireta.

Sequencialmente, o inciso XI do mesmo artigo explica a *anonimização*:[13] "utilização de meios técnicos razoáveis e disponíveis no momento do tratamento, *por meio dos quais um dado perde a possibilidade de associação, direta ou indireta, a um indivíduo*". (Grifo nosso.)

Essa definição é importante, já que faz menção a um conceito intrínseco na lei, o chamado critério "expansionista", o qual, segundo Cots e Oliveira:[14]

> (...) não define apenas como pessoais os dados que, imediatamente, identifiquem uma pessoa natural (viés do critério reducionista), como poderia ser informações como o nome, número do CPF, imagem etc., *mas abarcou também os dados que tornam a pessoa identificável de forma não imediata ou direta*. (Grifo nosso.)

A LGPD, ao empregar o termo "pessoa identificável", tenciona abarcar quaisquer dados através dos quais seja possível realizar relações e identificar o seu titular.

Em termos equivalentes, é dizer que para além do nome completo, CPF, RG e a biometria, a lei visa tutelar os dados pessoais que tornam detectável qual é a pessoa natural titular do dado – por exemplo, uma característica, predicado ou preferência particular; o histórico de navegação na internet; o trajeto diário realizado até o trabalho ou a Universidade e assim por diante. Essas informações, a depender da suficiência a precisar de que pessoa se está tratando ao analisá-las, podem ser consideradas dados pessoais.

A corroborar o conceito encartado no quinto artigo, tem-se o artigo 12, *caput*, segundo o qual: "Dados anonimizados não serão

---

[13] A LGPD também prevê a chamada pseudonimização, nos termos do parágrafo 4º do artigo 13º, que se difere da anonimização pela possibilidade de reversão do processo, desde que seja controlada pelo detentor em ambiente seguro.
[14] COTS, Márcio; OLIVEIRA, Ricardo. *Lei Geral de Proteção de Dados pessoais comentada*. 2. ed. São Paulo: Revista dos Tribunais, 2019. p. 71.

considerados dados pessoais para os fins desta Lei, salvo quando o processo de anonimização ao qual foram submetidos for revertido, utilizando exclusivamente meios próprios, ou quando, com esforços razoáveis, puder ser revertido".

Embora a anonimização seja um direito do titular, não se dá de forma irrestrita, e, sim, *somente quando possível*, conforme se depreende da exegese concatenada dos artigos 7º, inciso IV; 11, inciso II, "c"; 13, *caput*; 16, inciso II.

Ao discorrer sobre a anonimização na LGPD, Maldonado[15] preleciona que "(...) o legislador reconhece o elevado grau de dificuldades técnicas e operacionais para o processo, de modo que a depender do quadro que se apresente, poderá ser escusada a não adoção de medidas para esses fins".

Deve ser levado em conta quem é o agente de tratamento e o que está ao seu dispor, por seus próprios meios, para reverter o processo de anonimização – ou seja, se lhe é viável a reversão pela aplicação das suas próprias tecnologias e bancos de dados, ou pelo esforço envidado com os demais controladores conjuntos, se houver.

As principais técnicas de anonimização de dados pessoais são a *randomização*[16] e a *generalização*,[17] consubstanciando-se a primeira na busca de alteração do valor de um dado, porém mantendo os seus atributos (especialmente aqueles que lhe propiciam análises estatísticas), e a segunda, na generalização ou diluição, o tanto que for necessário, dos atributos de uma base de dados, modificando a escala ou as ordens de grandezas dos dados.

O objetivo da generalização é o mesmo da randomização, mas sem alterar o conteúdo do dado. Tenciona-se obstacular a identificação de um indivíduo, considerando que os dados estão em uma enorme

---

[15] MALDONADO, Viviane Nóbrega; BLUM, Renato Opice (Coord.). *LGPD*: Lei Geral de Proteção de Dados: comentada. São Paulo: Revista dos Tribunais, 2019. Posição 6945.

[16] A propósito, "O que se busca é criar uma incerteza de quem é o titular do dado cujo valor está sendo alterado. Uma técnica de Randomização seria a 'permutação', por meio da qual uma base de dados possui dados que são deliberadamente trocados entre si, afastando a possível vinculação ou inferência com um titular. (...) Ainda nessa categoria pode ser utilizada a técnica de inclusão de "ruído", na qual são adicionadas informações para certos dados, modificando-os no sentido de se dar a impressão de incerteza". Disponível em: https://lageportilhojardim.com.br/blog/anonimizacao-de-dados/

[17] Como exemplos de técnicas de generalização, cite-se: "(i) redução do nome dos indivíduos somente para o seu prenome; (ii) troca da idade por uma 'faixa etária'; e (iii) a generalização da localização geográfica, expandindo-se o CEP específico da residência de um dos indivíduos para indicar somente o Estado." Disponível em: https://lageportilhojardim.com.br/blog/anonimizacao-de-dados/

classe de informações e que a identificação única e individualizada acaba se tornando impossível.

O ideal é a conjugação de ambas as técnicas, se estiverem disponíveis, para que a anonimização possa ser considerada efetiva a ponto de suprir, com a devida aceitação e confiança do titular, do regulador e do Poder Judiciário, eventual impedimento à eliminação de dados pessoais oriundo de travas cuja retirada seja objeto de resistência por parte dos fornecedores.

Outrossim, a anonimização, quando procedida, não dispensa a geração de *logs* de auditoria no próprio sistema, fortalecendo a credibilidade do agente de tratamento perante as partes interessadas.

3.3 O desalinhamento entre o DPO, Tecnologia da Informação, Departamento Jurídico e Recursos Humanos no gerenciamento dos riscos de violação aos incisos III e VI do artigo 18 da LGPD

À vista do exposto quanto às resistências de determinados controladores conjuntos a customizações de sistemas e os possíveis controles mitigatórios do risco de violação aos incisos III e VI do artigo 18 da LGPD, urge ponderar que as medidas indicadas pressupõem análises e esforços multilaterais dentro de uma organização – incluindo, mas não se limitando, ao DPO, Tecnologia da Informação, Departamento Jurídico e Recursos Humanos.

Com efeito, mesmo sem adentrar na construção dos ROPAS, não é dificultoso constatar que a simples elaboração de uma matriz de temporalidade de tratamento de dados, política dedicada ou contrato que envolva o fornecimento e/ou a utilização de sistemas informatizados – de modo isolado ou integrado – ou, ainda, de uma resposta formal e sobejamente embasada a uma solicitação do titular de dados, demandam a união das *expertises* em Segurança da Informação, Privacidade de Dados, TI, Direito, Administração e Gestão de Pessoas, sob pena de a própria organização ver-se desguarnecida diante do titular, do regulador ou da autoridade judiciária competente.

Entretanto, o que a realidade prática nos sinaliza com maior frequência é a atuação individual dos gestores dessas áreas, os quais tomam decisões pautados, única e exclusivamente, nos riscos e oportunidades identificados em seu escopo de atuação, ao invés da visão holística da organização, preconizada pela boa governança.

Nesse sentido, imperioso colacionar o disposto no artigo 50, §2º, inciso I, "f":

> Na aplicação dos princípios indicados nos incisos VII e VIII do *caput* do art. 6º desta Lei, *o controlador, observados a estrutura, a escala e o volume de suas operações, bem como a sensibilidade dos dados tratados e a probabilidade e a gravidade dos danos* para os titulares dos dados, poderá:
> I – *implementar programa de governança em privacidade que, no mínimo:*
> (...)
> f) *esteja integrado a sua estrutura geral de governança e estabeleça e aplique mecanismos de supervisão internos e externo.* (Grifo nosso.)

Ao asseverar que a governança em privacidade deve estar integrada à estrutura geral de governança de uma organização, estabelecendo mecanismos de verificação e avaliação internos e externos, o legislador sintetiza a necessidade da abordagem sistêmica ao gerenciamento de riscos de violação à LGPD.

Como forma de incutir a cultura de análise e gerenciamento de riscos colaborativa, propõe-se a constituição de um Comitê de Segurança e Privacidade composto pelo DPO e representantes dos setores de Tecnologia da Informação, Jurídico e Recursos Humanos, podendo contar com o apoio de membros "volantes" de outras áreas de negócio – a exemplo, Financeiro e Controladoria – quando se fizer necessário, em decorrência da natureza do dado e fluxo de tratamento em que está inserido.

Esse mesmo comitê, inclusive, poderá avaliar e deliberar sobre requisições dos titulares de dados pessoais cujo atendimento não se mostra possível, nos termos do §4º do artigo 18 da LGPD.

No aspecto, importa lembrar que obrigatório é endereçar ao titular uma resposta, acerca de sua solicitação, contendo as razões pelas quais o agente de tratamento de dados está impedido de adotar a providência solicitada pelo titular, mas não necessariamente o cumprimento dos incisos daquele dispositivo.

Nessa toada, o Comitê poderá examinar a requisição do titular sob todas as perspectivas que lhes descortinarem – desde as possibilidades ou travas existentes em sistemas, cláusulas contratuais mantidas com o próprio titular e com os fornecedores envolvidos no tratamento dos dados, impactos à organização em caso de cumprimento, ou descumprimento do pleito trazido etc. – para, só após, deliberar com segurança sobre os melhores e mais seguros encaminhamentos a serem dados interna e externamente.

Considerações finais

Os direitos reconhecidos aos titulares de dados pessoais no artigo 18, incisos III e VI, podem ter sua efetividade dificultada por fatores como a *temporalidade* de tratamento (específico ao inciso VI do artigo 18); as travas em sistemas utilizados à gestão das organizações (por exemplo, ERP e CRM) ou em plataformas outras que, por API, estejam-lhes integradas; e o desalinhamento entre o DPO e áreas de Tecnologia da Informação, Jurídico e Recursos Humanos no planejamento e gerenciamento dos riscos de *non compliance*.

Entre os mecanismos dos quais os agentes de tratamento podem lançar mão para cumprimento dos direitos à correção e eliminação de dados pessoais, estão: *(a)* a tentativa de negociação, em contrato de fornecimento de *softwares*, *(a.1)* do dever de adoção de todas as medidas possíveis à obtenção do resultado prático equivalente ao pretendido na LGPD, sob pena de corresponsabilização administrativa e civil das partes; *(a.2)* do dever de reparar danos provocados por erros sistêmicos ou fragilidades de codificação capazes de comprometer a confidencialidade, integridade e a disponibilidade dos dados pessoais; *(b)* a coleta da ciência e consentimento do controlador conjunto sobre as políticas de segurança da informação e privacidade, atestando que suas diretrizes de gestão sempre foram do conhecimento do contratado; e *(c)* o registro formal e retenção de todas as tratativas feitas antes e durante a vigência do contrato de licenciamento do *software*, demonstrando que o agente de tratamento principal é diligente e de boa-fé em todas as interações com o seu fornecedor, fazendo tudo o que está a seu alcance para fiel cumprimento da requisição submetida pelo titular.

Quando a organização controladora de dados utiliza, além de sistemas como ERP e CRM, outras plataformas a eles conectadas por API, inclui-se, no rol de medidas acima, a *anonimização* de dados pessoais, de modo a obstacularizar a identificação de um indivíduo a ponto de suprir, com a devida aceitação e confiança do titular, do regulador e do Poder Judiciário, eventual impedimento à eliminação de dados pessoais oriundo de travas tecnológicas ou contratuais compulsórias.

Por fim, é primordial que as análises de pedidos de correção e eliminação de dados pessoais, assim como de possíveis barreiras ao seu acatamento, ocorram mediante esforços multilaterais e concomitantes, de modo que o DPO, a Tecnologia da Informação, o Departamento Jurídico e os Recursos Humanos dividam o protagonismo em todo o processo, promovendo, por asseguração combinada, não apenas a melhor defesa à organização, mas, sobretudo, aos direitos do titular.

Referências

ASSOCIAÇÃO BRASILEIRA DE NORMAS TÉCNICAS. *Normalização*. Disponível em: http://www.abnt.org.br/normalizacao/lista-de-publicacoes/normas-iso-e-iec-publicadas/category/271-2019. Acesso em: 20 out. 2022.

ÁVILA, Daniel Alves de; JARDIM, Daniel Alexandre Portilho. *Anonimização de dados e a LGPD*. Publicado em 26 de agosto de 2022. Disponível em: https://lageportilhojardim.com.br/blog/anonimizacao-de-dados/. Acesso em: 30 out. 2022.

BIONI, Bruno Ricardo. *Proteção de dados pessoais:* a função e os limites do consentimento. São Paulo: Editora Gen, 2019.

BRASIL. Constituição (1988). *Constituição da República Federativa do Brasil:* promulgada em 5 de outubro de 1988. Brasília, DF, out 1988. Disponível em: http://www.planalto.gov.br/ccivil_03/constituicao/constituicaocompilado.htm. Acesso em: 20 out. 2022.

BRASIL. *Guia de elaboração de inventário de dados pessoais*. Abril, 2021. Disponível em: https://www.gov.br/governodigital/pt-br/seguranca-e-protecao-de-dados/guias/guia_inventario_dados_pessoais.pdf . Acesso em: 30 out. 2022.

BRASIL. *Guia orientativo para definições dos agentes de tratamento de dados pessoais e do encarregado*. Maio, 2021. Disponível em: https://www.gov.br/anpd/pt-br/documentos-e-publicacoes/2021.05.27GuiaAgentesdeTratamento_Final.pdf. Acesso em: 30 out. 2022.

COTS, Márcio; OLIVEIRA, Ricardo. *Lei Geral de Proteção de Dados pessoais comentada*. 2. ed. São Paulo: Revista dos Tribunais, 2019.

EUROPEAN DATA PROTECTION BOARD. *Guidelines 07/2020 on the concepts of controller and processor in the GDPR*. 02 de setembro de 2020. Disponível em: https://edpb.europa.eu/sites/default/files/consultation/edpb_guidelines_202007_controllerprocessor_en.pdf. Acesso em: 30 out. 2022.

INTERNAL CONTROL INSTITUTE BRASIL. *Guia de especialistas em controles internos certificados pelo Internal Control Institute*. São Paulo, 2020.

INTERNATIONAL ORGANIZATION FOR STANDARDIZATION. Genebra, 2020. Disponível em: https://www.iso.org/home.html. Acesso em: 20 out. 2022.

INFORMATION SYSTEMS AUDIT AND CONTROL ASSOCIATION – ISACA. Disponível em: https://www.isaca.org. Acesso em: 30 out. 2022.

INFORMATION COMMISSIONER'S OFFICE – ICO UK. Disponível em: https://ico.org.uk. Acesso em: 30 out. 2022.

MALDONADO, Viviane Nóbrega; BLUM, Renato Opice (Coord.). *LGPD*: Lei geral de proteção de dados: comentada. São Paulo: Revista dos Tribunais, 2019.

Informação bibliográfica deste texto, conforme a NBR 6023:2018 da Associação Brasileira de Normas Técnicas (ABNT):

HANOFF. Roberta Volpato. A correção e a eliminação dos dados pessoais: desafios práticos à efetivação dos direitos do titular. *In*: FRANCOSKI, Denise de Souza Luiz; TEIVE, Marcello Muller (coord.). *LGPD*: direitos dos titulares. Belo Horizonte: Fórum, 2023. p. 75-94. ISBN 978-65-5518-500-3.

CONCEITO, LIMITES E EXPECTATIVA REGULATÓRIA
DIREITO DO TITULAR A ANONIMIZAÇÃO, BLOQUEIO OU ELIMINAÇÃO DE DADOS DESNECESSÁRIOS E EXCESSIVOS À LUZ DA LGPD

VALÉRIA REANI RODRIGUES GARCIA

Introdução

A Lei Geral de Proteção de Dados (Lei nº 13.709/2018) define o dado pessoal como informação relacionada à pessoa natural identificada ou identificável. Em seu artigo 12, traz um ponto de atenção a ser destacado, que dispõe que os dados anonimizados não são considerados dados pessoais, e, via de regra, a anonimização garante que o titular não seja identificado. No entanto a afirmação do artigo denota a interpretação de que o processo de anonimização necessariamente desvincula pessoa e informação. Ocorre que, no campo da Ciência da Computação, um grupo de pesquisadores do *Media Lab* do Instituto Tecnológico de Massachusetts (MIT)[1] vem demonstrando que essas técnicas não são livres de falhas, sendo impossível atingir o anonimato absoluto e irreversível; logo, dados anonimizados podem ser identificados.

Em que pese a importância de todos os direitos do titular com relação ao tratamento aos seus dados pessoais previstos na LGPD, um desses em especial, previsto no art. 18, versa sobre a exclusão,

---

[1] Informações de Miguel Álgel Criado, do *El País*, por meio da Matéria "Quatro compras com um cartão bastam para identificar qualquer pessoa", publicada em 30 de janeiro de 2015 no site do jornal.

também chamada na Lei de Eliminação de Dados,[2] que, como nos diz o conceito desse direito no Art. 18, inc. IV, envolve dados desnecessários, excessivos ou tratados em desconformidade com o disposto na Lei. A eliminação da LGPD tem a ver com a própria atividade desenvolvida pelo agente de tratamentos e tem a ver também com uma pretensão que é levada ao conhecimento desse agente pelo titular, para que se exclua e que se elimine de uma base de dados aquele acervo de dados.

Com efeito, antes de tratar do direito do titular a requerer a anonimização prevista no artigo 18, inciso IV, é preciso entender o conceito de dado anonimizado. O conceito que consta da Lei, trata-se, pelo que nos diz o Art. 5º, inc. III da LGPD, de um dado relativo a um titular que não possa ser identificado, considerando a utilização de meios técnicos razoáveis e disponíveis na ocasião do seu tratamento.

Partindo dessa premissa, o que se problematiza neste estudo é exatamente a ausência de clareza quanto a aplicação dos processos de anonimização existentes, que se tem conhecimento, sob o âmbito jurídico e a insegurança jurídica causada por sua incompleta compreensão.

No discorrer deste trabalho detalharemos a interpretação do artigo 12, *caput*, no que pese a utilização de "meios próprios" com esforços razoáveis, a anonimização puder ser revertida adotando-se os critérios do filtro da razoabilidade apontada por Bioni (2022), bem como descobriremos que a anonimização é composta de técnicas que podem ser utilizadas em um conjunto de dados, de modo a evitar a identificação dos titulares. Silva (2019) afirma que a anonimização visa a segurança das informações dos titulares e é utilizada para evitar o vazamento de informações quando existe a necessidade de compartilhar os dados com terceiros. Para isso, anonimização é realizada antes que os dados sejam compartilhados ou divulgados.

Entretanto, no processo de anonimização dos dados, quanto mais esses forem anonimizados, menor pode ser a sua utilidade. De acordo com o Gabinete de Proteção de Dados Pessoais – GPDP (2019, p. 9-10), ao se realizar a anonimização é preciso decidir o grau de compromisso entre utilidade aceitável e tentativa de redução do risco de reidentificação dos dados. Há várias técnicas de anonimização que podem ser utilizadas para o equilíbrio do compromisso de utilidade e privacidade, que neste caso podem ser as técnicas de supressão, generalização e encobrimento de caracteres.

---

[2] FALEIROS. *Os direitos dos titulares de dados*. Material Complementar da Aula de Pós-Graduação LLM Proteção de Dados – LGPD e GDPR – Módulo 4 – *Dos direitos dos titulares*, p. 29. Setembro 2022.

Durante a leitura, será observado que embora com a existência dessa problemática apontada, e para finalidade foco deste artigo, discorremos acerca das técnicas relevantes apontando os principais pontos de segurança e seus riscos.

Tais técnicas já são tema de orientação constantes do Guia Básico de Anonimização elaborado em março de 2022 pela Comissão de Proteção de Dados de Singapura, bem como do Guia Básico de Anonimização elaborado pela Agência Espanhola de Proteção de Dados, como uma tradução efetuada em outubro/2022 do conteúdo do Guia bastante didático da Comissão de Proteção de Dados de Singapura.

Nesse contexto, tais guias têm relevância para que a ANPD – Autoridade Nacional de Proteção de Dados possa se utilizar deste material para a elaboração de um guia orientativo do uso da anonimização de dados pessoais adequado ao nosso contexto e garantindo a real eficácia do direito do titular a requerer a anonimização, na certeza de que terá igualmente garantida a privacidade e a proteção de dados da Normativa 13.709/2018, bem como em atendimento ao inciso LXXIX do artigo 5º, CF, dispondo que "é assegurado, nos termos da lei, o direito à proteção dos dados pessoais, inclusive nos meios digitais". (Incluído pela Emenda Constitucional nº 115, de 2022).[3]

1 *Profiling* e a sociedade da informação

A partir do avanço tecnológico e da crescente evolução da internet, serviços baseados em sistemas *online* e *offline* têm sido utilizados para o tratamento de dados, e tais informações envolvem dados pessoais que devem ser protegidas contra vazamentos e ataques internos e externos. No decorrer dos anos pode-se observar a grande quantidade de notícias relacionadas a vazamento de dados nas empresas do mundo todo (PANEK, 2019).

Empresas e pessoas têm à sua disposição várias tecnologias que possibilitam o uso de diversos recursos de computação, contribuindo com a crescimento econômico das corporações. Fato é que as mesmas tecnologias processam grande quantidade de dados que permitem a descoberta de informações, padrões e correlações, permitindo igualmente utilizar técnicas que cruzam as informações para se chegar

---

[3] Emenda nº 115, de 10 de fevereiro de 2022. Altera a Constituição Federal para incluir a proteção de dados pessoais entre os direitos e garantias fundamentais e para fixar a competência privativa da União para legislar sobre proteção e tratamento de dados pessoais.

ao objetivo de criar *profiling*[4] através de tratamento ilegítimo de dados pessoais (SILVA, 2019).

A coleta de dados pessoais é feita a todo momento, pelos mais diversos meios, alguns relativamente transparentes, outros nem tanto. Entre as principais técnicas empregadas para o processamento de dados pessoais pode-se citar as seguintes: *Datawarehousing, Data Mining, Online Analytical Processing* (OLAP), *Profiling* e *Scoring* (BOSCO, 2017).

Profiling – ou perfilamento, como se convencionou denominar em português – consiste na elaboração de perfis de comportamento de uma pessoa (ou grupo de pessoas) a partir de suas informações pessoais, buscando prever comportamentos. Nesta lógica, o consumidor deixa de ser apenas o destinatário de informações e passa a ser também fonte de informações.

Assim, haja vista este cenário, a Lei Geral de Proteção de Dados (LGPD) se apresenta com propósito de proteger os direitos dos titulares dos dados.

2 Como o algoritmo matemático permite identificar uma pessoa

O Instituto Tecnológico de Massachusetts (MIT) vem demonstrando que essas técnicas não são livres de falhas.

Um grupo de pesquisadores do *Media Lab* do Instituto Tecnológico de Massachusetts (MIT) criou alguns algoritmos matemáticos que permitem identificar uma pessoa baseando-se em seus hábitos de compra. Conseguiram que um grande banco de um país da OCDE (por razões óbvias, não dizem o nome do banco e nem de que país se trata) deixasse que aplicassem seus algoritmos a uma base de dados com as transações de pagamentos eletrônicos de 1,1 milhão de clientes em 10.000 lojas durante os meses de janeiro e março de 2014.

Os dados de navegação na internet, os movimentos bancários ou os dados de transporte e mobilidade também têm um alto grau de

---

[4] *Profiling* – A tradução do termo é colhida das Ciências Criminais, como explica Tálita Heusi: "O perfilamento criminal (*criminal profiling*, em inglês) também tem sido denominado de: perfilagem criminal, perfilamento comportamental, perfilhamento de cena de crime, perfilamento da personalidade criminosa, perfilamento do ofensor, perfilamento psicológico, análise investigativa criminal e psicologia investigativa. Por conta da variedade de métodos e do nível de educação dos profissionais que trabalham nessa área, existe uma grande falta de uniformidade em relação às aplicações e definições desses termos. Consequentemente, os termos são usados inconsistentemente e indistintamente". (HEUSI, Tálita Rodrigues. Perfil criminal como prova pericial no Brasil. *Brazilian Journal of Forensic Sciences*, Medical Law and Bioethics, Itajaí, v. 5, n. 3, p. 232-250, 2016, p. 237.)

unicidade e permitiriam de forma inequívoca distinguir uma pessoa de outra. Assim, explica o pesquisador do MIT e co-autor do estudo, Yves-Alexandre de Montjoye:

> Com uma média de quatro transações, o dia e a loja são suficientes para identificar de forma exclusiva as pessoas em 90% dos casos. A lógica subjacente reside em que muitas pessoas compram algo em uma determinada loja (C&A, por exemplo) em um dia determinado, por exemplo ontem. Entretanto, só algumas delas também comprarão em determinado Walmart nesse mesmo dia. E ainda menos irão comprar no dia seguinte na mesma região. Quando você sabe quatro lugares ou lojas e dias, em 90% das vezes há uma e só uma pessoa em toda a base de dados que compra algo em quatro lugares nesses quatro dias.

Conjuntos de dados em larga escala do comportamento humano têm o potencial de transformar fundamentalmente a maneira como combatemos doenças, projetamos cidades ou realizamos pesquisas. Os metadados, no entanto, contêm informações confidenciais. Entender a privacidade desses conjuntos de dados é fundamental para seu amplo uso e, em última instância, seu impacto.

Assim, o estudo observou que 3 meses de registros de cartão de crédito para 1,1 milhão de pessoas com quatro transações diferentes em um espaço de tempo definido são suficientes para reidentificar exclusivamente 90% dos indivíduos; ainda demonstrou que saber o preço de uma transação aumenta o risco de reidentificação em 22%, em média. Por fim, mesmo os conjuntos de dados que fornecem informações grosseiras em qualquer ou todas as dimensões fornecem pouco anonimato, e as mulheres são mais reidentificáveis do que os homens em metadados de cartão de crédito.[5]

Destarte, ficou demonstrado, no estudo, que a partir da criação de alguns algoritmos matemáticos é possível identificar uma pessoa baseado em seus hábitos de compras.

3 A chegada da LGPD com os direitos dos titulares de dados

O dispositivo legal de proteção de dados cria uma série de direitos, abrangendo o direito de acesso e informação a respeito de

---

[5] DE MONTJOYE, Yves-Alexandre; RADAELLI, Laura; SINGH, Kumar; PENTLAND, Alex. *Unique in the shopping mall*: on the reidentifiability of credit card metadata. Science, 30 jan. 2015, v. 347, issue 6221, p. 536-539. DOI: 10.1126/SCIENCE. 125627.

critérios e procedimentos utilizados para a decisão automatizada, de oposição à decisão automatizada e de manifestar o seu ponto de vista e de obtenção da revisão da decisão automatizada por uma pessoa natural. Por tudo isso, é indispensável que todos os titulares de dados conheçam seus direitos para que possam exercê-los quando necessário.

Sendo assim, as empresas que utilizam de dados pessoais de seus clientes se encontram sujeitas à LGPD, e o descumprimento dessa lei pode causar prejuízos à empresa, tais como a aplicação de multas pela Autoridade Nacional de Proteção de Dados (ANPD). Portanto, é necessário que as empresas – pequenas, médias e grandes – busquem a conformidade com a lei (MÜLLER, 2021).

De fato, faz sentido que o avanço tecnológico tenha alavancado o debate sobre a proteção de dados pessoais. Na atualidade, dados pessoais são coletados, acessados e guardados principalmente em meios digitais, o que faz com que a disseminação e o acesso indevido sejam muito mais fáceis.

Além disso, cada vez mais as pessoas colocam um volume maior de informações sobre si mesmas nas redes sociais. Por mais absurdo que isso possa parecer, quem manipula dados pessoais disponibilizados em meios digitais acaba sabendo mais sobre as pessoas do que elas mesmas (SILVA, 2019).

A capacidade de identificar diversos padrões de comportamento (e de consumo) e de prever a recorrência deles no futuro é uma "mina de ouro" para uma abordagem publicitária assertiva. Evidentemente, se o avanço tecnológico impulsionou e ampliou a coleta de dados pessoais, a preocupação com a proteção destes dados também se intensificou.

Logo, o titular dos dados pessoais é o núcleo da existência de qualquer lei de proteção de dados pessoais, já que eventuais violações aos direitos fundamentais de liberdade e privacidade e o livre desenvolvimento da personalidade estão diretamente vinculados à pessoa (DONEDA, 2020).

Como consequência, para garantir a proteção na prática a LGPD inclui em seu texto um consistente rol de direitos que podem (e devem) ser exercidos pelos titulares de dados pessoais.

O art. 18 da LGPD definiu os direitos específicos que são garantidos ao titular dos dados pessoais, ou seja, o titular tem o direito de:

Confirmação da existência de tratamento: o titular tem o direito de saber se o controlador faz algum tratamento com seus dados pessoais. Tratamento de dados é qualquer atividade realizada com tais dados, como coleta, armazenamento, uso e classificação.

Acesso aos dados: o titular tem o direito de acesso aos dados pessoais tratados pelo Controlador, solicitando, inclusive, cópia desses dados que estão de posse da empresa.

Correção de dados incompletos, inexatos ou desatualizados: o titular tem o direito de solicitar a alteração dos dados pessoais tratados pelo controlador sempre que estiverem incompletos, inexatos ou desatualizados.

Anonimização, bloqueio ou eliminação de dados desnecessários, excessivos ou tratados em desconformidade com a LGPD: é um direito de o titular requerer a anonimização, o bloqueio ou a eliminação de dados desnecessários, excessivos ou tratados pelo controlador em desconformidade com a legislação de proteção de dados pessoais.

Portabilidade de dados a outro fornecedor de serviço ou produto: é direito do titular solicitar a transmissão dos dados tratados por um controlador para outro fornecedor de serviços, por meio de requisição expressa. Vale destacar que os dados anonimizados não são incluídos nessa portabilidade.[6]

Eliminação de dados pessoais tratados mediante consentimento: o consentimento é uma das hipóteses previstas no art. 7º, inciso I. Conforme descrito na Lei, em seu artigo 5º, inciso XII, o consentimento deve ser uma "manifestação livre, informada e inequívoca pela qual o titular concorda com o tratamento de seus dados pessoais para uma finalidade determinada". Existe a possibilidade da revogação[7] do consentimento.

Informação das entidades públicas e privadas com as quais houve compartilhamento de dados: empresas podem compartilhar dados pessoais com outras entidades públicas ou privadas, sem ferir a finalidade na qual o tratamento se baseia.[8]

Informação sobre a possibilidade de não fornecer consentimento e sobre as consequências da negativa: trata-se do direito de revogar o consentimento a qualquer momento, por meio de manifestação expressa, por procedimento gratuito e facilitado.

---

[6] Explica-se vez que não são considerados dados pessoais. Cabe ainda regulamentação desse direito pela Autoridade Nacional de Proteção de Dados, especialmente quanto à salvaguarda de segredos comercial e industrial.

[7] O consentimento pode ser revogado pelo titular, e quando isso ocorrer, é um direito exigir a eliminação dos dados pessoais tratados. Vale ressaltar: há casos em que esse direito não pode ser exercido, especialmente quando o controlador deve manter os dados por exigência legal ou regulatória.

[8] Como a transparência é um dos princípios da LGPD (art. 6º, inciso VI), o titular tem o direito de ser informado a respeito e pode, se assim entender, não fornecer consentimento para tal, devendo ser informado das eventuais consequências dessa negativa.

Revogação do consentimento: o titular tem o direito de revogar o consentimento dado anteriormente. Para isso, o controlador deve ter meios facilitados para o exercício esse direito; citamos, por exemplo, uma opção *"opt-out"*.[9]

Revisão às decisões automatizadas: ao titular é garantida a possibilidade de revisão de decisões tomadas pelos controladores unicamente com base em tratamento automatizado de dados pessoais que afetem seus interesses. Podemos exemplificar com casos muito comuns durante a Pandemia, como a análise feita para concessão do auxílio emergencial efetuada com respaldo em dados existentes nas bases de dados do Governo para deferir ou indeferir o auxílio (XAVIER, 2022).

Para o foco deste artigo destacamos o direito previsto no inciso IV, que trata da anonimização, bloqueio ou eliminação de dados desnecessários, excessivos ou tratados em desconformidade com a LGPD.

Neste direito, o titular pode requerer a anonimização, o bloqueio ou a eliminação de dados desnecessários, excessivos ou tratados pelo controlador em desconformidade com a legislação de proteção de dados pessoais.

Aqui cabe destacar o art. 12 da LGPD, que define que os dados anonimizados não são considerados dados pessoais, salvo quando o processo de anonimização for reversível, utilizando exclusivamente meios próprios, ou quando, com esforços razoáveis, puder ser revertido. Ainda, o parágrafo 1º desse artigo tenta clarificar a definição de esforços razoáveis colocando como parâmetros o custo e o tempo necessários para reverter o processo de anonimização, de acordo com as tecnologias disponíveis e utilização exclusiva de meios próprios. Já o parágrafo 3º estabelece que a ANPD poderá dispor sobre os padrões e técnicas de anonimização e realizar verificações sobre sua segurança, ouvido o Conselho Nacional de Proteção de Dados.

É neste cenário que se torna relevante o diálogo do efetivo uso adequado da técnica de anonimização – seu conceito, os limites e a eficácia como tutela e garantia prevista no artigo 12 da Lei, como efetiva proteção de dados.

---

[9] *"opt out"* é a possibilidade dos seus contatos se descadastrarem da sua lista de e-mails. Ou seja, caso algum contato da sua base não tenha mais interesse em receber seus e-mails, ele poderá apenas solicitar que seja removido. (ROCK CONTENT).

4 Bloqueio ou eliminação de dados desnecessários, excessivos ou tratados em desconformidade com a LGPD

Considerando que nosso foco é o diálogo acerca da anonimização, tratamos aqui, de forma breve, acerca do bloqueio ou eliminação de dados desnecessários, excessivos ou tratados em desconformidade.

O *bloqueio* é a suspensão temporária de qualquer operação de tratamento mediante guarda do dado pessoal ou do banco de dados. A temporalidade se dá até que a irregularidade seja sanada, conforme define a letra da Lei. Trata-se, portanto, do direito que tem o titular de obter restrição quanto ao tratamento em situações específicas.

Em geral, o bloqueio dos dados pessoais é temporário. Enquanto perdurar o bloqueio, o controlador não poderá fazer qualquer uso dos dados pessoais, que não unicamente mantê-los em sua base de dados e sistemas.

Esse direito não se confunde com o direito ao apagamento de dados, que pressupõe a completa eliminação dos dados quando há o requerimento do titular e quando não existe base legal para a subsistência do tratamento.

Em contrapartida, o titular tem o direito de solicitar a *eliminação* de quaisquer de seus dados pessoais que sejam desnecessários ao tratamento, que sejam excessivos ou que sejam utilizados em desconformidade com a LGPD.

Esse é um direito absoluto que possui o titular, já que dados desnecessários, excessivos ou tratados em desconformidade com a LGPD não deveriam sequer existir, em respeito aos princípios da finalidade, da adequação e da necessidade.

O princípio da finalidade refere-se ao fato de que o motivo da coleta do dado pessoal deve ser compatível com o objetivo final do tratamento. Assim, não é possível coletar um dado pessoal para uma determinada finalidade e aproveitá-lo para usar em outra finalidade, ainda que ambas tenham amparo legal. Esse princípio, pois, mitiga o uso secundário de um dado pessoal sem que o titular seja informado sobre isso. A finalidade deve ser legítima, específica e explícita.

O princípio da adequação está vinculado ao princípio da finalidade. Tal princípio prevê que o tratamento só pode ser realizado quando houver compatibilidade com as finalidades informadas ao titular, de maneira que a utilização do dado pessoal deve estar sempre vinculada ao motivo que fundamentou a coleta de tal dado. Essa ligação precisa ser levada em conta em qualquer tratamento posterior, por conta do princípio da finalidade.

O princípio da necessidade limita o tratamento ao mínimo necessário para se atingir a finalidade pretendida. Deve-se, portanto, avaliar quais dados são realmente imprescindíveis. Se um determinado dado pessoal não for necessário ao tratamento, coletá-lo será um incidente punível (SANTOS, 2021).

Uma vez que o dado pessoal é a extensão do indivíduo (a expressão da sua personalidade), a utilização do dado pessoal reflete nesse indivíduo. Por isso a preocupação do legislador em estabelecer princípios que limitam o uso do dado ao propósito informado ao titular.

Assim sendo, sobre o bloqueio ou a eliminação de dados desnecessários, excessivos ou tratados em desconformidade, podemos dizer que, pela própria letra da Lei, esse direito do artigo 18, inciso IV, está diretamente relacionado com duas das sanções previstas no artigo 52 da LGPD, que prevê várias punições[10] quando houver o descumprimento da LGPD. Aqui destacamos o inciso "v – bloqueio dos dados pessoais a que se refere a infração até a sua regularização" e o inciso "vi – eliminação dos dados pessoais a que se refere a infração".

Neste cenário, fica claro que, em havendo a desconformidade citada acima, o direito do titular e a sanção por descumprimento à LGPD se coadunam na formação de um todo, objetivando garantir de uma forma ou de outra o direito à privacidade e a proteção de dados pessoais.

5 Anonimização e dado anonimizado – Conceito e limites

Para a melhor compreensão do conceito de dado anonimizado, é preciso entender que o dado pessoal é aquele que identifica ou torna identificável o indivíduo. O dado anonimizado, de acordo com artigo 5º, III, da Lei Geral de Proteção de Dados, é aquele que não identifica o indivíduo:

> Art. 5º. III – dado anonimizado: dado relativo à titular que não possa ser identificado, considerando a utilização de meios técnicos razoáveis e disponíveis na ocasião de seu tratamento;

---

[10] Agência Senado – Punições pelo uso indevido de dados começam a valer no domingo.

Acerca do tema, Rony Vainzof (*apud* BLUM, 2019, p. 95) explica que "(...) a LGPD não considera dado anonimizado, ou seja, dado relativo a titular que não possa ser identificado, dado pessoal, o que resulta na inaplicabilidade da legislação em estudo para tal tipo de dado".

Assim, dados como nome, RG, CPF, endereço residencial, e-mail, placa de carro e IP do computador são considerados dados pessoais, pois identificam o indivíduo e, consequentemente, possuem a proteção da LGPD. Importa destacar que os dados pessoais podem ser anonimizados. Segundo Rony Vainzof (*apud* BLUM, 2019, p. 95-96), a anonimização "(...) é a utilização de meios técnicos razoáveis e disponíveis no momento do tratamento, por meio dos quais um dado perde a possibilidade de associação, direta ou indireta, a um indivíduo; também perdem o 'poder' da aplicação da LGPD".

A anonimização difere da pseudonimização de dados. De acordo com Rony Vainzof (*apud* BLUM, 2019, p. 96), "(...) ocorre, como já visto, quando um dado perde a possibilidade de associação, direta ou indireta, a um indivíduo, senão pelo uso de informação adicional mantida separadamente pelo controlador em ambiente controlado e seguro. Nesse caso, o dado permanece pessoal".

Portanto, podemos concluir que:
a) dado pessoal: é aquele que identifica ou torna identificável o indivíduo;
b) dado anonimizado: é aquele que não identifica o indivíduo;
c) pseudonimização: para associar o dado a determinado titular, é necessária informação complementar, mantida em ambiente separado pelo controlador de dados. É considerado dado pessoal.

O legislador menciona em vários momentos, na redação da LGPD, o que poderia ser a "Anonimização" de dados pessoais, dispondo de maneira direta, no seu artigo 5º, XI, que esse processo é a "utilização de meios técnicos razoáveis e disponíveis no momento do tratamento, por meio dos quais um dado perde a possibilidade de associação, direta ou indireta, a um indivíduo".

Essa definição é importante, requer seja interpretada de forma precisa, já que faz menção a um conceito intrínseco na lei, o chamado critério "expansionista" adotado pelo legislador brasileiro para estabelecer a extensão do que seria um dado pessoal.

Tal critério, não define apenas como pessoais os dados que, imediatamente, identifiquem uma pessoa natural (viés do critério reducionista), como poderia ser informações como o nome, número do

CPF, imagem etc., mas abarcou também os dados que tornam a pessoa *identificável* de forma não imediata ou direta. (COTS E OLIVEIRA, 2019, p. 71).

Em suma, utilizando o termo "identificável", a LGPD diz que, caso você esteja tratando um dado em que seja possível realizar relações e identificar o seu titular, o que se está tratando, na verdade, é um dado pessoal.

Então, além de a lei proteger os dados que diretamente dizem respeito a um titular, como o nome completo, CPF, RG e a biometria, a LGPD também está salvaguardando os dados pessoais que tornam detectável qual é a pessoa natural titular do dado.

Isso significa que a rota diária que você faz para o seu trabalho pode ser um dado pessoal; o seu histórico de visitas em sites na internet também pode ser qualificado como sendo um dado pessoal. Tudo depende se será possível extrair informações suficientes desses dados para tornar uma pessoa "identificável" quando se analisa o dado.

É justamente nesse conceito de "identificável" que recai a última definição, trazida pela LGPD, do que seria a Anonimização, constante da frase: "(...) por meio dos quais um dado perde a possibilidade de associação, direta ou indireta, a um indivíduo".

Veja que a natureza do processo de Anonimização é retirar, completamente e absolutamente, a possibilidade de associar um dado a uma pessoa natural, ou seja, ainda que você tenha acesso ao dado, não será possível vinculá-lo a um titular.

Quando aplicada corretamente, as técnicas de anonimização podem evitar a recuperação da identidade de indivíduos quando um atacante *hacker* utiliza dados públicos como apoio, tais como relatórios de contas públicas ou a manipulação de dados pessoais. O processo de anonimização visa mascarar ou ofuscar os dados antes de esses serem disponibilizados ou compartilhados, utilizando técnicas para que os indivíduos que tiveram os dados anonimizados não possam ser identificados novamente (BASSO; MATSUNAGA *et al.*, 2016), ou seja, o processo de anonimização não possa ser revertido.

Um passo importante para a execução da anonimização é definir quais conjuntos de dados (atributos) devem ser anonimizados e quais técnicas devem ser aplicadas a cada um deles. Os atributos devem, portanto, ser classificados de acordo com a sensibilidade da informação que cada um representa, caso seja divulgado ou compartilhado.

A classificação dos atributos está dividida em: (i) atributos identificadores, que identificam os indivíduos (por exemplo, nome, CPF, RG); (ii) atributos semi-identificadores, que, se combinados com informações externas, expõem os indivíduos ou aumentam a certeza sobre suas identidades (por exemplo, data de nascimento, CEP, cargo, tipo sanguíneo); e (iii) atributos sensíveis, que se referem a condições específicas dos indivíduos (por exemplo, salário, exames médicos) (CAMENISCH; FISCHER-H.BNER; RANNENBERG, 2011).

Garcia (2021) traz exemplos de atributos para identificar pessoa natural de acordo com a Tabela 2 ISO NBR 27701/19 e 29100/2020.[11]

Assim sendo, a prática e os estudos nos ensinam que a anonimização "pura", por assim dizer, aquela que desvincula totalmente um dado, ou uma base de dados, de um titular, é praticamente impossível (NARAYANA; SHMATIKOV, 2010, p. 24), tendo em vista que é comum que a mera correlação entre bases de dados públicos possibilita a identificação de um titular.

Figura 1 – Tabela ABNT NBR ISO/IEC 29100:2020

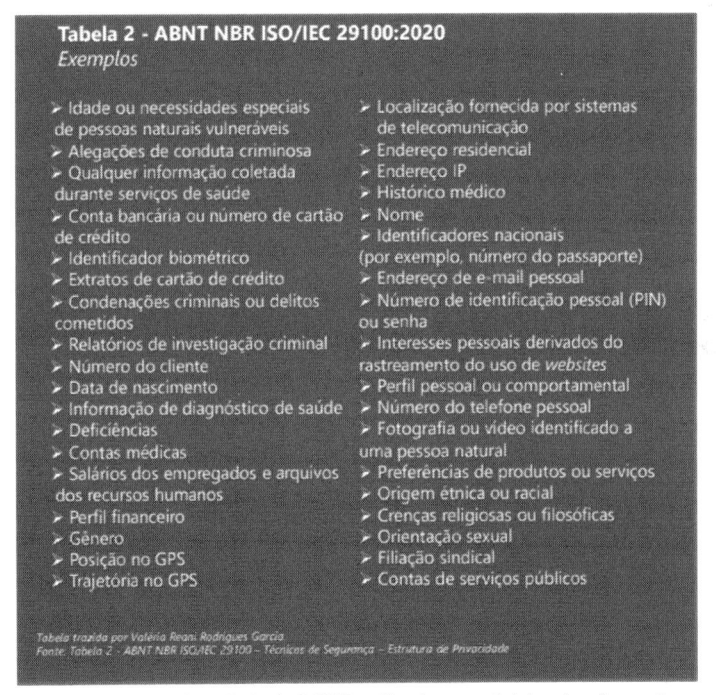

Tabela 2 - ABNT NBR ISO/IEC 29100:2020
Exemplos

- Idade ou necessidades especiais de pessoas naturais vulneráveis
- Alegações de conduta criminosa
- Qualquer informação coletada durante serviços de saúde
- Conta bancária ou número de cartão de crédito
- Identificador biométrico
- Extratos de cartão de crédito
- Condenações criminais ou delitos cometidos
- Relatórios de investigação criminal
- Número do cliente
- Data de nascimento
- Informação de diagnóstico de saúde
- Deficiências
- Contas médicas
- Salários dos empregados e arquivos dos recursos humanos
- Perfil financeiro
- Gênero
- Posição no GPS
- Trajetória no GPS
- Localização fornecida por sistemas de telecomunicação
- Endereço residencial
- Endereço IP
- Histórico médico
- Nome
- Identificadores nacionais (por exemplo, número do passaporte)
- Endereço de e-mail pessoal
- Número de identificação pessoal (PIN) ou senha
- Interesses pessoais derivados do rastreamento do uso de *websites*
- Perfil pessoal ou comportamental
- Número do telefone pessoal
- Fotografia ou vídeo identificado a uma pessoa natural
- Preferências de produtos ou serviços
- Origem étnica ou racial
- Crenças religiosas ou filosóficas
- Orientação sexual
- Filiação sindical
- Contas de serviços públicos

Tabela trazida por Valéria Reani Rodrigues Garcia
Fonte: Tabela 2 - ABNT NBR ISO/IEC 29100 - Técnicas de Segurança – Estrutura de Privacidade

Fonte: GARCIA, 2001. Guia da LGPD aplicada a escritórios de advocacia.

---

[11] Tabela 2 ISO NBR 27701/ 19 e ISSO/IEC 29100, Tecnologia da Informação – Estrutura da Privacidade, Primeira Edição 27/03/2020, p. 09.

Por isso, a LGPD, de forma similar ao que foi adotado na *General Data Protection Regulation* – GDPR,[12] definiu o já comentado critério "expansionista" aos dados pessoais, utilizando o termo "identificável", que é, como Bioni (2020, p. 70)[13] chama, o "filtro", é dizer, um termo que possibilita uma diferenciação entre os tipos de dados.

Tal termo nos leva, então, ao que a LGPD define como sendo um *dado anonimizado* que é: "dado relativo à titular que não possa ser identificado, considerando a utilização de meios técnicos razoáveis e disponíveis na ocasião de seu tratamento".[14]

Nessa definição, destaca-se a intenção do legislador de definir uma "razoabilidade" para que o que seria um dado anonimizado, pelo que a expressão "meios técnicos razoáveis e disponíveis na ocasião de seu tratamento" seria um desses filtros mencionados por Bioni (2020, p. 43).

Pormenorizando, sendo necessária a aplicação de esforço fora do razoável, quando se está tratando um dado pessoal, para se fazer a correlação entre o dado e o titular não mais falaremos de um dado pessoal, mas sim de um dado anonimizado.

Essa razoabilidade ainda precisa ser mais bem calibrada. E por essa razão, o legislador brasileiro já buscou identificar meios que permitam realizar essa classificação.

Encontramos esses meios no artigo 12 da LGPD, que trata especificamente dos dados anonimizados:

> Art. 12. Os dados anonimizados não serão considerados dados pessoais para os fins desta Lei, salvo quando o processo de anonimização ao qual foram submetidos for revertido, utilizando exclusivamente meios próprios, ou quando, com esforços razoáveis, puder ser revertido
> §1º A determinação do que seja razoável deve levar em consideração fatores objetivos, tais como custo e tempo necessários para rever o processo de anonimização, de acordo com as tecnologias disponíveis, e a utilização exclusiva de meios próprios.

A expressão "razoável" deve ser analisada por meio de dois aspectos: o objetivo e o subjetivo. Sob o ponto de vista objetivo, é preciso utilizar dois fatores como delimitação da razoabilidade prevista

---

[12] Legislação da União Europeia de proteção de dados pessoais, que foi a inspiração para a legislação brasileira.
[13] BIONI, Bruno Ricardo. *Compreendendo o conceito de anonimização e dado anonimizado.*
[14] Conforme definido no Art. 5º, III da LGPD.

na lei: o custo e o tempo. Deve-se analisar o quão custoso e moroso será reverter um processo de anonimização diante das tecnologias disponíveis para tanto.

Bioni (2020, p. 43) traz um exemplo interessante para elucidar esse fato: a computação quântica, que é um método de computação que irá revolucionar diversos setores da economia, a exemplo de indústrias.[15] Estima-se que quando ela estiver disponível e acessível para uma grande parte do mercado, trará um verdadeiro progresso acerca da capacidade, em termos quantitativos e qualitativos, de processamento de dados, o que consequentemente equaciona o custo e o tempo quanto ao que se emprega nas técnicas de anonimização.

No aspecto objetivo, deve ser entendido que o "razoável" não está ligado a um tipo específico de tecnologia, tendo em vista que ela está em constante atualização, e métodos antigos de anonimização podem se tornar, facilmente, obsoletos em função da evolução acelerada da Tecnologia. Nesse aspecto, ainda serão avaliados os custos e o tempo necessário para se desfazer a anonimização, considerando o que o agente tinha disponível à época do tratamento.

Já no aspecto subjetivo, deve ser levado em conta quem é o agente de tratamento e o que está a seu dispor, por seus próprios meios, para reverter o processo de anonimização. O que se analisa aqui é a capacidade de engenharia reversa do agente de tratamento, analisando-se o fluxo de dados de forma interna e externa.

De forma interna, seria se o próprio agente possui as informações necessárias para reversão da anonimização, ou seja, se ele seria capaz de realizar essa reversão pela aplicação das suas próprias tecnologias e acesso aos seus próprios bancos de dados.

De forma externa, seria se agentes terceiros possuem formas próprias para rever o processo de anonimização. O foco aqui, podemos dizer, seria nas parcerias realizadas pelos agentes de tratamento para correlacionar os seus bancos de dados pessoais para análises de informações – e se nessa correlação seria possível identificar algum tipo de titular.

Portanto, quanto ao eixo subjetivo ressaltamos que se deve levar em consideração quem é o agente de tratamento de dados e se ele dispõe de "meios próprios" para reverter o processo de anonimização. Em vez de considerar quais são os padrões sociais acerca da reversibilidade

---

[15] Sobre computação quântica e o quão perto ela está de nós nesse *link*: Primeiro computador quântico da IBM com mais de 4.000 qubits vem aí | Tecnoblog | iG.

de um dado anonimizado, foca-se em analisar qual é a capacidade individual de engenharia reversa de quem processa tais dados. Abre-se, com isso, dois vetores importantes de análise.

Apesar da necessidade de regulamentação desses pontos, os eixos de análise para se identificar o que seria um dado anonimizado apresentam formas de avaliar se um processo de anonimização é reversível, pelo que se for possível identificar o titular de um dado, esse dado não poderá ser considerado como sendo "anonimizado".

Um dado só é considerado anonimizado quando ele perde definitivamente a possibilidade de identificar uma pessoa natural. Isto é, quando não mais é associado a uma pessoa identificada ou identificável.

Um ponto muitíssimo importante é que o processo de anonimização deve ser irreversível. Ou seja, o dado não pode ser restaurado nem recuperado.

Além disso, a LGPD também diz que a determinação do que seja "razoável" deve levar em consideração fatores objetivos, tais como custo e tempo necessários para reverter o processo de anonimização, de acordo com as tecnologias disponíveis à época da anonimização.

6 Técnicas de anonimização

Para realizar a ciência de dados é importante a utilização de métodos inteligentes. De acordo com Silva (2019), os dados manuseados por meio da análise de um conjunto de dados geralmente possuem informações pessoais e privadas dos titulares dos dados, sendo capaz de implicar em ameaças à privacidade das pessoas. Assim, as empresas que prezam pela sua segurança e a de seus clientes devem adotar soluções e estar em conformidade com leis e regulamentações de proteção de dados como a LGPD. Todos os ativos da empresa devem ser objeto de cuidado da privacidade dos dados das pessoas. Uma das possíveis soluções para a segurança da informação e a gestão de riscos, quando se trata de dados pessoais, é o uso da estratégia de anonimização dos dados (SILVA, 2019).

A anonimização é composta de técnicas que podem ser utilizadas em um conjunto de dados, de modo a evitar a identificação dos titulares. Silva (2019) afirma que a anonimização visa à segurança das informações dos titulares e é utilizada para evitar o vazamento de informações quando existe a necessidade de compartilhar os dados com terceiros. No entanto, a anonimização é realizada antes que os dados sejam compartilhados ou divulgados.

No processo de anonimização dos dados, quanto mais esses forem anonimizados, menor pode ser a sua utilidade. De acordo com o Gabinete de Proteção de Dados Pessoais – GPDP (2019, p. 9-10), ao realizar a anonimização é preciso decidir o grau de compromisso entre utilidade aceitável e tentativa de redução do risco de reidentificação dos dados. Há várias técnicas de anonimização que podem ser utilizadas para o equilíbrio do compromisso de utilidade e privacidade, que neste caso podem ser as técnicas de supressão, generalização, encobrimento de caracteres, agregação entre outras.

A LGPD não define quais técnicas podem ser usadas ou são recomendadas para a anonimização de dados.

Para Bioni (2021, p. 71), o processo de anonimização pode se valer de diferentes técnicas que buscam quebrar o vínculo entre os dados pessoais e seus respectivos titulares, variando entre: a) supressão; b) generalização; c) randomização e d) pseudonimização.[16]

Para a finalidade foco deste artigo, traremos as técnicas relevantes constantes do Guia Básico de Anonimização elaborado em março de 2022 pela Comissão de Proteção de Dados de Singapura, bem como do Guia Básico de Anonimização elaborado pela Agência Espanhola de Proteção de dados, uma tradução, em outubro de 2022, do conteúdo do guia bastante didático da Comissão de Proteção de Dados de Singapura.

Neste contexto, vale salientar a relevância desses guias para o Brasil, vez que a Autoridade Nacional de Proteção de Dados – ANPD firmou, em 2021, seu primeiro acordo internacional formal com a *Agência Española de Protección de Datos* – AEPD. Trata-se de um memorando[17] de entendimento entre as duas agências que busca promover o desenvolvimento de ações conjuntas na divulgação e na aplicação prática da regulamentação de proteção de dados.

Segundo Grossmann,[18] além da assinatura do termo com a Espanha, a ANPD deu outros dois passos relevantes para a presença internacional da agência de proteção de dados brasileira com o ingresso

---

[16] Para muitos, a pseudoanonimização não é considerada uma técnica de anonimização. Isso porque se substituem, apenas, os identificadores diretos – *e.g.*, nome, CPF etc. – por pseudônimos – *e.g.*, números aleatórios, de modo que a pessoa permanece sendo identificável em razão de tais pseudônimos serem um retrato detalhado indireto delas (WP 29, 2014, p. 20).

[17] ANPD. *Memorando de entendimento entre a Autoridade Nacional de Proteção de Dados do Brasil e a Agência Espanhola de Proteção de Dados do Reino da Espanha para o desenvolvimento de ações conjuntas para promover a divulgação e aplicação prática do regulamento de proteção de dados*. Disponível em: https://www.gov.br/anpd/pt-br/acesso-a-informacao/aepd-anpd.pdf. Acesso em: 02 nov. 2022.

[18] GROSSMANN, Luis Osvaldo. *ANPD firma primeiro acordo internacional e ingressa em fóruns globais*. Site Convergência Digital.

em dois fóruns multilaterais: a Rede Ibero-Americana de Proteção de Dados e a *Global Privacy Assembly* (GPA).

A Rede Ibero-Americana, criada em 2003, reúne atores públicos e privados e desenvolve iniciativas com a finalidade de manter e fortalecer um constante intercâmbio de informação, experiências e conhecimentos, bem como promover os avanços legislativos necessários à regulação sobre proteção de dados pessoais.

Já a GPA, na qual a ANPD entra como observadora, é uma associação de autoridades locais, nacionais e internacionais de proteção de dados que existe desde 1979 – e que era chamada, até 2019, de Conferência Internacional de Comissários de Proteção e Privacidade de Dados.

O foco da GPA é estabelecer uma rede global de autoridades de proteção de dados e apoiá-las. Como resultado, o GPA se tornou um ponto de encontro central para mais de 130 autoridades de proteção de dados em todo o mundo e representa um importante pilar dos esforços internacionais relacionados à proteção e privacidade de dados.

Assim, nosso foco com relação às técnicas de anonimização terão por pano de fundo as orientações das técnicas de anonimização previstas nos guias mencionados, a saber: a) supressão e b) generalização – e seus subtemas.

7 Anonimização por supressão

De acordo com Alves (2021, p. 21), a anonimização pela supressão é a técnica mais radical e absoluta em termos de anonimização. No aspecto da garantia da privacidade, haverá proteção integral e irreversível de privacidade. No aspecto da utilidade, haverá perda total de utilidade dos dados. A supressão poderá ser feita com relação aos atributos de um conjunto de dados ou com relação aos seus registros.

No caso da supressão de atributos, há a remoção integral de uma seção de atributos dos dados.[19] Por ser uma técnica mais radical, que prejudica absolutamente a utilidade dos dados, a supressão de atributos é apenas recomendável nos casos em que o atributo suprimido não tenha qualquer utilidade para o conjunto de dados anonimizado, ou ainda, nos casos em que nenhuma outra técnica seja capaz de anonimizá-los.[20]

---

[19] Se pensarmos em uma tabela, corresponderia à exclusão de determinada coluna.
[20] SINGAPORE (Personal Data Protection Commission). *Guide to basic data anonymization techniques*. Publicado em 25 jan. 2018. P. 14. Item 4.a.

Segundo Alves (2021, p. 21), convém que seja aplicada a todos os atributos que identifiquem diretamente um indivíduo (como nome, CPF, e-mail, telefone etc.), visto que têm pouca utilidade informacional e possuem grande risco de violação à privacidade no caso de vazamento ou reidentificação.[21]

Segundo o Guia de Singapura publicado em 2022, uma técnica de supressão menos radical consiste na criação de um "atributo derivado" do atributo suprimido. Este atributo consiste em uma informação generalizada do dado que será suprimido e garante, de certo modo, alguma utilidade residual ao dado. Por exemplo: em um caso hipotético em que várias pessoas foram testadas quanto à presença do vírus HIV, a criação de um atributo de duração da consulta em vez da presença de atributos de data e hora de início e fim do exame poderá garantir a mesma utilidade ao dado sem expor quase-identificadores de seus titulares.[22]

Já no caso de supressão de registros, há a exclusão total de um ou vários registros determinados. Essa técnica é importante no caso de registros chamados *outliers*, que não satisfazem os critérios de anonimização com *k*-anonimato,[23] conceito melhor explicado posteriormente.

É importante considerar que, assim como na supressão de atributos, a supressão de registro pode gerar graves impactos à utilidade dos dados, especialmente no caso de avaliações estatísticas como em cálculos de médias, medianas e moda, que podem ser drasticamente afetadas.

Considerando que o foco deste artigo objetiva o diálogo que proporcione e efetive garantia do uso da anonimização por solicitação do titular, e considerando ainda que esta técnica remove completamente dados identificáveis da base de dados – exclui, por exemplo, os dígitos

---

[21] SHMATIKOV, Vitaly. *k-Anonymity and Other Cluster-Based Methods*. University of Texas, CS 380S: Theory and Practice of Secure Systems. Class presentation slides.

[22] SINGAPORE (Personal Data Protection Commission). *Guide to basic data anonymization techniques*. Publicado em: 31 mar. 2022, p. 14, item 4.a. Disponível em: https://www.pdpc.gov.sg/news-and-events/announcements/2022/03/guide-to-basic-anonymisation-now-available. Acesso em: 02 nov. 2022. ESPAÑA (Agencia Española Protección Datos) *Guia Básica de Anonimización*, guia publicada em october 2022.

[23] Por exemplo: em um conjunto de dados médicos em que há dados pessoais relativos a pacientes, em sua maioria, entre 30 e 40 anos, caso haja um registro de um paciente de 70 anos, a desidentificação de sua idade seria muito difícil apenas pela generalização, sendo mais segura a supressão do registro *"outliers"* de uma pessoa, coisa, ou fato que é muito diferente de outras pessoas, coisas ou fatos, de modo que não pode ser usado para tirar conclusões gerais. Cambridge Dictionary. Disponível em: https://dictionary.cambridge.org/pt/translate/. Acesso em: 02 nov. 2022.

de um número de telefone ou todos os nomes de uma tabela de forma definitiva –, parece-nos que pode ser mais eficaz para a efetiva proteção dos dados do titular, sobretudo, quando estivermos diante da anonimização de dados enquanto direito do titular, por ser definitiva, e também por ser uma das técnicas de anonimização mais eficazes, entretanto ainda com ressalvas serão abordadas posteriormente.

8 Anonimização por generalização

A anonimização de dados pessoais por meio da generalização consiste na redução deliberada na precisão dos dados, substituindo quase-identificadores com valores menos específicos, mas semanticamente consistentes. Em regra, um processo de generalização de dados adequadamente conduzido garante grande utilidade para os dados anonimizados, em proporções semelhantes aos dados originais, mas com a garantia de anonimidade (ALVES, 2021).

Na generalização, os dados precisos são substituídos por categorias mais amplas e genéricas. Por exemplo, idades exatas são convertidas em faixas etárias, e um CEP é trocado apenas pela cidade ou região do país.

É importante ter cuidado para não adotar categorias muito "estreitas", que ainda facilitem a identificação do titular.

Tradicionalmente, técnicas de generalização são utilizadas pelos censos, estatísticas públicas, entidades governamentais, entre outros, como se observa no caso de divulgação de gráficos demográficos. Isso porque, ainda que os dados coletados se refiram a pessoas naturais individuais, a divulgação estatística é feita apenas com base em faixas e valores predefinidos, com gamas de *k*-anonimato bastante amplas.

As precauções que devem ser tomadas no caso de generalização são, em seus extremos: a falta de agrupamento, que pode gerar identificação de alguns registros (ex.: agrupamento de endereços apenas pelo código postal, que poderá levar à identificação de uma pessoa específica),[24] e o agrupamento exagerado, que pode levar à perda total de utilidade dos dados (ex.: agrupar a idade de todos os indivíduos

---

[24] De acordo com estudos estatísticos conduzidos nos Estados Unidos, em razão da estrutura do código postal utilizado no país, a combinação de apenas três atributos – gênero, data de nascimento e código postal – pode ser suficiente para identificar indivíduos com 87% de precisão. Mais informações disponíveis em: SWEENEY, Latanya. Simple Demographics Often Identify People Uniquely. *Carnegie Mellon University*, Data Privacy Working Paper 3. Pittsburgh 2000.

em uma faixa "entre 0 e 100 anos", assemelhando-se à supressão do atributo).

As técnicas de anonimização por generalização são mais bem utilizadas para identificadores indiretos, ou seja, dados estatísticos que possam ser agrupados, garantindo a manutenção da utilidade dos dados (ex. idade, que pode ser agrupada em níveis como "menores de 20 anos", "entre 30 e 40 anos" e "maiores de 50 anos").[25]

8.1 k-anonimato

Um dos riscos inerentes à anonimização por generalização, quando vista de forma individualizada, é deixar registros expostos a processos simples de reidentificação em razão do fato de ser o único com determinados atributos em uma base de dados.[26]

Alves (2021) avalia que a anonimização por agregação com garantia do k-anonimato se refere ao processo pelo qual diversos registros são agrupados em um único registro, em que pelo menos $k-1$ registros compartilharão os mesmos valores para todos os seus atributos, garantindo a privacidade desse registro (indivíduo) em $1/k$.[27] Ou seja, a probabilidade de se reidentificar uma pessoa com base no conjunto anonimizado reduz de forma diretamente proporcional ao incremento de k, mas a utilidade dos dados decai na mesma proporção.[28]

Alves (2021) traz um bom exemplo do k-anonimato:[29] imagine um conjunto de dados específico em que k seja igual a 50, e a propriedade seja o CEP. Se observarmos qualquer pessoa desse conjunto de dados, sempre encontraremos 49 outras pessoas com o mesmo CEP. Portanto, não conseguiremos identificar nenhuma pessoa a partir do CEP dela.

O k-anonimato, no entanto, não impede ataques de inferência por homogeneidade ou ataques em que há conhecimento prévio de

---

[25] SINGAPORE (Personal Data Protection Commission). *Guide to Basic Data Anonymization Techniques*. Publicado em: 25 jan. 2018, p. 11, item 4. b.
[26] NARAYANAN, Arvind; SHMATIKOV, Vitaly. Privacy and Security Myths and Fallacies of "Personally Identifiable Information". *Communications of the ACM*. Jun 2020, Vol. 53, nº 08.
[27] NARAYANAN, Arvind; SHMATIKOV, Vitaly. Privacy and Security Myths and Fallacies of "Personally Identifiable Information". *Communications of the ACM*. Jun 2020, Vol. 53, nº 08.
[28] A estruturação lógica da definição consiste em: "Considerando TP como a tabela de publicação, $QITP = (Ai, ..., Aj)$ como o conjunto de quase-identificadores associados com a TP, $Ai, ..., Aj \subseteq Ai, ..., An$, e TP satisfaça o k-anonimato. Então, cada sequência de valores em $TP[Ax]$ aparecem com pelo menos k ocorrências em $TP[QITP]$ para $x = i, ... j$." (Tradução livre). *In*: SHMATIKOV, Vitaly. *k- Anonymity and other cluster-based methods*. University of Texas, CS 380S: Theory and Practice of Secure Systems. Class presentation slides.
[29] GOOGLE. Como o Google anonimiza os dados. *In: Privacidade & termos do Google*.

algum atributo sensível de determinado sujeito que conste no conjunto de dados,[30] o que pode resultar na identificação desta pessoa.

9 Anonimização por aleatorização

Os processos de anonimização por aleatorização, segundo Patel (2019), constituem um grupo com diferentes espécies de técnicas que têm como finalidade a alteração da veracidade de alguns dados com o objetivo de romper a ligação entre tais dados e uma pessoa natural. Em geral, todos os atributos e valores originais são mantidos, mas com registros alterados de forma aleatória – por isso essas técnicas são por vezes chamadas de técnicas de "embaralhamento".[31]

10 Possibilidade de reidentificação do dado pessoal

Na concepção do processo de anonimização será necessário prever as consequências de uma possível reidentificação de pessoas que possa causar danos ou prejuízos de seus direitos. Também será necessário prever uma hipotética perda de informações por negligência do pessoal envolvido, por falta de uma política de anonimização adequada ou devido a uma revelação de sigilo intencional, que levaria à perda das variáveis de identificação ou chaves de identificação das pessoas.

10.1 ISO/IEC 27559 – Segurança da informação, segurança cibernética e proteção da privacidade – Estrutura de desidentificação de dados para aprimoramento da privacidade

Este padrão normativo da ISO/IEC 27559[32] propõe uma estrutura, em termos de segurança da Informação, segurança cibernética e proteção da privacidade, baseada em princípios para identificar e mitigar riscos relacionados a privacidade, como reidentificação, durante o ciclo de

---

[30] PATEL, Twinkle; AMIN, Kiran. A Study on k-anonymity, l-diversity, and t-closeness: Techniques of Privacy Preservation Data Publishing. *IJIRST – International Journal for Innovative Research in Science & Technology*, volume 6, issue 6, nov 2019. ISSN (online): 2349-6010. P. 4

[31] Em inglês, o registro mais recorrente é de *data shuffling*.

[32] ISO/IEC 27559. *Information security, cybersecurity and privacy protection* – Privacy enhancing data de-identification framework.

vida de dados supostamente desidentificados. Essa norma pretende explicar o uso da desidentificação como técnica de anonimização de dados pessoais para criar confiança com os titulares dos dados e cumprir as obrigações aplicáveis tanto ao Regulamento Geral de Proteção de dados da União Europeia como também a Lei Geral de Proteção de Dados e outras leis e regulamentos de privacidade.

À medida que a análise de dados depende cada vez mais do compartilhamento e da combinação de conjuntos de dados contendo dados supostamente desidentificados (anônimos), os riscos de reidentificação são cada vez mais significativos. Esta norma fornece orientação sobre os princípios envolvidos no reconhecimento e mitigação desses riscos. A norma tem como conteúdo:

Avaliação de contexto: essencialmente, determinar as preocupações gerais e, portanto, os principais requisitos nesta área usando abordagens analíticas como modelagem de ameaças. Compreender as situações de negócios em que os dados pessoais são compartilhados tanto dentro quanto fora da organização sugere a possibilidade de controles processuais e administrativos (como contratos e acordos) a serem aplicados pelos detentores de dados.

Avaliação de dados: compreensão das estruturas de dados para identificar possíveis "ataques" (tentativas não autorizadas/inapropriadas de obter informações pessoais que comprometam a privacidade).

Avaliação e mitigação da identificabilidade: entender como as informações pessoais podem ser obtidas a partir de dados disponíveis/acumulados que (individualmente ou como um todo) foram inadequadamente anonimizados e mitigar os riscos – por exemplo, aplicar as técnicas de desidentificação descritas na ISO/IEC 20889 em um nível aceitável (não necessariamente zero).

Governança de desidentificação: direcionar e controlar as pessoas envolvidas na manutenção da privacidade – por exemplo, determinando e atribuindo funções e responsabilidades apropriadas, definindo políticas e procedimentos, gerenciando e limpando após incidentes de violação de privacidade.

Ressaltamos que a referida norma está atualmente em fase de tradução e estruturação à realidade nacional, devendo ser disponibilizada ainda em 2023. E será uma grande fonte de inspiração e orientação para a ANPD, no biênio de 2023/2024, quando da elaboração do documento com objetivo de orientar e esclarecer a utilização das técnicas de anonimização e de pseudonimização previstas na LGPD.

À medida que nossas informações pessoais são cada vez mais obtidas e compartilhadas dentro e entre organizações, esse padrão tem um papel valioso ao estabelecer as regras básicas de como fazê-lo sem comprometer desnecessariamente a privacidade dos indivíduos envolvidos ou expor dados pessoais a comprometimento por vários meios (por exemplo, agregação de dados e ataques de inferência). Dessa forma, esta norma ISO vai facilitar o processo aumentando o nível de confiança entre provedores e adquirentes de informações, apoiando os arranjos de privacidade em geral.

11 Preocupações a serem regulamentadas acerca da anonimização

Conforme nos ensina Danilo Doneda,[33] "(...) ao contrário do disposto no artigo 12, *caput* e §3º, os dados anonimizados poderão ser considerados como dados pessoais e, portanto, sujeitos à LGPD sempre que:
- o processo de anonimização ao qual foram submetidos for revertido ou quando, com esforços razoáveis, puder ser revertido.
- forem utilizados para a formação do perfil comportamental de uma determinada pessoa natural, identificada".

12 O papel da ANPD na anonimização de dados

Segundo Sabbat (2022), embora a LGPD mencione e recomende a anonimização de dados em determinados pontos, ela não se aprofunda nos detalhes do processo. Essa regulamentação final cabe justamente à Autoridade Nacional de Proteção de Dados – ANPD, que é a autoridade responsável por regulamentar e fiscalizar a aplicação da LGPD no Brasil.

A LGPD determina que a autoridade nacional pode "dispor sobre padrões e técnicas utilizados em processos de anonimização[34] e realizar verificações acerca de sua segurança, ouvido o Conselho Nacional de Proteção de Dados Pessoais".

---

[33] DONEDA, Danilo. *Fundamentos da LGPD*. Lei Geral de Proteção de Dados. EMAG – Escola de Magistrados. TRF. Setembro/2022.

[34] Artigo 12 – §3º Os dados anonimizados não serão considerados dados pessoais para os fins desta Lei, salvo quando o processo de anonimização ao qual foram submetidos for revertido, utilizando exclusivamente meios próprios, ou quando, com esforços razoáveis, puder ser revertido. LGPD.
3º A autoridade nacional poderá dispor sobre padrões e técnicas utilizados em processos de anonimização e realizar verificações acerca de sua segurança, ouvido o Conselho Nacional de Proteção de Dados Pessoais.

Outrossim, vale ressaltar que a ANPD, por meio da Portaria nº 35, de 04 de novembro de 2022, publicada no Diário Oficial da União em 08 de novembro de 2022, torna pública a Agenda Regulatória para o biênio 2023-2024.[35]

Neste cenário, entre as iniciativas previstas para a fase 1, definidas como prioritárias, com prevalência sobre os demais itens, 2 e 3, constantes da Agenda Regulatória, encontramos como prioritárias da fase 1:

- *Direito dos titulares*: A LGPD estabelece os direitos dos titulares de dados pessoais, mas diversos pontos merecem regulamentação, que tratará desses direitos, incluindo – mas não limitado a – os artigos 9º, 18, 20 e 23.[36]
- *Anonimização e pseudonimização*: Documento com objetivo de orientar e esclarecer a utilização das técnicas de anonimização e de pseudonimização previstos na LGPD.

Assim, novas diretrizes surgirão a partir das avaliações dessas prioridades da ANPD. Até lá, o recomendado é adotar uma postura cautelosa sobretudo em relação aos processos de anonimização quando solicitados pelo titular de dados, já que o foco deste trabalho é a anonimização enquanto direito do titular, sempre procurando garantir o máximo de segurança e a total irreversibilidade do processo.

Considerações finais

A LGPD reconhece diversos direitos do titular, havendo, para cada um deles, um correspondente dever do agente de tratamento de dados. Este artigo detalhou, tanto do ponto de vista do titular, quanto do ponto de vista do controlador, quais são os direitos previstos na Lei e qual é a forma correta de atendê-los.

Um dado só é considerado anonimizado quando ele perdeu definitivamente a possibilidade de identificar uma pessoa natural. Isto é, quando não mais é associado a uma pessoa identificada ou identificável.

Um ponto importante aqui destacado é que o processo de anonimização deve ser irreversível. Ou seja, o dado não pode ser restaurado nem recuperado.

---

[35] Portaria ANPD nº 35, de 04 de novembro de 2022, publicada no sítio da ANPD em 04 de novembro de 2022, torna pública Agenda Regulatória para o biênio 2023-2024

[36] Portaria ANPD nº 35, de 04 de novembro de 2022, publicada no Diário Oficial da União em 08 de novembro de 2022. Torna pública a Agenda Regulatória para o biênio 2023-2024 Publicado em: 08/11/2022. Edição: 211, seção 1, p. 6. Versão digitalizada e certificada do Diário Oficial.

Assim, vejamos o que determina a LGPD: "Dado anonimizado: dado relativo a titular que não possa ser identificado, considerando a utilização de meios técnicos razoáveis e disponíveis na ocasião de seu tratamento".

A lei também destaca que a determinação do que seja "razoável" deve levar em consideração fatores objetivos, tais como custo e tempo necessários para reverter o processo de anonimização, de acordo com as tecnologias disponíveis à época da anonimização.

A natureza do processo de Anonimização é retirar, completamente e absolutamente, a possibilidade de associar um dado a uma pessoa natural, ou seja, ainda que haja acesso ao dado, não será possível vinculá-lo a um titular.

Nesse sentido é fato que existem diversas técnicas que podem ser aplicadas em um processo de anonimização. Essas técnicas, quando utilizadas corretamente em atributos distintos e em fluxos de dados corretos, podem evitar a recuperação da identidade de indivíduos de maneira a mascarar ou ofuscar os dados antes de esses serem disponibilizados ou compartilhados (BASSO; MATSUNAGA *et al.*, 2016), ou seja, o processo de anonimização não poderá ser revertido.

No entanto, a utilização desse processo deverá ser cuidadosamente planejada selecionando-se a técnica mais adequada, principalmente em vista do tempo de dedicação e custo necessário para sua implantação, evitando-se assim os riscos de a empresa tratar um dado pseudonimizado como se ele fosse anônimo, portanto, em desconformidade com a LGPD, já que o dado pseudonimizado é considerado um dado pessoal.

Um passo importante para a execução da anonimização é definir quais conjuntos de dados (atributos) devem ser anonimizados e quais técnicas devem ser aplicadas a cada um deles. Os atributos devem, portanto, ser classificados de acordo com a sensibilidade da informação que cada um representa, caso seja divulgado ou compartilhado.

Neste contexto, verificamos que a aplicação da ISO/IEC 27559 – Segurança da informação, segurança cibernética e proteção da privacidade – Estrutura de desidentificação de dados para aprimoramento da privacidade, norma internacional, propõe uma estrutura, em termos de segurança da informação, segurança cibernética e proteção da privacidade, baseada em princípios para identificar e mitigar riscos relacionados à privacidade, como reidentificação, durante o ciclo de vida de dados supostamente desidentificados. Esta norma pretende explicar o uso da desidentificação como técnica de anonimização de dados pessoais para criar confiança com os titulares dos dados e cumprir as obrigações aplicáveis à Lei Geral de Proteção de Dados e outras leis e regulamentos de privacidade.

Finalmente, destacamos o importante papel da Autoridade Nacional de Proteção de dados quanto a regulamentação de vários pontos a serem refletidos e definidos por meio da Portaria nº 35, de 04 de novembro de 2022, já publicada no Diário Oficial da União em 08 de novembro de 2022, em que divulga a Agenda Regulatória para o biênio 2023-2024.

Neste cenário, entre as iniciativas previstas para a fase 1, definidas como prioritárias com prevalência sobre os demais itens, 2 e 3, constantes da Agenda Regulatória, encontramos como prioritárias da fase 1, que é o tema que este artigo trata:

- *Direito dos titulares*: A LGPD estabelece os direitos dos titulares de dados pessoais, mas diversos pontos merecem regulamentação, que tratará desses direitos, incluindo – mas não limitado a – os artigos 9º, 18, 20 e 23.
- *Anonimização e pseudonimização:* Documento com objetivo de orientar e esclarecer a utilização das técnicas de anonimização e de pseudonimização.

A sociedade da informação impõem nossa vigília e a necessidade de controles contra a atividade exploratória e abusiva de informações, garantindo que, com o tempo, tenhamos a maturidade e a cultura enraizada da privacidade e proteção de dados como o efetivo direito fundamental.

Referências

AGÊNCIA SENADO. *Punições pelo uso indevido de dados começam a valer no domingo.* Disponível em: https://www12.senado.leg.br/noticias/materias/2021/07/29/punicoes-pelo-uso-indevido-de-dados-pessoais-comecam-a-valer-no-domingo. Acesso em: 02 nov. 2022.

ANPD. *Memorando de entendimento entre a Autoridade Nacional de Proteção de Dados do Brasil e a Agência Espanhola de Proteção de Dados do Reino da Espanha para o desenvolvimento de ações conjuntas para promover a divulgação e aplicação prática do regulamento de proteção de dados.* Disponível em: https://www.gov.br/anpd/pt-br/acesso-a-informacao/aepd-anpd.pdf. Acesso em: 02 nov. 2022.

ANPD. *Portaria ANPD nº 35*, de 04 de novembro de 2022. Publicada no Diário Oficial da União em 08 de novembro de 2022. Torna pública Regulatória para o biênio 2023-2024. Disponível em: https://www.in.gov.br/en/web/dou/-/portaria-anpd-n-35-de-4-de-novembro-de-2022-442057885. Acesso em: 08 nov. 2022.

ANPD. *Portaria ANPD nº 35*. Versão Certificada de 04 de novembro de 2022, publicada no Diário Oficial da União em 08 de novembro de 2022. Torna pública Regulatória para o biênio 2023-2024. Publicado em: 08/11/2022. Edição: 211. Seção: 1. Página: 6. versão digitalizada e certificada do Diário Oficial. Disponível em: https://pesquisa.in.gov.br/imprensa/jsp/visualiza/index.jsp?data=08/11/2022&jornal=515&pagina=6. Acesso em: 08 nov. 2022.

ÁVILA, Daniel Alves; PORTILHO, Daniel Alexandre. *Anonimização de dados e LGPD*. Disponível em: https://lageportilhojardim.com.br/blog/anonimizacao-de-dados/. Acesso em: 02 nov. 2022.

ALVES, Daniel Versoza. *Técnicas de anonimização e a Lei 12.709/2018*. Monografia de Graduação Digital – Universidade Federal do Paraná – UFPR – Faculdade de Direito, Curitiba/PR, 2021. Disponível em https://acervodigital.ufpr.br/handle/1884/71173. Acesso em: 02 ago. 2022.

ARTICLE 29 DATA PROTECTION WORKING PARTY. Opinion 5/2014 on Anonymisation Techniques. Bruxelas: [s. n.], 2007. Disponível em: https://ec.europa.eu/justice/article-29/documentation/opinion-recommendation/files/2014/wp216_en.pdf. Acesso em: 02 ago. 2022. p. 20

BASSO, T.; MATSUNAGA, R. *et al.* Challenges on anonymity, privacy, and big data. *In*: IEEE. *Dependable Computing* (LADC), 2016 Seventh Latin-American Symposium on. [S.l.: s.n.], 2016. p. 164-171.

BIONI, Bruno Ricardo. *Compreendendo o conceito de anonimização e dado anonimizado*. Disponível em: ii_9_anonimização_e_dado.pdf (tjsp.jus.br). Acesso em: 02 nov. 2022.

BIONI, Bruno Ricardo. Compreendendo o conceito de anonimização e dado anonimizado. *In*: DONEDA, Danilo; MENDES Laura Schertel; CUEVA, Ricardo Villas Boas (coord.). *Lei Geral de Proteção de Dados (Lei 13.709/2018)*. A Caminho da efetividade: contribuições para a implementação. São Paulo: Revista dos Tribunais, 2020. p. 40-53.

BOSCO, Francesca. Profiling technologies and fundamental rights: an introduction. In: CREEMERS, Niklas *et. al. Profiling technologies in practice*: applications and impact on fundamental rights and values. Oisterwijk: Wolf Legal Publishers, 2017, p. 9-20.

BRASIL. *Constituição da República Federativa do Brasil de 1988*. Disponível em: http://www.planalto.gov.br/ccivil_03/constituicao/constituicao.html. Acesso em: 02 ago. 2022.

BRASIL. *Emenda Constitucional nº 115*, de 10 de fevereiro de 2022. Altera a Constituição Federal para incluir a proteção de dados pessoais entre os direitos e garantias fundamentais e para fixar a competência privativa da União para legislar sobre proteção e tratamento de dados pessoais. Disponível em: http://www.planalto.gov.br/ccivil_03/constituicao/Emendas/Emc/emc115.htm#art1 Acesso em: 02 nov. 2022.

BRASIL. *Lei nº 13.709*, de 14 de agosto de 2018. Lei Geral de Proteção de Dados Pessoais (LGPD). Brasília. 15 ago. 2018. Disponível em: http://www.planalto.gov.br/ccivil_03/_ato2015-2018/2018/lei/L13709.htm. Acesso em: 02 ago. 2022.

CARVALHO, Stefani. *O que são dados anonimizados de acordo com a LGPD*? Sítio Jusbrasil. Disponível em: https://stefanidecarvalho.jusbrasil.com.br/artigos/913180131/o-que-sao-dados-anonimizados-de-acordo-com-a-lei-geral-de-protecao-de-dados. Acesso em: 02 nov. 2022.

COMPUTAÇÃO QUÂNTICA. *Sobre computação quântica e o quão perto ela está de nós nesse link*: Primeiro computador quântico da IBM com mais de 4.000 qubits vem aí. Tecnoblog, iG. Disponível em: https://tecnologia.ig.com.br/colunas/tecnoblog/2022-05-14/primeiro-supercomputador-quantico-ibm-mais-4000-qubits.html. Acesso em: 02 nov. 2022.

COTS, Márcio; OLIVEIRA, Ricardo. *Lei Geral de Proteção de Dados pessoais comentada*. 2. ed. São Paulo: Revista dos Tribunais, 2019.

CRIADO, Miguel Álgel. Quatro compras com um cartão bastam para identificar qualquer pessoa. Publicada em: 30 de janeiro de 2015. *El País*. Disponível em: https://brasil.elpais.com/brasil/2015/01/29/ciencia/1422520042_066660.html. Acesso em: 02 nov. 2022.

DONEDA, Danilo. *Fundamentos da LGPD*. Lei Geral de Proteção de Dados. EMAG – Escola de Magistrados, TRF. Setembro/2022. Disponível em: https://www.trf3.jus.br/documentos/emag/Cursos/Lei_Geral_de_Protecao_de_Dados_Pessoais/TRF3_LGPD_Doneda.pdf/. Acesso em: 02 ago. 2022.

DONEDA, Danilo. *Da privacidade à proteção de dados pessoais*: fundamentos da Lei Geral de Proteção de Dados Pessoais. 2. ed. rev. e atual. São Paulo: Revista dos Tribunais, 2020, p. 20,196, 259.

ESPAÑA. Agencia Española Protección Datos. *Guia Básica de Anonimización*. Outubro, 2022. Disponível em: https://www.aepd.es/pt-pt/path-file/52191. Acesso em: 02 nov. 2022.

FALEIRO, José Luiz Junior. Proteção de dados e anonimizacão. Perspectivas: a luz da LGPD. *Journal of Institutional Studies* 1 (2021). *Revista Estudos Institucionais*, v. 7, n. 1, p. 376-397, jan./abr. 2021

GARCIA, Valéria Reani Rodrigues. *As principais responsabilidades dos controladores frente as regras da LGPD*. 2022. Disponível em: https://www.migalhas.com.br/depeso/370392/as-responsabilidades-dos-controladores-conforme-regras-da-lgpd. Acesso em: 02 nov. 2022.

GARCIA, Valéria Reani Rodrigues. O impacto preliminar da Lei Geral de Proteção de Dados brasileira nas relações de trabalho e os recursos humanos. *In*: CANTO DE LIMA, Ana Paula M.; HISSA, Carmina Bezerra; SALDANHA, Paloma Mendes (coord.). *Direito digital*: debates contemporâneos. São Paulo: Revista dos Tribunais, 2019. p. 179-193.

GARCIA, Valéria Reani Rodrigues Garcia. *Guia da LGPD aplicada a escritórios de advocacia*. OAB Campinas, 2021, p. 11. Disponível em: https://oabcampinas.org.br/wp-content/uploads/2021/12/Guia-LGPD_Advocacia.pdf. Acesso em: 02 nov. 2022.

GARCIA, Valéria Reani Rodrigues. *Reflexões a respeito da privacidade na sociedade do século XXI*. 2020. Disponível em: https://www.migalhas.com.br/depeso/336971/reflexoes-a-respeito-da-privacidade-na-sociedade-do-seculo-21. Acesso em: 02 nov. 2022.

GOOGLE. Privacidade & Termos do Google. *Como o Google anonimiza os dados*. Disponível em: https://policies.google.com/technologies/anonymization?hl=pt-BR Acesso em: 12 dez. 2020.

GPDP. Gabinete de Proteção de Dados. Edição 2019, p. 9-10. Disponível em: https://www.gov.br/governodigital/pt-br/seguranca-e-protecao-de-dados/guias/guia_lgpd.pdf. Acesso em: 02 nov. 2022.

GDPR. General data Protection Regulation. Disponível em: https://eur-lex.europa.eu/search.html?qid=1601843606614&text=GDPR%202018&scope=EURLEX&type=quick&lang=en. Acesso em: 02 nov. 2022.

GROSSMANN, Luis Osvaldo. *ANPD firma primeiro acordo internacional e ingressa em fóruns globais*. Disponível em: https://www.convergenciadigital.com.br/Governo/ANPD-firma-primeiro-acordo-internacional-e-ingressa-em-foruns-globais-58359.html?UserActiveTemplate=mobile. Acesso em: 02 ago. 2022.

HEUSI, Tálita Rodrigues. Perfil criminal como prova pericial no Brasil. *Brazilian Journal of Forensic Sciences, Medical Law and Bioethics*, Itajaí, v. 5, n. 3, p. 232-250, 2016, p. 237.)

ISO/NBR/IEC 29100. *Tecnologia da Informação* – Estrutura da Privacidade. 1 ed. 27 mar. 2020, p. 09.

ISO/NBR/IEC 27559. *Information security, cybersecurity and privacy protection* – Privacy enhancing data de-identification framework. Disponível em: https://genorma.com/en/project/show/iso:proj:71677. Acesso em: 08 nov. 2022.

ISO/NBR/IEC 27701/19. *Técnicas de Segurança* – Extensão da ABNT NBR ISSO/IEC 27002 para Gestão da privacidade da Informação – Requisitos. Versão corrigida 11.02.2020. 82 p.

ISO/NBR 27701/19 e ISO/IEC 29100. *Tabela 2*. Tecnologia da Informação – Estrutura da Privacidade, Primeira Edição 27/03/2020. P. 09.

MÜLLER, João Artur. O que é a Lei Geral de Proteção de Dados (LGPD) e qual o seu impacto na atividade empresarial *online* e *offline*? *In*: MARTINE, MEDEIROS e TONETTO, 2021. Disponível em: https://mmtadvogados.com.br/publicacoes/o-que-e-a-lei-geral-de-protecao-de-dados-lgpd-e-qual-o-seu-impacto-na-atividade-empresarial-online-e-offline.html. Acesso em: 02 ago. 2022.

MULHOLLAND, Caitlin; FRAJHOF, Isabella Z. Inteligência artificial e a Lei Geral de Proteção de Dados Pessoais: breves anotações sobre o direito à explicação perante a tomada de decisões por meio de machine learning. *In*: FRAZÃO, Ana; MULHOLLAND, Caitlin (coord.). *Inteligência artificial e direito*: ética, regulação.

NARAYANAN, Arvind; SHMATIKOV, Vitaly. Myths and fallacies of "personally identifiable information". *Communications of the ACM*, Nova York, v. 53, n. 6, p. 24-26, 2010. Disponível em: http://bit.ly/30G9CVq. Acesso em: 02 nov. 2022.

NARAYANAN, Arvind; SHMATIKOV, Vitaly. Privacy and security myths and fallacies of "personally identifiable information". *Communications of the ACM*. Jun 2020, vol. 53, n. 08.

PANEK, Lin Cristina Tung. *Lei Geral de Proteção de Dados nº 13.709/2018*: Uma análise dos principais aspectos e do conceito privacidade na sociedade informacional. 2019. Trabalho de Conclusão de Curso (Graduação em Direito, setor de Ciências Jurídicas) – Universidade Federal do Paraná – Faculdade de Direito – UFPR, Curitiba/PR, 2019. Disponível em: https://acervodigital.ufpr.br/bitstream/handle/1884/73534/R%20-%20D%20-%20KAUANA%20PUGLIA%20BANDEIRA.pdf?sequence=1&isAllowed=y. Acesso em: 02 nov. 2022.

PATEL, Twinkle; AMIN, Kiran. A Study on k-anonymity, l-diversity, and t-closeness: Techniques of Privacy Preservation Data Publishing. IJIRST – *International Journal for Innovative Research in Science & Technology*, v. 6, issue 6, nov. 2019. ISSN (online): 2349-6010, p. 4.

PSEUDOANONIMIZAÇÃO. In: *WP 29*, 2014, p. 20.

OUTLIERS. In: *Cambridge Dictionary*. Disponível em: https://dictionary.cambridge.org/pt/translate/. Acesso em: 02 nvo. 2022.

ROCK CONTENT. *Entenda o que é opt-out e saiba qual é sua importância para uma estratégia de email marketing*. Disponível em: https://rockcontent.com/br/blog/opt-out/. Acesso em: 02 nov. 2022.

SABBAT, Arthur Pereira. Reestruturação jurídica da ANPD: Palestrante Seminário Tema: Perspectivas sobre Autonomia, multas e sanções. *13º Seminário de Proteção a Privacidade e aos dados Pessoais*. Disponível em: https://seminarioprivacidade.cgi.br Acesso em: 02 nov. 2022.

SILVA, Hebert de Oliveira. *Uma abordagem baseada em anonimização para privacidade de dados em plataformas analíticas*. 2019. Dissertação (Mestrado em Tecnologia, área de Sistemas de Informação e Comunicação). Universidade Estadual de Campinas, Faculdade de Tecnologia – FT/UNICAMP. Limeira/SP, 2019. Disponível em: http://repositorio.unicamp.br/Acervo/Detalhe/1091329. Acesso em: 02 ago. 2022.

SINGAPORE. Personal Data Protection Commission. *Guide to Basic Data Anonymization Techniques*. Publicado em: 25 jan. 2018. P. 11. Item 4. b. Disponível em: https://www.pdpc.gov.sg/help-and-resources/2018/01/guide-to-basic-data-anonymisationtechniques Acesso em: 02 nov. 2022.

SINGAPORE. Personal Data Protection Commission. *Guide to Basic Data Anonymization Techniques*. Publicado em: 31 mar. 2022. P. 14. Item 4. A. Disponível em: https://www.pdpc.gov.sg/news-and-events/announcements/2022/03/guide-to-basic-anonymisation-now-available. Acesso em: 02 nov. 2022.

SHMATIKOV, Vitaly. *K-anonymity and other cluster-based methods*. University of Texas, CS 380S: Theory and Practice of Secure Systems. Class presentation slides. Disponível em: https://www.cs.utexas.edu/~shmat/courses/cs380s_fall09/. Acesso em: 02 nov. 2022.

SWEENEY, Latanya. *Simple demographics often identify people uniquely*. Carnegie Mellon University, Data Privacy Working Paper 3. Pittsburgh 2000. Disponível em: https://dataprivacylab.org/projects/identifiability/paper1.pdf. Acesso em: 15 dez. 2020. P. 3

SANTOS, Fernanda Cristina Soares. *Os direitos dos titulares de dados pessoais na LGPD*. Disponível em: https://lageportilhojardim.com.br/blog/direitos-dos-titulares-lgpd/. Acesso em 02 ago. 2022.

VAINZOF, Rony. Disposições preliminares. *In*: BLUM, Renato Opice; MALDONADO, Viviane Nóbrega (Coord.). *LGPD – Lei Geral de Proteção de Dados Comentada*. São Paulo: Thomson Reuters Brasil, 2019.

XAVIER, Fábio Correia. LGPD – seus direitos como titular de dado. *MIT – Technology Review*. Disponível em: https://mittechreview.com.br/lgpd-conheca-seus-direitos-como-titular-de-dados-pessoais/. Acesso em: 02 ago. 2022.

DE MONTJOYE, Yves-Alexandre; RADAELLI, Laura; SINGH, Kumar; PENTLAND, Alex. *Unique in the shopping mall*: on the reidentifiability of credit card metadata. Science, 30 jan. 2015, v. 347, issue 6221, p. 536-539. DOI: 10.1126/SCIENCE. 125627.

Informação bibliográfica deste texto, conforme a NBR 6023:2018 da Associação Brasileira de Normas Técnicas (ABNT):

GARCIA, Valéria Reani Rodrigues. Conceito, limites e expectativa regulatória: direito do titular a anonimização, bloqueio ou eliminação de dados desnecessários e excessivos à luz da LGPD. *In*: FRANCOSKI, Denise de Souza Luiz; TEIVE, Marcello Muller (coord.). *LGPD*: direitos dos titulares. Belo Horizonte: Fórum, 2023. p. 95-125. ISBN 978-65-5518-500-3.

O DIREITO À PORTABILIDADE DE DADOS NA LGPD
POTENCIAIS BENEFÍCIOS AO TITULAR

DANIELA COPETTI CRAVO

Introdução

A portabilidade de dados é um direito novo, não previsto na antiga Diretiva Europeia nº 95/46/CE. Trata-se de um direito extremamente moderno, inaugurado pelo Regulamento Geral de Proteção de Dados – RGPD[1] e que também foi contemplado no ordenamento brasileiro por meio da Lei Geral de Proteção de Dados – LGPD.[2]

Muito embora o direito à portabilidade de dados tenha uma íntima relação com o direito de acesso, já que ambos promovem o controle dos dados pelo seu titular, tais direitos são diferentes e se complementam. A portabilidade de dados, na verdade, pode ser vista como um passo à frente, isto é, uma evolução do direito de acesso.

Na discussão legislativa do RGPD foi aventada a possibilidade de se inserir a portabilidade de dados dentro do direito de acesso. No entanto, acabou-se consagrando a portabilidade de dados como um direito autônomo e distinto do direito de acesso.[3]

---

[1] Antes da sua adoção pelo RGPD, as opções de portabilidade de dados eram oferecidas apenas de forma voluntária na União Europeia (UE), já que que nenhuma disposição na legislação da UE prescrevia tal prática (NEBBIAI, Matteo. Intermediaries do matter: voluntary standards and the Right to Data Portability. *Internet Policy Review* 11.2 (2022). Web. 7 Sep. 2022.).

[2] A portabilidade de dados também foi adotada por outros países, tais como China, Tailândia, Zâmbia, Panamá e Benim. ONETRUST. *Comparing Privacy Laws.* https://www.dataguidance.com/comparisons/comparing-privacy-laws.

[3] FIDALGO, Vitor Palmela. O direito à portabilidade de dados pessoais. *Revista de Direito e Tecnologia*, vol. 1, n. 1., 2019, p. 91.

A portabilidade de dados tem como essência permitir o reúso dos dados em uma nova atividade de tratamento. Com isso, os titulares se sentem mais estimulados a usar novos serviços e funcionalidades, especialmente aqueles que tenham políticas que mais lhe agradem, inclusive no que toca à proteção de dados. Cabe destacar que a portabilidade de dados terá um papel essencial na Web 3.0.[4]

Destarte, o direito à portabilidade de dados permite que o titular determine como se dará a circulação dos seus dados, que será condicionada ao seu requerimento e ao exercício de sua vontade. Trata-se evidentemente da consagração da autodeterminação informativa, tão essencial para a tutela do corpo eletrônico.

Como leciona Rodotà,[5] as tecnologias da informação constroem um corpo eletrônico, que é o conjunto de informações pessoais mantidas em infinitos bancos de dados e que vivem ao lado do corpo físico. A pessoa, imersa no fluxo da comunicação eletrônica, passa a ser caracterizada por um duplo corpo: o físico e o eletrônico.

Este último, o corpo eletrônico, é incognoscível, parcial e móvel, podendo circular independentemente do corpo físico.[6] Tal situação gera a necessidade de mecanismos de controle, pela pessoa, justamente para evitar prejuízos à sua personalidade em decorrência de uma circulação desvirtuada de suas informações e, pois, de seu corpo eletrônico.

A associação da portabilidade de dados ao livre desenvolvimento da personalidade decorre do conceito de "identidade digital", já que os dados pessoais e suas combinações podem ser entendidos como uma continuação da personalidade no ambiente digital.[7] E, assim o sendo, devem os titulares ter o direito de fazer a gestão dos seus dados, determinando quando e com quem esses devem ser compartilhados, sem prejuízo do próprio titular usufruir desse ecossistema nas suas atividades domésticas.

---

[4] A Web 3.0 (*Semantic Web technologies integrated into, or powering, large-scale Web applications*) pode ser entendida como o fenômeno em que os indivíduos deixam de ser usuários e passam a fazer parte das aplicações, sendo produtores e beneficiários do *Big Data*. BOUCHAGIAR, George. Privacy and Web 3.0: Implementing Trust and Learning From Social Networks. *Review of European Studies*; vol. 10, n. 4; 2018.

[5] RODOTÀ, Stefano. Persona, libertà, tecnologia. Note per una discussione. *Diritto & Questioni Pubbliche*, p. 25-29, 2005.

[6] RODOTÀ, Stefano. Persona, libertà, tecnologia. Note per una discussione. *Diritto & Questioni Pubbliche*, p. 25-29, 2005.

[7] NEGRI, Sergio; DETONI, Maria Regina. Autonomia privada, portabilidade de dados e planejamento sucessório. *In*: TEIXEIRA, Daniele Chaves. (Org.). *Arquitetura do planejamento sucessório* – Tomo II. 1. ed. Belo Horizonte: Fórum, 2021, p. 660-674.

Portanto, a portabilidade de dados, entendida como a possibilidade do titular de transferir seus dados entre diferentes controladores ou obter uma cópia para armazenamento e reúso, surge como uma ferramenta de empoderamento. Em que pese o grande valor dessa aos titulares, tal direito ainda é pouco conhecido e exercido,[8-9] razão pela qual se justifica a escolha do tema neste artigo, que busca analisar os contornos jurídicos deste direito, que possui várias "zonas cinzentas",[10-11] e explorar os seus potenciais benefícios.

1 A portabilidade de dados na LGPD

Apresentando poucas disposições sobre a portabilidade de dados, a LGPD foi extremamente sintética, restringindo-se a dispor que: a) a portabilidade será realizada mediante requisição expressa do titular entre um fornecedor a outro, de acordo com a regulamentação da autoridade nacional, observados os segredos comercial e industrial (inciso V);[12] b) os dados já anonimizados não estão incluídos (art. 18, §7º); c) padrões de interoperabilidade para fins de portabilidade poderão ser dispostos pela Autoridade Nacional de Proteção de Dados – ANPD (art. 40); e d) que é possível a comunicação ou o uso compartilhado entre controladores de dados pessoais sensíveis referentes à saúde com o objetivo de obter vantagem econômica no caso de portabilidade de dados (§4º, inciso I, do art.11).[13]

---

[8] Segundo estudos, o direito de portabilidade de dados é o direito menos conhecido do GDPR, com menos de um terço dos participantes indicando que já ouviram falar dele. KUEBLER-WACHENDORFF, Sophie; LUZSA, Robert; KRANZ, Johann et al. The Right to Data Portability: conception, status quo, and future directions. *Informatik Spektrum* 44, p. 264–272, 2021.

[9] Por parte dos agentes de tratamento, a portabilidade dos dados continua a ser uma questão em aberto. Muitas dúvidas surgem sobre a definição, o escopo de aplicação, os dados cobertos e assim por diante. Ainda, existem várias preocupações sobre segurança, responsabilidade e custos de conformidade (os quais inclusive são uma preocupação para agentes de pequeno porte).

[10] A formulação do direito à portabilidade trouxe muitas "áreas cinzentas" no que diz respeito ao tipo de interoperabilidade concedida, à interpretação das limitações de escopo e à interação do direito com as normas de Propriedade Intelectual. NEBBIAI, Matteo. Intermediaries do matter: voluntary standards and the Right to Data Portability. *Internet Policy Review* 11.2 (2022). Web. 7 Sep. 2022.

[11] Conforme expõe o *JRC Digital Economy Working Paper* 2020-05, a portabilidade de dados não está (ainda) suficientemente operacional. MARTENS; GRAEF; TOMBAL; DUCHBROWN. Business to business data sharing: an economic and legal analysis. *Digital Economy Working Paper 2020-05*, European Commission, Seville, 2020, JRC121336.

[12] Tal disposição dá a entender que essa transferência será direta entre os controladores.

[13] Apesar dessa menção feita pela LGPD da portabilidade de dados dentro do uso

Além dessas disposições específicas sobre a portabilidade, deverá ser observado o §3º do artigo 18, que prevê a necessidade de requerimento expresso do titular ou de representante legalmente constituído ao controlador. O atendimento ao requerimento deverá ocorrer sem custos para o titular,[14] nos prazos e nos termos previstos em regulamento.

Também tem aplicabilidade à portabilidade de dados o §4º do mesmo artigo, que dispõe que no caso de impossibilidade de adoção imediata da providência de que trata o §3º deste artigo, o controlador enviará ao titular resposta em que poderá: a) comunicar que não é agente de tratamento dos dados e indicar, sempre que possível, o agente; b) indicar as razões de fato ou de direito que impedem a adoção imediata da providência.

Por derradeiro, há ainda a incidência do §1º e §8º do artigo 18, que consignam o direito de petição, por parte do titular de dados, perante a ANPD ou os organismos de defesa do consumidor.[15] Desse modo, caso o titular tenha a portabilidade de dados negada ou dificultada pelo controlador, poderá recorrer às autoridades competentes, sem prejuízo do acesso à justiça.

À luz desse conjunto de disposições aplicáveis à portabilidade de dados, é possível perceber que não houve uma conceituação mais detalhada do direito pela LGPD. No âmbito do direito comparado, cada legislação tem definido de forma diversa o direito à portabilidade de dados. Algumas enfocam no direito à transmissão direta dos dados a um novo controlador, outras, no direito de receber os dados e armazená-los em algum dispositivo pessoal ou no envio dos dados pelo próprio titular ao novo controlador.

Entende-se que a portabilidade de dados no Brasil deve seguir a linha adotada no RGPD, no seu artigo 20. Assim a portabilidade de

---

compartilhado de dados sensíveis à saúde, ainda é preciso desenvolver melhor tais conceitos e diferenciá-los. A respeito, ver relatório do ITS que menciona que "não se pode confundir portabilidade com 'uso compartilhado de dados'": VIOLA, Mario; HERINGER, Leonardo. *A portabilidade na Lei Geral de Proteção de Dados*. Rio de Janeiro: ITS, 2020. Disponível em: https://itsrio.org/wp-content/uploads/2020/10/A-Portabilidade-na-LGPD.pdf. Acesso em: 26 de out. de 2020.

[14] Como coloca Ana Frazão: "o direito à portabilidade, para atingir tais propósitos, deve ser fácil, gratuito e assegurado de modo a permitir a usabilidade dos dados com eficiência e segurança". FRAZÃO, Ana. *Nova LGPD*: direito à portabilidade. Disponível em: https://www.jota.info/opiniao-e-analise/colunas/constituicao-empresa-e-mercado/nova-lgpd-direito-a-portabilidade-07112018. Acesso em: 5 de janeiro de 2019. Ademais, o titular não precisa apresentar uma justificativa para exercer o seu direito à portabilidade.

[15] BERGSTEIN, Laís. Direito à portabilidade na Lei Geral de Proteção de Dados. *Revista dos Tribunais*, vol. 1003, maio de 2019, p. 2.

dados pessoais deve abranger tanto o direito de receber do controlador os dados pessoais que lhe digam respeito, num formato eletrônico, para uso e/ou armazenamento, e de transmitir esses dados a outro controlador, no momento presente ou futuro,[16] quanto de requerer que os dados pessoais sejam transferidos diretamente a outro controlador, sempre que isso seja tecnicamente possível.

Outro ponto importante é que no caso da transferência direta dos dados a outro controlador (art. 18, inciso V), entende-se que essa forma de exercício não implica, por si só, o encerramento da relação estabelecida entre o titular e o controlador (transmissor), exceto se assim desejar o titular. Há casos que o titular quer apenas usar os dados em outro serviço complementar, como já tem ocorrido por meio de API (*Application Programming Interface*)[17] para transferências de dados.

Nessa linha, haverá casos que o titular de dados deseja permanecer no serviço, pedindo apenas que os dados sejam "duplicados" e enviados a um outro controlador. Veja que um ponto peculiar do mercado digital é que os consumidores, frequentemente, desejam usar várias plataformas ao mesmo tempo (*multihoming*), que é possível por meio do exercício do direito à portabilidade de dados pessoais.[18] Trata-se da possibilidade de o titular estabelecer um "segundo lar digital".[19-20]

Todavia, nos casos em que o titular dos dados deseje usar a portabilidade de dados para migrar para outro serviço (portabilidade

---

[16] Tais hipóteses já encontram embasamento legal no Brasil, muito embora dentro do direito de acesso, como pode ser visualizado no §3º do artigo 19 da LGPD.

[17] A EDPS também possui o entendimento que deve ser incentivado o desenvolvimento de APIs padronizadas, recomendando tal adoção pela Comissão Europeia. Na sua opinião, a adoção dessas APIs padronizadas facilitaria o acesso a dados por usuários autorizados independentemente da localização desses dados, o que seria um impulso para a portabilidade. EDPS. *Opinion on the European Commission's White Paper on Artificial* Intelligence – A European approach to excellence and trust. Disponível em: https://edps.europa.eu/sites/edp/files/publication/20-06-19_opinion_ai_white_paper_en.pdf. Acesso em: 6 jul. 2020.
Ademais, o uso de APIs para armazenamento e acesso a dados acaba emergindo como um elemento essencial para a portabilidade e para replicação de modelos de tecnologias nas mais diferentes cidades e comunidades possíveis, sendo uma orientação importante para o desenvolvimento das *Smart Cities*. SYNCHRONICITY. *SynchroniCity Guidebook*. Disponível em: https://synchronicity-iot.eu/wp-content/uploads/2020/01/SynchroniCity-guidebook.pdf. Acesso em: 26 set. 2020.

[18] ENGELS, Bárbara. Data portability among online platforms. *Internet Policy Review*, 5(2), 2016.

[19] FIDALGO, Vitor Palmela. O direito à portabilidade de dados pessoais. *Revista de Direito e Tecnologia*, vol. 1, n. 1, 2019, p. 119.

[20] Como observa Vitor Fidalgo, no âmbito do RGPD não há nas hipóteses de eliminação dos dados (artigo 17 do RGPD) a portabilidade de dados. FIDALGO, Vitor Palmela. O direito à portabilidade de dados pessoais. *Revista de Direito e Tecnologia*, vol. 1, n. 1, 2019, p. 119.

de dados propriamente dita), encerrando a relação com o controlador remetente, é importante verificar, no caso concreto, se ainda existe base legal para a continuidade do tratamento dos dados pelo controlador remetente (originário).

Com relação aos tipos de dados abrangidos (fornecidos, observados e inferidos), há uma ausência de definição específica na LGPD. No âmbito do RGPD, a portabilidade de dados restou limitada aos "dados fornecidos", o que representa significativa mudança do texto final com relação ao projeto inicial.[21-22]

Entende-se que será necessária uma maior reflexão no que toca à ausência de definição específica no inciso V do artigo 18 da LGPD. Ainda resta controverso se tal ausência pode ser considerada como um silêncio eloquente do legislador, a fim de abarcar todos os "dados tratados" (isto é, fornecidos, observados e inferidos),[23] ou se tal definição foi reservada à regulamentação.

Com relação às bases legais, no RGPD a portabilidade de dados ficou limitada às hipóteses de tratamento realizadas com base no consentimento ou necessárias para a execução de contrato (considerando 68 e artigo 20, nº 1, alínea "a"). Além disso, é necessário que o tratamento tenha sido realizado de forma automatizada, isto é, de forma digital, não se aplicando aos casos de dados tratados de forma física, em papel (artigo 20, nº 1, alínea "b").

Na LGPD, o direito à portabilidade de dados não sofreu qualquer delimitação com relação às bases legais (apenas houve tal restrição no direito de acesso, na modalidade prevista no §3º do artigo 19). Todavia, entende-se que uma abrangência muito ampla da portabilidade pode ter efeitos colaterais, razão pela qual tal questão deve ser endereçada pela ANPD.

---

[21] HERT, Paul; PAPAKONSTANTINOU, Vagelis; MALGIERI, Gianclaudio; BESLAY, Laurent; SANCHEZ, Ignacio. The right to data portability in the GDPR: Towards user-centric interoperability of digital services, Computer Law & Security Review: *The International Journal of Technology Law and Practice*, 2017.

[22] Entende-se que dentro dos "dados fornecidos" mencionados pelo RGPD estão abarcados também os "observados". Apesar dos inferidos não estarem abrangidos na portabilidade de dados prevista no RGPD, as empresas podem promover esse tipo de portabilidade voluntariamente, como um sinal de conformidade e confiança. U. VRABEC, Helena. *Unfolding the New-Born Right to Data Portability*: Four Gateways to Data Subject Control. Disponível em: https://ssrn.com/abstract=3176820. Acesso em: 10 out. 2020.

[23] Conforme relata Paula Ponce, tal questão foi debatida no Congresso, quando da apreciação da Medida Provisória nº 869/2018. Foi proposta a Emenda de nº 42 para fins de excluir os dados derivados da portabilidade. No entanto, a emenda foi rejeitada pela Comissão Mista, que entendeu que a portabilidade diria respeito apenas aos dados gerados pelo próprio titular, e não aqueles gerados ou complementados pelo controlador. (PONCE, Paula Pedigoni. Direito à portabilidade de dados: entre a proteção de dados e a concorrência. *Revista de Defesa da Concorrência*, vol. 8, nº 1, p. 148, jun. 2020.)

Não há, até o momento, a exigência da interoperabilidade para fins de portabilidade, muito embora esta seja desejável.[24] Sem o uso de APIs, os efeitos da portabilidade podem ser muito pontuais ou mínimos, e é nesse ponto que reside a necessidade do estímulo à interoperabilidade e ao desenvolvimento de APIs. Para tal fim, o artigo 40 da LGPD prevê que a ANPD poderá dispor sobre padrões de interoperabilidade para fins de portabilidade.

Porém, o fomento à interoperabilidade e ao desenvolvimento de APIs pode ser feito não apenas pela ANPD, como também por autoridades reguladoras de mercados setoriais. Ainda, é possível que os agentes de mercado proponham iniciativas de interoperabilidade a partir de boas práticas, fulcro no artigo 50 da LGPD.

Apesar de não ser, até o momento, obrigatória no Brasil a interoperabilidade para fins de portabilidade, defende-se que na execução dessa o controlador use formatos interoperáveis para fins de possibilitar a reutilização dos dados. Veja que a LGPD não trouxe a exigência quanto ao formato dos dados, mas a partir de uma leitura finalística da norma é possível chegar a essa conclusão, já que é necessário que o titular consiga reutilizar os dados sem grandes entraves.

Ainda, é possível que o direito de portabilidade entre em conflito com outros direitos, como o de segredo industrial ou de proteção de criações intelectuais.[25] Outro problema que pode emergir refere-se ao direito de privacidade de terceiros, quando, por exemplo, um indivíduo deseja portar uma foto na qual várias pessoas apareçam.[26]

Nesse caso, é possível invocar o §4º do artigo 18 da Lei, diante de uma razão de direito que impeça a adoção da portabilidade. Há também ressalva expressa no inciso V do artigo 18, que determina que a portabilidade observará os segredos comercial e industrial.[27]

Deve-se ressaltar que a aplicação dessa norma não deve ocorrer em qualquer caso de possível dano aos direitos dos outros, mas sim

---

[24] Como, até a edição de uma regulamentação no Brasil, não há a necessidade da interoperabilidade entre os serviços, se aparecerem barreiras técnicas quando da execução de uma portabilidade, o controlador deverá explicar essas barreiras ao indivíduo requerente de maneira inteligível e clara, à luz do §4º do artigo 18 da Lei.

[25] Segundo Nebbiai, "por trás da alegação de defender segredos comerciais e direitos de PI, para fazer frente às técnicas de engenharia reversa dos concorrentes, os controladores de dados podem restringir cada vez mais o conjunto de dados disponíveis à portabilidade". (NEBBIAI, Matteo. Intermediaries do matter: voluntary standards and the Right to Data Portability. *Internet Policy Review*, 11.2 (2022). Web. 7 Sep. 2022.)

[26] SWIRE, Peter; LAGOS, Yianni. Why the right to data portability likely reduces consumer welfare: antitrust and privacy critique. *Maryland Law Review*, nº 3, 2013. p. 349.

[27] A LGPD não define em que medida ou em que grau esse interesse deve ser observado, nem conceitua o que pode ser considerado como segredos comercial e industrial.

quando a portabilidade os afete de forma adversa, isto é, de maneira injustificada ou ilegítima. Isso reclama, dessarte, um *case-by-case approach*.[28]

Uma sensibilidade da portabilidade que merece mais atenção diz respeito aos riscos que a portabilidade possa causar, ainda que de forma indireta, à privacidade, à confidencialidade e à integridade da informação. Uma vez que os dados se tornam completamente portáveis, é muito fácil evadir quaisquer restrições ou políticas existentes naquele fornecedor originário a quem foi solicitada a portabilidade.

Nesse caso, bastaria transferir os dados a uma nova plataforma, que as antigas regras e políticas não precisariam mais ser observadas.[29] Além disso, pode haver fraudes na identificação dos usuários que permitiriam a um *hacker* facilmente portar os dados entre várias plataformas.[30]

Observa-se, ademais, que o exercício do direito à portabilidade de dados não implica o encerramento da relação estabelecida entre o titular e o controlador (transmissor), exceto se assim manifestar o titular.[31] Nesse último caso, o exercício do direito à portabilidade implicará o término do tratamento dos dados após a sua transferência, razão pela qual pode ser denominada de "portabilidade de dados *stricto sensu*" ou "portabilidade de dados propriamente dita".

Por fim, o artigo 16 da Lei permite a conservação dos dados, mesmo após o término do seu tratamento, para fins de portabilidade (inciso III do mencionado artigo). Evidentemente, mesmo após a portabilidade poderá haver a conservação dos dados, caso esteja presente alguma das outras hipóteses previstas nos incisos do artigo 16, tais como a necessidade de cumprimento de obrigação legal.

2 Portabilidade de dados e seus potenciais benefícios ao titular

Como mencionado anteriormente, a portabilidade de dados serve como uma ferramenta de gestão e de facilitação na tomada de decisões

---

[28] HERT, Paul; PAPAKONSTANTINOU, Vagelis; MALGIERI, Gianclaudio; BESLAY, Laurent; SANCHEZ, Ignacio. The right to data portability in the GDPR: Towards user-centric interoperability of digital services. Computer Law & Security Re-view: *The International Journal of Technology Law and Practice*, p. 1-11, 2017.

[29] YOO, Christopher. When antitrust met Facebook. *George Mason Law Review*, v. 19:5, p. 1147-1162, 2012, p. 1155.

[30] ENGELS, Bárbara. Data portability among online platforms. *Internet Policy Review*, 5(2), 2016.

[31] Como regra, não há o encerramento do tratamento dos dados pelo simples exercício da portabilidade, exceto se a intenção do titular for pelo encerramento da relação (portabilidade*stricto sensu*) e a eliminação dos dados, ou se estiverem presentes quaisquer das hipóteses de término de tratamento dos dados (artigo 15 da LGPD).

pessoais. Trata-se de uma ferramenta *user-centered*, que possibilita que o titular tenha um papel ativo no ecossistema de dados.[32-33]

A título de exemplo, essa poderá auxiliar o titular a verificar o impacto do seu padrão de consumo ou a adotar hábitos mais sustentáveis. Dentre outras possibilidades, é o caso da transferência de listas de compras a um aplicativo de aconselhamento nutricional, ou a utilização dos nossos dados de consumo em transporte e energia para criar um índice de carbono individual.[34]

Já com relação ao desenvolvimento da Internet das Coisas, a portabilidade de dados será essencial para promoção da tão indispensável transferência dos dados para funcionamento da tecnologia.[35] A portabilidade, nesse contexto, pode permitir que o titular porte seus dados entre diferentes aplicativos e serviços, aumentando seu direito de escolha.[36]

Ainda, a portabilidade de dados é peça fundamental para o desenvolvimento dos *Personal Information Management Systems* – PIMS. Os PIMS oferecem ao titular um *dashboard* para o monitoramento do uso dos seus dados, permitindo a transferência direta dos dados pelo titular com controladores externos.[37-38]

---

[32] ARTICLE 29 DATA PROTECTION WORKING PARTY. *Guidelines on the right to data portability*. Brussels: European Commission, 2016, p. 4.

[33] A portabilidade pode ser entendida também como um direito de uma nova geração (MONTELEONE, Andrea Giulia. Il Diritto Alla Portabilità Dei Dati. Tra Diritti Della Persona e Diritti Del Mercato. *LUISS Law Review*, 2/2017, p. 202.).

[34] A esse respeito, cita-se a seguinte reportagem: https://www.latribune.fr/opinions/la-portabilite-des-donnees-un-levier-citoyen-pour-la-transition-ecologique-854175.html

[35] GRAEF, Inge; HUSOVEC, Martin; VAN DEN BOOM, Jasper. Spill-Overs in Data Governance: The Relationship Between the GDPR's Right to Data Portability and EU Sector-Specific Data Access Regimes, *TILEC Discussion Paper No. DP 2019-005*, 2019.

[36] A título de exemplo, um consumidor poderá desejar portar seus dados e migrar para outro serviço inteligente de abastecimento de alimentos, diferente daquele que veio junto com a sua nova geladeira da Amazon. (STIGLER COMMITTEE. *Stigler Committe on Digital Platforms: Final Report*. https://research.chicagobooth.edu/-/media/research/stigler/pdfs/digital-platforms---committee-report---stigler-center.pdf?la=en&hash=2D23583FF8BCC560B7FEF7A81E1F95C1DDC5225E. Acesso em: 11 dez. 2021.

[37] CENTRE ON REGULATION IN EUROPE (CERRE). *Making data portability more effective for the gitial economy*. Disponível em: https://www.cerre.eu/sites/cerre/files/cerre_making_data_portability_more_effective_for_the_ digital_economy_june2020.pdf . Acesso em: 6 jul. 2020

[38] A criação de soluções técnicas para o fomento dos PIMS é destacada no documento elaborado pelo *Helsinki EU Office*. (HELSINKI EU OFFICE. *Data agile economy from reactive to proactive approach for the benefit of the citizens*. Disponível em: https://helsinki.eu/wp-content/uploads/2020/05/Data-agileEconomy_From-reactive-to-proactive-approach-for-the-benefit-of-the-citizens.pdf. Acesso em: 6 jul. 2020.)

Tais sistemas possibilitam que os próprios titulares gerenciem e controlem sua identidade *on-line*. Isso promove uma abordagem centrada no ser humano, protegendo-o contra técnicas ilegais de rastreamento e criação de perfis que visam a contornar os princípios-chave de proteção de dados.[39]

A portabilidade de dados também tem o potencial de gerar benefícios ao bem-estar do consumidor e efeitos pró-competitivos ao mercado. Essa, especialmente quando conjugada com a interoperabilidade, permite uma diminuição do efeito *lock-in* e dos efeitos de rede.[40]

Neste ponto, destaca-se a importância de que empreendedores digitais e os pequenos operadores de serviços sejam aconselhados e educados "sobre as oportunidades de crescimento e inovação que uma infraestrutura e legislação de portabilidade de dados bem implementada lhes ofereceria". Com mais conscientização, eles se sentirão estimulados "a implementar mais possibilidades de importação de dados para que os indivíduos que estão em busca de alternativas aos serviços tradicionais possam transferir a eles sem problemas".[41]

O tema da portabilidade também avança em outras searas, sendo a portabilidade apontada como um instrumento para permitir que seja concedida uma destinação aos dados do falecido (tutela *post mortem* dos direitos da personalidade).[42] Trata-se do direito póstumo à portabilidade, que requer, todavia, problematização e reflexão, embora já possa ser encontrado na Itália, que o prevê em sua legislação, estabelecendo certos requisitos.[43]

Nesse contexto, a portabilidade dos dados relacionada a dados de saúde e genéticos também é de particular relevância para o planejamento

---

[39] EDPS. *Personal Information Management Systems*. Disponível em: https://edps.europa.eu/sites/default/files/publication/21-01-06_techdispatch-pims_en_0.pdf. Acesso em: 10 dez. 2021.

[40] Para uma maior análise do tema, ver: CRAVO, Daniela Copetti. *Direito à portabilidade de dados:* Interface entre defesa da concorrência, do consumidor e proteção de dados. 1. ed. Rio de Janeiro: Lumen Juris, 2018.

[41] SYRMOUDIS, Emmanuel; MAGER, Stefan; KUEBLER-WACHENDORFF, Sophie; PIZZININI, Paul; GROSSKLAGS, Jens; KRANZ, Johann. (2021). Data portability between online services: an empirical analysis on the effectiveness of GDPR Art. 20. *Proceedings on Privacy Enhancing Technologies*. p. 351-372, 2021.

[42] COLOMBO, Cristiano; GOULART, Guilherme. Direito póstumo à portabilidade de dados pessoais no ciberespaço à luz do direito brasileiro. In: FLORES, Alfredo de Jesus Dal Molin. (Org.). *Perspectivas do discurso jurídico:* revolução digital e sociedade globalizada. 1 ed. Rio Grande: Editora da Furg, 2020, v. 1, p. 90-109.

[43] NEGRI, Sergio; DETONI, Maria Regina; FERNANDES, Elora. Portabilidade e proteção de dados pessoais: tensões entre pessoa e mercado. *Civilistica.com – Revista Eletrônica de Direito Civil*, v. 1, 2021.

da sucessão.⁴⁴ Em vista do exponencial crescimento de diagnósticos e prognósticos para promoção da saúde e desenvolvimento de tratamentos preventivos, uma portabilidade póstuma referente a esses dados pode ser importante.

A portabilidade de dados de saúde, ademais, representa uma vinculação direta entre o corpo físico e o corpo eletrônico. Veja-se que dados de prontuários médicos, organizados e atualizados de forma adequada "são essenciais para que o sujeito desfrute do próprio direito à saúde e, em última instância, do direito à vida".⁴⁵

Para mais, a portabilidade pode ser usada pelo titular para fins de altruísmo.⁴⁶ Os cidadãos podem requerer seus dados para torná-los disponíveis no futuro, em uma chamada pública de dados realizada no contexto de uma política pública ou de missão científica.⁴⁷

Portanto, a portabilidade de dados cristaliza o avanço da nova geração de leis de proteção de dados, dando um passo adiante face aos tradicionais direitos de acesso, retificação, cancelamento e oposição. Tais direitos, extremamente relevantes, acabam sendo complementados pela portabilidade de dados.

Assim, não há como deixar de reconhecer que a portabilidade de dados, além dos seus potenciais efeitos ao mercado e ao bem-estar do consumidor, é um direito individual,⁴⁸ permitindo não só uma maior gestão e controle dos dados pelo titular, mas também que esse usufrua do ecossistema de dados.

---

[44] NEGRI, Sergio; DETONI, Maria Regina. Autonomia privada, portabilidade de dados e planejamento sucessório. *In*: TEIXEIRA, Daniele Chaves. (Org.). *Arquitetura do planejamento sucessório* – Tomo II. 1. ed. Belo Horizonte: Fórum, 2021, p. 660-674.

[45] NEGRI, Sergio; DETONI, Maria Regina; FERNANDES, Elora. Portabilidade e proteção de dados pessoais: tensões entre pessoa e mercado. *Civilistica.com – Revista Eletrônica de Direito Civil*, v. 1, p.1, 2021.

[46] "Um maior uso do direito à portabilidade poderia, entre outras coisas, tornar mais fácil para os indivíduos permitirem o uso de seus dados para o bem público (por exemplo, para fomentar a pesquisa no setor de saúde), se assim o desejarem ('altruísmo de dados')". (Tradução nossa). EUROPEAN COMMISSION. *Data protection as a pillar of citizens' empowerment and the EU's approach to the digital transition - two years of application of the General Data Protection Regulation*. Disponível em: EUR-Lex - 52020DC0264 - EN - EUR-Lex (europa.eu). Acesso em: 10 dez. 2021.

[47] VILLANI, Cédric. *For a meaningful artificial intelligence*. Disponível em: https://www.aiforhumanity.fr/pdfs/MissionVillani_Report_ENG-VF.pdf. Acesso em: 24 set. 2020, p. 30.

[48] GERADIN, Damien; KUSCHEWSKY, Monika. *Competition law and personal data*: preliminary thoughts on a complex issue. Disponível em: https://papers.ssrn.com/sol3/papers.cfm?abstract_id=2216088. Acesso em: 11 set. 2021.

3 Novidades no tema da portabilidade de dados

Apesar de todo o seu potencial, o direito à portabilidade de dados ainda é pouco usado e conhecido.[49] Entretanto, notou-se no ano de 2022 algumas novidades no tema.

No campo concorrencial, a Autoridade da Concorrência Italiana anunciou, em julho de 2022, que iniciou uma investigação contra o Google por um possível abuso de posição dominante em violação do artigo 102 do Tratado sobre o Funcionamento da União Europeia. Na opinião da Autoridade, o Google, ao dificultar o compartilhamento de dados em sua plataforma com outras (como o aplicativo Weople), pode estar restringindo o direito à portabilidade de dados pessoais, estabelecido pelo artigo 20 do RGPD, e os benefícios econômicos que os consumidores podem obter de seus dados. Ao mesmo tempo, o alegado abuso pode prejudicar a concorrência, já que limita a capacidade dos outros agentes de desenvolver serviços inovadores baseados em dados.[50]

Já no campo da proteção de dados, na Corte de Amsterdã houve dois julgamentos relevantes envolvendo discussões sobre a portabilidade de dados em processos movidos por motoristas de aplicativo em face da Uber e Ola Cabs. Os motoristas solicitaram o recebimento dos seus dados com base no artigo 20 do RGPD, por meio de uma API ou de um arquivo de CSV. A Corte, todavia, entendeu que a exigência, do artigo 20, de um formato "de leitura automática" não obriga que o controlador forneça os dados por meio de uma API ou um arquivo CSV.[51]

Ainda, a portabilidade de dados tem aparecido em novas proposições legislativas no âmbito da União Europeia. É o caso da Proposta de Regulamento Mercados Digitais (*Digital Markets Act* – DMA), que foi adotada em primeira leitura pelo Parlamento Europeu em julho de 2022, mas que resta ainda pendente de adoção pelo Conselho da União Europeia.

Na proposta, consta no artigo 6º o seguinte: "no que concerne a cada um dos respetivos serviços essenciais de plataforma identificados nos termos do artigo 3º, nº 7, os controladores de acesso devem: (...) Proporcionar uma portabilidade efetiva dos dados gerados no decurso

---

[49] Segundo narrado pela IAPP, em uma pesquisa informal, os *feedbacks* de advogados das 27 jurisdições da União Europeia foram no sentido de pouco desenvolvimento no tema, ou até mesmo a ausência total de qualquer movimento. Ver: https://iapp.org/news/a/data-portability-in-the-eu-an-obscure-data-subject-right/

[50] Ver: https://en.agcm.it/en/media/press-releases/2022/7/A552

[51] Ver: https://iapp.org/news/a/data-portability-in-the-eu-an-obscure-data-subject-right/

das atividades de um utilizador profissional ou utilizador final e, em particular, fornecer ferramentas aos utilizadores finais que permitam exercer o direito de portabilidade dos dados, em conformidade com o Regulamento (UE) 2016/679, incluindo mediante a concessão de um acesso contínuo e em tempo real".[52]

A portabilidade de dados também está abarcada na proposta de Regulamento do Parlamento Europeu e do Conselho relativo a regras harmonizadas sobre o acesso equitativo aos dados e a sua utilização (*Data Act*) de fevereiro de 2022.[53] Nesse documento, a portabilidade de dados está abarcada no artigo 29, que determina, entre outras previsões, que as especificações de interoperabilidade aberta e as normas europeias de interoperabilidade dos serviços de tratamento de dados têm de abordar "os aspetos da portabilidade dos dados em nuvem, da portabilidade sintática dos dados, da portabilidade semântica dos dados e da portabilidade das políticas de dados".

Considerações finais

A realidade atual é marcada por um fluxo intenso de dados pessoais, que compõe o corpo eletrônico. Este circula independentemente do corpo físico, razão pela qual deve ser objeto de tutela para fins de que o livre desenvolvimento da personalidade não seja comprometido.

Nesse contexto, emerge a portabilidade de dados, que atribui ao titular certo controle dos seus dados. Da mesma forma, por meio dessa, o titular passa a poder usufruir dos benefícios decorrentes do tratamento dos seus dados, que podem auxiliar na consecução de suas faculdades e objetivos pessoais.

Ao garantir o reúso, a portabilidade de dados serve, pois, como uma ferramenta de gestão e de facilitação na tomada de decisões pessoais. Trata-se de um instrumento *user-centered*, que promove a autodeterminação informativa, possibilitando que o titular também seja protagonista no ecossistema de dados.

---

[52] Ver: https://eur-lex.europa.eu/legal-content/en/TXT/?qid=1608116887159&uri=COM%3A2020%3A842%3AFIN

[53] Vale lembrar que o *Data Act* complementa a *Data Governance Regulation*. Nesta última, há disposições para facilitar o altruísmo de dados através, por exemplo, da criação de "um formulário europeu comum de consentimento para cedência altruísta de dados, com vista a reduzir os custos associados à obtenção do consentimento e a facilitar a portabilidade dos dados (se os dados a disponibilizar não estiverem na posse do indivíduo)". Ver: https://eur-lex.europa.eu/legal-content/PT/TXT/HTML/?uri=CELEX:52020PC0767&from=EN.

Maior exemplo disso é a possibilidade da criação *dos Personal Information Management Systems* (PIMS). Estes, que muito precisarão da portabilidade de dados para seu devido funcionamento, permitem que o titular crie um *dashboard* com seus dados e gerencie o compartilhamento desses com controladores.

Para mais, na realidade da Internet das Coisas a portabilidade de dados será essencial para que o titular possa usar diferentes sistemas, e não apenas aquele ofertado junto com a compra de determinado produto. Ademais, a própria transferência dos dados, que pode ser apoiada na portabilidade, é algo indispensável para a funcionalidade dessas tecnologias.

Ainda, a portabilidade de dados pode servir de ferramenta de apoio na consecução dos objetivos pessoais do titular. Por exemplo, a transferência de dados ou a obtenção de uma cópia destes pode ser usada para análise de hábitos de consumo ou de alimentação, ajudando o titular a monitorar seu comportamento e adotar práticas mais sustentáveis.

No campo econômico, a portabilidade de dados facilita a migração por meio da diminuição do efeito *lock-in*. Desta feita, é possível que no longo prazo os fornecedores passem a ofertar serviços de maior qualidade (inclusive no que toca ao fator segurança e proteção de dados).

Além disso, os efeitos positivos da portabilidade de dados também podem ser vistos na tutela da saúde. A portabilidade de dados nessa seara pode servir para melhores prognósticos e diagnósticos. Ainda, já se tem falado também em direito póstumo à portabilidade. Por fim, a portabilidade de dados pode ser igualmente relacionada ao altruísmo de dados, facilitando chamadas públicas de dados para missões científicas ou políticas públicas.

Todas essas situações acima narradas relacionam-se diretamente com a identidade digital de cada indivíduo e com aspectos importantes do desenvolvimento da personalidade de cada um. Nesse contexto, emerge a necessidade de tutela, a qual tem como um dos seus pilares a portabilidade de dados, que deve ser um direito individual de todos os titulares. Porém, para que essa se torne uma realidade e gere valor, é importante incentivar a promoção de regulamentos ou códigos de conduta neste tema, a fim de preencher lacunas regulatórias existentes, reduzir a assimetria informacional e garantir segurança jurídica.

Referências

ARTICLE 29 DATA PROTECTION WORKING PARTY. *Guidelines on the right to data portability*. Brussels: European Commission, 2016.

BERGSTEIN, Laís. Direito à portabilidade na Lei Geral de Proteção de Dados. *Revista dos Tribunais*, vol. 1003, maio de 2019.

BOUCHAGIAR, George. Privacy and web 3.0: implementing trust and learning from social networks. *Review of European Studies*; Vol. 10, nº 4; 2018.

CENTRE ON REGULATION IN EUROPE (CERRE). *Making data portability more effective for the digitial economy*. Disponível em: https://www.cerre.eu/sites/cerre/files/cerre_making_data_portability_more_effective_for_the_digital_economy_june2020.pdf. Acesso em: 6 jul. 2020.

COLOMBO, Cristiano; GOULART, Guilherme. Direito póstumo à portabilidade de dados pessoais no ciberespaço à luz do Direito brasileiro. *In*: FLORES, Alfredo de Jesus Dal Molin. (Org.). *Perspectivas do discurso jurídico*: revolução digital e sociedade globalizada. 1 ed. Rio Grande: Editora da Furg, 2020, v. 1, p. 90-109.

CRAVO, Daniela Copetti. *Direito à portabilidade de dados:* interface entre defesa da concorrência, do consumidor e proteção de dados. 1. ed. Rio de Janeiro: Lumen Juris, 2018.

EDPS. *Opinion on the European Commission's white paper on artificial intelligence* – A European approach to excellence and trust. Disponível em: https://edps.europa.eu/sites/edp/files/publication/20-06-19_opinion_ai_white_paper_en.pdf . Acesso em: 6 jul. 2020.

EDPS. *Personal Information Management Systems*. Disponível em: https://edps.europa.eu/sites/default/files/publication/21-01-06_techdispatch-pims_en_0.pdf. Acesso em: 10 dez. 2021.

ENGELS, Bárbara. Data portability among online platforms. *Internet Policy Review*, 5(2), 2016.

EUROPEAN COMMISSION. *Data protection as a pillar of citizens' empowerment and the EU's approach to the digital transition* – two years of application of the General Data Protection Regulation. Disponível em: EUR-Lex - 52020DC0264 - EN - EUR-Lex (europa.eu). Acesso em: 10 dez. 2021.

FIDALGO, Vitor Palmela. O direito à portabilidade de dados pessoais. *Revista de Direito e Tecnologia*, vol. 1, nº 1, 2019.

FRAZÃO, Ana. *Nova LGPD*: direito à portabilidade. Disponível em: [www.jota.info/opiniao-e-analise/colunas/constituicao-empresa-e-mercado/nova-lgpd-direito-a-portabilidade-07112018]. Acesso em: 05 jan. 2019.

GERADIN, Damien; KUSCHEWSKY, Monika. *Competition law and personal data*: preliminary thoughts on a complex issue. Disponível em: [https://papers.ssrn.com/sol3/papers.cfm?abstract_id=2216088]. Acesso em: 11 dez. 2021.

GRAEF, Inge; HUSOVEC, Martin; VAN DEN BOOM, Jasper. Spill-overs in data governance: the relationship between the GDPR's right to data portability and EU sector-Specific data access regimes. *TILEC Discussion Paper No. DP 2019-005*, 2019.

HELSINKI EU OFFICE. *Data agile economy from reactive to proactive approach for the benefit of the citizens*. Disponível em: https://helsinki.eu/wp-content/uploads/2020/05/Data-agileEconomy_From-reactive-to-proactive-approach-for-the-benefit-of-the-citizens.pdf. Acesso em: 6 jul. 2020.

HERT, Paul; PAPAKONSTANTINOU, Vagelis; MALGIERI, Gianclaudio; BESLAY, Laurent; SANCHEZ, Ignacio. The right to data portability in the GDPR: Towards user-centric interoperability of digital services. *Computer Law & Security Review: The International Journal of Technology Law and Practice*, p. 1-11, 2017.

KUEBLER-WACHENDORFF, Sophie; LUZSA, Robert, KRANZ, Johann et al. The Right to Data Portability: conception, status quo, and future directions. *Informatik Spektrum 44*, p. 264-272, 2021.

MARTENS; GRAEF; TOMBAL; DUCH-BROWN. Business to business data sharing: an economic and legal analysis. *Digital Economy Working Paper 2020-05*, European Commission, Seville, 2020, JRC121336.

MONTELEONE, Andrea Giulia. Il Diritto Alla Portabilità Dei Dati. Tra Diritti Della Persona e Diritti Del Mercato. *LUISS Law Review*, 2/2017, 202-2013.

NEBBIAI, Matteo. Intermediaries do matter: voluntary standards and the Right to Data Portability. *Internet Policy Review* 11.2 (2022). Web. 7 Sep. 2022.

NEGRI, Sergio; DETONI, Maria Regina. Autonomia privada, portabilidade de dados e planejamento sucessório. *In*: TEIXEIRA, Daniele Chaves. (Org.). *Arquitetura do planejamento sucessório* – Tomo II. 1 ed. Belo Horizonte: Fórum, 2021, p. 660-674.

NEGRI, Sergio; DETONI, Maria Regina; FERNANDES, Elora. Portabilidade e proteção de dados pessoais: tensões entre pessoa e mercado. *Civilistica.com – Revista Eletrônica de Direito Civil*, v. 1, 2021.

ONETRUST. *Comparing Privacy Laws*. Disponível em: https://www.dataguidance.com/comparisons/comparing-privacy-laws.

PONCE, Paula Pedigoni. Direito à portabilidade de dados: entre a proteção de dados e a concorrência. *Revista de Defesa da Concorrência*, vol. 8, nº 1, p. 134-176, Junho 2020.

RODOTÀ, Stefano. Persona, libertà, tecnologia. Note per una discussione. *Diritto & Questioni Pubbliche*, p. 25-29, 2005.

STIGLER COMMITTEE. *Stigler committee on digital platforms:* final report. https://research.chicagobooth.edu/-/media/research/stigler/pdfs/digital-platforms---committee-report---stigler-center.pdf?la=en&hash=2D23583FF8BCC560B7FEF7A81E1F95C1DDC5225E. Acesso em: 11 dez. 2021.

SWIRE, Peter; LAGOS, Yianni. Why the right to data portability likely reduces consumer welfare: antitrust and privacy critique. *Maryland Law Review*, nº 3, 2013.

SYNCHRONICITY. *SynchroniCity Guidebook*. Disponível em: https://synchronicity-iot.eu/wp-content/uploads/2020/01/SynchroniCity-guidebook.pdf. Acesso em: 26 set. 2020.

U. VRABEC, Helena. *Unfolding the New-born right to data portability:* Four gateways to data subject control. Disponível em: https://ssrn.com/abstract=3176820. Acesso em 10 out. 2020.

VILLANI, Cédric. *For a meaningful artificial intelligence*. Disponível em: https://www.aiforhumanity.fr/pdfs/MissionVillani_Report_ENG-VF.pdf. Acesso em: 24 set. 2020.

VIOLA, Mario; HERINGER, Leonardo. *A portabilidade na Lei Geral de Proteção de Dados*. Rio de Janeiro: ITS, 2020. Disponível em: https://itsrio.org/wp-content/uploads/2020/10/A-Portabilidade-na-LGPD.pdf. Acesso em: 26 out. 2020.

YOO, Christopher. When antitrust met Facebook. *George Mason Law Review*, v. 19:5, p. 1147-1162, 2012.

Informação bibliográfica deste texto, conforme a NBR 6023:2018 da Associação Brasileira de Normas Técnicas (ABNT):

CRAVO, Daniela Copetti. O direito à portabilidade de dados na LGPD: potenciais benefícios ao titular. *In*: FRANCOSKI, Denise de Souza Luiz; TEIVE, Marcello Muller (coord.). *LGPD*: direitos dos titulares. Belo Horizonte: Fórum, 2023. p. 127-142. ISBN 978-65-5518-500-3.

DIREITO À REVOGAÇÃO DO CONSENTIMENTO

RODRIGO PIRONTI

MARIANA TOMASI KEPPEN

Introdução

A Lei Geral de Proteção de Dados (Lei nº 13.709/18), vigente desde setembro de 2020, instaurou um novo paradigma em relação à privacidade e proteção de dados no Brasil. Principalmente seguindo a tendência da União Europeia, todos os agentes públicos ou privados que realizem tratamento de dados pessoais precisam estar adequados às suas previsões.

Com seu advento, a LGPD inaugurou diversos conceitos que agora se incorporam ao nosso ordenamento jurídico. Para além dos agentes de tratamentos, dos princípios que baseiam as suas previsões e as próprias classificações de dados, foi também estreado um rol de direitos à disposição dos titulares de dados.

Talvez esta seja uma de suas principais inovações e que certamente produz, diretamente, impactos às instituições públicas e empresas, tendo em vista que estas agora precisam se adaptar para adequadamente prestarem atendimento aos titulares que desejam exercer seus direitos.

Ainda, os direitos conferidos aos titulares, previstos mais especificamente nos artigos 17 a 22 da Lei Geral de Proteção de Dados, estão intimamente ligados ao direito fundamental da privacidade e da proteção de dados – recém-recepcionado pela nossa Constituição através da EC 115/22. Ou seja, para que, de fato, tenhamos a efetivação do direito fundamental à privacidade e proteção de dados, os direitos dos titulares previstos na LGPD precisam ser resguardados e atendidos.

Nesse sentido é essencial que sejam implementadas medidas específicas para garantir o atendimento aos direitos dos titulares,[1] citadas na LGPD na Seção das Boas Práticas e da Governança através, por exemplo, da elaboração de políticas que formalizam e divulguam esse compromisso da Instituição, da criação de processos que viabilizam a execução das solicitações e, ainda, da capacitação da equipe que auxiliará o Encarregado de Dados, também conhecido como *Data Protection Officer* – DPO, no andamento e conclusão das solicitações.

É importante também que exista um controle e acompanhamento das solicitações dos titulares de dados, tendo em vista que aprimoramentos e melhorias podem ser extraídos a partir da análise dessas informações. Por exemplo, suponhamos que está sendo recebido um grande número de questionamentos relacionados à informação das entidades públicas e privadas com as quais o controlador realiza uso compartilhado de dados. Mesmo que este seja um direito previsto no rol do artigo 18, o titular poderá sempre acionar o controlador para exercê-lo; neste caso, diante do grande volume de solicitações, poderia ser sugerida uma redação mais clara e destacada sobre esse tema na Política de Privacidade da Instituição, para que possivelmente o titular nem sequer precisasse ter de questionar o Encarregado de dados da Instituição para conhecer essa informação.

As solicitações contendo o exercício de direitos por parte dos titulares, portanto, precisam ser recebidas e atendidas de forma satisfatória, não apenas para garantir a observância e o respeito a este novo rol trazido pela legislação de proteção de dados, garantindo, assim, o direito fundamental à proteção de dados, mas também pelo fato de que este pleno atendimento traz maior segurança à organização, uma vez que, conforme inciso V do artigo 55-J da LGPD, a ANPD irá apreciar petições de titulares contra controlador apenas após comprovada, pelo titular, a apresentação de reclamação ao controlador não solucionada satisfatoriamente no prazo estabelecido em regulamentação.

O presente artigo, portanto, diante da importância do tema dos direitos dos titulares, tem como objetivo abordar e contribuir para o debate relacionado ao direito à revogação do consentimento, o qual passamos a abordar na sequência.

---

[1] Art. 50. Os controladores e operadores, no âmbito de suas competências, pelo tratamento de dados pessoais, individualmente ou por meio de associações, poderão formular regras de boas práticas e de governança que estabeleçam as condições de organização, o regime de funcionamento, os procedimentos, incluindo reclamações e petições de titulares, as normas de segurança, os padrões técnicos, as obrigações específicas para os diversos envolvidos no tratamento, as ações educativas, os mecanismos internos de supervisão e de mitigação de riscos e outros aspectos relacionados ao tratamento de dados pessoais.

1 O direito à revogação do consentimento

Conforme mencionado anteriormente, o titular de dados possui diversos direitos a serem resguardados, isso porque a LGPD tem como um de seus princípios a autodeterminação informativa, a qual garante ao titular de dados o controle sobre como os seus dados serão utilizados e para quais finalidades.

Sendo assim, os titulares poderão, por exemplo, solicitar a confirmação de tratamento, acesso, alteração, anonimização, portabilidade, bloqueio ou eliminação de dados desnecessários, excessivos ou tratados em desconformidade com a Lei Geral de Proteção de Dados.

Junto a esses, tem-se também o direito à revogação do consentimento, objeto deste estudo. Entretanto, para que possamos discutir sobre o direito à revogação do consentimento, faz-se necessário tecer algumas considerações referentes a esta base legal e seus requisitos.

1.1 Os requisitos de validade do consentimento

O consentimento é elencado pela LGPD como uma das 10 bases legais que amparam o tratamento de dados comuns e uma das 8 bases legais passíveis de aplicação ao tratamento de dados sensíveis. Conforme prevê o artigo 5º, inciso XII, considera-se consentimento a manifestação livre, informada e inequívoca pela qual o titular concorda com o tratamento de seus dados pessoais para uma finalidade determinada.

O consentimento, portanto, para que seja válido, precisa cumprir com exigências específicas, previstas tanto no citado artigo quanto no artigo 8º, conforme abaixo:

> Art. 8º O consentimento previsto no inciso I do art. 7º desta Lei deverá ser fornecido por escrito ou por outro meio que demonstre a manifestação de vontade do titular.
> §1º Caso o consentimento seja fornecido por escrito, esse deverá constar de cláusula destacada das demais cláusulas contratuais.
> §2º Cabe ao controlador o ônus da prova de que o consentimento foi obtido em conformidade com o disposto nesta Lei.
> §3º É vedado o tratamento de dados pessoais mediante vício de consentimento.
> §4º O consentimento deverá referir-se a finalidades determinadas, e as autorizações genéricas para o tratamento de dados pessoais serão nulas.
> §5º O consentimento pode ser revogado a qualquer momento mediante manifestação expressa do titular, por procedimento gratuito e facilitado, ratificados os tratamentos realizados sob amparo do consentimento

anteriormente manifestado enquanto não houver requerimento de eliminação, nos termos do inciso VI do caput do art. 18 desta Lei.

§6º Em caso de alteração de informação referida nos incisos I, II, III ou V do art. 9º desta Lei, o controlador deverá informar ao titular, com destaque de forma específica do teor das alterações, podendo o titular, nos casos em que o seu consentimento é exigido, revogá-lo caso discorde da alteração.

Pelo exposto, depreende-se que não é válida a obtenção do consentimento de forma genérica ou tácita, devendo haver a demonstração da manifestação de vontade do titular e a comprovação de que foram apresentadas as finalidades específicas de tratamento às quais a coleta se relaciona.[2]

Ainda, o tratamento dos dados deve ser utilizado apenas para as finalidades indicadas, e, seguindo o princípio da necessidade, deverão ser coletados apenas os dados estritamente necessários ao fim que o tratamento se propõe.[3]

Nesse sentido, supondo-se que o consentimento tenha sido coletado de forma correta e encontra-se válido, poderá o titular exercer a revogação do consentimento. Esse aposto é necessário tendo em vista que, caso o consentimento não seja válido, e não havendo a possibilidade de enquadramento em nenhuma outra base legal prevista na legislação de proteção de dados, o tratamento encontra-se em desconformidade e deve ser cessado, independentemente de solicitação por parte do titular de dados.

Supondo, então, que estamos diante de um tratamento de dados legitimamente pautado no consentimento, haverá a hipótese de revogação desse consentimento, conforme passamos a abordar a abaixo.

1.2 O atendimento à solicitação de revogação do consentimento

Para além da já citada previsão do §5º do artigo 8º, a revogação do consentimento está prevista no Capítulo III, dos Direitos do Titular,

---

[2] MONTEIRO, Renato Leite. Da Proteção aos registros, aos dados pessoais e às comunicações privadas. In: MASSO, Fabiano del et al. (Coord.). **Marco Civil da Internet**. São Paulo: Revista dos Tribunais, 2014. p. 149.

[3] KHOURI, Paulo R. Roque A. O problema do consentimento informado na Lei Geral de Proteção de Dados Pessoais. **Conjur**, 2021. Disponível em: https://www.conjur.com.br/2021-mar-31/garantias-consumo-problema-consentimento-informado-lgpd#_ednref16. Acesso em: 02/11/2022.

mais especificamente no inciso IX do artigo 18, e faz remissão ao artigo anteriormente mencionado:

> Art. 18. O titular dos dados pessoais tem direito a obter do controlador, em relação aos dados do titular por ele tratados, a qualquer momento e mediante requisição:
> (...)
> IX – revogação do consentimento, nos termos do §5º do art. 8º desta Lei.

Da mesma forma, esse é um direito previsto no Regulamento Geral de Proteção de Dados – GDPR, legislação da União Europeia que regulamenta a proteção de dados em âmbito europeu e muito inspirou a legislação brasileira. Em seu também Capítulo III, "Direitos do titular dos dados", o GDPR prevê que tanto nos casos em que os dados pessoais são recolhidos junto do titular quanto nos casos em que não são, será a eles facultada a retirada de consentimento, mencionada também em seu artigo 7º, que trata das condições aplicáveis ao consentimento, conforme recorte abaixo:

> Artigo 13º - 2. c), e Artigo 14º, 2. d) Se o tratamento dos dados se basear no artigo 6º, nº 1, alínea a), ou no artigo 9º, nº 2, alínea a), a existência do direito de retirar consentimento em qualquer altura, sem comprometer a licitude do tratamento efetuado com base no consentimento previamente dado;
> Artigo 7º - 3. O titular dos dados tem o direito de retirar o seu consentimento a qualquer momento. A retirada do consentimento não compromete a licitude do tratamento efetuado com base no consentimento previamente dado. Antes de dar o seu consentimento, o titular dos dados é informado desse facto. O consentimento deve ser tão fácil de retirar quanto de dar.

Percebe-se, portanto, que ambas as legislações se preocupam com o caráter facilitado da revogação do consentimento. O GDPR prevê que o "(...) consentimento deve ser tão fácil de retirar quanto de dar", e a LGPD, que o "(...) consentimento pode ser revogado a qualquer momento mediante manifestação expressa do titular, por procedimento gratuito e facilitado (...)".

Nesse sentido, para cumprir com a previsão da nossa legislação de proteção de dados, os agentes de tratamento devem elaborar um procedimento específico para atendimento à revogação do consentimento por parte dos titulares de dados.

Para além da disponibilização clara e acessível do contato do Encarregado de Dados no site do controlador e nas políticas que compõem o Sistema de Privacidade da Instituição, como por exemplo a Política de Privacidade, Política de *Cookies*, Política de Segurança da Informação,[4] é sugerida como melhor prática a criação de um formulário, no site do agente de tratamento, que permita que o titular possa selecionar qual direito pretende exercer e, tão logo, solicitá-lo.

É, por exemplo, o caso do fornecimento do consentimento relativo ao uso da imagem de um colaborador para campanhas internas de divulgação da empresa. Nesse caso, o colaborador poderá solicitar ao Encarregado de Dados, através de contato por e-mail, a retirada de seu consentimento e que sua imagem não mais seja utilizada para mencionadas campanhas; porém, em relação às campanhas já realizadas, que estavam autorizadas mediante consentimento, mantêm-se.

Além disso, é recomendado que em todos os contatos que ocorram com o titular, em decorrência do tratamento de dados consentido, haja sempre a previsão de que ele poderá retirar seu consentimento, caso desejado.

Imaginemos a seguinte situação hipotética: uma empresa de imóveis faz uma parceria com sua empresa vizinha, que vende cosméticos, pensando que podem fomentar os consumidores que visitam a outra loja a conhecerem também seus produtos – e vice-versa. Em um primeiro momento, poderia ser ventilada a base legal do interesse legítimo do controlador ou de terceiro, porém, por ofertarem produtos tão distintos, o envio de e-mails promocionais de cosméticos após o titular conceder seus dados para a aquisição de imóveis feriria a legítima expectativa desse, motivo pelo qual resta possível apenas a base legal do consentimento.

Tendo os titulares que assim desejam consentido com o recebimento dos *e-mails marketing* da loja de cosméticos, neste contato e comunicação comercial decorrente é importante que se tenha a previsão de revogação do consentimento previamente concedido, no mesmo formato em que há a opção de "descadastrar-se" em diversos *e-mails marketing* enviados mediante a base legal do interesse legítimo.

Neste último caso, já que não há dúvidas de que o tratamento de dados está embasado na hipótese do consentimento, pode ser acatada de forma automática a solicitação do titular de dados, diferentemente

---

[4] "Art. 41. O controlador deverá indicar encarregado pelo tratamento de dados pessoais.
§1º A identidade e as informações de contato do encarregado deverão ser divulgadas publicamente, de forma clara e objetiva, preferencialmente no sítio eletrônico do controlador."

da hipótese anterior, em que é necessária a análise do Encarregado de Dados.

Porém, em ambas as hipóteses, não poderá ser cobrada qualquer taxa administrativa, já que este é um ônus que recai sobre o controlador de dados.

1.3 A viabilidade e as consequências da retirada do consentimento

Nos casos em que a solicitação seja recebida através do contato com o Encarregado de Dados da instituição, ou através do sugerido formulário no site, essa solicitação terá de ser analisada pelo Encarregado para que seja confirmada que se trata de tratamento baseado na hipótese legal do consentimento.

Isso porque, por óbvio, o consentimento apenas poderá ser revogado quando tiver sido, em primeiro momento, concedido. Caso verifique-se que outra base legal ampara o referido tratamento, o Encarregado de Dados deverá responder ao titular, de forma motivada, a impossibilidade do atendimento à sua solicitação.

Um importante ponto a ser mencionado é que a revogação do consentimento não se confunde conceitualmente com a eliminação dos dados; trata-se de direitos distintos, inclusive previstos em incisos diferentes do artigo 18 da LGPD.[5] Entretanto, apesar de distintos, o titular de dados poderá exercer esses direitos conjuntamente, e a própria LGPD os menciona de forma correlacionada:

> Artigo 8º – §5º O consentimento pode ser *revogado* a qualquer momento mediante manifestação expressa do titular, por procedimento gratuito e facilitado, ratificados os tratamentos realizados sob amparo do consentimento anteriormente manifestado enquanto não houver requerimento de *eliminação*, nos termos do inciso VI do *caput* do art. 18 desta Lei. (Grifos nossos.)

---

[5] "Art. 18. O titular dos dados pessoais tem direito a obter do controlador, em relação aos dados do titular por ele tratados, a qualquer momento e mediante requisição:
(...)
VI – eliminação dos dados pessoais tratados com o consentimento do titular, exceto nas hipóteses previstas no art. 16 desta Lei;
(...)
IX – revogação do consentimento, nos termos do §5º do art. 8º desta Lei."

Ainda, apesar de teoricamente não serem o mesmo direito a ser exercido pelo titular, na prática acabam se confundindo, isso porque, uma vez retirado o consentimento, cessa-se o tratamento desses dados, segundo previsão do artigo 15, inciso III da LGPD:

> Art. 15. O término do tratamento de dados pessoais ocorrerá nas seguintes hipóteses:
> I – verificação de que a finalidade foi alcançada ou de que os dados deixaram de ser necessários ou pertinentes ao alcance da finalidade específica almejada;
> II – fim do período de tratamento;
> III – comunicação do titular, inclusive no exercício de *seu direito de revogação do consentimento* conforme disposto no §5º do art. 8º desta Lei, resguardado o interesse público; ou
> IV – determinação da autoridade nacional, quando houver violação ao disposto nesta Lei.
> (Grifos nossos.)

E, como consequência do término do tratamento, deve-se proceder com a eliminação desses dados, conforme a regra estabelecida pelo artigo 16 da LGPD:

> Art. 16. Os dados pessoais serão eliminados após o término de seu tratamento, no âmbito e nos limites técnicos das atividades, autorizada a conservação para as seguintes finalidades:
> I – cumprimento de obrigação legal ou regulatória pelo controlador;
> II – estudo por órgão de pesquisa, garantida, sempre que possível, a anonimização dos dados pessoais;
> III – transferência a terceiro, desde que respeitados os requisitos de tratamento de dados dispostos nesta Lei; ou
> IV – uso exclusivo do controlador, vedado seu acesso por terceiro, e desde que anonimizados os dados.

Ou seja, pragmaticamente, o que se verifica é que o titular de dados, quando solicita a revogação do consentimento, não precisará solicitar a eliminação destes para que isso de fato ocorra. Até por essa razão que o artigo 8º, §5º os utiliza quase que como sinônimos.

Ainda, fazendo-se um paralelo com o inciso VIII do artigo 18, que prevê como um direito dos titulares ter a "informação sobre a possibilidade de não fornecer consentimento e sobre as consequências da negativa", sugere-se que, da mesma forma, seja explicitado ao titular de dados quais as consequências da revogação do consentimento previamente concedido, para que esse possua as informações necessárias à sua tomada de decisão.

Por tudo exposto, percebe-se que a base legal do consentimento é uma base de difícil gestão, em primeiro lugar pelo fato de que, diferentemente de outras bases, possuir critérios específicos para a sua validade e, soma-se a isso, o fato de ser possível a sua revogação a qualquer momento.

Exatamente por isso orienta-se que os dados coletados sob esta hipótese legal sejam geridos e armazenados em base de dados específica. Dessa forma, diante da solicitação de um titular, será maior o controle em relação a quais titulares possuem dados fundamentados no consentimento, e consequentemente será mais fácil cumprir com a solicitação de sua revogação.

Por apresentar essa complexidade na gestão, mesmo não havendo hierarquia entre as hipóteses de tratamento previstas no artigo 7º e 11 da Lei Geral de Proteção de Dados, sugere-se que a base legal do consentimento seja utilizada apenas quando não for possível enquadrar o tratamento em outra base legal prevista. Essa orientação fica ainda mais pertinente quando se fala do tratamento de dados pela Administração Pública – fato esse que passará a ser tratado no tópico abaixo.

2 O uso da base legal do consentimento pelo Poder Público

O Poder Público possui especificidades que devem ser observadas na aplicação da Lei Geral de Proteção de Dados. Além de prerrogativas e finalidades determinadas e previstas em lei, o Poder Público possui ainda uma extensa base de dados para cumprir com os papéis aos quais se propõe.

Exatamente por isso, o Capítulo IV da LGPD se dedica a previsões sobre o tratamento de dados pessoais no âmbito público, e a Autoridade Nacional de Proteção de Dados – ANPD lançou em janeiro de 2022 o Guia Orientativo sobre o "Tratamento de Dados Pessoais pelo Poder Público".[6]

No mencionado Guia são abordadas as 4 bases legais que mais geram debate e questionamento quando dos tratamentos de dados realizados pelo Poder Público, quais sejam: cumprimento de obrigação

---

[6] BRASIL, Autoridade Nacional de Proteção de Dados (ANPD). Guia Orientativo para o Tratamento de Dados Pessoais pelo Poder Público. 2022.

legal ou regulatória, execução de políticas públicas, interesse legítimo e consentimento.

Em relação ao consentimento, o Guia expressamente aborda que essa base legal não é a mais apropriada para o tratamento de dados pessoais pelo Poder Público. Isso porque, em sua maioria, os tratamentos realizados no âmbito público estão amparados pelo cumprimento de obrigações e atribuições legais e porque, diante das prerrogativas estatais, não haveria um equilíbrio de forças entre o titular de dados/cidadão e um órgão ou instituição pública, motivo pelo qual não estaria aquele em condições de manifestar livremente sua vontade.

De qualquer forma, o Guia reconhece a possibilidade de utilização da base legal do consentimento para situações excepcionais e cita como exemplo a situação hipotética abaixo:

> Estudante realiza inscrição para participar de um evento organizado por uma universidade pública. O procedimento é realizado online, ocasião em que são solicitadas informações básicas de cadastro, como nome e número de matrícula, este para o fim específico de concessão da gratuidade da inscrição, benefício exclusivo para estudantes. Adicionalmente, o estudante tem a opção de fornecer e-mail, caso queira "receber informações de outros eventos organizados pela universidade". Uma mensagem esclarece que o fornecimento do e-mail é facultativo e a recusa não impede a participação no evento. Ademais, as informações sobre os outros eventos são rotineiramente divulgadas na página da universidade na Internet. Na hipótese, o consentimento é a base legal apropriada para a coleta do e-mail do estudante, podendo ser considerado válido, haja vista a finalidade específica informada ao titular, bem como a existência de condições efetivas para a livre, informada e inequívoca manifestação de vontade.

Nesse sentido, mesmo que possível, a base legal do consentimento não é a mais recomendada para amparar os tratamentos realizados pelo Poder Público. Para além dos pontos mencionados do Guia, cita-se também os outros motivos neste artigo levantados: a complexidade em relação à sua coleta, que demanda um ponto de contato com o titular de dados e a previsão específica da finalidade para a qual o dado será tratado; os requisitos que precisam estar presentes, mais especificamente que se comprove a manifestação inequívoca, informada e livre da vontade do titular; a gestão da base de dados para garantir que não sejam os dados pessoais coletados pelo consentimento utilizados para outra finalidade diferente da exposta na coleta; e a possibilidade de o titular de dados revogar seu consentimento a qualquer momento, o que gera uma imprevisibilidade em relação à manutenção da base de dados.

Dessa forma, devem ser preconizadas as bases legais do cumprimento de obrigação legal e de execução de políticas públicas e, de forma excepcional, recorrer-se ao consentimento. Entretanto, como ainda assim essa é uma possibilidade, o Poder Público precisará criar procedimento específico para o exercício do direito de revogação do consentimento por parte dos titulares de dados.

Em outras palavras, mesmo que a base legal do consentimento não seja a mais adequada para a grande maioria dos tratamentos realizados pelo Poder Público, essa ainda é uma opção, e poderemos estar diante de situações em que essa seja a única hipótese legal viável. Neste cenário, após a coleta do consentimento o titular poderá solicitar a sua retirada, e o Poder Público precisará estar preparado para dar uma resposta satisfatória ao titular e garantir a observância ao direito à revogação do consentimento.

Considerações finais

Por tudo o exposto, o que se conclui é a necessidade de que seja implantado um Programa de Governança em Privacidade, também conhecido como Sistema de Privacidade, com o objetivo de viabilizar a adequação das instituições às novas previsões da Lei Geral de Proteção de Dados – e também garantir o atendimento aos direitos dos titulares.

Esse mencionado sistema deverá prever um conjunto de ferramentas, entre as quais citamos políticas e procedimentos que estabeleçam, de forma transparente, como se dão os tratamentos de dados no âmbito das atividades exercidas pela organização – sendo esse um aspecto essencial tanto para que os titulares tenham conhecimento sobre os usos de seus dados, mas também para que os próprios colaboradores conheçam os princípios, as balizas e os cuidados necessários no tratamento de dados no exercício de suas funções.

Quando falamos, então, sobre o tratamento de dados realizado pelo Poder Público, isso precisa ser especialmente observado diante da importância dos papéis desempenhados por órgãos e instituições públicas em nossa sociedade, e que, mais uma vez, são convidados a promover o compromisso com a nova legislação de proteção de dados e a provocar os demais agentes para que também o façam.

Isso porque sem a garantia aos direitos previstos na LGPD não há o devido atendimento ao direito fundamental à proteção de dados, recentemente recepcionado pela nossa Constituição. Sendo assim, o cumprimento e a estrita observância aos direitos previstos entre os artigos 17 a 22 são essenciais para a própria efetivação dos ditames constitucionais.

Desse modo, quando expressamente solicitado pelo titular, há de ser garantido o direito à revogação do consentimento, por procedimento gratuito e facilitado, para que ele, considerando que os tratamentos baseados no consentimento são uma faculdade conferida ao titular de dados, possa a qualquer momento revogá-lo.

A aplicação prática das previsões da LGPD não é trabalho simples, tampouco a construção de uma cultura de proteção de dados, sendo que, até recentemente, essa não era uma preocupação. Neste sentido, o debate acadêmico se mostra ferramenta de extrema relevância, que, aliado às diretrizes que vêm sendo publicadas pelas autoridades de proteção de dados, traz luz a esta importante tarefa que se incumbe às nossas instituições.

Referências

BRASIL. *Lei nº 13.709*, de 14 de agosto de 2018. Lei Geral de Proteção de Dados (LGPD).

BRASIL, Autoridade Nacional de Proteção de Dados (ANPD). *Guia Orientativo para o Tratamento de Dados Pessoais pelo Poder Público*. 2022.

MONTEIRO, Renato Leite. Da proteção aos registros, aos dados pessoais e às comunicações privadas. *In*: MASSO, Fabiano del *et al.* (Coord.). *Marco Civil da Internet*. São Paulo: Revista dos Tribunais, 2014.

KHOURI, Paulo R. Roque A. O problema do consentimento informado na Lei Geral de Proteção de Dados Pessoais. *Conjur*, 2021. Disponível em: https://www.conjur.com.br/2021-mar-31/garantias-consumo-problema-consentimento-informado-lgpd#_ednref16. Acesso em: 02 nov. 2022.

UNIÃO EUROPEIA. *Regulamento nº 2016/679*, de 04 de maio de 2016. Regulamento Geral de Proteção de Dados (GDPR).

Informação bibliográfica deste texto, conforme a NBR 6023:2018 da Associação Brasileira de Normas Técnicas (ABNT):

PIRONTI, Rodrigo; KEPPEN, Mariana Tomasi. Direito à revogação do consentimento. *In*: FRANCOSKI, Denise de Souza Luiz; TEIVE, Marcello Muller (coord.). *LGPD: direitos dos titulares*. Belo Horizonte: Fórum, 2023. p. 143-154. ISBN 978-65-5518-500-3.

A REVOGAÇÃO DO CONSENTIMENTO PELO TITULAR DE DADOS NA LGPD

CHIARA SPADACCINI DE TEFFÉ

PEDRO TEIXEIRA GUEIROS

Introdução

O consentimento do titular de dados pessoais encontra-se hoje funcionalizado aos valores e princípios constitucionais, mostrando-se de fundamental importância para as escolhas e decisões existenciais de cada pessoa. Para que seja efetivamente resguardado e válido, a Lei impõe determinadas características a ele, trazendo para a sua dinâmica preceitos elementares, tais como liberdade, informação e transparência. Tanto sua manifestação quanto sua revogação encontram-se protegidas na Lei Geral de Proteção de Dados (Lei nº 13.709/18 ou LGPD), cabendo aos operadores do Direito compreender suas expressões, dimensões e efeitos.

No presente artigo, em primeiro lugar, será analisado o consentimento como manifestação da vontade no ordenamento jurídico brasileiro, dialogando com os princípios da autonomia privada e da autodeterminação informativa. Em seguida, passa-se para o seu estudo como uma das bases legais autorizadoras do tratamento de dados pessoais na LGPD, investigando-se suas características essenciais e contornos de validade.

Feita essa estruturação acerca do consentimento, chega-se ao problema de pesquisa deste artigo: como realizar a revogação do consentimento, na qualidade de hipótese de tratamento de dados pessoais, conforme a LGPD? A revogação do consentimento na referida norma representa, além de direito do titular de dados, forma de controle informacional, sendo importante para a expressão de sua liberdade e garantia de direitos. Para tanto, buscou-se apresentar instrumentos e boas práticas tanto para a revogação do consentimento por parte do titular de dados quanto para o recebimento de tal revogação pelo agente de tratamento, a partir de estudos doutrinários e da análise de casos e práticas de mercado.

1 O consentimento como manifestação da vontade no ordenamento jurídico brasileiro

Historicamente, a acepção conferida ao consentimento no âmbito das relações privadas mostra-se atrelada a uma condição indispensável à realização de negócios jurídicos, seja de natureza patrimonial ou existencial. De um ponto de vista amplo, o consentimento significa a integração de vontades, ao passo que, em seu viés mais restrito, traduz-se como a vontade de cada parte.[1] Logo, para que ambos os sentidos sejam convergidos, a comunicação se coloca como elo indispensável à consolidação deste elemento tão caro ao ordenamento jurídico.

O consentimento passou por expressivas transformações notadamente ao longo do século XX. Inicialmente, no contexto pós-revoluções burguesas, a autonomia da vontade emerge como um princípio quase ilimitado, isto é, tudo aquilo convencionado entre partes contratantes em condição de presumida igualdade se tornava lei, cujos efeitos ainda estariam exclusivamente circunscritos a eles.[2] No entanto, com o avanço dos direitos sociais duramente conquistados após duas grandes guerras mundiais, a pretensa relação de igualdade foi paulatinamente substituída por um maior agir do Estado em tutelar as inevitáveis assimetrias existentes entre particulares.[3]

Destarte, com a entrada em vigor da Constituição Federal de 1988, os caros princípios tradicionais conferidos ao direito contratual

---

[1] GOMES, Orlando. *Contratos*. 26. ed. At. Antonio Junqueira de Azevedo e Francisco Paulo Crescenzo Marino, Coord. Edvaldo Brito. Rio de Janeiro: Forense, 2009, p. 56.

[2] Acerca desse contexto, Bobbio destaca: "O direito civil é aquele derivado do *poder civil*, e designa por poder civil aquele que compete ao Estado, por Estado a associação perpétua de homens livres, reunidos em conjunto com o fito de gozar os próprios direitos e buscar a utilidade comum". (BOBBIO, Norberto. *O positivismo jurídico*: lições de filosofia do direito. São Paulo: Ícone, 1995, p. 21).

[3] Como leciona Perlingieri: "os atos de autonomia têm um denominador comum na necessidade de serem direcionados a realizar interesses e funções merecedores de tutela e socialmente úteis; na utilidade social sempre a exigência de que atos e atividades não estejam em contraste com a segurança. a liberdade, a dignidade humana". (PERLINGIERI, Pietro. *O direito civil na legalidade constitucional*. Rio de Janeiro: Renovar, 2008, p. 348.)

passaram a ser ressignificados e a entrar em diálogo com princípios contemporâneos à realidade fática agora desejada.⁴ A autonomia, particularmente, passa a ser manifestada não mais como uma liberdade que encontra limites somente naquilo definido como ilegal pelo ordenamento jurídico. Ela deve ser condizente aos valores e preceitos de uma ordem jurídica constitucionalizada. Significa dizer que, para que seja merecedora de tutela, para além de respeitar o ordenamento jurídico, a vontade deve ser proba, ética e solidária. A autonomia, agora privada, deve promover o princípio norteador da República: a dignidade da pessoa humana.⁵

No tocante à tutela codificada, as transformações quanto à manifestação da autonomia não foram tão sentidas, mantendo o Código Civil relativa liberdade para as partes contratantes em relações paritárias. Particularmente com relação à integridade do consentimento, o legislador ocupou-se em tutelar a esfera repressiva, isto é, diante de um vício de vontade, o negócio jurídico será passível de anulabilidade, nos termos do art. 171, II, do Código Civil.⁶⁻⁷ Em virtude do anacronismo da tutela codificada às diferentes realidades fáticas, foram publicadas relevantes leis especiais, que reconhecem as vulnerabilidades de sujeitos específicos⁸ e as assimetrias e complexidades estabelecidas nas dinâmicas tecnológicas, havendo, aqui, destaque à LGPD.

---

[4] "No Brasil, a redefinição da autonomia privada, está indissoluvelmente ligado aos novos princípios contratuais, a saber, boa-fé objetiva, função social e equilíbrio, que se somam – e redefinem – aos clássicos princípios da liberdade, relatividade e obrigatoriedade." (TERRA, Aline de Miranda Valverde; KONDER, Carlos Nelson; GUEDES, Gisela Sampaio da Cruz Guedes (Coords.). *Princípios contratuais aplicados*: boa-fé, função social e equilíbrio contratual à luz da jurisprudência. Indaiatuba: Foco, 2019, p. 3.)

[5] Em linhas gerais, como discorre Prata, trata-se na verdade de "uma reformulação da noção de liberdade jurídica, que não aliene a realidade social, que tenha em conta o carácter instrumental da liberdade relativamente à realização da dignidade humana, que não ignore o confronto inelutável entre o exercício da liberdade por uns e a liberdade de todos numa comunidade". (PRATA, Ana. A *tutela constitucional da autonomia privada*. Coimbra: Almedina, 2016, p. 80.)

[6] Art. 171 – Código Civil. Além dos casos expressamente declarados na lei, é anulável o negócio jurídico: (...) II – por vício resultante de erro, dolo, coação, estado de perigo, lesão ou fraude contra credores.

[7] Roppo preceitua que enquanto a anulabilidade "está geralmente disposta à tutela dos interesses particulares de uma das partes do contrato, em regra a lei comina a nulidade todas as vezes em que dar actuação ao negócio contrária às exigências de carácter geral, ou o interesse público". (ROPPO, Enzo. *O contrato*. Trad. Ana Coimbra e M. Januário C. Gomes. Coimbra: Almedina, 2009, p. 205.)

[8] A exemplo do Código de Defesa do Consumidor (Lei nº 8.078/90), Estatuto da Criança e do Adolescente (Lei nº 8.069/90) ou ainda mais recentemente o Estatuto da Pessoa com Deficiência (Lei nº 13.146/15).

Pela primeira vez, no ordenamento jurídico brasileiro, foi desenvolvida uma sistemática própria para a proteção aos dados pessoais.[9] A normativa, a propósito, mostra-se plenamente capaz de realizar um oportuno aperfeiçoamento de categorias, como a autonomia privada e o consentimento, além de estabelecer importantes diálogos com princípios e direitos fundamentais, como o direito à privacidade. Sob a perspectiva da autodeterminação informativa, a LGPD se desenvolve como legislação apta a proteger por excelência os direitos e garantias do titular de dados, encarado tanto em sua dimensão individual quanto coletiva.[10]

2 A base legal do consentimento para o tratamento de dados

A hipótese legal do consentimento para o tratamento de dados pessoais representa instrumento idôneo à autodeterminação informativa e à livre construção da esfera particular. Possibilita diferentes padrões, escolhas e configurações em dispositivos e aplicações tecnológicas, garantindo à pessoa maior controle sobre as suas informações. Na LGPD, houve detalhada caracterização do consentimento, definido como "manifestação livre, informada e inequívoca pela qual o titular concorda com o tratamento de seus dados pessoais para uma finalidade determinada" (art. 5º, XII), em diálogo com o exposto no Regulamento europeu (*General Data Protection Regulation*).[11] Tal caracterização mostra-se conectada com o atual cenário científico e tecnológico, o qual guarda em si intensa demanda e tratamento de dados pessoais,[12] inclusive de natureza sensível.

---

[9] Algumas legislações infraconstitucionais regulavam determinadas questões sobre o tratamento de dados pessoais: o Código de Defesa do Consumidor (art. 43), a Lei Geral de Telecomunicações (art. 3º, IX); a Lei do *Habeas Data*; a Lei do Cadastro Positivo (art. 3º, §1º); a Lei de Acesso à Informação (art. 31) e o Marco Civil da Internet (art. 3º, III), ilustrativamente.

[10] Afinal, como observa Rodotà, "[é] necessário realizar balanceamentos mais complexos entre os interesses em jogo, para assegurar a coexistência da garantia dos direitos individuais com a progressiva abertura da sociedade". (RODOTÀ, Stefano. *A vida na sociedade da vigilância* – A privacidade hoje. Coordenação de Maria Celina Bodin de Moraes. Tradução de Danilo Doneda e Luciana Cabral Doneda. Rio de Janeiro: Renovar, 2008, p. 48.)

[11] Art. 4º, (11), do GDPR: "'*consent' of the data subject means any freely given, specific, informed and unambiguous indication of the data subject's wishes by which he or she, by a statement or by a clear affirmative action, signifies agreement to the processing of personal data relating to him or her;*"

[12] "O maior cuidado com o consentimento do titular mostra-se de grande relevância no cenário tecnológico atual, no qual se verifica a coleta em massa de dados pessoais, a mercantilização desses bens por parte de uma série de sujeitos e a ocorrência de situações de pouca transparência no que tange ao tratamento de dados. Diante desse cenário, defende-se que a interpretação do consentimento deverá ocorrer de forma restritiva, não podendo o agente

Na LGPD, o consentimento apresenta-se como base legal tanto para o tratamento de dados pessoais gerais (art. 7º, I) quanto para o tratamento de dados sensíveis (art. 11, I). O consentimento é, portanto, uma base legal para o tratamento de dados, além de elemento intrínseco de qualquer contrato.

O consentimento manifestado de forma *informada* representa que o titular do dado deverá ter ao seu dispor informações necessárias e suficientes para analisar adequadamente a situação e a forma como seus dados serão tratados. A qualidade e a quantidade de informações são fatores determinantes para a expressão de um consentimento livre e consciente, dirigido a determinado tratamento e sob condições específicas. Dessa forma, deverão ser fornecidas informações transparentes, adequadas e claras acerca dos riscos e implicações do tratamento de dados.

Na lógica do consentimento informado, o art. 9º da LGPD dispõe que o titular tem direito ao acesso facilitado às informações sobre o tratamento de seus dados, que deverão ser disponibilizadas de forma clara, adequada e ostensiva acerca de: (i) finalidade específica do tratamento; (ii) forma e duração do tratamento, observados os segredos comercial e industrial; (iii) identificação do controlador; (iv) informações de contato do controlador; (v) informações acerca do uso compartilhado de dados pelo controlador e a finalidade; (vi) responsabilidades dos agentes que realizarão o tratamento; (vii) e direitos do titular, com menção explícita aos direitos contidos no art. 18.[13]

Na hipótese em que o consentimento é requerido, ele será considerado nulo caso as informações fornecidas ao titular tenham conteúdo enganoso ou abusivo ou não tenham sido apresentadas previamente com transparência, de forma clara e inequívoca (art. 9º, §1º). Conforme seu art. 8º, §3º, é vedado o tratamento de dados pessoais mediante vício de consentimento, o que impõe a reflexão sobre qual seria a sanção correspondente na LGPD, se anulabilidade – como leciona o Código

---

estender a autorização concedida para o tratamento dos dados para outros meios além daqueles pactuados, para momento posterior, para fim ou contexto diverso ou, ainda, para pessoas distintas daquelas informadas ao titular. Além disso, o consentimento deverá ser manifestado pelo titular antes do tratamento da informação." (TEPEDINO, Gustavo; TEFFÉ, Chiara Spadaccini de. O consentimento na circulação de dados pessoais. *Revista Brasileira de Direito Civil (RBDCivil)*, Belo Horizonte, v. 25, p. 83-116, jul./set. 2020.)

[13] LGPD, art. 8º, §6º: "Em caso de alteração de informação referida nos incisos I, II, III ou V do art. 9º desta Lei, o controlador deverá informar ao titular, com destaque de forma específica do teor das alterações, podendo o titular, nos casos em que o seu consentimento é exigido, revogá-lo caso discorde da alteração".

Civil[14] – ou nulidade, em virtude de a afirmação inserir uma vedação à prática.

Em seguida, afirma-se que o consentimento deverá se referir a *finalidades determinadas*, e eventuais autorizações genéricas para o tratamento de dados serão nulas. A norma em questão diz respeito à relação entre os dados colhidos e a finalidade perseguida pelo agente, apresentando relação também com o princípio da utilização não abusiva e com a recomendação de eliminação ou transformação em dados anônimos das informações que não sejam mais necessárias.[15]

A manifestação de vontade do titular deve ser também *inequívoca*, clara e não ambígua, sendo importante analisar o grau e a qualidade da interação entre as partes, bem como a expectativa do titular em relação à situação específica.[16] Por essa razão, Termos de Uso e Políticas de Privacidade pré-aceitas não são consideradas adequadas perante a LGPD.[17] Da mesma forma, o silêncio não importará no consentimento. Em razão de o formato virtual apresentar complexidades quanto à formalização do consentimento em si, acredita-se que dificilmente poderia se operar o comando contido no art. 111 do Código Civil.[18] Uma vez sendo inequívoco o consentimento, dúvida que ainda resta na doutrina é acerca da sua possibilidade ou não de expressão tácita ou a partir de um comportamento concludente.[19]

O consentimento dado de forma *livre* pelo titular representa que foi oportunizado a ele controle e uma verdadeira escolha entre consentir ou não com determinado tratamento de seus dados. Conforme a dinâmica estabelecida na LGPD, caso a pessoa não possa exercer livremente suas opções, isto é, caso se sinta coagida a dar o consentimento ou, ainda, venha a sofrer consequências negativas injustificadas por um não consentimento, este não será válido.

---

[14] Conforme hipóteses contidas no art. 171, II, do Código Civil.
[15] RODOTÀ, Stefano, *op. cit.*, 2008, p. 59.
[16] TEPEDINO, Gustavo; TEFFÉ, Chiara Spadaccini de, *op. cit.*, 2020.
[17] Dialoga-se, ainda, com o art. 4º, I, do Decreto nº 7.962/2013 (Lei do *E-commerce*), que exige a apresentação de sumário antes da contratação no âmbito da celebração de contratos no comércio eletrônico.
[18] Art. 111 do Código Civil: "O silêncio importa anuência, quando as circunstâncias ou os usos o autorizarem, e não for necessária a declaração de vontade expressa".
[19] SOMBRA, Thiago. *Fundamentos da regulação da privacidade e proteção de dados pessoais*. São Paulo: Thomson Reuters Brasil, 2019, p. 137.

O *European Data Protection Board* (EDPB)[20] apresenta interessantes exemplos em seu guia orientativo a respeito do consentimento:

> Uma aplicação para celular de edição de fotografias solicita aos utilizadores que ativem a localização por GPS para fins de prestação dos serviços. A aplicação também os informa de que utilizará os dados recolhidos para efeitos de publicidade comportamental. Nem a geolocalização nem a publicidade comportamental em linha são necessárias para a prestação do serviço de edição de fotografias, indo além da concretização do serviço principal prestado. Uma vez que os utilizadores não podem utilizar a aplicação sem darem o seu consentimento para estes efeitos, o consentimento não pode ser considerado livre. (...)
> Ao baixar um aplicativo móvel de estilo de vida, o aplicativo pede consentimento para acessar o acelerômetro do telefone. Isso não é necessário para que o aplicativo funcione, mas é útil para o controlador que deseja saber mais sobre os movimentos e níveis de atividade de seus usuários. Posteriormente, quando o usuário revoga o consentimento, ele descobre que o aplicativo agora funciona apenas de forma limitada. Este é um exemplo de prejuízo, conforme previsto no considerando 42 do GDPR. Significa que o consentimento nunca foi obtido validamente (e, portanto, o controlador precisa excluir todos os dados pessoais sobre os movimentos dos usuários coletados dessa maneira).

A noção de desequilíbrio e a assimetria informacional entre o responsável pelo tratamento e o titular dos dados devem ser cuidadosamente consideradas, assim como a vulnerabilidade de alguma das partes. Em termos gerais, qualquer elemento que constitua pressão ou influência inadequada/desproporcional sobre o titular dos dados, e que o impeça de exercer livremente a sua vontade, tornará o consentimento inválido.[21]

É possível destacar, ao menos, três ocasiões em que as disparidades e a posição de vulnerabilidade de uma das partes geram um

---

[20] EUROPEAN DATA PROTECTION BOARD. *Diretrizes 05/2020 relativas ao consentimento na aceção do Regulamento 2016/679*. Versão 1.1. Adotada em 4 de maio de 2020. Tradução livre a partir do inglês dos exemplos acima citados. Disponível em: https://edpb.europa.eu/our-work-tools/our-documents/guidelines/guidelines-052020-consent-under-regulation-2016679_en. Acesso em: 07 jan. 2022.

[21] Ao tratar da autonomia corporal, Viveiros de Castro assevera: "Do mesmo modo que o modelo puramente negativo de privacidade se tornou obsoleto, a tutela do corpo também não se satisfaz com instrumentos de vedação à conduta de terceiros, pelo que é preciso considerá-la também pelo viés positivo, de promoção de espaços destinados ao livre desenvolvimento da personalidade". (VIVEIROS DE CASTRO, Thamis Dalsenter. Desafios para a tutela do direito de não saber: corpo, autonomia e privacidade. *In*: TEPEDINO, Gustavo; MENEZES, Joyceane de (Coords.). *Autonomia privada, liberdade existencial e direitos fundamentais*. Belo Horizonte: Fórum, 2019, p. 198.)

"desequilíbrio de poder":[22] (i) no tratamento de dados pessoais pelo poder público; (ii) no tratamento de dados em relações de trabalho;[23] e (iii) no tratamento de dados em relações de consumo. Isso ocorre, muitas vezes, em decorrência da posição hierarquicamente superior do controlador e de seu poderio econômico e informacional, o que torna a coleta do consentimento mais delicada e impõe maior comprovação acerca de sua caracterização conforme a LGPD.[24] Diante disso, em alguns contextos, limitar determinados tratamentos de dados ou torná-los facultativos pode gerar uma proteção mais efetiva aos dados pessoais, especialmente diante de relações assimétricas *(imbalance of power)* com elevado potencial de risco ou abuso de poder. Muitas vezes, o consentimento não se mostra como uma base legal válida diante do evidente desequilíbrio entre o titular de dados e o responsável pelo seu tratamento.

Sobre a questão, dispõe o considerando 43 do GDPR:

> A fim de assegurar que o consentimento é dado de livre vontade, este não deverá constituir fundamento jurídico válido para o tratamento de dados pessoais em casos específicos em que exista um desequilíbrio manifesto entre o titular dos dados e o responsável pelo seu tratamento, nomeadamente quando o responsável pelo tratamento é uma autoridade pública pelo que é improvável que o consentimento tenha sido dado de livre vontade em todas as circunstâncias associadas à situação específica em causa. Presume-se que o consentimento não é dado de livre vontade se não for possível dar consentimento separadamente para diferentes operações de tratamento de dados pessoais, ainda que seja adequado no caso específico, ou se a execução de um contrato, incluindo a prestação de um serviço, depender do consentimento apesar de o consentimento não ser necessário para a mesma execução.

---

[22] EUROPEAN DATA PROTECTION BOARD. *Diretrizes 05/2020 relativas ao consentimento na aceção do Regulamento 2016/679*. Versão 1.1. Adotada em 4 de maio de 2020.

[23] *Opinion 2/2017 on data processing at work*. Disponível em: http://ec.europa.eu/newsroom/document.cfm?doc_id=45631. Acesso em: 26 jul. 2022.

[24] É necessário observar que: "Os desequilíbrios de poder não são exclusivos das autoridades públicas e dos trabalhadores, também podem ocorrer noutras situações. Tal como foi realçado pelo GT29 em vários pareceres, o consentimento só pode ser válido se o titular dos dados puder exercer uma verdadeira escolha e não existir qualquer risco de fraude, intimidação, coação ou consequências negativas importantes (p. ex. custos adicionais substanciais) se o consentimento for recusado. O consentimento não será dado livremente nos casos em que exista qualquer elemento de obrigatoriedade, pressão, incapacidade de exercício da livre vontade". (EUROPEAN DATA PROTECTION BOARD, *op. cit.*, 2020, p. 11.)

Entende-se que o consentimento não deve ser compreendido como um mecanismo de imputação de responsabilidade inteiramente sobre os ombros dos titulares, tendo em vista que os agentes também detêm responsabilidades no que concerne à garantia da proteção de dados pessoais. O consentimento, visto como processo, exige uma conduta ativa aos dois polos da relação. Além disso, os valores incorporados à tecnologia devem ser compatíveis com as expectativas sociais e jurídicas, devendo o *design* ser um dos meios para se garantir que isso ocorra.[25] Há, assim, uma necessária valorização das atribuições e funções dos agentes de tratamento, que são responsáveis por garantir que cada fase ocorra de acordo com a lei, de modo a obter um aceite válido ao final do processo.

Design e consentimento estão relacionados seja de maneira positiva, quando as práticas de *design* são utilizadas para reforçar os direitos dos titulares e melhorar a capacidade das pessoas de tomarem decisões conscientes,[26] seja negativamente, quando se busca enganá-las por meio de práticas de *design* abusivas ou que visem a conduzi-las a decisões não vantajosas, através, por exemplo, de interfaces maliciosas (*dark patterns*).[27-28] Muitas vezes, contam ainda com outros elementos, como os vieses cognitivos.[29] Um elemento essencial da caracterização de *dark patterns* é a intenção de manipular a percepção e, consequentemente, a atuação do usuário, estrutura essa bastante preocupante se utilizada em tratamentos que envolvem dados sensíveis.[30]

São exemplos de práticas assim consideradas: (i) usar linguagem confusa, como os duplo-negativos; (ii) forçar os usuários a clicarem

---

[25] TEFFÉ, Chiara Spadaccini de. *Dados pessoais sensíveis:* qualificação, tratamento e boas práticas. São Paulo: Foco, 2022, p. 157.

[26] *Ibid.*, p. 157-158.

[27] CHATELLIER, Régis *et al. Shaping choices in the digital world.* From dark patterns to data protection: the influence of UX/UI design on user empowerment. CNIL, 2019, p. 41.

[28] NOUWENS, Midas. LICCARDI, Illaria. VEALE, Michale, *et al.* Dark Patterns after the GDPR: Scraping Consent Pop-ups and Demonstrating their Influence. Disponível em: https://iapp.org/resources/article/dark-patterns-after-the-gdpr-scraping-consent-pop-ups-and-demonstrating-their-influence/. Acesso em: 22 jul. 2022.

[29] Thaler e Sunstein identificam como essas influências movidas a *nudges* operam sob a manipulação de autocontrole do Sistema Automático cerebral: "Pesquisas recentes no campo da neuroeconomia (sim, esse campo existe) têm encontrado evidências que reforçam essa concepção de autocontrole dividido em dois sistemas. Partes do cérebro sofrem a tentação, enquanto outras nos permitem resistir avaliando como devemos reagir. Às vezes, as duas partes podem entrar em sério conflito – um tipo de batalha em que uma parte certamente perderá". (THALER, Richard H.; SUNSTEIN, Cass R. *Nudge:* como tomar melhores decisões sobre saúde, dinheiro e felicidade. Rio de Janeiro: Objetiva, 2019, p. 53.)

[30] TEFFÉ, Chiara Spadaccini de, *op. cit.*, 2022.

ou a ouvir os motivos pelos quais não devem enviar uma solicitação de cancelamento/revogação antes de confirmarem sua solicitação; (iii) estabelecer para o descadastro ou para a revogação do consentimento uma quantidade de cliques muito superior em relação à quantidade de cliques para se cadastrar; e (iv) exigir que o titular entregue mais dados pessoais a fim de possibilitar seu descadastro ou a revogação de seu consentimento.[31]

No art. 11 da LGPD, a primeira hipótese autorizativa para o tratamento de dados sensíveis refere-se ao consentimento do titular ou de seu responsável legal, que deverá ser dado de forma específica e destacada, para finalidades específicas. A noção aproxima-se da ideia de consentimento expresso, por exigir maior atuação do titular dos dados, além de cuidado mais elevado com o tratamento da informação pelo agente.[32]

Consentir de forma específica e destacada implica um consentimento manifestado em relação a propósitos concretos e detalhadamente determinados pelo agente, em momento anterior ao início do tratamento dos dados. A necessidade do consentimento deverá vir em destaque no instrumento de declaração relativo ao tratamento, acompanhado da finalidade específica de seu uso.[33] A caracterização adicional representa

---

[31] "De forma a inibir tais recursos, mostra-se relevante desenvolver uma regulamentação que verse sobre boas práticas na utilização do design, havendo inclusive a participação de especialistas em psicologia no debate. Nesse cenário, designers atuam como "arquitetos de escolhas" e são capazes de determinar como o indivíduo poderá exercer seu poder de decisão. Apresentar boas e seguras interfaces é um recurso precioso, tendo em vista as diversas possibilidades quando o assunto é usar elementos gráficos e cognitivos para atender ao melhor interesse dos titulares de dados. Além disso, para lidar com essa questão, recomenda-se também a conscientização das pessoas e o estímulo à discussão sobre o tema, pois, uma vez que elas tenham consciência do uso desses mecanismos para influenciar suas decisões, mais atentas ficarão, saindo de um comportamento meramente passivo para uma postura mais ativa nas redes." (TEFFÉ, Chiara Spadaccini de, op. cit., 2022, p. 158-159.)

[32] Cf. TEPEDINO, Gustavo; TEFFÉ, Chiara Spadaccini de, op. cit., 2020.

[33] Acerca do consentimento para o tratamento de dados sensíveis, Mulholland ensina que: "Considera-se consentimento livre e esclarecido – para efeitos deste artigo, consentimento informado – a anuência, livre de vícios, do titular de dados, após acesso prévio, completo e detalhado sobre o tratamento dos dados, incluindo sua natureza, objetivos, métodos, duração, justificativa, finalidades, riscos e benefícios, assim como de sua liberdade total para recusar ou interromper o tratamento de dados em qualquer momento, tendo o controlador ou operador a obrigação de informar ao titular dos dados, em linguagem adequada, não técnica, para que ele a compreenda (KONDER, 2003, 61). Portanto, em havendo o consentimento informado prévio do titular dos dados pessoais sensíveis, o seu tratamento estará autorizado. O consentimento deve ser também qualificado pela finalidade do tratamento, isto é, a aquiescência para o tratamento de dados deve ser delimitada pelo propósito para o qual os dados foram coletados, sob pena de abusividade ou ilicitude do tratamento a gerar eventual responsabilidade do agente de tratamento".

instrumento de proteção da categoria especial dos dados sensíveis,[34] os quais, pela qualidade e natureza da informação que trazem, apresentam dados cujo tratamento pode ensejar a discriminação de seu titular, decorrente de abuso de direito ou ato ilícito, devendo ser protegidos de forma ampliada.[35]

Há, aqui, com ainda mais ênfase, as obrigações de granularidade, que trazem em si configurações de privacidade personalizáveis (*granular privacy settings*). Dessa forma, o titular terá condições de optar ativamente por determinado tratamento, produto ou serviço que envolva os seus dados pessoais, devendo ele ser informado das consequências dos aceites e das negativas efetuadas. Se o tratamento dos dados pessoais for condição para o fornecimento de produto ou de serviço ou para o exercício de direito, o titular será informado com destaque sobre esse fato e sobre os meios pelos quais poderá exercer seus direitos listados no art. 18 da Lei. Regula-se, assim, a lógica binária das políticas de "tudo ou nada", em que o usuário ou aceita todas as disposições e termos do serviço ou simplesmente não pode utilizá-lo.[36]

Na prática, um número reduzido de pessoas tem possibilidades de negociar ou rejeitar as condições impostas nos Termos de Uso e Políticas de Privacidade de plataformas. Em termos práticos, o que se verifica muitas vezes é uma ausência de conhecimento e questionamento do titular a respeito das diretrizes dos agentes de tratamento, situação essa

---

(MULHOLLAND, Caitlin. *Dados pessoais sensíveis e consentimento na Lei Geral de Proteção de Dados Pessoais*. Migalhas, publicado em 22 de junho de 2020. Disponível em: https://migalhas.uol.com.br/coluna/migalhas-de-vulnerabilidade/329261/dados-pessoais-sensiveis-e-consentimento-na-lei-geral-de-protecao-de-dados-pessoais. Acesso em: 02 nov. 2020.)

[34] TEFFÉ, Chiara Spadaccini de. *Dados pessoais sensíveis*: qualificação, tratamento e boas práticas. São Paulo: Foco, 2022.

[35] Nesse sentido, ressalta-se o enunciado nº 690, aprovado na IX Jornada de Direito Civil do CJF em maio de 2022: "A proteção ampliada conferida pela LGPD aos dados sensíveis deverá ser também aplicada aos casos em que houver tratamento sensível de dados pessoais, tal como observado no §1º do art. 11 da LGPD".

[36] "Pode-se adotar todos os argumentos historicamente adotados para criticar a 'liberdade' do consentimento, na presença de contextos nos quais existem condicionamentos tais que excluem uma real possibilidade de escolha. (...) o condicionamento deriva do fato de que a possibilidade de usufruir de determinados serviços, essenciais ou importantes, ou tidos como tais, depende não somente do fornecimento de determinadas informações por parte do usuário do serviço, mas também do fato de que tais informações (eventualmente com base no consentimento do interessado) podem posteriormente ser submetidas a outras elaborações. Este é o caso de todos os serviços obtidos através das novas mídias interativas, cujos gestores, por evidentes razões de ordem econômica, estão prontos a exercer forte pressão sobre os usuários para que estes autorizem a elaboração (e a eventual transmissão a terceiros) de 'perfis' pessoais ou familiares baseados nas informações coletadas por ocasião do fornecimento dos serviços." (RODOTÀ, Stefano, *op. cit.*, 2008, p. 76.)

que facilita práticas de uso indiscriminado de dados pessoais. Dessa forma, mostra-se necessário realizar mudanças significativas tanto na maneira pela qual o consentimento é implementado nos Termos e Políticas quanto no desenho e na arquitetura de plataformas.[37]

Muito embora uma maior granularidade do consentimento seja desejável à sua perspectiva funcional, subsistem riscos que devem ser igualmente observados. Mais opções de consentimento podem se traduzir em maiores complexidades e dificuldades aos titulares.[38] Nesse sentido, deve-se evitar uma possível "fadiga do consentimento",[39] isto é, o fenômeno associado ao cansaço dos titulares de enfrentarem frequentes e excessivas requisições de consentimento, especialmente avisos em formato *pop-up*. Como forma de contornar esse cenário, há todo um movimento voltado a uma melhor adequação de fornecedores de produtos e serviços à LGPD, especialmente no que concerne à implementação de interfaces de *design* voltadas à melhor experiência do usuário, como *UX Design*, ou ainda *Legal Design* e *Visual Law*.[40]

Cita-se, a título ilustrativo, o *Twitter Data Dash*,[41] ferramenta desenvolvida pela rede social Twitter, que projetou um jogo em sua Política de Privacidade de modo a tornar sua compreensão mais lúdica e palatável. Mesmo sendo passível de discussão a melhor maneira de engajar diferentes grupos de usuários, a perspectiva parece caminhar numa diminuição das assimetrias naturalmente projetadas no ambiente virtual.[42] Em recente pesquisa do Comitê Gestor da Internet no Brasil

---

[37] Cf. TEPEDINO, Gustavo; TEFFÉ, Chiara Spadaccini de, *op. cit.*, 2020.

[38] SOLOVE, Daniel. *Privacy Self-Management and the Consent Dilemma*. In: Harvard Law Review, v. 126, 2013, p. 1885.

[39] MONTEZUMA, Luis Alberto; TAUBMAN-BASSIRIAN, Tara. *How to avoid consent fatigue*. Disponível em: https://iapp.org/news/a/how-to-avoid-consent-fatigue/. Acesso em: 03 out. 2022.

[40] Para Faleiros Júnior, "[o] profissional do direito do século XXI deve manter-se atento a problemas e buscar soluções criativas se valendo de todas as fontes postas à sua disposição. A busca incansável por soluções e a inquietação podem ser conciliadas com técnicas de *design thinking* – ora compreendido como o conjunto de ideias que permite aferir a melhor pergunta a ser feita para solucionar um problema –, viabilizando a consolidação do fator humano na construção cognitiva". (FALEIROS JÚNIOR, José Luiz de Moura. O profissional do direito no século XXI. In: FALEIROS JÚNIOR, José Luiz de Moura; CALAZA, Tales (Coords.). *Legal design*. Indaiatuba: Foco, 2021, p. 84.)

[41] TWITTER. *Passe de fase no jogo de privacidade*. Disponível em: https://twitterdatadash.com/.. Acesso em: 03 out. 2022.

[42] Ao refletir criticamente acerca das relações travadas no ambiente on-line, Han discorre: "Mídias como blogs, Twitter ou Facebook desmediatizam [*entmediatisieren*] a comunicação. A sociedade de opinião e de informação de hoje se apoia nessa comunicação desmediatizada. Todos produzem e enviam informação". (HAN, Byung-Chul. No enxame: perspectivas do digital. Petrópolis: Vozes, 2018, p. 37.)

(NIC.br), 45% de usuários de internet com 16 anos ou mais afirmam deter muito controle sobre quem pode acessar seus dados pessoais de compras realizadas na internet ou presenciais.[43] Além disso, 42% afirmam ter muito controle sobre seus dados relacionados à localização física.[44] Cerca de 77% dos usuários já desinstalaram algum aplicativo de celular, e 69% já deixaram de visitar alguma página da internet, ambos por receios quanto ao tratamento de seus dados.[45] Contudo, no tocante à leitura de Políticas de Privacidade de páginas ou aplicativos, apenas 37% admitem ler integralmente os documentos, sendo os mais jovens, de 16 a 24 anos, o grupo com adesão mais baixa, 27%.[46]

Diante da importante caracterização do consentimento na LGPD, a qual impacta todo o seu ciclo de vida, emissão, desenvolvimento e prova, busca-se, agora, analisar de que maneira poderá ser assegurada a sua revogação, enquanto direito elementar na sistemática de proteção de dados pessoais.

3 A revogação do consentimento: direito do titular de dados e forma de controle informacional

O consentimento poderá ser revogado a qualquer momento, mediante manifestação expressa do titular, por procedimento gratuito e facilitado. Defende-se a possibilidade de revogação incondicional desse tipo de consentimento com base na autodeterminação do titular em relação à construção de sua esfera privada, bem como na própria caracterização dos direitos de personalidade, que têm entre seus atributos a indisponibilidade.[47] Entende-se possível que, dentro

---

[43] COMITÊ GESTOR DA INTERNET NO BRASIL. *Privacidade e proteção de dados pessoais 2021* [livro eletrônico]: perspectivas de indivíduos, empresas e organizações públicas no Brasil. São Paulo: Comitê Gestor da Internet no Brasil, 2022, p. 61.

[44] *Ibid*, p. 61.

[45] *Ibid*, p. 62.

[46] *Ibid*, p. 61.

[47] Francisco Amaral afirma que os direitos da personalidade seriam indisponíveis, porém reconhece exceções previstas em lei. O autor sustenta que esses direitos seriam indisponíveis porque não poderiam ser suscetíveis de alienação ou renúncia, mas que essa indisponibilidade não seria absoluta, já que são admitidos acordos que têm por objeto esses direitos, como, por exemplo, a cessão de imagem para publicidade, a disposição de órgãos e tecidos para transplante e a venda de cabelo. (AMARAL, Francisco. *Direito civil*: introdução. 8. ed. Rio de Janeiro: Renovar, 2014, p. 246 e ss.). Em perspectiva atual, parece adequado compreender que os direitos da personalidade possam ser objeto de disposição pelo seu titular, desde que isso não ocorra de forma permanente e seja oriundo de expressão legítima de ato de vontade. Nesse sentido, recorda-se o Enunciado nº 4 do Conselho da Justiça Federal, que dispõe: "o exercício dos direitos da personalidade pode sofrer limitação

de parâmetros constitucionais, o exercício de tais direitos possa ser moldado a partir da autonomia da vontade do indivíduo, que nas situações existenciais viabiliza a possibilidade de autodeterminação do sujeito nas situações relacionadas ao ser.[48]

Quanto aos direitos do titular na LGPD no que tange ao consentimento, ele tem o direito a obter do controlador, em relação aos dados por ele tratados, a qualquer momento e mediante requisição, *a revogação de seu consentimento* (art. 18, IX), nos termos do §5º, do art. 8º, da Lei, que dispõe que: o consentimento poderá ser revogado a qualquer momento mediante manifestação expressa do titular, por procedimento gratuito e facilitado, ratificados os tratamentos realizados sob amparo do consentimento anteriormente manifestado, enquanto não houver requerimento de eliminação, nos termos do inciso VI, do art. 18. Ainda, o titular poderá obter: (i) a eliminação de dados desnecessários, excessivos ou tratados em desconformidade com o disposto nesta Lei (inciso IV do art. 18) e (ii) a eliminação dos dados pessoais tratados com o seu consentimento, exceto nas hipóteses previstas no art. 16 desta Lei (inciso VI do art. 18).

---

voluntária, desde que não seja permanente nem geral." Roxana Borges conclui que as "expressões do uso do direito de personalidade podem ser cedidas, de forma limitada, com especificações quanto à duração da cessão e quanto à finalidade do uso." (BORGES, Roxana Cardoso Brasileiro. *Direitos de personalidade e autonomia privada*. 2. ed. São Paulo: Saraiva, 2007, p. 120-121.) Haveria, segundo ela, certa esfera de disponibilidade em alguns direitos da personalidade, de forma que o seu exercício poderia sofrer uma limitação voluntária. Haveria, assim, uma *indisponibilidade relativa dos direitos da personalidade*, considerando as situações em que licitamente se possibilita ao titular dispor do seu direito, ou melhor, limitar voluntariamente o exercício de seu direito. Isso se justifica em razão da esfera de autodeterminação pessoal que detém todo o indivíduo que, em última instância, contribui para a própria realização da dignidade. Conforme ensina Fernanda Cantali, "[a]dmitir uma esfera de disponibilidade não os descaracteriza enquanto direitos essencialmente indisponíveis. Todavia, negar a possibilidade de restrição do direito é posição que não se sustenta diante das evidências fáticas e, por isso, aproximando a realidade social da realidade jurídica, a construção da teoria dos direitos da personalidade admite algumas relativizações a partir da desconstrução de alguns critérios absolutos de caracterização. Diante disso é que se pode afirmar que a indisponibilidade essencial e a disponibilidade relativa no caso concreto não são posições contraditórias; convivem e conferem um caráter ambivalente aos direitos da personalidade. (...) [a] plena realização de um direito fundamental da personalidade inclui a possibilidade de o titular dele dispor, mesmo que este ato importe em restrição do direito, já que tal restrição é a expressão do direito de autodeterminação pessoal, o qual, além de ser fundamental para o livre desenvolvimento da personalidade, é uma das dimensões da própria dignidade humana. (CANTALI, Fernanda Borghetti. *Direitos da personalidade*: Disponibilidade relativa, autonomia privada e dignidade humana. Porto Alegre: Livraria do Advogado, 2009, p. 255-256)". Trecho extraído de: TEFFÉ, Chiara Antonia Spadaccini de. *A tutela da imagem da pessoa humana na internet*: da identificação do dano à sua compensação. 2016. 226 f. Dissertação (Mestrado em Direito Civil) – Faculdade de Direito, Universidade do Estado do Rio de Janeiro, Rio de Janeiro, 2016.

[48] MEIRELES, Rose Melo Vencelau. *Autonomia privada e dignidade humana*. Rio de Janeiro: Renovar, 2009, p. 152-155.

Entretanto, questiona-se como a revogação deverá ser instrumentalizada. Tendo em vista que a LGPD não disciplinou esse ponto, acredita-se que a disponibilização de canais de contato/atendimento a direitos, como e-mail específico, telefone ou, ainda, a criação de área em site endereçada ao titular, mostre-se acertada. No tocante à requisição e ao prazo para o seu atendimento, dispõem os parágrafos do art. 18 que os direitos previstos nesse artigo serão exercidos mediante requerimento expresso do titular ou de representante legalmente constituído. Em caso de impossibilidade de adoção imediata da providência solicitada, o controlador enviará ao titular resposta em que poderá: (i) comunicar que não é o agente de tratamento dos dados e indicar, sempre que possível, o agente; ou (ii) indicar as razões de fato ou de direito que impedem a adoção imediata da providência.

O requerimento deverá ser atendido sem custos para o titular, nos prazos e nos termos previstos em regulamento. Entende-se que, em momento oportuno, a Autoridade Nacional de Proteção de Dados (ANPD) deverá desenvolver regulamento e orientação próprios para a temática do atendimento aos direitos dos titulares.[49] Por analogia, no momento atual, o prazo de até 15 (quinze) dias, contado da data do requerimento do titular, conforme estabelecido no art. 19, II, da LGPD, poderá ser utilizado, se necessário e justificado pelo controlador, também nessa hipótese de atendimento ao direito de revogação. A emissão de um comprovante da operação parece uma documentação relevante a ser enviada ao titular, como forma de registro. Havendo a revogação do consentimento para o tratamento de dados, o pedido de eliminação estará implícito? Esse questionamento poderá acompanhar eventual formulário de revogação do consentimento, assim como explicação acerca das hipóteses legais de conservação de dados. Na ausência injustificada de atendimento ao pedido, o titular poderá adotar outras medidas cabíveis, como oferecer queixa à ANPD[50] e/ou ingressar judicialmente com demanda.

---

[49] ANPD. *Portaria nº 11*, de 27 de janeiro de 2021. Torna pública a agenda regulatória para o biênio 2021-2022. O tema dos direitos dos titulares aparece na agenda: "A LGPD estabelece os direitos dos titulares de dados pessoais, mas diversos pontos merecem regulamentação, que tratará desses direitos, incluindo, mas não limitado aos artigos 9º, 18, 20 e 23". Segundo o documento, a previsão de início do processo de regulamentação seria no 1º semestre de 2022. O tema deve ser tratado em resolução. Disponível em: https://www.in.gov.br/en/web/dou/-/portaria-n-11-de-27-de-janeiro-de-2021-301143313. Acesso em: 08 out. 2022.

[50] "6.2 – Como apresentar um requerimento à ANPD para reclamar da violação a direito de titular ou para denunciar infração à LGPD? Em caso de violação a direito do titular ou de infração à LGPD, a ANPD poderá ser comunicada por meio de petição de titular ou de denúncia. A petição de titular é a comunicação feita à ANPD pelo próprio titular de dados pessoais da ocorrência de violação de seus direitos por um controlador específico. A petição

Não parece razoável que quem recebeu a autorização para o tratamento dos dados tenha que sofrer um risco ilimitado, nem que a revogação se dê em flagrante prejuízo ao interesse público.[51] Ganham corpo, aqui, figuras como o abuso do direito e a violação da boa-fé objetiva, especialmente quanto à sua forma enquanto *venire contra factum proprium*, isto é, a vedação de comportamentos contraditórios. Afinal, tais elementos atuam como orientadores das condutas desenvolvidas por ambos os lados na relação de tratamento de dados.

Dessa forma, dentro das hipóteses relativas ao término do tratamento dos dados (arts. 15 e 16 da LGPD), encontra-se a comunicação do titular, inclusive no exercício de seu direito de revogação do consentimento, conforme disposto no §5º, do art. 8º, da LGPD, resguardado o interesse público (art. 15, III).

3.1 Mecanismos para a expressão da revogação conforme a LGPD

Como regra, a forma escolhida para a coleta do consentimento deverá ser a mesma empregada em sua revogação, sendo facilitada em ambos os casos. A lógica está positivada, a propósito, no art. 7(3) do GDPR, ao estabelecer que o "consentimento deve ser tão fácil de

---

de titular deve ser acompanhada de comprovação de que foi previamente submetida ao controlador e não solucionada no prazo estabelecido em regulamentação, admitida a autodeclaração do titular quando não for possível apresentar outro meio de prova. Como exemplo de situação que pode ser objeto de petição de titular, pode ser mencionada a hipótese de não atendimento pelo controlador de solicitação apresentada pelo titular para correção e eliminação de dados pessoais ou para revogação do consentimento. (...) Para o envio à ANPD de requerimentos que se enquadrem nas situações mencionadas acima, deve ser utilizado o Peticionamento Eletrônico do Sistema SEI, seguindo as informações disponíveis em www.gov.br/secretariageral/pt-br/sei-peticionamento-eletronico. Utilizar os tipos de processo 'ANPD – Petição de titular' ou 'ANPD – Denúncia LGPD'." ANPD. Autoridade Nacional de Proteção de Dados. Perguntas Frequentes. Disponível em: https://www.gov.br/anpd/pt-br/acesso-a-informacao/perguntas-frequentes-2013-anpd#f2. Acesso em: 08 out. 2022.

[51] A título de exemplo, a Autoridade Nacional de Proteção de Dados do Reino Unido (ICO) traz objetivamente ao menos vinte e três exemplos de interesse público relevantes para fins de proteção de dados pessoais. Especificamente no tocante ao consentimento, pontua que, em havendo interesse público envolvido, o consentimento não deve ser uma base legal recomendada, justamente por esbarrar em seus preceitos de manifestação livre. Portanto, a lógica por detrás da exceção à revogação do consentimento por interesse público não parece acertada, pois o consentimento não deveria ter sido obtido *ab initio*. (INFORMATION COMMISSIONER'S OFFICE. *What are the substantial public interest conditions?* Disponível em: https://ico.org.uk/for-organisations/guide-to-data-protection/guide-to-the-general-data-protection-regulation-gdpr/special-category-data/what-are-the-substantial-public-interest-conditions/. Acesso em: 05 out. 2022.)

retirar quanto de dar". Essa interpretação também decorre da LGPD, especialmente com base nos princípios da adequação (art. 6º, II) e do livre acesso (art. 6º, IV), o qual representa a garantia aos titulares de consulta facilitada e gratuita sobre a forma e a duração do tratamento, bem como sobre a integralidade de seus dados pessoais.

A título de ilustração, como boa prática, foram analisados na Política de Privacidade e Proteção de Dados Pessoais para navegação no site do *Poder Judiciário de Santa Catarina* (PJSC) os direitos associados à obtenção do consentimento enquanto base legal aplicável.[52] Ao final dos esclarecimentos, pontua-se que para a "revogação do consentimento expresso fornecido pelo usuário deste Portal, basta registrar seu pedido junto ao canal da ouvidoria",[53] havendo *link* direto ao Ouvidor responsável, com formulário apto a ser preenchido para o exercício da revogação.

No âmbito de relações privadas, como exemplo, a montadora de carros *Ford* possui uma página exclusiva para o exercício de direitos do titular de dados pessoais.[54] Ao esclarecer especificamente o direito à revogação do consentimento, é asseverado que "você pode suspender esse consentimento e nós, dali em diante, não trataremos mais seus dados pessoais".[55] Ao final da página, no campo "Outros", há igualmente um formulário a ser preenchido com a opção "Revogar meu consentimento".[56]

A farmacêutica *Antibióticos do Brasil* possui uma página exclusiva destinada à revogação do consentimento.[57] Na página é informado que o titular pode solicitar dados complementares, disponibilizando contato direto de seu Encarregado.[58] Ainda, complementa-se que confirmações adicionais podem ser requisitadas ao titular, como documentos e informações específicas, de modo a garantir a autenticação da identidade

---

[52] TRIBUNAL DE JUSTIÇA DE SANTA CATARINA. *Política de Privacidade e Proteção de Dados Pessoais para navegação no site do PJSC*. Disponível em: https://www.tjsc.jus.br/web/ouvidoria/lei-geral-de-protecao-de-dados-pessoais/politica-de-privacidade-e-protecao-de-dados-pessoais. Acesso em: 05 out. 2022.
[53] Ibid.
[54] FORD. *Exerça seus direitos de titular de dados pessoais:* Lei Geral de Proteção de Dados (LGPD). Disponível em: https://www.relacionamentoford.com.br/. Acesso em: 05 out. 2022.
[55] Ibid.
[56] Ibid.
[57] ANTIBIÓTICOS DO BRASIL. *Revogação do consentimento*. Disponível em: https://www.ablbrasil.com.br/lgpd-revogacao-de-consentimento/. Acesso em: 05 out. 2022.
[58] Ibid.

do requerente,[59] procedimento necessário e que garante segurança ao processo.

Ainda, o Google possui uma página destinada à criação de *links* de revogação para sites e aplicativos.[60] Nele, há procedimentos técnicos necessários à formalização de uma página voltada à revogação, esclarecendo que usuários do Espaço Econômico Europeu (EEE) e do Reino Unido que aceitarem ver anúncios personalizados poderão anular esse consentimento.[61] Afirma-se que o agente precisará fornecer um *link* no menu do seu site ou *app* para que os usuários possam optar por revogar o consentimento e, em seguida, apresentar a mensagem de consentimento novamente.

Nesse sentido, a Autoridade de Proteção de Dados do Reino Unido (ICO) apresenta a situação a seguir.[62] Determinada companhia obteve o consentimento de titulares de dados via formulário *on-line*. A mesma companhia fornece opção *opt-out* para revogação do consentimento via formulário *on-line* ou, se o obteve via telefone, disponibiliza um canal telefônico. Além disso, salvo hipótese de necessária conservação dos dados, ou se verificado interesse público, pressupõe-se o imediato apagamento dos dados. Significa dizer que não é possível "migrar" para outras hipóteses legais as informações pessoais tratadas inicialmente com base no consentimento, ainda que se tenha utilizado os dados coletados pelo consentimento posteriormente para outros propósitos.[63]

---

[59] *Ibid*.

[60] GOOGLE. *Adicionar um link de revogação de consentimento ao seu app ou site*. Disponível em: https://support.google.com/admanager/answer/10114217?hl=pt-BR. Acesso em: 05 out. 2022.

[61] *Ibid*.

[62] INFORMATION COMMISSIONER'S OFFICE. *How should we obtain, record and manage consent?* Disponível em: https://ico.org.uk/for-organisations/guide-to-data-protection/guide-to-the-general-data-protection-regulation-gdpr/consent/how-should-we-obtain-record-and-manage-consent/#:~:text=Article%207(3)%20says%3A,subject%20shall%20be%20informed%20thereof. Acesso em: 03 out. 2022.

[63] Nesse sentido, a Comissão Europeia traz o seguinte exemplo: "Você está fornecendo uma newsletter *on-line*. O seu cliente dá o seu consentimento para subscrever a newsletter on-line que lhe permite processar todos os dados sobre os seus interesses para construir um perfil dos artigos que consulta. Um ano depois, eles informam que não desejam mais receber a newsletter online. Você deve excluir todos os dados pessoais relacionados a essa pessoa coletados no contexto da assinatura do boletim informativo do seu banco de dados, incluindo o(s) perfil(es) relacionado(s) a essa pessoa". Trad. livre. EUROPEAN COMMISSION. *What if somebody withdraws their consent?* Disponível em: https://ec.europa.eu/info/law/law-topic/data-protection/reform/rules-business-and-organisations/legal-grounds-processing-data/grounds-processing/what-if-somebody-withdraws-their-consent_en. Acesso em: 03 out. 2022.

Nessa lógica, vale lembrar entendimento estabelecido nos *Guidelines on consent under Regulation 2016/679*, publicados pelo *Article 29 Working Party*,[64] em 2017, acerca da seleção e interação da base legal do consentimento com as demais bases aplicáveis ao tratamento de dados pessoais. Se um controlador optar por selecionar a base do consentimento para qualquer parte do tratamento, ele deverá estar preparado para respeitar a escolha do titular e, inclusive, interromper essa parte do tratamento se este retirar/revogar seu consentimento. Segundo o documento, o controlador não poderá passar do consentimento para outras bases legais. Por exemplo, não se mostra adequado utilizar a base do legítimo interesse retrospectivamente para justificar um tratamento em que foram encontrados problemas com a validade do consentimento. No cenário brasileiro, porém, a Autoridade Nacional de Proteção de Dados (ANPD) não trouxe ainda orientação específica acerca da base legal do consentimento, representando a posição europeia uma orientação e boa prática para as adequações em curso.

Em 2019, a Agência Espanhola de Proteção de Dados (AEPD) multou a Liga de Futebol Profissional do país em 250 mil euros, por falta de transparência em um aplicativo móvel para acompanhar resultados de partidas de futebol ao vivo (LaLiga).[65] De acordo com a AEPD, a aplicação estava sendo usada indevidamente para detectar bares que transmitiam partidas de futebol sem pagar. Para tanto, ao baixar o *app* e dar o consentimento, o usuário tinha o microfone de seu aparelho ativado remotamente por meio de sistema automático usado para identificar sons ambientes, caso o usuário estivesse em um bar que apresentasse as partidas "piratas". Para a Autoridade, a interface fazia com que o usuário não conseguisse lembrar e compreender com o que estava consentindo toda vez que utilizava o LaLiga. Assim, restaria violado o art. 7(3) do GDPR, que determina a possibilidade de retirar o consentimento a qualquer momento. Ainda, considerando tratar-se de coleta de um dado sensível (biométrico), deveria ser adicionada uma carga adicional para a obtenção do consentimento.

---

[64] Disponível em: https://ec.europa.eu/newsroom/article29/items/623051/en. Acesso em: 22 jul. 2022.
[65] EL DIARIO. *La Agencia de Protección de Datos multa con 250.000 euros a LaLiga por la app que usa el micrófono de los móviles para cazar a los bares con fútbol 'pirata'*. Disponível em: https://www.eldiario.es/tecnologia/agencia-proteccion-datos-liga-microfono_1_1510607.html#click=https://t.co/RI3qZzucaB. Acesso em: 03 out. 2022.

No cenário brasileiro, contudo, a perspectiva em torno de uma adequada comunicação e transparência quanto ao exercício e ao atendimento do direito à revogação do consentimento ainda parece uma realidade distante. Somada à falta de maiores regulamentações quanto ao seu formato e dinâmica, nota-se que a escolha pelo consentimento, enquanto base legal, vem sendo evitada por parte de alguns agentes de tratamento, especialmente grandes corporações. Isso porque, na medida em que não há uma hierarquia ou obrigatoriedade de sua fundamentação, a discricionariedade quanto ao direito a revogar o aceite apto a legitimar o tratamento de dados parece oferecer uma margem de insegurança para a manutenção das operações realizadas.[66]

Considerações finais

O desenvolvimento do direito à revogação do consentimento vem apresentando avanços importantes desde a publicação da LGPD. É possível encontrar doutrina acerca do consentimento e das boas práticas de mercado envolvendo sua requisição e revogação. A partir da experiência europeia, mais amadurecida no *compliance* de dados, são analisados parâmetros e orientações pertinentes acerca da aplicação da base legal do consentimento, que merece atenção em todo o seu ciclo. Sem dúvidas, trata-se de direito diretamente envolvido na proteção de dados pessoais e da privacidade. Conceder, usufruir e revogar são prerrogativas inerentes ao poder de controlar o destino das próprias informações.

O direito a revogar o consentimento demanda uma especial atenção por parte dos agentes de tratamento, tendo em vista que há, muitas vezes, uma acentuada vulnerabilidade do titular de dados. O consentimento pressupõe a máxima liberdade individual de um polo da relação, exigindo da parte contrária invariavelmente o maior número de informações e esclarecimentos disponíveis à manifestação concreta de anuência. Para que essa relação ganhe contornos mais equilibrados, portanto, o direito a revogar o consentimento deve vincular-se a formatos facilitados, estruturados e efetivamente livres, para que a autonomia conferida ao consentimento seja integralmente tutelada. Ao fim e ao cabo, retirar o consentimento deve ser tão fácil quanto concedê-lo.

---

[66] OLIVEIRA, Caio César de; TAVARES FILHO, Paulo César. *A LGPD e o início do fim da cultura do consentimento*. Jota, publicado em 28 de junho de 2021. Disponível em: https://www.jota.info/opiniao-e-analise/artigos/lgpd-e-o-inicio-do-fim-da-cultura-do-consentimento-28062021. Acesso em: 05 out. 2022.

Referências

ANPD. Autoridade Nacional de Proteção de Dados. Perguntas Frequentes. Disponível em: https://www.gov.br/anpd/pt-br/acesso-a-informacao/perguntas-frequentes-2013-anpd#f2. Acesso em: 08 out. 2022.

ANTIBIÓTICOS DO BRASIL. *Revogação do consentimento.* Disponível em: https://www.ablbrasil.com.br/lgpd-revogacao-de-consentimento/. Acesso em: 05 out. 2022.

AMARAL, Francisco. *Direito civil*: introdução. 8. ed. Rio de Janeiro: Renovar, 2014.

BOBBIO, Norberto. *O positivismo jurídico*: lições de filosofia do direito. São Paulo: Ícone, 1995.

BORGES, Roxana Cardoso Brasileiro. *Direitos de personalidade e autonomia privada.* 2. ed. São Paulo: Saraiva, 2007.

CANTALI, Fernanda Borghetti. *Direitos da personalidade*: Disponibilidade relativa, autonomia privada e dignidade humana. Porto Alegre: Livraria do Advogado, 2009.

CHATELLIER, Régis et al. *Shaping choices in the digital world.* From dark patterns to data protection: the influence of UX/UI design on user empowerment. CNIL, 2019.

COMITÊ GESTOR DA INTERNET NO BRASIL. *Privacidade e proteção de dados pessoais 2021* [livro eletrônico]: perspectivas de indivíduos, empresas e organizações públicas no Brasil. São Paulo: Comitê Gestor da Internet no Brasil, 2022.

EL DIARIO. *La Agencia de Protección de Datos multa con 250.000 euros a LaLiga por la app que usa el micrófono de los móviles para cazar a los bares con fútbol 'pirata'.* Disponível em: https://www.eldiario.es/tecnologia/agencia-proteccion-datos-liga-microfono_1_1510607.html#click=https://t.co/RI3qZzucaB. Acesso em: 03 out. 2022.

EUROPEAN DATA PROTECTION BOARD. *Diretrizes 05/2020 relativas ao consentimento na aceção do Regulamento 2016/679.* Versão 1.1. Adotada em 4 de maio de 2020. Disponível em: https://edpb.europa.eu/our-work-tools/our-documents/guidelines/guidelines-052020-consent-under-regulation-2016679_en. Acesso em: 19 jul. 2021.

EUROPEAN COMMISSION. *What if somebody withdraws their consent?* Disponível em: https://ec.europa.eu/info/law/law-topic/data-protection/reform/rules-business-and-organisations/legal-grounds-processing-data/grounds-processing/what-if-somebody-withdraws-their-consent_en. Acesso em: 03 out. 2022.

FALEIROS JÚNIOR, José Luiz de Moura. O profissional do direito no século XXI. *In*: FALEIROS JÚNIOR, José Luiz de Moura; CALAZA, Tales (Coords.). *Legal design.* Indaiatuba: Foco, 2021.

FORD. *Exerça seus direitos de titular de dados pessoais:* Lei Geral de Proteção de Dados (LGPD). Disponível em: https://www.relacionamentoford.com.br/. Acesso em: 05 out. 2022.

GOMES, Orlando. *Contratos.* 26. ed. At. Antonio Junqueira de Azevedo e Francisco Paulo Crescenzo Marino, Coord. Edvaldo Brito. Rio de Janeiro: Forense, 2009.

GOOGLE. *Adicionar um link de revogação de consentimento ao seu app ou site.* Disponível em: https://support.google.com/admanager/answer/10114217?hl=pt-BR. Acesso em: 05 out. 2022.

HAN, Byung-Chul. *No enxame*: perspectivas do digital. Petrópolis: Vozes, 2018.

INFORMATION COMMISSIONER'S OFFICE. *How should we obtain, record and manage consent?* Disponível em: https://ico.org.uk/for-organisations/guide-to-data-protection/guide-to-the-general-data-protection-regulation-gdpr/consent/how-should-we-obtain-record-and-manage-consent/#:~:text=Article%207(3)%20says%3A,subject%20shall%20be%20informed%20thereof. Acesso em: 03 out. 2022.

INFORMATION COMMISSIONER'S OFFICE. *What are the substantial public interest conditions?* Disponível em: https://ico.org.uk/for-organisations/guide-to-data-protection/guide-to-the-general-data-protection-regulation-gdpr/special-category-data/what-are-the-substantial-public-interest-conditions/. Acesso em: 05 out. 2022.

MEIRELES, Rose Melo Vencelau. *Autonomia privada e dignidade humana*. Rio de Janeiro: Renovar, 2009.

MONTEZUMA, Luis Alberto; TAUBMAN-BASSIRIAN, Tara. *How to avoid consent fatigue*. Disponível em: https://iapp.org/news/a/how-to-avoid-consent-fatigue/. Acesso em: 03 out. 2022.

MULHOLLAND, Caitlin. *Dados pessoais sensíveis e consentimento na Lei Geral de Proteção de Dados Pessoais*. Migalhas, publicado em 22 de junho de 2020. Disponível em: https://migalhas.uol.com.br/coluna/migalhas-de-vulnerabilidade/329261/dados-pessoais-sensiveis-e-consentimento-na-lei-geral-de-protecao-de-dados-pessoais Acesso em: 02 nov. 2020.

NOUWENS, Midas. LICCARDI, Illaria. VEALE, MIchale et al. *Dark Patterns after the GDPR*: scraping consent pop-ups and demonstrating their influence. Disponível em: https://iapp.org/resources/article/dark-patterns-after-the-gdpr-scraping-consent-pop-ups-and-demonstrating-their-influence/ Acesso em: 22 jul. 2021.

PEÑA, Paz; VARON, Joana. *O poder de dizer NÃO na Internet*. Coding Rights. Disponível em: https://medium.com/codingrights/o-poder-de-dizer-não-na-internet-17d6e9889d4a. Acesso em: 29 jul. 2019.

PERLINGIERI, Pietro. *O direito civil na legalidade constitucional*. Rio de Janeiro: Renovar, 2008.

PRATA, Ana. *A tutela constitucional da autonomia privada*. Coimbra: Almedina, 2016.

ROPPO, Enzo. *O contrato*. Trad. Ana Coimbra e M. Januário C. Gomes. Coimbra: Almedina, 2009.

SOLOVE, Daniel. Privacy Self-Management and the Consent Dilemma. *Harvard Law Review*, v. 126, 2013.

SOMBRA, Thiago. *Fundamentos da regulação da privacidade e proteção de dados pessoais*. São Paulo: Thomson Reuters Brasil, 2019.

TEFFÉ, Chiara Spadaccini de. *Dados pessoais sensíveis*: qualificação, tratamento e boas práticas. São Paulo: Foco, 2022.

TEFFÉ, Chiara Antonia Spadaccini de. *A tutela da imagem da pessoa humana na internet*: da identificação do dano à sua compensação. 2016. 226 f. Dissertação (Mestrado em Direito Civil) – Faculdade de Direito, Universidade do Estado do Rio de Janeiro, Rio de Janeiro, 2016.

TEPEDINO, Gustavo; TEFFÉ, Chiara Spadaccini de. O consentimento na circulação de dados pessoais. *Revista Brasileira de Direito Civil* (RBDCivil), Belo Horizonte, v. 25, p. 83-116, jul./set. 2020.

TERRA, Aline de Miranda Valverde; KONDER, Carlos Nelson; GUEDES, Gisela Sampaio da Cruz Guedes (Coords.). *Princípios contratuais aplicados*: boa-fé, função social e equilíbrio contratual à luz da jurisprudência. Indaiatuba: Foco, 2019.

THALER, Richard H.; SUNSTEIN, Cass R. *Nudge: como tomar melhores decisões sobre saúde, dinheiro e felicidade*. Rio de Janeiro: Objetiva, 2019.

TRIBUNAL DE JUSTIÇA DE SANTA CATARINA. *Política de Privacidade e Proteção de Dados Pessoais para navegação no site do PJSC*. Disponível em: https://www.tjsc.jus.br/web/ouvidoria/lei-geral-de-protecao-de-dados-pessoais/politica-de-privacidade-e-protecao-de-dados-pessoais. Acesso em: 05 out. 2022.

TWITTER. *Passe de fase no jogo de privacidade*. Disponível em: https://twitterdatadash.com/. Acesso em: 03 out. 2022.

VIVEIROS DE CASTRO, Thamis Dalsenter. Desafios para a tutela do direito de não saber: corpo, autonomia e privacidade. *In*: TEPEDINO, Gustavo; MENEZES, Joyceane de (Coords.). *Autonomia privada, liberdade existencial e direitos fundamentais*. Belo Horizonte: Fórum, 2019.

Informação bibliográfica deste texto, conforme a NBR 6023:2018 da Associação Brasileira de Normas Técnicas (ABNT):

TEFFÉ, Chiara Spadaccini de; GUEIROS, Pedro Teixeira. A revogação do consentimento pelo titular de dados na LGPD. *In*: FRANCOSKI, Denise de Souza Luiz; TEIVE, Marcello Muller (coord.). *LGPD*: direitos dos titulares. Belo Horizonte: Fórum, 2023. p. 155-177. ISBN 978-65-5518-500-3.

PRATICANDO O IMPRATICÁVEL
OS DILEMAS DOS DIREITOS DE ACESSO E DE CONFIRMAÇÃO DA EXISTÊNCIA DO TRATAMENTO

FELIPE PALHARES

Introdução

Não há dúvidas de que a entrada em vigor da Lei Geral de Proteção de Dados Pessoais (LGPD), em 18 de setembro de 2020, alterou substancialmente o panorama relacionado às normas para o tratamento de dados pessoais no Brasil, majoritariamente de forma benéfica, trazendo maior clareza acerca das regras do jogo aos agentes de tratamento que coletam, processam, armazenam e compartilham dados pessoais nas suas rotinas negociais.

Antes da LGPD, o tema era abordado de forma obtusa por algumas legislações nacionais, sem tanto detalhamento, e aplicável somente a determinados setores ou em determinadas relações, a exemplo do Código de Defesa do Consumidor e do Marco Civil da Internet.

A construção da LGPD em si não foi um processo fácil, muito menos célere. Ao longo de 8 anos, 3 projetos de lei distintos foram apresentados para regulamentar o tema do tratamento de dados pessoais no Brasil, que acabaram por gerar a redação final da Lei nº 13.709/2018, posteriormente alterada pelas Leis nº 13.853/2019, nº 14.010/2020, nº 14.058/2020 e nº 14.460/2022.

Um dos pontos centrais da legislação é o estabelecimento de direitos específicos aos titulares de dados pessoais – alguns inéditos no ordenamento jurídico brasileiro e outros já previstos em normas diversas, ainda que numa roupagem um pouco distinta daquela apresentada pela LGPD.

Este artigo tem o intuito de tecer críticas a dois dos direitos previstos na legislação: o direito de confirmação da existência do tratamento e o direito de acesso. Como se verá nos próximos tópicos, ambos os direitos são fundamentais para o exercício da autodeterminação informativa pelo titular, mas ambos trazem complexidades nem sempre aparentes, que tornam, na prática, a sua efetiva execução altamente custosa ou, em alguns cenários, até inviável.

1 O direito de confirmação da existência do tratamento

O art. 18, I, da LGPD, prevê a possibilidade de o titular requisitar a confirmação da existência do tratamento de dados ao controlador. É o primeiro direito expresso, trazido pela legislação, a demonstrar a relevância outorgada pelo legislador a tal direito.

Em sua essência, respectivo direito é basilar para permitir o exercício de outros direitos previstos na legislação, considerando que somente faria sentido ao titular solicitar, por exemplo, acesso aos dados a partir do momento em que se tem certeza de que um determinado controlador trata os seus dados pessoais.

Na prática, no entanto, esse é um direito que dificilmente será exercido isoladamente, na medida em que não traz satisfação plena a qualquer pleito do titular. Questiona-se: em que circunstância o titular realizaria somente um pedido para confirmação da existência do tratamento, quedando-se nessa solicitação, sem realizar qualquer pleito adicional? Num exemplo do cotidiano, seria como perguntar no restaurante se eles servem suco de laranja, mas não pedir o suco de laranja. Sim, a informação pode ser interessante para matar a sua curiosidade acerca do cardápio de bebidas de um determinado estabelecimento – ou do tratamento dos seus dados por um determinado controlador – mas certamente não matará a sua sede, seja pela bebida, seja por ações complementares em relação aos seus dados pessoais.

Em verdade, o direito à confirmação da existência de tratamento poderia até não ter sido previsto expressamente pelo legislador, uma vez que parece intrinsicamente ligado ao direito de acesso, ou, ao menos, poderia também ser respondido diante de uma solicitação de acesso. Caso inexista tratamento de dados de determinado titular, quando o controlador recebesse um pedido de acesso, a resposta seria somente uma: não podemos conceder o acesso, pois não tratamos seus dados pessoais.

Tanto é assim, que no âmbito do *General Data Protection Regulation* (GDPR), o regulamento de proteção de dados da União Europeia, fonte de inspiração mor para o legislador brasileiro, inexiste um direito de confirmação à existência do tratamento à parte, estando respectivo direito embutido no direito de acesso.

É assim que estabelece o artigo 15(1) do GDPR:[1]

> The data subject shall have the right to obtain from the controller confirmation as to whether or not personal data concerning him or her are being processed, and, where that is the case, access to the personal data and the following information: (...)[2]

Ao criar um direito específico e apartado para a confirmação da existência do tratamento, o legislador fez surgir alguns desafios práticos, especialmente no que tange ao atendimento a tal direito em virtude de outras disposições contidas na LGPD e que tornam esse exercício mais complexo.

Um primeiro ponto de atenção em relação ao direito de confirmação da existência do tratamento, no entanto, está relacionado à sua extensão e ao nível de detalhe que o controlador deve apresentar na sua resposta. Em outras palavras: pode o titular de dados realizar solicitações específicas a determinadas atividades de tratamento (como armazenar, processar, excluir, etc.)? E, ainda, deve o controlador apresentar resposta que considere cada uma das atividades questionadas, ou uma afirmação genérica seria o suficiente?

Imagine-se o seguinte exemplo: o titular de dados questiona o controlador se os seus dados pessoais são por ele tratados, pedindo explicações detalhadas acerca de quais tipos de atividades de tratamento são realizadas. Nessa hipótese, quão específica precisaria ser a resposta do controlador para atender aos termos da legislação? Note-se que o questionamento não é qual seria o melhor formato de resposta para atender completamente o pleito do titular, mas sim qual é a extensão da resposta necessária para fins de conformidade com a lei.

Por um lado, pode-se argumentar – de modo bem razoável, inclusive – que o direito de confirmação da existência de tratamento é

---

[1] EUROPEAN PARLIAMENT. *Regulation (EU) 2016/679 of the European Parliament and of the Council of 27 April 2016 on the protection of natural persons with regard to the processing of personal data and on the free movement of such data, and repealing Directive 95/46/EC (General Data Protection Regulation)*. Disponível em: https://eur-lex.europa.eu/eli/reg/2016/679/oj. Acesso em: 7 nov. 2022.

[2] Tradução livre: "O titular de dados tem o direito de obter do controlador confirmação a respeito de se seus dados pessoais estão ou não sendo tratados, e, quando este for o caso, acesso aos dados pessoais e às seguintes informações: (...)"

um direito que se encontraria atendido pelo controlador com uma mera resposta binária, de sim ou não, e não demandaria maior detalhamento do que isso, inobstante o nível de profundidade da solicitação feita pelo titular.

De fato, não há, na letra da lei, estipulação expressa que preveja a necessidade de o controlador abordar em detalhes os tipos de tratamento que são realizados por ele frente a uma solicitação de confirmação da existência do tratamento.

Interessante notar que o direito de confirmação da existência sequer outorga margem a questionamentos adicionais acerca do tratamento, limitando-se, ao menos na forma prevista em lei, à indagação sobre a existência ou não de tratamento por determinado controlador. Não está incluso em respectivo direito, portanto, a possibilidade de o titular indagar temas afetos ao tratamento em si, como, por exemplo, qual seria a base legal que suporta respectivo tratamento.

É claro que o titular de dados possui um direito informacional que precisa ser atendido pelo agente de tratamento, mesmo que inexista qualquer tipo de requisição por sua parte, conforme determinam tanto o princípio da transparência, contido no art. 6º, VI, da LGPD, quanto a sua manifestação concreta, prevista no art. 9º, e que exige a apresentação de rol específico de informações prévias ao titular.

Ressalta-se que nem mesmo no rol explícito de informações obrigatórias impostas pelo art. 9º consta detalhes sobre os tipos de tratamento realizados pelo agente de tratamento, a não ser que se interprete que a palavra "forma", prevista no início do inciso II de respectivo dispositivo legal, representaria o tipo de tratamento, o que não parece ser a interpretação mais adequada para tal substantivo. Forma, que também é sinônimo de formato, possivelmente tem muito mais relação com o tratamento ser realizado de modo eletrônico ou físico, do que do tipo de tratamento em si.

Por outro lado, há indícios na legislação que, embora não forneçam diretrizes claras ou obrigações explícitas acerca da profundidade do direito de confirmação de existência do tratamento, podem levar à conclusão de que a resposta meramente binária não seria suficiente para atendimento à solicitação do titular que está invocando respectivo direito.

Em especial, as disposições do artigo 19 (que também serão abordadas em maior profundidade no tópico posterior, quando se tratará do direito de acesso) são confusas e podem levar a conclusões distintas a respeito da extensão do direito de confirmação de existência.

Por escolha voluntária – e potencialmente não muito refletida – do legislador, o direito de confirmação de existência pode ser respondido pelo controlador em dois modos aparentemente distintos: em formato simplificado, imediatamente; ou por meio de declaração clara e completa, em até 15 dias.

O formato simplificado, no que tange ao direito de confirmação de existência do tratamento, parece ser evidente: um sim ou não deveria bastar para tanto. Por sua vez, a declaração completa é naturalmente mais desafiadora, ainda que a própria legislação tenha trazido as informações obrigatórias em tal cenário: a origem dos dados, a inexistência de registro – aspecto que sequer precisaria ser dito, diga-se de passagem –, os critérios utilizados e a finalidade do tratamento, observados os segredos comercial e industrial.

Novamente, não há menção, por exemplo, aos tipos de tratamento, ou mesmo a outras informações que devam ser apresentadas pelo controlador diante de uma solicitação de exercício do direito de confirmação da existência.

Na prática, talvez o ponto mais relevante entre os dois formatos de resposta possíveis diante de uma solicitação de confirmação da existência seja a quem cabe essa escolha, se ao titular de dados ou se ao controlador. Como em uma das hipóteses a resposta binária muito provavelmente seria suficiente para atender ao chamado "formato simplificado", parece evidente que, caso a escolha caiba ao controlador, seria este o formato preferencial, muito embora ele traga consigo o desafio inerente do prazo exíguo para resposta.

2 O direito de acesso

O direito de acesso é possivelmente o direito mais relevante previsto na Lei Geral de Proteção de Dados Pessoais, entabulado no inciso II do artigo 18. Enquanto a resposta binária à solicitação de confirmação de existência pouco satisfaz a curiosidade do titular, a resposta ao direito de acesso lhe confere o poder de entender quais são efetivamente os seus dados que estão sendo tratados pelo agente de tratamento, o que, por sua vez, garante efetivas condições de exercício dos demais direitos previstos na legislação, como o direito de retificação.

Ao mesmo tempo em que é um dos direitos primordiais dispostos na legislação, o direito de acesso também é o direito mais complexo, do ponto de vista prático, de ser interpretado e observado nos tempos atuais, fruto dos contornos delineados pelo legislador na confusa redação da Lei.

Há pelo menos 5 controvérsias relevantes em relação ao direito de acesso, que estão relacionadas ao seu: (i) alcance; (ii) forma de exercício; (iii) cômputo do prazo de resposta; (iv) meio de fornecimento; e (v) cobrança de custos para o seu atendimento.

A primeira delas diz respeito ao alcance do direito de acesso. Em outras palavras, até que ponto vai a possibilidade de o titular solicitar uma cópia dos seus dados pessoais tratados pelo controlador, especialmente quando essas informações sejam excessivas ou possam envolver dados de terceiros.

A legislação nacional é completamente silente nesse aspecto. Tanto o artigo 18, II, quanto o artigo 19 não trazem qualquer especificidade sobre o alcance do direito de acesso, muito menos abordam circunstâncias que eventualmente limitariam as solicitações que podem ser realizadas pelo titular de dados de obter uma cópia dos seus dados.

Em verdade, a LGPD é inerentemente contraditória nesse último ponto. Muito embora a Lei estabeleça que o titular tem direito de acesso aos seus dados, o parágrafo 3º do artigo 19 parece criar uma limitação que sequer faria sentido, de que o titular poderia solicitar uma cópia eletrônica integral dos seus dados pessoais quando o tratamento for pautado no consentimento ou em contrato, nos termos de regulamento, em formato que permita sua utilização subsequente.

Não obstante referido dispositivo esteja inserido no corpo de um artigo que aborda especificamente os direitos de confirmação de existência e de acesso, respectivo parágrafo parece fazer muito mais sentido quando vinculado ao direito de portabilidade, não ao direito de acesso em si.

As condições por ele estabelecidas, inclusive, são curiosamente similares àquelas previstas no artigo 20 do GDPR,[3] que aborda o direito à portabilidade de dados e que assim dispõe:

> *1. The data subject shall have the right to receive the personal data concerning him or her, which he or she has provided to a controller, in a structured, commonly used and machine-readable format and have the right to transmit those data to another controller without hindrance from the controller to which the personal data have been provided, where:*

---

[3] EUROPEAN PARLIAMENT. *Regulation (EU) 2016/679 of the European Parliament and of the Council of 27 April 2016 on the protection of natural persons with regard to the processing of personal data and on the free movement of such data, and repealing Directive 95/46/EC (General Data Protection Regulation)*. Disponível em: https://eur-lex.europa.eu/eli/reg/2016/679/oj. Acesso em: 7 nov. 2022.

(a) the processing is based on consent pursuant to point (a) of Article 6(1) or point (a) of Article 9(2) or on a contract pursuant to point (b) of Article 6(1); and (b) the processing is carried out by automated means.[4]

Além dessa suposta limitação, o restante da legislação pouco diz sobre qual seria o alcance do direito de acesso, exigindo do intérprete prudência ao avaliar como os agentes de tratamento devem se comportar frente a pedidos de acesso mais criteriosos.

De partida, é fundamental ter em mente que o direito de acesso não pode afetar os direitos e interesses de terceiros, que não o do titular de dados que está realizando a solicitação. Um cenário complexo que expõe essa dicotomia se apresenta quando o titular pede acesso a todos os e-mails que trocou utilizando o endereço corporativo que lhe era fornecido por seu empregador. Não bastasse o volume considerável de informação que precisaria, em tese, ser fornecido pelo controlador, a solicitação, caso atendida em sua plenitude, significaria entregar ao titular dados pessoais de terceiros, com os quais ele se comunicou por e-mail.

Nessa hipótese, vale lembrar que a entrega de dados pessoais de terceiros representa um incidente de segurança que afeta a confidencialidade da informação, não obstante os e-mails trocados também contenham dados pessoais do solicitante, aos quais o exercício do seu direito de acesso lhe permitiria obter.

Na prática, no entanto, essa situação se torna extremamente complexa, já que para atender a solicitação feita pelo titular, e não violar os direitos de terceiros, o controlador precisaria entregar somente parte das informações, eventualmente tarjando os dados de terceiros contidos em respectivos documentos, para que estes não fossem disponibilizados ao solicitante.

Esse exercício, de tarjar informações, pode até parecer simples, mas está longe de o ser para muitas organizações. Afinal, tarjar informações de um número reduzido de e-mails poderia até ser eventualmente possível, mas quando se aumenta consideravelmente

---

[4] Tradução livre: "1. O titular de dados tem o direito de receber os dados pessoais relacionados a ele ou a ela, que ele ou ela tenham fornecido ao controlador, de forma estruturada, comumente usada e que seja compreensível por máquinas, e tem o direito de transmitir esses dados para outro controlador sem empecilhos do controlador ao qual os dados pessoais tenham sido fornecidos, quando:
(a) o tratamento for baseado no consentimento consoante o ponto (a) do Artigo 6 (1) ou o ponto (a) do Artigo 9 (2) ou em um contrato consoante o ponto (b) do Artigo 6 (1); e
(b) o tratamento for realizado por meios automatizados."

o número de e-mails, ele se torna claramente impraticável.

Nessas circunstâncias, qual seria a solução mais adequada para o problema? Entregar todos os e-mails solicitados, ainda que contenham informações de terceiros às quais o solicitante não teria direito de acesso, ou negar por completo a entrega dos e-mails sob o argumento de que eles contêm dados pessoais de terceiros?

A legislação pouco ajuda na resolução dessa situação. Pelo contrário, ao não se manifestar sobre os limites do direito de acesso, a LGPD acaba dando margem a interpretações duvidosas, que permitiriam a titulares de dados insatisfeitos com uma resposta razoável por parte do controlador ainda assim ajuizarem demandas ou reclamações em virtude de suposto não atendimento aos seus direitos.

O alcance do direito de acesso também é relevante no tempo. Ainda no mesmo exemplo anterior, se o titular trabalha em respectiva empresa há 10 anos, teria ele o direito de solicitar todos os e-mails enviados nesses últimos 10 anos? Em caso positivo, a organização provavelmente precisaria alocar diversas pessoas somente para a função de resgatar todos esses e-mails. Para piorar o cenário, caso o titular desejasse receber tais informações em formato impresso, muitas árvores seriam desperdiçadas.

Não há como imaginar que o legislador tivesse a intenção de criar um direito tão abrangente e sem limites assim. É óbvio que o titular de dados precisa ter o seu direito de acesso respeitado, mas também deve existir uma limitação aos seus pleitos, para que sejam realizados e atendidos dentro do razoável, sob pena de serem ocasionados prejuízos relevantes a terceiros e aos próprios agentes de tratamento.

A segunda controvérsia relativa ao direito de acesso diz respeito à forma do seu exercício. Consoante disposto no art. 18, §3º da LGPD, os direitos do titular podem ser exercidos "mediante requerimento expresso do titular ou de representante legalmente constituído". Considerando que não há especificação acerca de forma necessária para que tais direitos sejam exercidos, questiona-se: pode o titular exercer o seu direito de acesso de qualquer modo? Leia-se: por meio de carta enviada ao controlador, por e-mail, por mensagem em rede social, por mensagem de WhatsApp, ou mesmo oralmente?

A ausência de delimitação de forma ao exercício do direito de acesso pode permitir a interpretação de que qualquer modo de exercício seria admitido, não sendo possível ao agente de tratamento especificar a forma para o exercício desse – ou de qualquer outro – direito. Essa interpretação, no entanto, tornaria inviável o recebimento adequado de solicitações por parte dos agentes de tratamento, impondo ônus excessivo e desproporcional, especialmente para agentes de tratamento que possuem instalações físicas e contato direto com titulares que são também consumidores.

Imagine-se o seguinte cenário: o titular de dados vai até uma loja física de um determinado controlador e decide realizar uma solicitação oral para um dos empregados do controlador, que trabalha em respectiva loja. Estaria o agente de tratamento obrigado a receber essa solicitação nesta hipótese e, mais, o prazo para resposta começaria a contar a partir do momento em que feita a solicitação oral pelo titular?

A resposta afirmativa, embora possa até encontrar pretenso amparo na legislação, gera uma situação desproporcional e claramente não razoável, na medida em que obrigaria que todos os empregados do agente de tratamento, inclusive aqueles que normalmente sequer possuem contato com o titular de dados (ou com o consumidor), precisassem estar preparados para receber solicitações de direito de acesso.

Note-se que isso em muito supera a ideia de que o agente de tratamento deveria, como boa prática, ainda que não exigido formalmente pela legislação, treinar todos os seus funcionários sobre o tema proteção de dados e sobre aspectos basilares da Lei Geral de Proteção de Dados Pessoais, já que o mero treinamento genérico sobre o assunto não seria suficiente para preparar os funcionários para casos como esse.

Se fosse possível admitir que o titular de dados teria o direito de realizar uma solicitação de acesso para qualquer funcionário, em qualquer meio, o agente de tratamento precisaria preparar todo o seu quadro de empregados – repita-se: todos os seus funcionários, incluindo aqueles que realizam funções meramente administrativas e que normalmente não possuem contato com terceiros de fora da organização – para situações como essa, fornecendo treinamentos específicos sobre o recepcionamento de solicitações de titulares de dados de acesso às suas informações.

No mundo real, que foge dos debates meramente acadêmicos e pouco relevantes para a prática cotidiana, o agente de tratamento teria um incentivo para pedir aos seus colaboradores que não incluíssem nos seus perfis pessoais de redes sociais profissionais, como o LinkedIn, que trabalham em determinada empresa, já que isso poderia atrair a atenção de titulares de dados para realizarem solicitações por mensagens diretas a respectivos colaboradores, caso a interpretação adotada fosse que o titular poderia realizar suas solicitações por qualquer meio.

Assim, não se mostra razoável aceitar que a solicitação do titular possa ser realizada de qualquer forma, ou para qualquer empregado ou representante do agente de tratamento. Muito pelo contrário. Ao se adotar uma interpretação sistemática da legislação, observa-se que o próprio legislador definiu que caberia ao encarregado pelo tratamento de dados pessoais receber as reclamações e comunicações dos titulares, conforme previsto no art. 41, §2º, I, da LGPD, a indicar que este seria o canal de contato preferencial com o agente de tratamento.

Desse modo, aparenta-se que não cabe ao titular realizar o seu pleito de acesso por qualquer forma, devendo observar os canais específicos criados pelo agente de tratamento para tanto, salvo na hipótese de o agente de tratamento não ter designado um canal de contato específico ou não ter nomeado um encarregado pelo tratamento de dados pessoais, o que, por si só, já resultaria em violação à legislação, exceto nos casos de dispensa – atualmente limitados a agentes de tratamento de pequeno porte que se enquadrem nos termos da Resolução CD/ANPD nº 2, de 27 de janeiro de 2022.

A terceira controvérsia, e talvez uma das mais delicadas, reside no prazo disponível ao agente de tratamento para resposta às solicitações de direito de acesso, e o momento em que se inicia o seu cômputo.

Nesse quesito o legislador foi extremamente falho, a começar pela indefinição de qual seriam os prazos aplicáveis para a resposta e a quem caberia escolhê-los, uma vez que o artigo 19 traz duas possibilidades no que tange aos prazos para resposta ao direito de confirmação da existência e ao direito de acesso.

Pelo que estipula o inciso I do artigo 19, caberia ao controlador conceder acesso imediato aos dados no formato simplificado. Duas perguntas centrais: o que seria o formato simplificado para o direito de acesso? E o que seria imediatamente?

A respeito da primeira questão, ainda não há qualquer orientação da Autoridade Nacional de Proteção de Dados sobre o famigerado "formato simplificado", e nem é possível antecipar o que seria esse formato. Enquanto o formato simplificado para o direito de confirmação da existência possa eventualmente ser considerado como a resposta binária, de sim ou não, para o direito de acesso não parece tão simples assim.

Em geral, sequer seria possível à maioria dos agentes de tratamento garantir a concessão do direito de acesso em formato simplificado, no prazo de "imediatamente". Seja o agente de tratamento uma grande organização, multinacional, ou uma pequena empresa, como a padaria da esquina, conseguir entregar acesso aos dados imediatamente é um desafio hercúleo, que certamente não deveria ser cobrado pelo legislador.

Sobre a segunda questão, "imediatamente" é um daqueles termos subjetivos que comporta interpretações diversas – e normalmente bem antagônicas. Dez segundos, 5 minutos, meia hora, 2 horas, 8 horas, um dia útil, são todos prazos que, a depender da interpretação, poderiam ser ditos como "imediatamente", de modo a cumprir com o ditame temporal previsto no inciso I do artigo 19.

O segundo prazo delineado pelo legislador, previsto no inciso II do artigo 19, também traz complexidades. Pela redação de respetivo dispositivo, caberia ao controlador garantir o direito de acesso por meio de declaração clara e completa no prazo de até 15 dias, contados da data do requerimento do titular.

Não bastasse ser difícil interpretar o que seria a declaração clara e completa para fins de direito de acesso, ou a quem caberia escolher entre a resposta em formato simplificado e a resposta mais detalhada, como já abordado no tópico anterior, o momento adotado pelo legislador para o início do cômputo do prazo é manifestamente impróprio.

Mais do que isso, respectiva escolha legislativa desconsidera a realidade brasileira, especialmente o tamanho de nosso país. Como já dissemos em outra oportunidade:

> Para piorar a situação, a legislação ainda estipula que o prazo de 15 dias deveria ser contado da data do requerimento do titular, gerando ônus ainda mais complexo aos controladores. Imagine-se o seguinte cenário: um titular de dados, que mora na cidade de Oiapoque/AP, resolve exercer o seu direito de acesso perante um controlador que possui sua sede na cidade do Chuí/RS, mediante o envio de uma carta registrada, pelos Correios, que é enviada no dia 11/01/2021. De acordo com o site dos Correios, o prazo de entrega de uma correspondência enviada do Oiapoque ao Chuí é de 9 dias úteis. Considerando que a carta chegue ao destinatário no dia 22/01/2021, já teria o controlador perdido 11 dias do seu prazo para resposta ao titular?
>
> *A priori*, a data do requerimento do titular, mesma linguagem utilizada pela LGPD, foi no dia 11/01/2021, muito embora a data de recebimento da solicitação pelo controlador tenha sido somente no dia 22/01/2021. O exemplo pode parecer grotesco, mas em um país continental como o Brasil, com a sua vasta extensão territorial, é bem possível que a solicitação somente seja recebida pelo controlador após os 15 dias indicados pela legislação. Inegavelmente, o critério adotado pela LGPD, da data do requerimento do titular, é inviável.[5]

---

[5] PALHARES, Felipe. A legislação incompleta: uma proposta de reforma à LGPD. *In*: PALHARES, Felipe (coord.). *Estudos sobre privacidade e proteção de dados*. São Paulo: Thomson Reuters Brasil, 2021. p. 636-637.

Para que fizesse sentido, e fosse praticável, o legislador deveria ter optado por iniciar o cômputo do prazo para a resposta a partir do recebimento da solicitação, não da data do seu envio. Por certo que o agente de tratamento pode tentar se furtar ao recebimento de uma solicitação, mas um caso isolado não deveria ser tomado como regra para a criação de um prazo irreal, que certamente não é viável no cenário brasileiro.

O cômputo do prazo de resposta também é problemático na medida em que a legislação não prevê qualquer possibilidade expressa de prorrogação, em nenhuma situação, o que causa, no mínimo, estranheza. Para fins de comparação, o GDPR, regulamento aplicável a países que já possuem uma cultura de proteção de dados há décadas e cujos agentes de tratamento estão mais acostumados a lidar com esse tema, é bem mais benéfico do que a legislação brasileira.

Conforme estabelece o artigo 12(3) do GDPR, o controlador possui um prazo de 1 mês para responder às solicitações de titulares de dados, que pode ser prorrogado por mais 2 meses, quando necessário em razão da complexidade ou do volume de solicitações. No Brasil, que não tem uma cultura prévia de proteção de dados, o legislador optou por criar um prazo diminuto, de 15 dias, sem prever qualquer hipótese de prorrogação.

Portanto, ainda que determinado controlador receba mais de 1.000 solicitações de acesso de titulares de dados em um mesmo dia, continuará sendo pretensamente obrigado a responder todas essas solicitações dentro do prazo de 15 dias, contado, para piorar, da data do envio da solicitação pelo titular.

Embora a legislação não traga clareza acerca de esses 15 dias serem úteis ou corridos, por congruência com outras posturas adotadas pela Autoridade Nacional de Proteção de Dados, parece fazer sentido defender que respectivo prazo deveria ser pelo menos computado em dias úteis, não em dias corridos.

Veja-se que ao definir, ainda que informalmente, o prazo que entende adequado para a comunicação de incidentes de segurança, a ANPD delineou em seu sítio eletrônico que respectivo prazo seria de 2 dias úteis. Por certo que incidentes de segurança são muito mais delicados do que solicitações de acesso, de modo que se a Autoridade é da visão de que o prazo para a comunicação de eventos dessa natureza deve ser computado em dias úteis, seria incongruente imaginar que o prazo para responder a solicitações de acesso deveria ser contado em dias corridos.

A legislação ainda traz a possibilidade de a Autoridade regulamentar prazos diferenciados para o atendimento às solicitações de acesso e de confirmação da existência para setores específicos, o que parece pouco sensato. Dificilmente setores específicos teriam problemas distintos em relação ao cumprimento dos prazos para resposta, de modo que eventual regulamentação de prazos diferenciados deveria ser aplicável a todos os segmentos, focando em circunstâncias específicas que permitiriam a dilação dos prazos, e não meramente no ramo de atuação do agente de tratamento.

A quarta e a quinta controvérsias relevantes em relação ao direito de acesso estão interligadas e merecem ser abordadas conjuntamente. Isso porque a legislação estabelece que as informações a serem fornecidas em resposta ao direito de acesso devem ser entregues por meio eletrônico, seguro e idôneo para esse fim, ou sob forma impressa, a critério do titular.

Em primeira análise, permitir que o titular seja o responsável pela decisão acerca de como o acesso aos seus dados será concedido parece razoável, especialmente em casos nos quais o titular não tenha fácil acesso a meios eletrônicos que o permitam conhecer quais de seus dados são tratados pelo agente de tratamento. A possibilidade de solicitar que os dados sejam entregues em formato impresso, portanto, garante real eficácia ao direito de acesso nesses cenários.

Por outro lado, permitir que a escolha seja unicamente do titular também acarreta um ônus adicional ao agente de tratamento, ainda mais quando a sua operação comercial for completamente digital. Nos tempos atuais, há negócios que sequer possuem impressoras, já que todo o relacionamento com seus clientes é feito por meios eletrônicos, e que precisariam contratar serviços de impressão unicamente para atender a solicitações de acesso de titulares de dados que potencialmente poderiam ser respondidas eletronicamente sem problemas.

Afinal, se a comunicação entre o titular e o agente de tratamento sempre ocorreu por meio eletrônico, inexistiria fundamento proporcional para que a solicitação fosse de entrega de cópias impressas, a demonstrar um potencial abuso de direito por parte do titular, voltado exclusivamente para criar complicações operacionais ao controlador.

Ainda assim, garantir que o titular de dados tenha a possibilidade de receber uma cópia impressa dos seus dados pessoais poderia continuar sendo razoável se a legislação tivesse criado determinados limites e condições para o exercício desse tipo de solicitação, algo que o legislador novamente deixou sem solução. O problema é acentuado em virtude da ausência de previsão acerca do custeio dos valores necessários para o atendimento de solicitações excessivas ou desproporcionais.

Em sentido contrário, o legislador decidiu incluir na redação da Lei o parágrafo 5º do artigo 18, que estabelece que as solicitações serão atendidas sem custos ao titular. A escolha é curiosa e demonstra que o legislador não antecipou situações que podem se concretizar e ocasionar prejuízos relevantes aos agentes de tratamento.

Vamos a mais um exemplo hipotético: um titular solicita acesso a todos os seus dados pessoais tratados por uma rede social no último ano, em formato impresso. Ao total, as interações do titular na rede social preenchem 500 páginas impressas, que são entregues ao titular em atendimento ao seu pedido. Pode o titular, no dia seguinte, realizar novamente a mesma solicitação? Pela letra da Lei, não haveria qualquer impeditivo. Pode o controlador exigir o pagamento dos custos que teve nessa segunda impressão de mais 500 páginas? Pela letra da Lei, não haveria possibilidade.

Chega a ser engraçado que o legislador brasileiro, que muito se inspirou no texto do GDPR ao editar a nossa legislação, tenha se esquecido de replicar condições relevantes que estão dispostas no Regulamento Europeu justamente para coibir abusos ou posturas desproporcionais por parte dos titulares de dados.

Com efeito, o artigo 12(5) do GDPR[6] assim prevê:

> *Information provided under Articles 13 and 14 and any communication and any actions taken under Articles 15 to 22 and 34 shall be provided free of charge. Where requests from a data subject are manifestly unfounded or excessive, in particular because of their repetitive character, the controller may either:*
> *(a) charge a reasonable fee taking into account the administrative costs of providing the information or communication or taking the action requested; or*
> *(b) refuse to act on the request.*
> *The controller shall bear the burden of demonstrating the manifestly unfounded or excessive character of the request.*[7]

---

[6] EUROPEAN PARLIAMENT. *Regulation (EU) 2016/679 of the European Parliament and of the Council of 27 April 2016 on the protection of natural persons with regard to the processing of personal data and on the free movement of such data, and repealing Directive 95/46/EC (General Data Protection Regulation)*. Disponível em: https://eur-lex.europa.eu/eli/reg/2016/679/oj. Acesso em: 7 nov. 2022.

[7] Tradução livre: "Informações fornecidas com base nos artigos 13 e 14 e qualquer comunicação e ações tomadas com base nos artigos 15 a 22 e 34 devem ser fornecidas sem custos. Quando as solicitações de um titular de dados forem manifestamente infundadas ou excessivas, especialmente em razão do seu caráter repetitivo, o controlador pode:

Não há, na legislação nacional, disposição similar. Ademais, considerando que ainda não há qualquer manifestação da ANPD em relação ao exercício dos direitos do titular, muito menos regulamentação sobre o tema, no momento atual os agentes de tratamento possuem uma obrigação inglória de atender a todo e qualquer pedido que seja feito pelo titular, por mais irrazoável que seja, sem cobrar qualquer custo de respectiva pessoa.

A LGPD claramente não é perfeita em muitos aspectos, mas neste, em específico, o legislador passou longe de ter criado uma disposição balanceada e factível, gerando, na verdade, um dever sobre os agentes de tratamento que passa muito longe do razoável.

Considerações finais

Os direitos de confirmação da existência do tratamento de dados e de acesso são fundamentais para a eficácia da Lei Geral de Proteção de Dados Pessoais, especialmente para que os titulares possam valer seus outros direitos e tenham efetivas condições de exercer sua autodeterminação informativa.

Sem o direito de acesso, por exemplo, realizar solicitações de correção, de exclusão, ou de portabilidade seria quase impossível, na medida em que o titular não teria plenas condições de conhecer quais de suas informações pessoais são tratadas por um determinado controlador.

Ainda assim, não se pode imaginar que tais direitos não devam ter limitações ou que possam ser exercidos de acordo com o bel-prazer dos titulares, sem que condições específicas não sejam determinadas, inclusive para coibir possíveis abusos por parte dos próprios titulares de dados.

A verdade é que, na forma em que está posta, a legislação nacional deixa margens para condutas repreensíveis, embutindo um ônus excessivo e claramente desproporcional nos agentes de tratamento, que podem, no limite, tornar a sua operação comercial deficitária pelo mero atendimento às solicitações de acesso de um titular mal-intencionado.

(a) cobrar uma taxa razoável levando em consideração os custos administrativos de fornecer a informação ou comunicação, ou de tomar a conduta solicita; ou
(b) recusar-se a tomar a ação solicitada.
O controlador deve arcar com o ônus de demonstrar o caráter manifestamente infundada ou excessivo da solicitação."

Infelizmente, o legislador parece ter se inspirado no GDPR somente quando lhe parecia mais conveniente, tornando a legislação nacional em uma colcha de retalhos, com retoques do sistema de proteção de dados existente na União Europeia, mas repleta de "jabutis" criados especialmente para dar um toque de brasilidade ao texto.

Essas pinceladas de verde e amarelo, no entanto, têm um efeito drástico: no que tange aos direitos de confirmação de existência e de acesso, o texto atual da LGPD representa uma dicotomia evidente, exigindo dos agentes de tratamento que se pratique o impraticável.

Referências

EUROPEAN PARLIAMENT. *Regulation (EU) 2016/679 of the European Parliament and of the Council of 27 April 2016 on the protection of natural persons with regard to the processing of personal data and on the free movement of such data, and repealing Directive 95/46/EC (General Data Protection Regulation)*. Disponível em: https://eur-lex.europa.eu/eli/reg/2016/679/oj. Acesso em: 7 nov. 2022.

PALHARES, Felipe. A legislação incompleta: uma proposta de reforma à LGPD. *In*: PALHARES, Felipe (coord.). *Estudos sobre privacidade e proteção de dados*. São Paulo: Thomson Reuters Brasil, 2021.

Informação bibliográfica deste texto, conforme a NBR 6023:2018 da Associação Brasileira de Normas Técnicas (ABNT):

PALHARES, Felipe. Praticando o impraticável: os dilemas dos direitos de acesso e de confirmação da existência do tratamento. *In*: FRANCOSKI, Denise de Souza Luiz; TEIVE, Marcello Muller (coord.). *LGPD*: direitos dos titulares. Belo Horizonte: Fórum, 2023. p. 179-194. ISBN 978-65-5518-500-3.

DIREITO A REVISÃO DE DECISÕES AUTOMATIZADAS
QUESTÕES PRÁTICAS DE INTERPRETAÇÃO

NURIA LÓPEZ

Introdução

"O que conta é que estamos no início de alguma coisa" – em maio de 1990, Deleuze publica um *post-scriptum* que anuncia e, ao mesmo tempo, sentencia a transição no modelo de controle social da disciplina para a informação.[1] Ele ilumina a situação ao dizer que "a linguagem numérica do controle é feita de cifras, que marcam o acesso à informação, ou a rejeição. (...) Félix Guattari imaginou uma cidade onde cada um pudesse deixar seu apartamento, sua rua, seu bairro, graças a um cartão eletrônico (dividual) que abriria as barreiras; mas o cartão poderia também ser recusado em tal dia, ou entre tal e tal hora; o que conta não é a barreira, mas o computador que detecta a posição de cada um, lícita ou ilícita, e opera uma modulação universal".

Subjacentes à mudança de dinâmica de controle social estão as decisões automatizadas tomadas a partir do tratamento de nossos dados pessoais. À época, o tema já era comum na União Europeia. As legislações nacionais como a sueca (1973), a alemã (1977) e a francesa (1978) traziam expressamente a questão das decisões automatizadas. A Convenção 108 (1981) também tinha como escopo as decisões

---

[1] DELEUZE, Gilles. Post-scriptum sur les sociétés de controle. *L 'autre journal*, nº 1, mai 1990. A tradução para o português é de Peter Pál Pelbart em *Conversações*: 1972-1990. Rio de Janeiro: Ed. 34, 1992, p. 219-226.

automatizadas.[2] Mas Deleuze foi sensível o bastante para notar o nó da questão: a rejeição, a recusa do cartão que concede o acesso à rua, e o controle em detectar a posição de cada um em uma modulação universal.

Esse pequeno excerto de Deleuze foi meu primeiro contato com o tema da proteção de dados pessoais há quase uma década[3] e ainda hoje se faz presente, sempre que, caso a caso, construo mentalmente um mosaico de fluxos de dados pessoais saltando entre diversos setores e modelos de negócios, e noto os potenciais impactos aos titulares de dados, as portas fechadas às quais ele se referiu. Na verdade, hoje a analogia da porta fechada, embora válida, parece simplória. As primeiras legislações de proteção de dados, bem como o excerto citado, vislumbraram impactos ainda em uma era muito incipiente para as aplicações de inteligência artificial. À época, as decisões automatizadas em geral traziam automações simples, sem componentes de inteligência artificial, matéria que vivia então os seus "invernos".[4] Hoje, as aplicações de inteligência artificial estão dissolvidas em nosso cotidiano, e diversas decisões automatizadas são produtos delas. A perspectiva adiante é de que assim como a conexão à internet, as aplicações de inteligência artificial façam parte do nosso cotidiano de tal forma que não sejam mais notadas.[5] A transição de dinâmicas de controle e, naturalmente, de poder, terá, por fim, exaurido-se.

É desse contexto que trata o direito a revisão de decisões automatizadas. A capacidade de tratamento de dados pessoais implica posição de controle, ainda que dinâmica, sobre os titulares, as decisões

---

[2] Sobre o desenvolvimento histórico do tema: LÓPEZ, Nuria. *Decisões automatizadas*: o futuro regulatório de inteligência artificial. In: *A Lei Geral de Proteção de Dados Pessoais – aspectos práticos e teóricos relevantes no setor público e privado*. São Paulo: Thomson Reuters Brasil, 2021, p. 839- 856. Também sobre o tema: LÓPEZ, Nuria. Um futuro, um dever: guia para o art. 20 da LGPD. In: *Proteção de dados – desafios e soluções na adequação à lei*. Rio de Janeiro: Forense, 2020, p. 181-194.

[3] BRANDAO, André Martins; SUÁREZ, Nuria López Cabaleiro. Sociedad de información:la nueva topología del poder. In: REY, Paula Requeijo; PISONERO, Carmen Gaona. (Org.). *Contenidos innovadores en la Universidad actual*. 1. ed. McGraw-Hill, 2014, p. 01-15.

[4] *"The phrase [AI winter] was coined by analogy with 'nuclear winter' – the theory that mass use of nuclear weapons would blot out the sun with smoke and dust, causing plunging global temperatures, a frozen Earth, and the extinction of humanity. The AI Winter merely caused the extinction of AI companies, partly because of the hype over expert systems and the disillusionment caused when business discovered their limitations."* Disponível em: https://www.ainewsletter.com/newsletters/aix_0501.htm#w

[5] WEISER, Mark. The Computer for the 21th Century. *ACM SIGMOBILE Mobile Computing and Communications Review*, Volume 3, issue 3, July 199, p. 3-11. Disponível em: https://doi.org/10.1145/329124.329126.

automatizadas, e mais do que isso, as decisões automatizadas com aplicações de inteligência artificial indicam maior e mais sofisticada capacidade de tratamento desses dados. Por isso, o texto do artigo 20 da Lei Geral de Proteção de Dados Pessoais (LGPD) foi intensamente discutido e alterado mesmo após a sanção, em agosto de 2018, seja pela Medida Provisória nº 869, de dezembro daquele ano, ou pela Lei nº 13.853 do ano seguinte. Pela mesma razão, ele seguirá sendo discutido quanto à sua interpretação e aplicação em casos contenciosos administrativos, judiciais e arbitrais.

Neste artigo, compartilho desafios que tenho enfrentado na prática diária sobre o tema do direito a revisão de decisões automatizadas, bem como ideias para solucioná-los. Passaremos pela análise do (i) objeto do direito a revisão; (ii) seu conteúdo; (iii) fundamento; e (iv) de algumas aplicações no direito brasileiro.

1 Objeto do direito a revisão: decisões tomadas *unicamente* com base em tratamento automatizado de dados pessoais

O primeiro ponto de análise sobre o direito a revisão de decisões automatizadas consiste em determinar qual o objeto desse direito. O artigo 20 da LGPD estabelece que "o titular dos dados tem direito a solicitar a revisão de decisões tomadas unicamente com base em tratamento automatizado de dados pessoais que afetem seus interesses". Nesse sentido, uma arguição comum seria a tentativa de incluir uma decisão humana no processo decisório para afastar o direito a revisão. Portanto, vale investigar em que termos essa decisão humana deve ocorrer para permitir essa consequência.

A lógica que permite delimitar o objeto do direito a revisão às decisões tomadas *unicamente* com base em tratamento automatizado vem do artigo 22º do Regulamento Geral sobre Proteção de Dados da União Europeia (Regulamento UE 2016/679, RGPD, ou, na sigla em inglês, GDPR). No Regulamento europeu, esse direito parte da premissa de que o titular tem o direito de não ficar sujeito a decisões tomadas exclusivamente de forma automatizada ("o titular dos dados tem o direito de não ficar sujeito a nenhuma decisão tomada exclusivamente com base no tratamento automatizado, incluindo a definição de perfis, que produza efeitos na sua esfera jurídica ou que o afete significativamente de forma similar"). Contudo, nos casos em que, excepcionalmente, essa decisão *exclusivamente* automatizada ocorrer, o titular tem o direito de obter, pelo menos, uma intervenção humana, para que possa manifestar seu ponto de vista e contestar a decisão ("*o responsável pelo tratamento* [controlador] *aplica medidas adequadas para salvaguardar os direitos e liberdades e legítimos interesses do titular dos dados, designadamente o direito de, pelo menos, obter intervenção humana por parte do responsável, manifestar o seu ponto de vista e contestar a decisão*"). Isto é, de qualquer forma, o titular contará com um humano no processo decisório. Por isso, não haveria sentido em garantir esse direito a decisões que já contam com um humano na tomada de decisão.

É curiosa a garantia de um humano no processo decisório quando estudos recentes demonstram a confiança que as pessoas têm nas diversas aplicações de inteligência artificial.[6] Além disso, é possível arguir que nós, humanos, podemos ser – e muitas vezes somos – injustos. Nossas inafastáveis experiências de vida modelam nossas decisões. Carregamos, por *design*, vieses na forma como compreendemos o mundo. Nossa constituição cognitiva, diferentemente do que ocorre com as aplicações de inteligência artificial, engloba uma importante carga de afetividade. Evolutivamente, é essa carga de afetividade que nos permite lidar com tomadas de decisões complexas, como as que envolvem decidir se uma situação é justa ou injusta, boa ou má.[7]

Quando o Regulamento Europeu nos garante um humano no processo decisório, não o faz para obter neutralidade ou ausência de vieses (o que não seria possível para humanos ou para aplicações de inteligência artificial), mas sim para garantir que sejamos julgados por um outro ser nascido, que compartilha conosco a dificuldade do livre arbítrio e que a resolve na medida de suas possibilidades. Assim, não há garantia sobre a justiça da decisão, e sim sobre a importância de ser julgado por um semelhante.[8-9]

---

[6] Por todos, a revisão bibliográfica de GLIKSON, Ella; WOOLLEY, Anita Williams. Human trust in artificial intelligence: review of empirical research. *Academy of Management Annals*, 2020. Vol. 14, nº 2, 627-660.

[7] SUÁREZ, Nuria López Cabaleiro. *A dinâmica da justiça*: um estudo a partir de Hannah Arendt. Tese de Doutoramento na PUC-SP, 2018.

[8] "A sociabilidade se dá então, a partir das ações livres dos sujeitos, que têm o livre arbítrio, mas não devem eliminar a igualdade instituída historicamente pela descendência comum. Segundo Arendt, essa igualdade ganha um novo sentido sob o prisma da liberdade de escolha: o amor ao próximo (1997, p. 157). A descendência comum nos faz a todos familiares, e não estranhos, e por isso 'não há ninguém no gênero humano a quem não se deva amor, não devido a uma afeição recíproca, mas devido à própria pertença a uma comunidade de natureza'. Este amor não faz senão exprimir a interdependência dos homens. (1997, p. 160)." *Idem*, p. 65.

[9] Há um interessante artigo de Miriam Wimmer e Danilo Doneda ("'Falhas de IA' e a intervenção humana em decisões automatizadas: parâmetros para a legitimação pela

O Comitê Europeu de Proteção de Dados (*European Data Protection Board* – EDPB) emitiu orientação sobre a interpretação desse tema. Segundo a autoridade europeia, "se um ser humano examinar e ponderar outros fatores ao tomar a decisão final, esta não será 'tomada exclusivamente com base' no tratamento automatizado".[10] Importa notar que o humano é incluído no processo decisório, mas não em qualquer ponto dele. Para a decisão não ser considerada exclusivamente automatizada, o humano deve estar localizado ao final do processo decisório e em condições de "examinar e ponderar outros fatores" para alterá-la. Ou seja, "para que se considere haver uma intervenção humana, o responsável pelo tratamento [controlador] tem de garantir que qualquer supervisão da decisão seja relevante, e não um mero gesto simbólico". O que implica garantir que a pessoa em questão tenha autoridade para alterar o resultado obtido de forma automatizado ("Essa supervisão deve ser levada a cabo por alguém com autoridade e competência para alterar a decisão"). A própria autoridade exemplifica: "se alguém aplicar de forma sistemática perfis gerados automaticamente a pessoas sem ter qualquer influência efetiva no resultado, tratar-se-á, ainda assim, de uma decisão tomada exclusivamente com base no tratamento automatizado".

Na redação sancionada em agosto de 2018, o artigo 20 da LGPD também garantia uma pessoa humana no direito a revisão. O texto dispunha que "o titular dos dados tem direito a solicitar revisão, por pessoa natural, de decisões tomadas unicamente com base em tratamento automatizado de dados pessoais que afetem seus interesses". Com a Medida Provisória nº 869/2018, a expressão "pessoa natural" foi realocada no §3º do mesmo artigo, posteriormente vetado. O veto presidencial, após oitiva dos Ministérios da Economia, da Ciência, Tecnologia, Inovações e Comunicações, da Controladoria-Geral da União e do Banco Central do Brasil, teve como justificativa o entendimento

---

humanização". *RDP*, Brasília, vol. 18, nº 100, p. 374-406, out/dez 2021) no qual sugerem três parâmetros para a necessidade e a intensidade da intervenção humana sob a perspectiva de legitimar a decisão pela humanização. São eles o grau de transparência/opacidade do sistema em questão e a compreensibilidade do processo decisional; o impacto da decisão automatizada sobre direitos fundamentais; e as possibilidades de participação do próprio titular nos resultados do sistema.

[10] Comitê Europeu de Proteção de Dados (*European Data Protection Board* – EDPB). Orientações sobre as decisões individuais automatizadas e a definição de perfis para efeitos do Regulamento (UE) 2016/679. Adotadas em 3 de outubro de 2017, com a última redação revista e adotada em 6 de fevereiro de 2018. Disponível em: https://ec.europa.eu/newsroom/article29/items/612053.

de que a revisão humana "contraria o interesse público, tendo em vista que tal exigência inviabilizará os modelos atuais de planos de negócios de muitas empresas, notadamente das *startups*, bem como impacta na análise de risco de crédito e de novos modelos de negócios de instituições financeiras, gerando efeito negativo na oferta de crédito aos consumidores, tanto no que diz respeito à qualidade das garantias, ao volume de crédito contratado e à composição de preços, com reflexos, ainda, nos índices de inflação e na condução da política monetária".

Sem a exigência de revisão humana, em que medida faz sentido restringir o objeto do direito a revisão às decisões *exclusivamente* automatizadas? Na União Europeia, o direito restringe-se às decisões exclusivamente automatizadas, porque em não havendo intervenção humana durante o processo decisório, garante-se a presença humana no direito a ser ouvido e a contestar a decisão. No Brasil, se não houver intervenção humana no processo decisório, tampouco haverá, ao menos pela literalidade da lei, a obrigatoriedade de incluí-la na etapa de atendimento ao direito de revisão do titular. Essa perspectiva é importante para a interpretação do artigo 20 da LGPD.

O que a literalidade do *caput* do artigo 20 da LGPD estabelece é que nos casos de decisão exclusivamente automatizada, o controlador tem a obrigação de prestar informações sobre os critérios e procedimentos utilizados, exigidas pelo parágrafo 1º. Vale a questão de que forma a inclusão de um humano no processo decisório teria o mérito de afastar essa obrigação sobre a parte da decisão tomada de forma automatizada? É dizer, seja pela ausência da obrigatoriedade da revisão humana, seja pela necessidade de fornecer aos titulares meios de exercício de sua autodeterminação informativa, a interpretação sobre o termo *unicamente* (em "decisões tomadas unicamente com base em tratamento automatizado de dados pessoais") deve ser feita de forma bastante restritiva, a fim de garantir ao titular as informações sobre a decisão a qual está sujeito.[11]

---

[11] Como perspectiva do que seria uma intervenção humana ótima no ciclo de vida de uma aplicação de inteligência artificial, vale conferir o conceito de *"contestability by design"* de Marco Almada em *Human Intervention in Automated Decision-Making: Toward the Construction of Contestable Systems* (23/04/2019). 17th International Conference on Artificial Intelligence and Law (ICAIL 2019). Disponível em: https://ssrn.com/abstract=3264189 or http://dx.doi.org/10.2139/ssrn.3264189

2 Conteúdo do direito a revisão: informações claras e adequadas a respeito dos critérios e dos procedimentos utilizados para a decisão automatizada

O parágrafo 1º do artigo 20 da LGPD traz a obrigação do controlador de fornecer, sempre que solicitadas (e, portanto, *a posteriori*) "informações claras e adequadas a respeito dos critérios e dos procedimentos utilizados para a decisão automatizada, observados os segredos comercial e industrial". A norma tem como destinatários o controlador, para quem estabelece uma obrigação, e os titulares, para quem estabelece o direito de obter essa informação. Ela tem correlação com o direito de acesso do artigo 15º, 1, "h", do GDPR que determina: "*O titular dos dados tem o direito de obter do responsável pelo tratamento* [controlador] *a confirmação de que os dados pessoais que lhe digam respeito são ou não objeto de tratamento e, se for esse o caso, o direito de aceder aos seus dados pessoais e às seguintes informações: a existência de decisões automatizadas, incluindo a definição de perfis, referida no artigo 22º, nºs 1 e 4, e, pelo menos nesses casos, informações úteis relativas à lógica subjacente, bem como a importância e as consequências previstas de tal tratamento para o titular dos dados*".

Na Europa, há um amplo debate a saber se essa norma constitui um "direito à explicação" sobre os algoritmos envolvidos na tomada de decisão automatizada. O artigo de maior impacto sobre o tema, *Why a Right to Explaation of Automated Decision-Making Does Not Exist in the General Data Protection Regulation*,[12] de autoria de Wachter, Mittelstadt e Floridi, com bastante mérito entende que não há propriamente um direito à explicação. Dentre outras razões, os autores compreendem que o direito a obter "informações úteis relativas à lógica subjacente" da decisão automatizada, da forma como aprovada no Regulamento europeu, circunscreve-se a um direito de acesso à informação, como aponta a rubrica do artigo no qual se encontra, e que deve ser concedido *ex ante* (ou seja, antes que o tratamento de dados pessoal ocorra e, portanto, necessariamente é mais genérico, não se refere especificamente a uma tomada de decisão específica). O direito a explicação algorítmica, *ex post* e mais específico, teria ficado no texto do considerando 71 (e os *considerandos* não têm força normativa, de forma parecida com o que temos compreendido no Brasil sobre o preâmbulo da Constituição), no seguinte trecho: "Em qualquer dos casos, tal tratamento deverá ser acompanhado das garantias adequadas, que deverão incluir

---

[12] *International Data Privacy Law*, 2017, vol. 7, nº 2, p. 76-99.

a informação específica ao titular dos dados e o direito de obter a intervenção humana, de manifestar o seu ponto de vista, de obter uma explicação sobre a decisão tomada na sequência dessa avaliação e de contestar a decisão".

Contudo, a própria definição sobre o direito à explicação tratar-se de um direito *ex post* sobre uma decisão algorítmica, e o direito de acesso à informação, um direito *ex ante*, não é uma classificação amplamente compartilhada pela comunidade acadêmica. Existem posições, também com muito mérito, e por todos cito Selbst e Powles em *Meaningful Information and the Right to Explanation*,[13] que compreendem que a interpretação de Wachter *et al* sobre o tema foi demasiadamente restritiva. O artigo 22º, especificamente sobre decisões automatizadas, estabelece o direito de obter "medidas adequadas para salvaguardar os direitos e liberdades e legítimos interesses do titular dos dados", bem como o de obter "intervenção humana por parte do responsável [controlador], manifestar o seu ponto de vista e contestar a decisão". Nota-se que do texto do Considerando 71 foi aprovado como texto legal, no artigo 22, as salvaguardas; a intervenção humana; mas não expressamente o direito à explicação. Não obstante, autores como Selbst e Powles, com os quais concordo, compreendem que ele deve ser interpretado em consonância com o direito de acesso à informação do artigo 15 – e que este não deve se restringir ao momento *ex ante* à decisão automatizada, ao contrário, deve abranger também as decisões específicas, inclusive para que o titular possa exercer sua autodeterminação informativa.

É importante esclarecer o contexto da discussão na União Europeia para que possamos analisar em que pontos há efetivamente uma correlação com a LGPD e em que pontos não é possível traçar um paralelo. Especialmente porque a Lei brasileira alocou o nosso "direito a revisão de decisões automatizadas" no artigo 20 de forma autônoma em relação aos demais direitos dos titulares, inclusive o direito a acesso. Assim, ao solicitar o "direito a revisão" de uma decisão automatizada, o titular tem, evidentemente, o direito a acesso aos seus dados pessoais utilizados na tomada de decisão (nos termos do artigo 18, II, LGPD) e às "informações claras e adequadas a respeito dos critérios e dos procedimentos utilizados para a decisão automatizada" (nos termos do artigo 20, §1º, LGPD). No caso da Lei brasileira, não resta dúvida que as informações são *ex post*, referem-se à decisão específica à qual o

---

[13] *International Data Privacy Law*, 2017, vol. 7, nº 4, p. 233–242.

titular está sujeito. Assim, o direito a revisão de decisões automatizadas brasileiro contém, no parágrafo 1º, em que se estabelece o direito a informações claras e adequadas a respeito dos critérios e dos procedimentos utilizados para a decisão, um direito à explicação.

Para além da palavra que consta expressamente na norma positivada, já que o termo "explicação" ficou no Considerando 71 do GDPR e tampouco consta na LGPD, sua utilização para referir às informações do parágrafo 1º tem o mérito de construir pontes, ainda que não se confunda, com os esforços de buscar aplicações de inteligência artificial mais explicáveis (*"explainable artificial intelligence"*, ou na sigla X-AI). Os termos não se confundem pois enquanto o direito a explicação é limitado pela interpretação jurídica a ele aplicável, incluindo o resguardo à propriedade intelectual, a explicabilidade objeto da X-AI é o mais abrangente e completa possível. Ambos os termos, contudo, relacionam-se, porquanto maior for a explicabilidade de uma aplicação de inteligência artificial, maior a possibilidade de efetivar o direito à explicação. A referência desde logo a esse direito importa para a construção de pontes em um debate necessariamente multidisciplinar sobre regulamentação de inteligência artificial.

A explicabilidade se torna um direito à explicação justamente porque "há um importante *gap* epistêmico pós-decisão que deve ser preenchido, quando a decisão é entregue pelo sistema artificial e comunicado ao 'sistema humano': o *gap* da explicação".[14] A literatura estabelece alguns parâmetros para resolver esse "*gap*" comunicacional de explicação aos usuários/sujeitos a decisões automatizadas. O primeiro é a efetividade da comunicação, tanto em conteúdo, quanto em forma; o segundo é a suficiência da acurácia, que determina que a acurácia da explicação deve ser adequada/suficiente para o contexto no qual está inserida; o terceiro é a suficiência da confiança, segundo o qual a confiança no resultado deve ser confiável o bastante para o contexto no qual está inserida; e o quarto e último é a suficiência epistêmica, em que o usuário/sujeito sente que a explicação recebida foi suficiente para sanar o "*gap*".[15]

Para que o critério da "suficiência epistêmica" não seja volátil demais, ao sentir de cada um dos sujeitos, as legislações podem auxiliar a delimitar o que se considera "suficiente" para cada contexto. Nessa

---

[14] BESOLD, Tarek R.; UCKELMAN, Sara L. *The What, the why, and the how of artificial explanations in automated decision-making*. Disponível em: https://arxiv.org/pdf/1808.07074.pdf.

[15] *Idem*.

linha, podemos nos questionar o que, para a LGPD, é considerado claro e adequado a respeito dos critérios e dos procedimentos utilizados para a decisão automatizada, observados os segredos comercial e industrial. Sabemos, pelo texto da Lei, que: (i) essa informação não pode violar segredo comercial e industrial; (ii) deve ser de fácil compreensão, isto é, não pode ser técnica a ponto de não ser compreendida com facilidade por seus titulares de dados; (iii) deve ser adequada. Pode-se considerar que as informações devem ser adequadas à finalidade do direito de obtê-las, que é permitir o exercício da autodeterminação informativa e, mais especificamente, evitar que dados pessoais sejam utilizados de forma discriminatória.

3 Fundamento: autodeterminação informativa e princípio da não discriminação

O direito a revisão de decisões automatizadas, incluindo o direito a explicação/informação, tem seu fundamento último na autodeterminação informativa.[16] É preciso comunicar com efetividade sobre a decisão automatizada, de forma que seja possível ao titular compreender a que está sujeito e, se quiser, tomar as medidas necessárias para exercer seus direitos no contexto dessa decisão. A explicação/informação é premissa lógica da possibilidade de exercício de direitos e, consequentemente, do poder de controlar seus próprios dados pessoais. Esse fundamento é válido para a legislação europeia e para as demais legislações que, como a nossa, tiveram-na como inspiração.

Contudo, a LGPD traz um fundamento adicional no parágrafo 2º, artigo 20, que determina que "em caso de não oferecimento de informações de que trata o §1º deste artigo baseado na observância de segredo comercial e industrial, a autoridade nacional poderá realizar auditoria para verificação de aspectos discriminatórios em tratamento automatizado de dados pessoais". Aqui a lei estabelece uma importante relação, da qual decorrem duas consequências entre o direito à explicação/informação e a possibilidade de verificação de aspectos discriminatórios na decisão automatizada.

---

[16] A autodeterminação informativa é decorrente da autodeterminação do indivíduo no que tange às informações sobre si mesmo. O conceito foi desenvolvido na jurisprudência da Corte Constitucional alemã, a partir do direito fundamental ao livre desenvolvimento da personalidade. Ver: MENDES, Laura Schertel Ferreira. Autodeterminação informativa: a história de um conceito. *Pensar – Revisa de Ciências Jurídicas*. v. 25, nº 04, 2020. Disponível em: https://ojs.unifor.br/rpen/article/view/10828.

A primeira consequência é a condicional para a possibilidade de auditoria de aspectos discriminatórios. Apenas se não houver o oferecimento das informações indicadas no parágrafo 1º é que se abre a possibilidade de auditoria da Autoridade Nacional de Proteção de Dados (ANPD) para mencionada verificação. Essa condicionante importa sobretudo porque desloca o controlador para ser sujeito do direito à explicação/informação, notadamente a fim de afastar a possibilidade da auditoria e, com ela, eventual lesão à sua propriedade intelectual. Assim, o controlador tem o dever de fornecer a explicação/informação ao titular afetado pela decisão automatizada e, ao mesmo tempo, tem o direito de fazê-lo para evitar eventuais prejuízos aos seus segredos comerciais ou industriais.

A segunda consequência que essa articulação revela é a valorização do princípio da não discriminação, definido no artigo 6º, IX, LGPD como a *"impossibilidade de realização do tratamento para fins discriminatórios ilícitos ou abusivos"*. A valorização desse princípio se dá pela não tolerância de práticas discriminatórias. De forma que a não prestação de informações pode gerar indagações sobre impactos em uma diversidade de direitos e liberdades dos titulares. Cada qual deve ser objeto de investigação, ter sua formação de conjunto probatório, na sede adequada, seja administrativa ou judicial. Contudo, a perspectiva de impacto a direitos em razão de possível prática discriminatória pela decisão automatizada é elevada a um patamar de inadmissibilidade tal que autoriza a auditoria pela ANDP especificamente para verificá-la. Decorre da valorização do princípio da não discriminação, que também o compreendamos como fundamento do direito à explicação/informação.

Existem algumas metodologias internacionais para lidar com a adequação à proteção de dados pessoais de decisões automatizadas mais complexas, que envolvam componentes de inteligência artificial. Em geral, elas incluem a preocupação com práticas discriminatórias produzidas por resultados algorítmicos. Nesse sentido, é válido mencionar a clássica *Algorithm Impact Assessment Tool* (Ferramenta de Avaliação de Impacto Algorítmico) do Canadá;[17] o Guia da Autoridade Espanhola de Proteção de Dados (AEPD) para adequação ao RGPD/GDPR de tratamentos que incorporam inteligência artificial;[18]

---

[17] Disponível em: https://www.canada.ca/en/government/system/digital-government/digital-government-innovations/responsible-use-ai/algorithmic-impact-assessment.html.
[18] Disponível em: https://www.aepd.es/sites/default/files/2020-02/adecuacion-rgpd-ia.pdf.

os controles da ISO/IEC TR 24027:2021 sobre "vieses em sistemas de inteligência artificial e tomadas de decisões auxiliadas por inteligência artificial"[19] ou, ainda, o *AI and Data Protection Risk Tool* (Kit de Ferramentas para Inteligência Artificial e Proteção de Dados), da Autoridade inglesa, a ICO.[20]

Todas essas metodologias endereçam, em alguma medida, a avaliação de possíveis aspectos discriminatórios. O AIA canadense, por exemplo, traz as seguintes questões: *"os clientes* [titulares] *são particularmente vulneráveis?"* e *"foi usado a* Gender-based Analysis Plus [um procedimento de análise de dados do governo canadense para verificar impacto de políticas públicas em mulheres, homens e pessoas não binárias] *e, se sim, essa informação será pública?";* a metodologia espanhola pergunta sobre aspectos como *"o aspecto cultural, sua escala de valores";* e a inglesa reconhece que *"indivíduos sofrem resultados discriminatórios que são causados por um sistema de IA que depende de características protegidas para tomar uma decisão. Como consequência, os indivíduos sofrem com decisões ilegais que estão sendo tomadas sobre eles e perdem benefícios econômicos ou sociais"* e recomenda, como medida, que se *"avalie, documente e mantenha um índice de fontes ou recursos de dados que não devem ser tratados ao tomar decisões sobre indivíduos por causa de discriminação direta ou indireta"*.

Um passo adiante, é importante notar que a obrigação de fornecer a explicação/informação, inclusive para avaliação de eventuais aspectos discriminatórios, é do controlador de dados pessoais. É possível, contudo, que o controlador seja apenas usuário da aplicação de inteligência artificial e não tenha acesso às informações necessárias para cumprir com essa obrigação legal. Portanto, ressalta-se desde já a importância de obter essas informações previamente à utilização da aplicação de inteligência artificial, em sede de avaliação de terceiros sobre o parceiro comercial que a comercializa e/ou desenvolve. Elas são parte da documentação indispensável para que o controlador consiga cumprir sua obrigação legal de atendimento aos direitos dos titulares, no caso, o direito a revisão de decisões automatizadas do artigo 20, LGPD. Em posse dessas informações, as metodologias acima mencionadas podem auxiliar desenvolvedores de tecnologia, controladores e autoridades a verificar eventuais aspectos discriminatórios nos resultados de decisões automatizadas, especialmente quando houver componentes de inteligência artificial.

---

[19] Disponível em: https://www.iso.org/standard/77607.html.
[20] Disponível em: https://ico.org.uk/for-organisations/guide-to-data-protection/key-dp-themes/guidance-on-ai-and-data-protection/ai-and-data-protection-risk-toolkit/.

4 Algumas aplicações no direito brasileiro

Entre as muitas utilizações de decisões automatizadas, inclusive com mencionados componentes de inteligência artificial, que aumentam sua complexidade, podemos apontar algumas que se destacam no contexto brasileiro seja pelo impacto em grande escala ou de forma grave.

O *score* de crédito, tão corriqueiro no cotidiano brasileiro, utilizado para as mais diversas finalidades, é um bom exemplo. Objeto de decisão judicial do Superior Tribunal de Justiça em 2014,[21] reitera o direito de acesso ao histórico de crédito e aos dados pessoais considerados, com fundamento no Código de Defesa do Consumidor e na Lei de Cadastro Positivo. Nesse caso, o direito de acesso é premissa para outros direitos de titular, como o direito de retificação, caso os dados estejam errados ou desatualizados. Há inclusive possibilidade de responsabilidade objetiva e solidária entre o fornecedor do serviço, o responsável pelo banco de dados, da fonte e o consulente na hipótese de danos morais pelo uso de dados excessivos ou sensíveis, ou ainda pela recusa indevida de crédito por má qualidade dos dados utilizados.

Aliás, cabe reconhecer que muito do conteúdo presente na LGPD já estava presente na legislação consumerista. A própria dicção do artigo 20, §1º sobre "informações claras e adequadas a respeito dos critérios e dos procedimentos utilizados para a decisão automatizada, observados os segredos comercial e industrial" está inspirado no artigo 5º, IV, da Lei do Cadastro Positivo (Lei nº 12.414/11, segundo o qual *"são direitos do cadastrado: IV – conhecer os principais elementos e critérios considerados para a análise de risco, resguardado o segredo empresarial"*.

---

[21] Tema Repetitivo 710: "I – O sistema *'credit scoring'* é um método desenvolvido para avaliação do risco de concessão de crédito, a partir de modelos estatísticos, considerando diversas variáveis, com atribuição de uma pontuação ao consumidor avaliado (nota do risco de crédito). II – Essa prática comercial é lícita, estando autorizada pelo art. 5º, IV, e pelo art. 7º, I, da Lei n. 12.414/2011 (lei do cadastro positivo). III – Na avaliação do risco de crédito, devem ser respeitados os limites estabelecidos pelo sistema de proteção do consumidor no sentido da tutela da privacidade e da máxima transparência nas relações negociais, conforme previsão do CDC e da Lei nº 12.414/2011. IV – Apesar de desnecessário o consentimento do consumidor consultado, devem ser a ele fornecidos esclarecimentos, caso solicitados, acerca das fontes dos dados considerados (histórico de crédito), bem como as informações pessoais valoradas. V - O desrespeito aos limites legais na utilização do sistema *'credit scoring'*, configurando abuso no exercício desse direito (art. 187 do CC), pode ensejar a responsabilidade objetiva e solidária do fornecedor do serviço, do responsável pelo banco de dados, da fonte e do consulente (art. 16 da Lei nº 12.414/2011) pela ocorrência de danos morais nas hipóteses de utilização de informações excessivas ou sensíveis (art. 3º, §3º, I e II, da Lei nº 12.414/2011), bem como nos casos de comprovada recusa indevida de crédito pelo uso de dados incorretos ou desatualizados".

Ademais, com a crescente adoção de aplicações de inteligência artificial por órgãos públicos, ganha relevância o Enunciado 12, editado na I Jornada de Direito Administrativo do CJF/STJ, realizada nos dias 03 a 07 de agosto de 2020, segundo o qual *"a decisão administrativa robótica deve ser suficientemente motivada, sendo a sua opacidade motivo de invalidação"*. Nesse sentido, nota-se que a importância da motivação dos atos administrativos e, na mesma esteira, por força constitucional, dos atos jurisdicionais, translada-se ao direito à explicação/informação.[22]

Também no setor de seguros há muito espaço para aplicação e desenvolvimento do direito de revisão de decisões automatizadas. Sobre o tema, ressalta-se o trabalho de Thiago Junqueira que conjuga a necessidade de eficiência atuarial com a possibilidade de discriminação indireta nos resultados algorítmicos. Por isso, aponta para a *"necessidade do desenvolvimento legal, doutrinário e jurisprudencial da teoria da discriminação indireta no Brasil"*[23] e, mais pragmaticamente, de saber *"qual seria a amplitude do dever de adaptação razoável do algoritmo, exigível do segurador para o afastamento da discriminação indireta"*.[24]

Por fim, vale a menção aos impactos nas relações de trabalho, desde o processo de seleção e recrutamento até a possível sucessão de perfilamento de funcionários para monitoramento e avaliação de desempenho, progressão de carreira ou mesmo desligamento. Embora o tema ainda esteja bastante incipiente na jurisprudência, dada a atuação efetiva da Justiça do Trabalho no país, é provável que em breve tenhamos ao menos contornos de aplicações do artigo 20 da LGPD para suprir o *"gap"* comunicacional com os trabalhadores e evitar violações ao direito de acesso ao trabalho, em especial as que eventualmente decorram de tratamento discriminatório de dados pessoais.

Considerações finais

Enquanto o Projeto de Lei nº 21/2020 (o "Marco Legal da Inteligência Artificial", como ficou conhecido o projeto que "estabelece fundamentos, princípios e diretrizes para o desenvolvimento e a

---

[22] Para a discussão que se abre no Poder Público, ver: CUEVA, Javier de la. *La importancia del código fuente*. Disponível em: https://www.academia.edu/36852264/La_importancia_del_c%C3%B3digo_fuente.

[23] JUNQUEIRA, Thiago. *Tratamento de dados pessoais e discriminação algorítmica nos seguros*. São Paulo: Thomson Reuters Brasil, 2020, p. 385.

[24] *Idem*.

aplicação da inteligência artificial no Brasil") não exaure seu devido processo legislativo, a demanda social dos impactos a direitos e liberdades causada por decisões automatizadas, em especial as que contêm elementos de inteligência artificial, faz crescer o regulatório de setores específicos como o creditício, securitário e o trabalhista. As diretrizes e os princípios para o desenvolvimento e o uso ético de inteligência artificial, explicitados em cartas e declarações das iniciativas pública e privada,[25] carecem de critérios objetivos, controles específicos, procedimentos e boas práticas que podem ser aplicadas a essas demandas sociais. Assim, a regulamentação vai se construindo aos poucos, de forma dinâmica, na análise de caso a caso por autoridades administrativas e judiciais; na solução de questões pontuais por integrantes de um mesmo setor; e, claro, na delimitação dos contornos de interpretação da norma geral que hoje aplica-se a todos esses casos: o artigo 20, LGPD. Por isso, este trabalho dedicou-se a compartilhar questões que auxiliem a essa delimitação – desde o seu objeto até seu conteúdo e seus fundamentos. Estamos mesmo só no início de alguma coisa.

Referências

AEPD (ESPANHA). *Guia da Autoridade Espanhola de Proteção de Dados (AEPD) para adequação ao RGPD/ GDPR de tratamentos que incorporam inteligência artificial*. Disponível em: https://www.aepd.es/sites/default/files/2020-02/adecuacion-rgpd-ia.pdf.

ALMADA, Marco. *Human intervention in automated decision-making:* toward the Construction of Contestable Systems (23/04/2019). 17th International Conference on Artificial Intelligence and Law (ICAIL 2019), Disponível em: SSRN: https://ssrn.com/abstract=3264189 or http://dx.doi.org/10.2139/ssrn.3264189.

BESOLD, Tarek R.; UCKELMAN, Sara L. *The what, the why, and the how of artificial explanations in automated decision-making*. Disponível em: https://arxiv.org/pdf/1808.07074.pdf.

BRANDAO, André Martins; SUÁREZ, Nuria López Cabaleiro. Sociedad de información: la nueva topología del poder. *In*: REY, Paula Requeijo; PISONERO, Carmen Gaona. (Org.). *Contenidos innovadores en la Universidad actual*. 1. ed. McGraw-Hill, 2014, p. 01-15.

CANADÁ. *Algorithm impact assessment tool* (Ferramenta de Avaliação de Impacto Algorítmico). Disponível em: https://www.canada.ca/em/government/system/digital-government/digital-government-innovations/responsible-use-ai/algorithmic-impact-assessment.html.

---

[25] Uma ampla revisão e análise do tema em: OLIVEIRA, André Gualtieri de; LÓPEZ, Nuria. *Diretrizes éticas para o desenvolvimento de inteligência artificial*. IASP / Almedina, 2020.

COMITÊ EUROPEU DE PROTEÇÃO DE DADOS (*European Data Protection Board – EDPB*). Orientações sobre as decisões individuais automatizadas e a definição de perfis para efeitos do Regulamento (UE) 2016/679. Adotadas em 3 de outubro de 2017, com a última redação revista e adotada em 6 de fevereiro de 2018. Disponível em: https://ec.europa.eu/newsroom/article29/items/612053.

CUEVA, Javier de la. *La importancia del código fuente*. Disponível em: https://www.academia.edu/36852264/La_importancia_del_c%C3%B3digo_fuente.

DELEUZE, Gilles. Post-scriptum sur les sociétés de controle. *L 'autre journal*, nº 1, mai 1990. A tradução para o português é de Peter Pál Pelbart *in* Conversações: 1972-1990. Rio de Janeiro: Ed. 34, 1992, p. 219-226.

GLIKSON, Ella; WOOLLEY, Anita Williams. Human trust in artificial intelligence: review of empirical research. *Academy of Management Annals*, 2020, vol. 14, nº 2, 627-660.

ICO. *AI and Data Protection Risk Tool* (Kit de Ferramentas para Inteligência Artificial e Proteção de Dados). Disponível em: https://ico.org.uk/for-organisations/guide-to-data-protection/key-dp-themes/guidance-on-ai-and-data-protection/ai-and-data-protection-risk-toolkit/.

ISO/IEC TR 24027:2021 sobre "vieses em sistemas de inteligência artificial e tomadas de decisões auxiliadas por inteligência artificial". Disponível em: https://www.iso.org/standard/77607.html.

JUNQUEIRA, Thiago. *Tratamento de dados pessoais e discriminação algorítmica nos seguros*. São Paulo: Thomson Reuters Brasil, 2020, p. 385.

LÓPEZ, Nuria. Decisões automatizadas: o futuro regulatório de inteligência artificial. *In: A Lei Geral de Proteção de Dados Pessoais* – aspectos práticos e teóricos relevantes no setor público e privado. São Paulo: Thomson Reuters Brasil, 2021, p. 839- 856.

LÓPEZ, Nuria. Um direito, um dever: guia para o art. 20 da LGPD. *In: Proteção de dados:* desafios e soluções na adequação à lei. Rio de Janeiro: Forense, 2020, p. 181-194.

LÓPEZ, Nuria; SUÁREZ, Nuria López Cabaleiro. *A dinâmica da justiça:* um estudo a partir de Hannah Arendt. Tese de doutoramento na PUC-SP, 2018.

MENDES, Laura Schertel Ferreira. Autodeterminação informativa: a história de um conceito. *Pensar – Revisa de Ciências Jurídicas*. v. 25, nº 04, 2020. Disponível em: https://ojs.unifor.br/rpen/article/view/10828.

OLIVEIRA, André Gualtieri de; LÓPEZ, Nuria. *Diretrizes éticas para o desenvolvimento de inteligência artificial*. IASP/ Almedina, 2020.

SELBST; POWLES. Meaningful Information and the Right to Explanation. *International Data Privacy Law*, 2017, vol. 7, nº 4, p. 233-242.

WACHTER; MITTELSTADT; FLORIDI. Why a right to explaation of automated decision-making does not exist in the General Data Protection Regulation. *International Data Privacy Law*, 2017, vol. 7, nº 2, p. 76-99.

WEISER, Mark. The Computer for the 21th Century. *ACM SIGMOBILE Mobile Computing and Communications Review*, vol. 3, issue 3, July 199, p. 3-11. Disponível em: https://doi.org/10.1145/329124.329126.

WIMMER, Miriam; DONEDA, Danilo. "Falhas de IA" e a Intervenção Humana em Decisões Automatizadas: Parâmetros para a Legitimação pela Humanização. *RDP*, Brasília, vol. 18, nº 100, p. 374-406, out/dez 2021.

WINTER. *In*: *AI Newsletter*. Disponível em: https://www.ainewsletter.com/newsletters/aix_0501.htm#w.

Informação bibliográfica deste texto, conforme a NBR 6023:2018 da Associação Brasileira de Normas Técnicas (ABNT):

LÓPEZ, Nuria. Direito a revisão de decisões automatizadas: questões práticas de interpretação. *In*: FRANCOSKI, Denise de Souza Luiz; TEIVE, Marcello Muller (coord.). *LGPD*: direitos dos titulares. Belo Horizonte: Fórum, 2023. p. 195-211. ISBN 978-65-5518-500-3.

DIREITOS DOS TITULARES
UMA COMPARAÇÃO ENTRE AS LEGISLAÇÕES EUROPEIA (GDPR) E BRASILEIRA (LGPD) DE PROTEÇÃO DE DADOS PESSOAIS

SAMARA SCHUCH BUENO
CAREN BENEVENTO VIANI

Introdução

Com a promulgação e a vigência da Lei Geral de Proteção de Dados Pessoais (Lei nº 13.709/2018, LGPD) no Brasil,[1] ganharam relevância o debate jurídico sobre os direitos garantidos aos titulares de dados e os desafios da implementação do seu atendimento pelos controladores de dados.

A Autoridade Nacional de Proteção de Dados Pessoais (ANPD) foi estabelecida em território nacional[2] com os objetivos de, entre outros, regulamentar o tratamento de dados pessoais aos agentes de tratamento e atuar na proteção de direitos de titulares de dados, para promover a implementação da legislação e zelar pelo seu cumprimento.[3]

---

[1] A Lei Geral de Proteção de Dados Pessoais brasileira (Lei 13.709/2018, LGPD) foi promulgada em 2018 e entrou em vigor em 2020. A íntegra pode ser consultada em https://www.planalto.gov.br/ccivil_03/_ato2015-2018/2018/lei/l13709.htm. Acesso em: 05 nov. 2022.

[2] A ANPD foi reconhecida pela Medida Provisória (MPV) nº 1.124, de 13 de junho de 2022, como autarquia de natureza especial, o que lhe concede autonomia administrativa e orçamentária, além da técnica e decisória, ou seja, a independência necessária para o pleno exercício do seu papel de forma imparcial em território nacional. Disponível em: https://www.congressonacional.leg.br/materias/medidas-provisorias/-/mpv/153611. Acesso em: 05 nov. 2022.

[3] Cf.: Art. 3º da Resolução CD/ANPD nº 1, de 28 de outubro de 2021, que aprova o Regulamento do Processo de Fiscalização e do Processo Administrativo Sancionador no âmbito da Autoridade Nacional de Proteção de Dados: "A ANPD atuará para a proteção

No primeiro ano de vigência da LGPD, a ANPD revelou, em seu Relatório de Gestão e Ouvidoria (2021),[4] ter recebido 756 (setecentos e cinquenta e seis) denúncias contra controladores de dados, sendo essas reclamações sobre o tratamento irregular de dados pessoais ou notificações de incidentes todas direcionadas para a Coordenação Geral de Fiscalização.

Segundo o relatório, além das denúncias acima mencionadas, foram recebidas mais 1.313 (mil, trezentas e treze) reclamações de titulares que não foram processadas por não haver evidência de interação prévia com o controlador de dados, um dos requisitos para o recebimento e análise do pedido do titular, conforme artigo 55-J, inciso V, da LGPD,[5] e §1º do artigo 25 do Regulamento do Processo de Fiscalização e do Processo Administrativo Sancionador no âmbito da Autoridade Nacional de Proteção de Dados.[6]

Já os dados mais recentes, de 2022, indicam que a ANPD já recebeu aproximadamente 6.000 (seis mil) denúncias por parte de titulares de dados desde o começo de suas atividades, o que ocorreu em novembro de 2020.[7] A maioria das denúncias recebidas diz respeito a pedidos excessivos de dados para a realização de compras *on-line*, ou sobre vazamento de dados pessoais identificados por titulares de dados pessoais.

---

dos direitos dos titulares de dados, para promover a implementação da legislação de proteção de dados pessoais, e para zelar pelo seu cumprimento". RESOLUÇÃO CD/ANPD nº 1, de 28 de outubro de 2021. Disponível em: https://www.in.gov.br/en/web/dou/-/resolucao-cd/anpd-n-1-de-28-de-outubro-de-2021-355817513. Acesso em: 05 nov. 2022.

[4] Relatório de Gestão e Ouvidoria da ANPD – 2021. Disponível em: https://www.gov.br/anpd/pt-br/canais_atendimento/ouvidoria/anpd-rel-ouvidoria-2021.pdf. Acesso em: 05 nov. 2022.

[5] LGPD. "Art. 55-J. Compete à ANPD: V – apreciar petições de titular contra controlador após comprovada pelo titular a apresentação de reclamação ao controlador não solucionada no prazo estabelecido em regulamentação;"

[6] LGPD. "Art. 25 (...) §1º Além dos requisitos de admissibilidade indicados no caput deste artigo, a petição de titular deverá ser acompanhada de comprovação de que foi previamente submetida ao controlador e não solucionada no prazo estabelecido em regulamentação, admitida a autodeclaração do titular quando não for possível apresentar outro meio de prova." RESOLUÇÃO CD/ANPD nº 1, de 28 de outubro de 2021. Disponível em: https://www.in.gov.br/en/web/dou/-/resolucao-cd/anpd-n-1-de-28-de-outubro-de-2021-355817513. Acesso em: 05 nov. 2022.

[7] Esse dado foi compartilhado por Arthur Sabbat, diretor do conselho diretor da ANPD, durante sua palestra no "Febraban Tech", em agosto de 2022. Disponível em https://www.mobiletime.com.br/noticias/09/08/2022/anpd-recebeu-6-mil-reclamacoes-desde-2020/. Acesso em: 05 nov. 2022.

Além dos dados da ANPD acima explorados, há registros de aproximadamente 15.000 (quinze mil) reclamações de titulares de dados pessoais no canal de reclamações do consumidor "Reclame Aqui" – essas acerca do não atendimento da Lei em algum aspecto.[8]

Muitas dessas violações, inclusive, já foram judicializadas, sendo registradas mais de 600 (seiscentas) decisões judiciais emitidas que mencionam a LGPD no ano de 2022, com condenações em termos de multas ou indenizações que vão de R$100,00 (cem reais) até R$2.500.000,00 (dois milhões e quinhentos mil reais).[9]

Esses dados demonstram que se havia dúvidas sobre a aceitação da Lei Geral de Proteção de Dados Pessoais em território nacional, essas já se encontram superadas. É claro que ainda há um longo caminho de aculturamento de titulares de dados e de agentes de tratamento a ser percorrido no país, mas já é possível evidenciar o exercício do direito de reclamar por milhares de titulares, sendo que a quantidade de reclamações dobrou no segundo ano de vigência da Lei, o que demonstra a relevância e a crescente evolução do tema em nosso país.

Neste artigo, teremos a oportunidade de compreender mais profundamente as origens dos direitos dos titulares de dados, a sua incorporação e sistematização pela Regulação Europeia de Proteção de dados Pessoais (GDPR)[10] e, posteriormente, pela Legislação Brasileira de Proteção de Dados Pessoais (LGPD).[11]

Serão abordadas também as principais similaridades e diferenças observadas entre as leis acerca dos procedimentos para o atendimento dos direitos dos titulares, os direitos em si considerados, e serão destacados aqueles que serão provavelmente os próximos passos de regulamentação do tema em âmbito nacional.

1 Origens dos direitos de titulares de dados pessoais

São da década de 1970 os primeiros registros de diretrizes e regulamentações acerca dos direitos dos titulares dos dados pessoais.

---

[8] Número de reclamações contabilizado até a data de conclusão deste artigo. Disponível em https://www.reclameaqui.com.br/busca/?q=lgpd. Acesso em: 05 nov. 2022.

[9] Disponível em: https://www.camara.leg.br/noticias/904176-lei-geral-de-protecao-de-dados-pessoais-completa-quatro-anos-com-avancos-e-desafios/. Acesso em: 05 nov. 2022.

[10] Íntegra disponível em: https://eur-lex.europa.eu/legal-content/EN/TXT/PDF/?uri=CELEX:32016R0679. Acesso em: 05 nov. 2022.

[11] Íntegra disponível em: https://www.planalto.gov.br/ccivil_03/_ato2015-2018/2018/lei/l13709.htm. Acesso em: 05 nov. 2022.

As origens dos direitos dos titulares nos remetem a julho de 1973, quando foi publicado pelo Departamento de Saúde, Educação e Bem-Estar do governo norte-americano o *Code of Fair Information Practice*,[12] relatório composto de recomendações para o registro computadorizado de dados pessoais, contendo 5 (cinco) princípios básicos norteadores das atividades de tratamento automatizado de dados pessoais.

O mencionado código de práticas justas para o tratamento de dados foi editado em decorrência das preocupações do Congresso norte-americano com práticas ilegais de vigilância e de investigação de indivíduos por agências federais, as quais foram expostas em razão do escândalo de corrupção *Watergate*, na década de 1970.[13] Tal escândalo revelou abusos no tratamento de dados pessoais cometidos pelo governo, em razão da crescente capacidade de processamento de dados por computadores e a possibilidade de identificação direta de indivíduos por meio de identificadores universais, como o número de seguro social.

O código foi publicado para declarar 5 (cinco) princípios base a serem seguidos quando do tratamento de dados pessoais de indivíduos, exigindo maior transparência e acessibilidade em relação aos dados pessoais tratados, bem como prevendo o direito de oposição ao tratamento de dados sem consentimento, a viabilização da correção ou alteração de dados pessoais, exigindo a adoção de medidas mínimas para a segurança, confiabilidade e governabilidade desses dados. Vejamos na íntegra os princípios:

(i) não deve haver sistemas de manutenção de registros de dados cuja existência seja secreta;
(ii) deve haver uma maneira de um indivíduo descobrir quais informações sobre ele estão em um registro e como elas são usadas;

---

[12] O mencionado relatório foi emitido pelo Comitê Consultivo sobre Sistemas Automatizados de Dados Pessoais, denominado *Records, Computers, and Rights of Citizens*, e de autoria do Departamento de Saúde, Educação, e Bem-Estar do governo norte-americano. Os cinco princípios básicos norteadores publicados são explorados neste artigo por meio de tradução livre: 1. *"There must be no data record-keeping systems whose very existence is secret."*; 2. *"There must be a way for an individual to find out what information about him is in a record and how it is used"*; 3. *"There must be a way for an individual to prevent information about him obtained for one purpose from being used or made available for other purposes without his consent"*; 4. *"There must be a way for an individual to correct or amend a record of identifiable information about him"*; 5. *"Any organization creating, maintaining, using or disseminating records of identifiable personal data must assure the reliability of the data for their intended use and must take reasonable precautions to prevent misuse of the data"*. Íntegra disponível em: https://www.justice.gov/opcl/docs/rec-com-rights.pdf. Acesso em: 05 nov. 2022.
[13] Íntegra disponível em: https://www.justice.gov/archives/opcl/policy-objectives. Acesso em: 07 nov. 2022.

(iii) deve haver uma maneira de um indivíduo impedir que informações sobre ele obtidas para um propósito sejam usadas ou disponibilizadas para outros fins sem seu consentimento;

(iv) deve haver uma maneira de um indivíduo corrigir ou alterar um registro de informações identificáveis sobre ele; e

(v) qualquer organização que crie, mantenha, use ou divulgue registros de dados pessoais identificáveis deve garantir a confiabilidade dos dados para o uso pretendido e deve tomar precauções razoáveis para evitar o uso indevido dos dados.

Com o rápido crescimento da relevância do tema, em ato contínuo, o Departamento de Justiça norte-americano promulgou o *Privacy Act of* 1974,[14] regulamento que estabeleceu as práticas para governar a coleta, a manutenção, o uso e a disseminação de informações sobre indivíduos, mantidos em sistemas e registros de agências federais do governo. O propósito desse documento era equilibrar a necessidade do governo de manter informações de indivíduos em seus sistemas e os direitos dos mesmos indivíduos de serem protegidos contra invasões de privacidade e mau uso dos seus dados pessoais.

As principais determinações do *Privacy Act* se baseavam em restringir a divulgação de registros de identificação pessoal mantidos por agências federais, conceder aos indivíduos maiores direitos de acesso aos registros mantidos pelas agências, viabilizar a solicitação da alteração dos registros mediante a demonstração de que esses não são precisos, relevantes, oportunos ou completos, e estabelecer um código de práticas – *Fair Information Practice Principles* (FIPPs) – que exigiu que as agências cumprissem normas para coleta, manutenção e divulgação de registros.

Após a publicação dos *Fair Information Practice Principles* (FIPPs),[15] esses princípios se tornaram a base para a criação de normas e boas práticas de privacidade e proteção de dados pessoais ao redor do mundo, mostrando-se muito atuais até os dias de hoje, sendo estes:

(i) *Princípio da limitação de coleta*: no sentido de haver limites para a coleta de dados pessoais e tais dados serem obtidos por meios legais e justos e, quando apropriado, com o conhecimento e consentimento do titular;

---

[14] Íntegra disponível em: https://www.justice.gov/archives/opcl/policy-objectives. Acesso em: 05 nov. 2022.

[15] Íntegra disponível em: https://iapp.org/resources/article/fair-information-practices/. Acesso em: 05 nov. 2022.

(ii) *Princípio de qualidade de dados*: devendo os dados serem relevantes para os fins a que se destinam e, na medida do necessário para esses fins, devem ser exatos, completos e atualizados;

(iii) *Princípio de especificação de propósito*: significando que as finalidades para as quais os dados pessoais são coletados devem ser especificadas o mais tardar no momento da coleta de dados e o uso subsequente limitado ao cumprimento dessas finalidades ou outras que não sejam incompatíveis com essas finalidades e conforme especificado em cada ocasião de alteração de propósito;

(iv) *Princípio da limitação de uso*: segundo o qual os dados pessoais não devem ser divulgados, disponibilizados ou utilizados para outros fins que não os especificados, exceto com o consentimento do titular dos dados, ou por autoridade da lei;

(v) *Princípio de salvaguardas de segurança*: ressaltando a necessidade de proteção dos dados pessoais por salvaguardas de segurança razoáveis contra riscos como perda ou acesso não autorizado, destruição, uso, modificação ou divulgação de dados;

(vi) *Princípio da abertura*: que se traduz na política geral de abertura sobre desenvolvimentos, práticas e políticas em relação aos dados pessoais. Devem estar prontamente disponíveis meios para estabelecer a existência e natureza dos dados pessoais e as principais finalidades da sua utilização, bem como a identidade e residência habitual do responsável pelo tratamento;

(vii) *Princípio da participação individual*: segundo o qual um indivíduo deve ter o direito a: a) obter de um controlador de dados, ou de outra forma, confirmação se o controlador de dados possui ou não dados relacionados a ele; b) fazer com que os dados que lhe digam respeito lhe sejam comunicados, dentro de um prazo razoável, a um custo, se houver, que não seja excessivo; de maneira razoável e de forma que seja prontamente inteligível para ele; c) ser fundamentado se um pedido formulado ao abrigo das alíneas (a) e (b) for indeferido e poder contestar tal indeferimento; e d) contestar os dados que lhe digam respeito e, se a contestação for bem sucedida, fazer com que os dados sejam apagados, retificados, completados ou alterados; e

(viii) *Princípio da responsabilidade*: o qual prevê que um responsável pelo tratamento de dados deve ser responsável pelo cumprimento das medidas que dão cumprimento aos princípios acima indicados.
(Grifo Nosso)

Importante ressaltar, especialmente, o reconhecimento da necessidade da participação individual no processo de tratamento de dados pessoais, sendo tomada como imprescindível a transparência em relação à utilização dos dados, sempre mediante conhecimento do titular, bem como tornando exigível a obtenção de autorização do titular para a coleta, uso, disseminação e manutenção dos seus dados.

Em 1980, a OCDE (Organização para a Cooperação e Desenvolvimento Econômico) publicou as suas *Guidelines on the Protection of Privacy and Transborder Flows of Personal Data*,[16] as quais refletem um conjunto de princípios norteadores do tratamento de dados pessoais por seus Estados-Membros, reforçando os princípios da limitação da coleta, da qualidade dos dados, da especificação da finalidade, da limitação do uso, da segurança, da transparência, da participação individual e da responsabilidade. Essas *guidelines* foram revisadas pela organização no ano de 2013, culminando na publicação do documento *The OECD Privacy Framework*.[17]

No mesmo período, em 28 de janeiro de 1981, foi editada a Convenção 108 do Conselho da Europa para Proteção das Pessoas Singulares no que diz respeito ao Tratamento Automatizado de Dados Pessoais, reconhecido como o primeiro instrumento internacional juridicamente vinculante em matéria de proteção de dados pessoais.[18] A Convenção, acompanhada de seu protocolo adicional datado de 2018[19] (*Convention 108*), também prevê direitos básicos dos titulares de dados pessoais, garantindo aos indivíduos o respeito pelos seus direitos e liberdades fundamentais, especialmente os atrelados à vida privada, em vista do tratamento automatizado dos seus dados pessoais.

Os instrumentos mencionados se consolidaram como basilares para a construção das normas futuras de privacidade e proteção de dados pessoais, visto que fundamentais para estabelecer a visão de titulares de dados pessoais como sujeitos de direitos, e foram adaptados ou ampliados de acordo com a evolução tecnológica e as características

---

[16] ORGANISATION FOR ECONOMIC COOPERATION AND DEVELOPMENT. OECD *Guidelines on the Protection of Privacy and Transborder Flows of Personal Data*. Paris: OECD, 23 set. 1980. Disponível em: https://www.oecd.org/digital/ieconomy/oecdguidelinesontheptotectionofprivacyandtransborderflowsofpersonaldata.htm#top. Acesso em: 05 nov. 2022.

[17] Íntegra disponível em: https://www.oecd.org/sti/ieconomy/oecd_privacy_framework.pdf. Acesso em: 07 nov. 2022.

[18] Cf.: MONTEIRO, Renato Leite; CRUZ, Sinuhe. Direitos dos titulares: fundamentos, limites e aspectos práticos. In: FRANCOSKI, Denise de Souza Luiz; TASSO, Fernando Antonio. *A Lei Geral de Proteção de Dados Pessoais LGPD*: aspectos práticos e teóricos relevantes no setor público e privado. Coordenação. 1. ed. São Paulo: Thomson Reuters Brasil, 2021, p. 263.

[19] COUNCIL OF EUROPE. *Convention 108+*: Convention for the protection of individuals with regard to the processing of personal data. Bruxelas: Council of Europe, jun. 2018. Disponível em: https://www.europarl.europa.eu/meetdocs/2014_2019/plmrep/COMMITTEES/LIBE/DV/2018/09-10/Convention_108_EN.pdf. Acesso em: 05 nov. 2022.

sociais de cada jurisdição em que endossados por meio das legislações específicas de proteção de dados pessoais promulgadas.

Tratam-se essas das primeiras reações dos reguladores aos potenciais abusos cometidos pela possibilidade da coleta e do tratamento massivo dos dados pessoais por meio do uso de computadores, da conectividade proporcionada pela internet e da inteligência artificial (tratamento automatizado de dados), o que viabilizou a vigilância dos hábitos e das preferências dos indivíduos de maneira muito mais aprofundada, sendo utilizados muitas vezes para a sobreposição dos interesses dos poderes público e privado aos direitos dos indivíduos.

Esses abusos, gerados pela capacidade de vigilância categorização social e estereotipia, e a desenfreada capitalização dos dados pessoais fizeram com que o direito à privacidade, originalmente estabelecido com foco na proteção do patrimônio e da vida familiar, ganhasse novos contornos refletidos nas regulações ao redor do mundo. Seu escopo foi ampliado para a proteção da liberdade de escolha dos indivíduos sobre a exposição e a disponibilidade dos seus dados pessoais, devolvendo a estes o poder de decidir quando os seus dados devem ser analisados, estudados, controlados ou discriminados.

Deriva do direito à privacidade, portanto, o direito à proteção dos dados pessoais das pessoas naturais, atualmente reconhecido como direito fundamental autônomo por diversas cortes de justiça internacionais, inclusive pela mais alta instância jurídica do nosso país – o Supremo Tribunal Federal.[20]

Apesar de recente a promulgação de legislações que tratam da privacidade e da proteção de dados pessoais em âmbito europeu (Regulamento Geral de Proteção de Dados – GDPR) e brasileiro (Lei Geral de Proteção de Dados Pessoais – LGPD),[21] os direitos dos titulares de dados pessoais têm sua origem, portanto, em diretrizes de melhores práticas de tratamento de dados pessoais originárias da década de 1970.

---

[20] O Supremo Tribunal Federal reconheceu o direito à proteção de dados pessoais como direito fundamental autônomo. A decisão foi proferida quando referendada uma decisão liminar da ministra Rosa Weber nas Ações Diretas de Inconstitucionalidade nº 6387, 6388, 6389, 6393 e 6390.

[21] O Regulamento Geral de Proteção de Dados europeu (GDPR) foi promulgado em 2016 e entrou em vigor em 2018 na União Europeia, enquanto a Lei Geral de Proteção de Dados Pessoais brasileira (Lei nº 13.709/2018, "LGPD") foi promulgada em 2018 e entrou em vigor em 2020.

2 Procedimentos para o atendimento dos direitos dos titulares previstos no GDPR (Regulação Europeia de Proteção de Dados Pessoais) e na LGPD (Legislação Brasileira de Proteção de Dados Pessoais)

No Regulamento Europeu, os "Direitos dos Titulares de Dados" estão relacionados no Capítulo III, sendo que nos artigos 12 a 14 são apresentadas as regras para o exercício desses direitos. Isso quer dizer que antes de elencar os direitos em si, o legislador europeu estabeleceu uma ordem de procedimentos a ser adotada pelo controlador dos dados.

Determinou que o princípio da transparência é o norteador do processo de prestação de informação sobre o tratamento de dados e comunicação com o titular, deixando inequívocas todas as atribuições do responsável pelo tratamento, determinando o que ele deve informar ao titular quando os dados são coletados. Também estipulou as regras sobre as quais o titular deve ser atendido, ajustando prazos e formatos de resposta. Por fim, entre os artigos 15 a 22, elencou os direitos dos titulares em si.

Enquanto o regulamento europeu disciplinou o tratamento de dados de modo minucioso, a lei brasileira foi mais concisa.

Na LGPD, os direitos dos titulares também estão inseridos no Capítulo III. No entanto, sem abordar aspectos sobre o procedimento a ser adotado no atendimento, o legislador apenas apontou, objetivamente, os direitos de titulares em ordem de incisos, o que, inclusive, pode passar uma impressão equivocada de que a norma brasileira concede mais direitos aos titulares do que o Regulamento Europeu.

Os direitos estão dispostos entre os artigos 18 e 22 e são compostos por outra série de direitos relacionados nos artigos 7º, 8º, 9º e 10º. Vale mencionar que a redação do artigo 9º se amolda ao espírito do Regulamento Europeu no que diz respeito à transparência na prestação das informações, mencionando que devem ser disponibilizadas ao titular de forma clara, adequada e ostensiva. Muito embora não faça previsão expressa sobre o momento em que essas informações são comunicadas, permite a compreensão de que o titular dos dados deverá ser informado quando do início do tratamento de seus dados pessoais, independentemente de qualquer requisição.[22]

---

[22] MALDONADO, Viviane Nóbrega; BLUM, Renato Opice. *LGPD*: Lei Geral de Proteção de Dados comentada. 2. ed. São Paulo, Thomson Reuters Brasil, 2019, p. 222.

Assim, entrando na análise dos dispositivos legais, o GDPR prevê no artigo 12 que o responsável pelo tratamento é obrigado a tomar medidas adequadas que facilitem o exercício dos direitos do titular dos dados, o qual deve ser comunicado a respeito do tratamento *de forma concisa, transparente, inteligível e de fácil acesso, utilizando uma linguagem clara e simples, em especial quando as informações são dirigidas especificamente a crianças.*[23]

Ainda determina que a prestação da informação seja dividida em três formatos – escrito, por meio eletrônico ou oralmente –, desde que a identidade do titular possa ser comprovada. Neste último aspecto não guarda nenhuma relação com a LGPD. A lei brasileira é taxativa ao dizer que *os dados poderão ser fornecidos por meio eletrônico, seguro e idôneo para esse fim, ou sob forma impressa.*[24] Ou seja, há somente dois formatos: o eletrônico e o impresso.

O GDPR ainda faz expressa menção sobre o meio de fornecimento da informação. Se o titular dos dados apresentar o pedido por meios eletrônicos, a resposta deve ser fornecida no mesmo formato.[25] Nesse particular, a LGPD estabelece que cabe ao titular dos dados dizer o formato desejado: se impresso ou eletrônico.[26]

A comprovação da identidade do titular é outra previsão na qual a LGPD não faz qualquer citação expressa, apesar de implicitamente se compreender que o fornecimento de dados pessoais somente deve ocorrer após a confirmação da identidade do titular dos dados. Por outro lado, o GDPR dispõe que o responsável pelo tratamento pode se recusar a atender o pedido do titular, se não tiver condições de identificá-lo.[27]

---

[23] GDPR. Art. 12, item (1).

[24] LGPD. Art. 19 §2º As informações e os dados poderão ser fornecidos, a critério do titular: I – Por meio eletrônico, seguro e idôneo para esse fim; ou II – Sob forma impressa.

[25] GDPR. Art. 12 (3) O responsável pelo tratamento fornece ao titular as informações sobre as medidas tomadas, mediante pedido apresentado nos termos dos artigos 15º a 20º, sem demora injustificada e no prazo de um mês a contar da data de recepção do pedido. Esse prazo pode ser prorrogado até dois meses, quando for necessário, tendo em conta a complexidade do pedido e o número de pedidos. O responsável pelo tratamento informa o titular dos dados de alguma prorrogação e dos motivos da demora no prazo de um mês a contar da data de recepção do pedido. Se o titular dos dados apresentar o pedido por meios eletrônicos, a informação é, sempre que possível, fornecida por meios eletrônicos, salvo pedido em contrário do titular.

[26] LGPD. Art. 19 §2º As informações e os dados poderão ser fornecidos, a critério do titular:

[27] GDPR. Art. 12 (2). O responsável pelo tratamento facilita o exercício dos direitos do titular dos dados nos termos dos artigos 15º a 22º. Nos casos a que se refere o artigo 11º, nº 2, o responsável pelo tratamento não pode recusar-se a dar seguimento ao pedido do titular no sentido de exercer os seus direitos ao abrigo dos artigos 15º a 22º, exceto se demonstrar que não está em condições de identificar o titular dos dados.

Pode, ainda, solicitar que informações adicionais lhe sejam concedidas, aptas a confirmar a identidade.[28]

Os prazos para atendimento dos pedidos dos titulares são distintos em ambas as legislações. Enquanto no GDPR o critério é objetivo, na LGPD são utilizados termos como: "a qualquer momento"; "nos prazos e nos termos previstos em regulamento"; "imediatamente" ou "no prazo de 15 dias" para o relatório completo de acesso, conforme artigo 19, inciso II, da LGPD.

O titular de dados europeu, ao apresentar a sua requisição ao responsável pelo tratamento, deverá ser atendido sem demora injustificada e no prazo de 1 mês a contar da data do recebimento do pedido. A prorrogação do prazo só é permitida em até 2 meses e desde que seja necessária, levando em conta a complexidade do pedido. Essa postergação de prazo deve ser comunicada ao titular dentro do período de 1 mês do recebimento do pedido.

Na Lei brasileira somente há prazo estipulado para os pedidos de confirmação de existência e de acesso a dados. Se o titular requisitar a informação em formato simplificado, o prazo para resposta é imediato; mas, se for solicitada uma declaração completa sobre o tratamento, indicando a origem dos dados, os critérios e finalidades, neste caso o prazo será de 15 dias contados do requerimento do titular.[29]

Uma diferenciação importante, diz respeito ao início da contagem do prazo para resposta. No GDPR, é contado a partir do recebimento do pedido pelo responsável do tratamento, ao passo que na LGPD a contagem se inicia na data da realização do pedido. Nota-se que o legislador europeu foi mais assertivo e privilegiou a certeza do recebimento como início de contagem de prazo.

Verifica-se que há uma enorme diferença entre as leis no que diz respeito a prazos. Muito embora o GDPR tenha sido a fonte de inspiração para a elaboração da LGPD, o legislador brasileiro não foi preciso e deixou de incorporar experiências europeias.

---

[28] GDPR. Art. 12 (6). Sem prejuízo do artigo 11º, quando o responsável pelo tratamento tiver dúvidas razoáveis quanto à identidade da pessoa singular que apresenta o pedido a que se referem os artigos 15º a 21º, pode solicitar que lhe sejam fornecidas as informações adicionais que forem necessárias para confirmar a identidade do titular dos dados.

[29] LGPD. Art. 19. A confirmação de existência ou o acesso a dados pessoais serão providenciados, mediante requisição do titular: I – Em formato simplificado, imediatamente; ou II – Por meio de declaração clara e completa, que indique a origem dos dados, a inexistência de registro, os critérios utilizados e a finalidade do tratamento, observados os segredos comercial e industrial, fornecida no prazo de até 15 (quinze) dias, contado da data do requerimento do titular.

A propósito, a absoluta gratuidade do processo de atendimento aos pedidos de exercício de direitos de titulares e fornecimento de respostas somente é prevista na LGPD. O titular europeu que apresentar pedido infundado ou excessivo pode ser compelido a pagar uma taxa compatível com os custos administrativos, podendo o responsável pelo tratamento se recusar a dar prosseguimento ao pedido.[30]

Essas medidas podem ser tomadas quando os pedidos demonstrarem caráter repetitivo, infundado ou excessivo, e depende de o responsável pelo tratamento comprovar tais fatos. Na norma brasileira, qualquer pedido deve ser atendido de forma gratuita, e o legislador não deixou qualquer possibilidade de regulamentação pela Autoridade.

É certo que ambas as normas prescrevem que o titular deve ser informado sobre tudo o que é feito com os seus dados, da coleta ao descarte, o que inclui toda a cadeia de tratamento. Nesse aspecto o Regulamento Europeu concentrou nos artigos 13 e 14 (Informação e Acesso a Dados Pessoais) todos os procedimentos que o responsável pelo tratamento deve observar ao coletar dados pessoais e que serão explorados mais adiante em similaridades e diferenças entre os direitos.

Há, ainda, o direito das crianças e dos adolescentes, que é disciplinado em seção específica da LGPD. Vale destacar a necessidade de o consentimento ser fornecido pelo representante legal da criança, conforme texto do artigo 14, §1º, da Lei, que, aliás, não faz a mesma exigência quanto aos dados de adolescentes, deixando de fora da obrigatoriedade o consentimento por representantes de titulares entre 12 e 18 anos incompletos.

O GDPR é claro ao dizer que o tratamento de dados de criança menor de 16 anos só é lícito *se e na medida em que o consentimento seja dado ou autorizado pelos titulares das responsabilidades parentais da criança*.[31]

---

[30] GDPR. Art. 12 (5). As informações fornecidas nos termos dos artigos 13º e 14º e quaisquer comunicações e medidas tomadas nos termos dos artigos 15º a 22º e 34º são fornecidas a título gratuito. Se os pedidos apresentados por um titular de dados forem manifestamente infundados ou excessivos, nomeadamente devido ao seu caráter repetitivo, o responsável pelo tratamento pode:
a) Exigir o pagamento de uma taxa razoável tendo em conta os custos administrativos do fornecimento das informações ou da comunicação, ou de tomada das medidas solicitadas; ou
b) Recusar-se a dar seguimento ao pedido. Cabe ao responsável pelo tratamento demonstrar o caráter manifestamente infundado ou excessivo do pedido.

[31] GDPR. Art. 8 (1) 1. Quando for aplicável o artigo 6º, nº 1, alínea a), no que respeita à oferta direta de serviços da sociedade da informação às crianças, dos dados pessoais de crianças é lícito se elas tiverem pelo menos 16 anos. Caso a criança tenha menos de 16 anos, o tratamento só é lícito se e na medida em que o consentimento seja dado ou autorizado pelos titulares das responsabilidades parentais da criança. Os Estados-Membros podem dispor no seu direito uma idade inferior para os efeitos referidos, desde que essa idade não seja inferior a 13 anos. 2. Nesses casos, o responsável pelo tratamento envida todos os esforços adequados para verificar que o consentimento foi dado ou autorizado pelo titular das res-

Considera, ainda, que os *Estados-Membros podem dispor no seu direito de uma idade inferior para os efeitos referidos, desde que essa idade não seja inferior a 13 anos.*

Esse conjunto de salvaguardas forma medidas preventivas para minimizar os riscos da atividade de tratamento. Segundo menciona Bruno Bioni, a procedimentalização semeia melhores comportamentos. Os agentes de tratamento se tornam mais *accountables*, adquirindo melhores práticas e possibilitando que o titular seja inserido no circuito decisório constitutivo de sua própria identidade.[32]

O conhecimento prévio do titular sobre os seus direitos representa um desdobramento do devido processo legal, cujo objetivo principal é assegurar ao titular o direito de saber e poder questionar como se dá o processamento de suas informações, podendo exercer o contraditório de sua parte. É através do devido processo informacional que a autodeterminação informativa se consolida.

3 Principais similaridades e diferenças entre direitos dos titulares na comparação entre leis – GDPR *versus* LGPD

O GDPR atribuiu, objetivamente, sete direitos aos titulares:

GDPR	
1. Direito de acesso do titular dos dados;	Art. 15
2. Direito de retificação;	Art. 16
3. Direito a eliminação dos dados (direito de ser esquecido);	Art. 17
4. Direito à limitação do tratamento;	Art. 18
5. Direito de portabilidade dos dados;	Art. 20
6. Direito de oposição;	Art. 21
7. Direito de não se submeter a decisões tomadas exclusivamente com base no tratamento automatizado;	Art. 22

Fonte: Elaborada pelas autoras.

---

ponsabilidades parentais da criança, tendo em conta a tecnologia disponível. 3. O disposto no nº 1 não afeta o direito contratual geral dos Estados-Membros, como as disposições que regulam a validade, a formação ou os efeitos de um contrato em relação a uma criança.

[32] BIONI, Bruno Ricardo. *Regulação e proteção de dados pessoais*: o princípio da *accountability*. 1. ed., Rio de Janeiro, Forense, 2022, p. 7, 13, 14 e 15.

Por sua vez, a LGPD elencou os direitos conforme tabela abaixo:

LGPD	
1. Confirmação da existência de tratamento;	Art. 18, I
2. Acesso aos dados;	Art. 18, II
3. Correção de dados incompletos, inexatos ou desatualizados;	Art. 18, III
4. Anonimização, bloqueio ou eliminação de dados desnecessários, excessivos ou tratados em desconformidade com a Lei;	Art. 18, IV
5. Portabilidade dos dados a outro fornecedor de serviço ou produto, observados os segredos comercial e industrial;	Art. 18, V
6. Eliminação dos dados pessoais tratados com o consentimento do titular;	Art. 18, VI
7. Informação das entidades públicas e privadas com as quais o controlador realizou uso compartilhado de dados;	Art. 18, VII
8. Informação sobre a possibilidade de não fornecer consentimento e sobre as consequências da negativa;	Art. 18, VIII
9. Revogação do consentimento;	Art. 18, IX
10. Revisão de decisões tomadas unicamente com base em tratamento automatizado de dados pessoais;	Art. 20, *caput*
11. Oposição ao tratamento realizado em hipóteses de dispensa de consentimento;	Art. 18, §2º

Fonte: Elaborada pelas autoras.

A seguir demonstramos a correspondência de direitos interpretada para fins de comparação de suas similaridades e diferenças:

CORRESPONDÊNCIA DE DIREITOS IDENTIFICADOS
NAS TABELAS ACIMA

(continua)

GDPR	LGPD
1. Direito de acesso do titular dos dados. (art. 15);	1. Confirmação da existência de tratamento. (art. 18, I); 2. Acesso aos dados. (art. 18, II); 7. Informação das entidades públicas e privadas com as quais o controlador realizou uso compartilhado de dados (art. 18, VII);
2. Direito de retificação dos dados pessoais inexatos e incompletos (art. 16);	3. Correção de dados incompletos, inexatos ou desatualizados. (art. 18, III);
3. Direito à limitação do tratamento (art. 18);	4. Bloqueio (art. 18, IV);
4. Direito a eliminação dos dados | Direito de ser esquecido (art. 17);	4. Eliminação de dados desnecessários (art. 18, IV); ou 6. Eliminação dos dados pessoais tratados com o consentimento do titular (art. 18, VI). Obs: Entende-se que o direito ao esquecimento ganha outra interpretação quando analisado no contexto brasileiro, conforme será abaixo elucidado.
5. Direito de portabilidade dos dados (art. 20);	5. Portabilidade dos dados a outro fornecedor de serviço ou produto, observados os segredos comercial e industrial (art. 18, V);

(continua)

GDPR	LGPD
6. Direito de oposição (art. 21);	11. O titular pode opor-se a tratamento realizado com fundamento em uma das hipóteses de dispensa de consentimento, em caso de descumprimento ao disposto nesta Lei (art. 18, §2º);
7. Direito de não se submeter a decisões tomadas exclusivamente com base no tratamento automatizado (art. 22);	10. Revisão de decisões tomadas unicamente com base em tratamento automatizado de dados pessoais (art. 20);
A anonimização não é considerada um direito a ser exercido na GDPR. Está presente no campo da obrigação do responsável pelo tratamento como uma técnica para atender ao princípio da proteção de dados e que deve ser utilizada para assegurar um nível de segurança adequado aos dados pessoais dos indivíduos. Muito embora a anonimização não tenha sido incluída no âmbito de exercício de direitos do titular, é mencionada em diversas considerandas da GDPR (26, 28, 29, 75, 78, 85 e 156), bem como nos artigos 4, 6, 25, 32, 40 e 89.	4. Anonimização (art. 18, IV)

(conclusão)

GDPR	LGPD
Apesar de existirem previsões similares na GDPR (art. 6, item 3), as condições aplicáveis ao consentimento não serão consideradas como direito a ser exercido pelo titular, para efeitos da presente comparação. Isso porque entende-se que as regras de consentimento estão presentes no campo da obrigação do responsável pelo tratamento, sendo sua responsabilidade avaliar, quando aplicável, tal base legal e atender os requisitos para que essa base legal seja válida.	8. Informação sobre a possibilidade de não fornecer consentimento e sobre as consequências da negativa; 9. Revogação do consentimento (art. 18 IX);

Fonte: Elaborada pelas autoras.

Importante destacar, desde já, que as principais diferenças entre os direitos de titulares previstos na regulação europeia e na brasileira dizem respeito em parte sobre previsões distintas presentes nas próprias legislações, as quais serão destacadas a seguir, e, em outra parte, derivam do avanço do contexto regulatório europeu na emissão, principalmente pela *European Data Protection Board* (EDPB), de guias orientativos sobre o exercício dos direitos dos titulares de dados pessoais.

A emissão pela Autoridade Nacional de Proteção de Dados Pessoais (ANPD) de guias e recomendações sobre o tema está prevista em seu planejamento estratégico para o horizonte temporal de fevereiro de 2023,[33] em que pese já tenham sido publicados Guias Orientativos sobre demais temas de igual importância para a acomodação da lei em território nacional:

---

[33] Disponível em https: www.gov.br/anpd/pt-br/acesso-a-informacao/planejamento-estrategico-anpd-versao-2-0-06072022.pdf. Acesso em: 05 nov. 2022. P. 10.

TABELA DE GUIAS ORIENTATIVOS EMITIDOS PELA ANPD

Guia orientativo	Publicação	Disponível em:
Cookies e proteção de dados pessoais	Out/2022	https://www.gov.br/anpd/pt-br/documentos-e-publicacoes/guia-orientativo-cookies-e-protecao-de-dados-pessoais.pdf
Tratamento de dados pessoais pelo poder público	Jan/2022	https://www.gov.br/anpd/pt-br/documentos-e-publicacoes/guia_tratamento_de_dados_pessoais_pelo_poder_publico___defeso_eleitoral.pdf
Aplicação da LGPD por agentes de tratamento no contexto eleitoral	Jan/2022	https://www.gov.br/anpd/pt-br/documentos-e-publicacoes/guia_lgpd_final.pdf
Segurança da Informação para agentes de tratamento de pequeno porte	Out/2021	https://www.gov.br/anpd/pt-br/documentos-e-publicacoes/guia_seguranca_da_informacao_para_atpps___defeso_eleitoral.pdf
Definições dos agentes de tratamento de dados e do Encarregado	Abr/2022	https://www.gov.br/anpd/pt-br/documentos-e-publicacoes/guia_agentes_de_tratamento_e_encarregado___defeso_eleitoral.pdf

Fonte: Elaborada pelas autoras.

A seguir, destacamos as principais similaridades e diferenças observadas entre os direitos de titulares nas legislações europeia e brasileira de proteção de dados pessoais, levando em consideração as regulamentações existentes e emissões de guias orientativos já publicados, a título de referência comparativa.

3.1 Direito à confirmação da existência de tratamento e de acesso aos dados (art. 15 do GDPR e artigo 18, incisos I e II da LGPD)

O direito de acesso, como previsto no GDPR, é composto por 3 componentes: (i) a confirmação da existência do tratamento de dados pessoais; (ii) o acesso aos dados pessoais tratados pelo controlador, mediante requisição; e (iii) acesso a informações acerca do propósito do tratamento dos dados, categorias de dados pessoais tratados, compartilhamento desses dados com terceiros, duração do tratamento, origem da coleta de dados, medidas de segurança adotadas para proteção dos dados, e informações sobre a existência de decisões automatizadas tomadas com base nos dados.

Há, portanto, diferenças importantes entre as leis quando relacionadas ao escopo do relatório de acesso, tendo em vista que os artigos 18, incisos I e II, bem como o artigo 19, e incisos, da LGPD, não se aprofundam nos atributos de dados que devem ser considerados para emissão do relatório ou na extensão das informações relacionadas às etapas de tratamento.

Segundo a orientação das autoridades europeias, além de informações cadastrais que o controlador tenha em sua posse, tais como nome, endereço, número de telefone etc., uma variedade de dados pessoais pode estar presente nas bases de dados dos controladores, a depender do contexto em que este atua no tratamento de dados. Tais registros podem incluir diagnósticos médicos, histórico de compras, *score* de crédito, dados de busca ou de conectividade em plataformas de propriedade dos controladores, dentre outros dados, tendo em vista a interpretação expansionista do conceito de dado pessoal orientada pelo GDPR. Vejamos:

> Refere-se à noção de dados pessoais, conforme definido pelo art. 4(1) GDPR. Além de dados pessoais básicos, como nome e endereço, uma variedade ilimitada de dados pode se enquadrar nessa definição, desde que se enquadrem no escopo material do GDPR, principalmente no que diz respeito à forma como são processados (Art. 2 GDPR). O acesso aos dados pessoais significa o acesso aos próprios dados pessoais propriamente ditos, não apenas uma descrição geral dos dados nem uma mera referência às categorias de dados pessoais tratados pelo responsável pelo tratamento. Se não se aplicarem limites ou restrições, os titulares dos dados têm direito a ter acesso a todos os dados tratados relativos a eles, ou a partes dos dados, dependendo do âmbito do pedido. A obrigação de fornecer acesso aos dados não depende do tipo ou fonte desses dados. Aplica-se em toda a sua extensão, mesmo nos casos em que o requerente tenha fornecido inicialmente os dados ao responsável pelo tratamento, porque o seu objetivo é informar o titular dos dados sobre o tratamento efetivo desses dados pelo responsável pelo tratamento.[34] (Tradução livre)

---

[34] EUROPEAN DATA PROTECTION BOARD. *Guidelines 01/2022 on data subject rights*. Version 1.0. Adopted on version for public consultation. Bruxelas, 18 Jan. 2022. Right of access. Disponível em: https://edpb.europa.eu/system/files/2022-01/edpb_guidelines_012022_right-of-access_0.pdf. Acesso em: 05 nov. 2022. P. 11 e 12. *"Aside from basic personal data like name and address, an unlimited variety of data may fall within this definition, provided that*

A experiência brasileira demonstra que, em sua maioria, os relatórios de acesso aos dados pessoais têm se baseado na indicação limitada de dados pessoais que o controlador possui sobre o titular de dados, geralmente relacionados àqueles fornecidos diretamente pelo titular ao controlador, deixando de considerar demais informações derivadas do tratamento desses dados.

Também não tem se mostrado usual que na emissão do relatório de acesso sejam apresentadas informações acerca do propósito do tratamento dos dados, das categorias de dados pessoais tratados, do compartilhamento desses dados com terceiros, da duração do tratamento, origem da coleta de dados, medidas de segurança adotadas, e informações sobre decisões automatizadas tomadas com base nos dados tratados. Como dito anteriormente, ainda pende de orientação da ANPD o conteúdo ideal dos relatórios de acesso emitidos em território nacional.

Importante ressaltar também que, de acordo com o item 4 do artigo 15 do GDPR, o relatório de acesso fornecido ao titular deve levar em consideração eventual violação aos direitos de terceiros, e caso a situação concreta afete esses direitos (por exemplo pela necessidade de proteção de segredo empresarial ou proteção de propriedade intelectual), trechos poderão ser ocultados ou tornados ilegíveis, mas nunca devem justificar a negativa de atendimento ao direito do titular.

Tem-se, portanto, que segundo a orientação das autoridades europeias de proteção de dados, o relatório de acesso deve ser respondido considerando a ampla interpretação do conceito de dados pessoais, abrangendo todos os dados possíveis do titular que estejam em posse do controlador bem como o detalhamento sobre o ciclo de vida desses dados.

Vemos que a Lei brasileira apresentou a *confirmação da existência de tratamento* como um direito autônomo a ser exercido, independentemente do direito de acesso. No entanto, vale questionar a pertinência desse direito e sua usabilidade, afinal, abordar o controlador apenas para perguntar se há dados pessoais sendo processados, sem um

---

they fall under the material scope of the GDPR, notably with regards to the way in which there are processed (Art. 2 GDPR). Access to personal data hereby means access to the actual personal data themselves, not only a general description of the data nor a mere reference to 12 Adopted – version for public consultation the categories of personal data processed by the controller. If no limits or restrictions apply, data subjects are entitled to have access to all data processed relating to them, or to parts of the data, depending on the scope of the request. The obligation to provide access to the data does not depend on the type or source of those data. It applies to its full extent even in cases where the requesting person had initially provided the controller with the data, because its aim is to let the data subject know about the actual processing of those data by the controller."

propósito posterior para conhecer quais informações são essas e as razões do tratamento, pode figurar-se contraproducente.

Acredita-se ser compatível com a interpretação da LGPD que o titular tenha o direito não apenas de conhecer os dados que o controlador trata sobre ele, mas também as razões e os propósitos do tratamento de dados, as bases legais, países em que os dados são tratados, os recipientes desses dados (terceiros) e outras informações relevantes que garantam a transparência.[35]

Também, como pudemos ver, o direito de obter informação das entidades públicas e privadas com as quais o controlador realiza o uso compartilhado de dados, previsto na LGPD (art. 18, VII), está amparado pelo direito de acesso no Regulamento Europeu.

Assim como na LGPD, o direito de acesso no GDPR garante o acesso por titulares aos seus dados pessoais, tratados por controladores, de forma gratuita. Neste último ponto há, no entanto, previsão específica nas *Guidelines 01/2022 on data subject rights – Right of access*, emitidas pela EDPB (*European Data Protection Board*)[36] para o caso da exigência, por parte do titular, de mais de uma cópia do relatório de dados (caráter repetitivo), ou em caso de requisições infundadas ou excessivas, havendo a possibilidade de cobrança de custos administrativos para essa situação:

> Quanto à imputação de custos nos casos de pedidos de cópia adicional, o art. 15 estabelece que o controlador pode cobrar uma taxa razoável com base nos custos administrativos causados pela solicitação. Isso significa que os custos administrativos são um critério relevante para a fixação da taxa. Ao mesmo tempo, a taxa deve ser adequada, tendo em conta a importância do direito de acesso enquanto direito fundamental do titular dos dados. O controlador não deve repassar custos indiretos ou outras despesas gerais ao titular dos dados, mas deve se concentrar nos custos específicos causados pelo fornecimento da cópia adicional. Ao organizar esse processo, o responsável pelo tratamento deve mobilizar eficazmente os seus recursos humanos e materiais de forma a manter baixos os custos da cópia. Em consonância com o princípio da responsabilização, o responsável pelo tratamento deve poder demonstrar a adequação da taxa. Caso o responsável pelo tratamento

---

[35] USTARAN, Eduardo, Schultze-Melling, Jyn. European Data Protection: Law and Practice, second edition, 2019 by IAPP, p. 168-170.

[36] EUROPEAN DATA PROTECTION BOARD. *Guidelines 01/2022 on data subject rights*. Version 1.0. Adopted on version for public consultation. Bruxelas, 18 Jan. 2022. Right of access. Disponível em: https://edpb.europa.eu/system/files/2022-01/edpb_guidelines_012022_right-of-access_0.pdf. Acesso em: 05 nov. 2022.

decida cobrar uma taxa, o responsável pelo tratamento deve indicar o montante dos custos que pretende cobrar ao titular dos dados, a fim de dar ao titular dos dados a possibilidade de determinar se mantém ou retira o pedido. (Tradução livre)[37]

Em âmbito europeu, esses custos são limitados e devem ser aplicados de forma transparente e razoável, dando ciência prévia acerca da cobrança a ser realizada ao titular e permitindo a este escolher se mantém ou retira a sua solicitação diante do custo apresentado. Trata-se de previsão ainda não contemplada por orientações da Autoridade de Proteção de Dados Pessoais brasileira.

3.2 Direito de retificação – correção de dados incompletos, inexatos ou desatualizados (art. 16 do GDPR e art. 18, inciso III da LGPD)

O direito à retificação[38] é previsto de forma muito similar no GDPR, em seu artigo 16, e na LGPD, no inciso III do seu artigo 18. Relaciona-se com o princípio *data accuracy* estabelecido pela OECD (*Organization for Economic Co-operation and Development*). A *guideline* elaborada para a proteção da privacidade nos fluxos transfronteiriços dispõe sobre princípios básicos de privacidade, dentre eles, o *data quality principle*, que a par das questões relacionadas a legalidade e necessidade, diz que os dados pessoais devem ser precisos, completos e atualizados.[39]

---

[37] Idem, p. 14. "*Concerning the allocation of costs in cases of requests for an additional copy, Art. 15(3) establishes that the controller may charge a reasonable fee based on the administrative costs that are caused by the request. This means, that the administrative costs are a relevant criterion for fixing the level of the fee. At the same time, the fee should be appropriate, taking into account the importance of the right of access as a fundamental right of the data subject. The controller should not pass on overhead costs or other general expenses to the data subject, but should focus on the specific costs that where caused by providing the additional copy. When organising this process the controller should deploy its human and material resources efficiently in order to keep the costs of the copy low. In line with the accountability principle the controller should be able to demonstrate the adequacy of the fee. 31. In case the controller decides to charge a fee, the controller should indicate the amount of costs it is planning to charge to the data subject in order to give the data subject the possibility to determine whether to maintain or to withdraw the request.*"

[38] GDPR. Art. 16. O titular tem o direito de obter, sem demora injustificada, do responsável pelo tratamento a retificação dos dados pessoais inexatos que lhe digam respeito. Tendo em conta as finalidades do tratamento, o titular dos dados tem direito a que os seus dados pessoais incompletos sejam completados, incluindo por meio de uma declaração adicional.

[39] OECD (Organization for Economic Co-operation and Development). *Annex to the Recommendation of the Council of 23rd September 1980*: guidelines governing the protection of privacy and transborder flows of personal data – part II. 8. Personal data should be relevant to the purposes for which they are to be used, and, to the extent necessary for those purposes, should be accurate, complete and kept up-to-date.

A imprecisão dos dados pode gerar riscos relacionados à capacidade de identificação das pessoas e pode ensejar reflexos no que se refere ao tratamento automatizado dos dados dos titulares.[40] Diante da relevância do princípio da qualidade de dados, ambas as normas inseriram no seu teor a retificação como direito a ser exercido pelos titulares.

O exercício desse direito pode, inclusive, ser fator identificador da necessidade de correção de um dado inexato, incorreto ou desatualizado, tornando mais fácil o exercício do direito de correção pelo titular. Apesar de não se apresentar como condição, o prévio exercício do direito de acesso pode facilitar o exercício do direito de correção.

Vale ressaltar que retificações realizadas nos dados pessoais devem ser registradas pelos controladores e informadas aos respectivos titulares, bem como aos terceiros com quem os dados foram compartilhados, para que tomem as medidas necessárias, nos termos do §6º do artigo 18 da LGPD.

Em relação ao prazo de atendimento desse direito, encontra-se a principal diferença entre as leis, já que na LGPD entende-se que o prazo de cumprimento é imediato, e qualquer atraso deve ser justificado ao titular, nos termos do §4º, do artigo 18.

3.3 Direito de eliminação dos dados (art. 17 do GDPR e art. 18, incisos IV e VI da LGPD)

De acordo com o previsto no Regulamento Europeu, o direito de eliminação de dados determina que o titular de dados tem o direito de exigir de controladores que os seus dados sejam apagados quando: (a) os dados não sejam mais necessários para o propósito que foram coletados; (b) houver a revogação do consentimento no qual o tratamento de dados era baseado, e não há outra base legal que suporte o tratamento; (c) houver objeção ao tratamento de dados por parte do titular; (d) os dados sejam tratados ilegalmente; ou (e) os dados precisem ser apagados em razão de determinação legal do Estado-Membro ao qual o controlador está sujeito.

Caso o controlador de dados receba uma solicitação de eliminação, e tenha tornado públicos os dados pessoais, ou compartilhado estes com outros agentes de tratamento, deverá adotar as medidas técnicas que estiverem ao seu alcance para avisar os agentes que estiverem em posse das informações para também realizarem a eliminação.

---

[40] MALDONADO, Viviane Nóbrega; BLUM, Renato Opice. *LGPD*: Lei Geral de Proteção de Dados comentada. 2. ed. São Paulo, Thomson Reuters Brasil, 2019, p. 224.

O direito de eliminação, no entanto, não é absoluto e não será aplicável quando os dados forem necessários: (a) para exercer o direito de liberdade de expressão e informação; (b) para estar conforme com obrigações legais de interesse público ou no exercício de autoridade oficial; (c) por razões de interesse público relacionados ao provimento de serviços de saúde, e quando os dados forem tratados por profissionais que possuem obrigação de sigilo na sua função; (d) para a realização de pesquisas científicas e históricas de interesse público; ou (e) para a propositura ou defesa em processos judiciais.

Na legislação brasileira, o direito de eliminação encontra correspondência no artigo 18, inciso IV, quando os dados pessoais são desnecessários, excessivos ou tratados em desconformidade com a LGPD, bem como no inciso VI, quando os dados são tratados com base no consentimento do titular, e este requer que seus dados sejam apagados. Neste ponto, cabe ressaltar a sua correspondência também com o inciso IX do mesmo artigo, vez que quando solicitada a revogação do consentimento, presume-se a necessidade de eliminação dos dados caso não haja outra base legal que suporte o tratamento.

O direito de eliminação no contexto europeu, no entanto, engloba também o direito ao esquecimento, sendo neste ponto mais abrangente do que a LGPD. A aglutinação do direito ao esquecimento ao direito de eliminação de dados pessoais não está clara na legislação brasileira e carece de orientação por parte da ANPD.

Segundo Monteiro e Cruz,[41] *"apesar de não expressamente previsto no direito brasileiro, o direito ao esquecimento tem marcado presença no debate jurisprudencial pátrio, especialmente na jurisprudência do Superior Tribunal de Justiça"*.

Nos termos das *Guidelines 5/2019 on the criteria of the Right to Forgotten in the search engines cases under the GDPR*,[42] o direito ao esquecimento tem origem em decisão do Tribunal de Justiça da União Europeia, que em 2014 acatou a decisão de um titular de dados para que um motor de busca *on-line* apagasse um ou mais *links* em páginas da *web*, a partir de uma lista de resultados exibidos após uma pesquisa feita com base em seu nome (Caso *Google Spain vs Costeja*).

---

[41] MONTEIRO, Renato Leite; CRUZ, Sinuhe. Direitos dos titulares: fundamentos, limites e aspectos práticos. *In*: FRANCOSKI, Denise de Souza Luiz; TASSO, Fernando Antonio. *A Lei Geral de Proteção de Dados Pessoais LGPD*: aspectos práticos e teóricos relevantes no setor público e privado. Coordenação. 1. ed. São Paulo: Thomson Reuters Brasil, 2021. Pág. 278.

[42] Íntegra disponível em: https://edpb.europa.eu/sites/default/files/files/file1/edpb_guidelines_201905_rtbfsearchengines_afterpublicconsultation_en.pdf. Acesso em: 07 nov. 2022.

Portanto, o exercício desse direito visa remover *links* indexados em ferramentas de busca, como o Google Search, que contenham dados pessoais do titular, o que é possível desde que o pedido de remoção seja baseado em alguma das 6 (seis) hipóteses explicadas a seguir: (a) quando os dados pessoais não são mais necessários para o propósito de informar do motor de busca, pois a informação é desatualizada ou incorreta; (b) se revogado o consentimento no qual se baseava o tratamento de dados pessoais que ocorre no *link* o qual se requer a remoção; (c) se o titular de dados tiver exercido seu direito de objeção; (d) se os dados pessoais foram processados ilegalmente; (e) se os dados tiverem que ser apagados para cumprir com obrigação legal; e (f) quando ofertados serviços da sociedade da informação que podem colocar em risco crianças.

No Brasil, o REsp 1.660.168/RJ,[43] julgado em 2018, por relatoria do Ministro Marco Aurélio Bellizze, determinou a exclusão da ferramenta de busca de resultados que pudessem associar o nome de uma titular de dados a um fato desabonador noticiado há uma década, que lhe impedia a superação daquele momento e causava transtorno contínuo. A decisão foi baseada no equilíbrio do legítimo interesse individual e do direito ao livre acesso à informação.

3.4 Direito de limitação do tratamento e direito de bloqueio (art. 18 do GDPR e art. 18, inciso IV da LGPD)

O bloqueio é o direito equivalente à limitação do tratamento na forma do artigo 18 do GDPR. Significa que o controlador permanece com o dado, mas não pode processá-lo por um período, como se fosse um congelamento temporário.

O GDPR estabelece que o titular poderá solicitar a limitação do tratamento nas seguintes situações: (i) enquanto a precisão do dado é contestada – quando da análise do pedido de retificação; (ii) o processamento é ilegal, e o titular pede a restrição – quando da análise do pedido de oposição; (iii) quando o controlador não precisa do dado para o propósito original, e o titular requer esclarecimentos; e (iv) se o titular declarar que possui motivos predominantes para a manutenção

---

[43] Íntegra disponível em: https://www.conjur.com.br/dl/direito-esquecimento-indexacao.pdf. Acesso em: 07 nov. 2022.

dos dados no contexto de uma requisição de eliminação – quando da análise do pedido de eliminação.[44]

Não há previsão equivalente na LGPD ou orientação emanada pela Autoridade brasileira acerca da aplicabilidade prática desse direito. A Lei brasileira não explica em quais situações o direito ao bloqueio pode ser aplicável como um direito do titular, exceto quando, em outro contexto, o inclui nas medidas sancionatórias aplicadas pela Autoridade Nacional de Proteção de Dados.[45]

No âmbito do GDPR, mover o dado para outro ambiente de processamento, deixá-lo indisponível para o usuário ou removê-lo temporariamente de um *website* são medidas de bloqueio. O objetivo é garantir que o dado não seja processado de nenhuma forma, exceto se para o armazenamento até a resolução do pedido do titular, ou se necessário para defesa de um direito do controlador. Além disso, o controlador deve armazenar minuciosa documentação e as razões da recusa, se houver.

3.5 Direito de portabilidade (art. 20 do GDPR e art. 18, inciso V da LGPD)

Esse é o direito que empodera o titular, que o facilita mover, copiar e transmitir seus dados de um ambiente tecnológico para outro, em formato estruturado e legível por máquina, sempre que seja possível tecnicamente.

Na LGPD, a portabilidade[46] é tratada de forma sucinta, outorgando à Autoridade a completa regulamentação sobre o tema. No entanto, a redação do artigo passa a conotação de que a utilização desse direito está mais adstrita ao campo do consumidor quando faz menção a portabilidade de dados *a outro fornecedor de serviço ou produto*.

O Regulamento Europeu, apesar de ter sido mais abrangente na elaboração do texto legal,[47] também deixou para a comunidade

---

[44] USTARAN, Eduardo; SCHULTZE-MELLING, Jyn. *European data protection*: law and practice. 2. ed. IAPP, 2019, p. 174-175.

[45] LGPD. Art. 52. Os agentes de tratamento de dados, em razão das infrações cometidas às normas previstas nesta Lei, ficam sujeitos às seguintes sanções administrativas aplicáveis pela autoridade nacional: V – bloqueio dos dados pessoais a que se refere a infração até a sua regularização.

[46] CRAVO, Daniela Copetti. *Direito à portabilidade de dados*: interface entre defesa da concorrência, do consumidor e proteção de dados. 2. ed. Rio de Janeiro: Lumen Juris, 2022, p. 55-56.

[47] GDPR. Art. 20. 1. O titular dos dados tem o direito de receber os dados pessoais que lhe digam respeito e que tenha fornecido a um responsável pelo tratamento, num formato

regulatória explicar o que significa formato estruturado, uso corrente e legível por máquina, no contexto de serviços modernos de informação para transferências diretas entre controladores.

Dessa forma, a EDPB emitiu a *Guideline – WP 242 – on the right to data portability* estabelecendo alguns critérios sobre o direito do titular de poder transmitir seus dados de um controlador para outro "sem obstáculos". É certo que há cautelas a serem tomadas nesse processo de transmissão, cuja responsabilidade, inclusive, recai também sobre o titular dos dados, como se vê no texto abaixo.

> Os Controladores de Dados (...) não são responsáveis pelo processamento realizado pelo titular dos dados ou por outra empresa que receba dados pessoais. Atuam em nome do titular dos dados, inclusive quando os dados pessoais são transmitidos diretamente a outro controlador de dados. A este respeito, o responsável pelo tratamento de dados não é responsável pelo cumprimento do responsável pelo tratamento de dados receptor com a lei de proteção de dados, considerando que não é o responsável pelo tratamento de dados remetente que escolhe o destinatário. Ao mesmo tempo, o responsável pelo tratamento deve estabelecer salvaguardas para garantir que atua genuinamente em nome do titular dos dados. (Tradução livre) [48]

O controlador deve tomar medidas preventivas para verificar a qualidade e a categoria dos dados antes de serem transmitidos, evitando que dados que não pertençam ao titular sejam enviados indevidamente.

---

estruturado, de uso corrente e de leitura automática, e o direito de transmitir esses dados a outro responsável pelo tratamento sem que o responsável a quem os dados pessoais foram fornecidos o possa impedir, se: a) O tratamento se basear no consentimento dado nos termos do artigo 6º, nº 1, alínea a), ou do artigo 9º, nº 2, alínea a), ou num contrato referido no artigo 6º, nº 1, alínea b); e b) O tratamento for realizado por meios automatizados. 2. Ao exercer o seu direito de portabilidade dos dados nos termos do nº 1, o titular dos dados tem o direito a que os dados pessoais sejam transmitidos diretamente entre os responsáveis pelo tratamento, sempre que tal seja tecnicamente possível. 3. O exercício do direito a que se refere o nº 1 do presente artigo aplica-se sem prejuízo do artigo 17º. Esse direito não se aplica ao tratamento necessário para o exercício de funções de interesse público ou ao exercício da autoridade pública de que está investido o responsável pelo tratamento. 4. O direito a que se refere o nº 1 não prejudica os direitos e as liberdades de terceiros.

[48] ARTICLE 29 DATA PROTECTION WORKING PARTY. *Guidelines on the right to data portability*. Bruxelas, 5 Abr. 2017. Disponível em: https://ec.europa.eu/newsroom/document.cfm?doc_id=44099. Acesso em: 05 nov. 2022. "*Data Controllers (...) are not responsible for the processing handled by the data subject or by another company receiving personal data. They act on behalf of the data subject, including when the personal data are directly transmitted to another data controller. In this respect, the data controller is not responsible for compliance of the receiving data controller with data protection law, considering that it is not the sending data controller that chooses the recipient. At the same time the controller should set safeguards to ensure they genuinely act on the data subject's behalf.*"

Um fato relevante diz respeito à continuidade do tratamento dos dados pelo controlador que os transmite para outro controlador. A portabilidade não afeta o processamento dos dados pelo controlador originário, pois não corresponde ao seu apagamento automático. Neste caso, o titular pode continuar utilizando os serviços do controlador mesmo após a transmissão dos dados, e isso não altera sequer o período de retenção.

Muito embora não seja a intenção esgotar o tema, vale lembrar que o responsável pelo tratamento deve ter base legal estabelecida para o tratamento dos dados antes de transmiti-los, que nos termos do artigo 20 do GDPR deve ser o consentimento previsto nos artigos 6 (1) (a) ou 9 (2) (a), ou o cumprimento de um contrato.

Isso quer dizer que não há a previsão de uma base legal "geral" para a portabilidade. Por exemplo, uma instituição financeira não é obrigada a responder a um pedido de portabilidade quando o tratamento dos dados tiver o propósito de cumprir uma obrigação para prevenir lavagem de dinheiro ou qualquer outro crime financeiro.

Quanto ao prazo, aplica-se o que já está especificado nos procedimentos do art. 12 (3) do GDPR, tema já abordado, no entanto, neste caso podendo variar de 1 mês a 3 meses, dependendo da complexidade, devendo o titular ser informado da demora. Ademais, a transmissão é feita sem custo para o titular, exceto se comprovar que o pedido foi manifestamente infundado.

Por fim, nos termos da *Guideline*, compete aos controladores desenvolver e manter sistemas tecnicamente interoperáveis, que permitam o exercício do direito da portabilidade "sem obstáculos", conforme apontado no GDPR. Essa tarefa é exclusiva dos controladores que, inclusive, devem assumi-la sem detrimento ou supressão de direitos e garantias dos titulares de dados.

3.6 Direito de oposição (art. 21 do GDPR e art. 18, §2º da LGPD)

O direito à oposição está destacadamente previsto no artigo 21 do GDPR, no capítulo de *direitos do titular de dados*, ao passo que na LGPD está disposto no §2º do artigo 18, abaixo da relação de direitos dos titulares.

Muito embora não esteja em destaque entre os incisos elencados pelo legislador brasileiro no capítulo de direitos dos titulares, a oposição é um direito a ser observado sempre que o tratamento de dados não for baseado no consentimento e é cabível especialmente quando o tratamento for baseado no legítimo interesse ou na proteção ao crédito. Isso porque, conforme explicam Monteiro e Cruz, ao utilizar o termo "dispensa" do consentimento o legislador cometeu uma falha técnica, uma vez que o artigo 7º da LGPD não dispensa o consentimento, já que considera todas as bases legais equivalentes. Segundo os autores:[49]

> O direito de oposição não poderá ser exercido em todas as demais bases legais. Isso se dá porque o titular não poderá se opor, por exemplo, ao cumprimento de uma obrigação regulatória ou política pública. No caso de execução de contrato, a oposição pode levar ao fim do contrato ou ao descumprimento de uma de suas obrigações. Dessa forma, na prática, o direito de oposição poderia ser exercido nas situações em que a base legal for legítimo interesse ou proteção ao crédito, neste último caso somente quando não for fundamentado em normas consumeristas, pois estas trazem no seu texto autorizações regulatórias para o uso dos dados.

Na prática, o titular se opõe ao tratamento de dados que considera irregular ou quando o tratamento de dados realizado pelo controlador viola a lei de alguma maneira.

No GDPR, os critérios para o exercício do direito de oposição são: (i) a realização da coleta dos dados com base no legítimo interesse do titular[50] e a utilização dos dados em decisões automatizadas para perfilamento de indivíduos. No tratamento de dados para fins de *marketing* direto, o titular tem que ser clara, distinta e explicitamente informado do direito de objeção (*opt-out*) na primeira comunicação, e havendo a objeção, os seus dados pessoais não devem mais ser tratados para o mesmo fim. Até mesmo nos casos de tratamento de dados pessoais para fins de pesquisa científica e histórica ou para análises

---

[49] MONTEIRO, Renato Leite; CRUZ, Sinuhe. Direitos dos titulares: fundamentos, limites e aspectos práticos. *In:* FRANCOSKI, Denise de Souza Luiz; TASSO, Fernando Antonio. *A Lei Geral de Proteção de Dados Pessoais LGPD:* aspectos práticos e teóricos relevantes no setor público e privado. Coordenação. 1. ed. São Paulo: Thomson Reuters Brasil, 2021, p. 273.

[50] Teste de ponderação (WP217) Opinion 06/2014 on the notion of legitimate interests of the data controller under Article 7 of Directive 95/46/EC ARTICLE 29 DATA PROTECTION WORKING PARTY 844/14/EN WP 217 Opinion 06/2014 on the notion of legitimate interests of the data controller under Article 7 of Directive 95/46/EC Adopted on 9 April 2014 This Working Party was set up under Article 29 of Directive 95/46/EC. It is an independent European advisory body on data protection and privacy. Its tasks are described in Article 30 of Directive 95/46/EC and Article 15 of Directive 2002/58/EC. The secretariat is provided by Directorate C (Fundamental Rights and Union Citizenship) of the European Commission, Directorate General Justice, B-1049 Brussels, Belgium, Office No MO-59 02/013. Disponível em: http://ec.europa.eu/justice/data-protection/index_en.htm

estatísticas, o direito à oposição é cabível se o tratamento de dados for considerado desnecessário.

3.7 Direito de não se submeter a decisões tomadas unicamente de forma automatizada (art. 22 do GDPR e art. 20 da LGPD)

Há uma estreita relação do direito de não ser avaliado com base no processamento automatizado com o direito de oposição acima mencionado. Em ambas as normas, o direito de não ser submetido a decisão automatizada se aplica se a decisão for baseada em processos de tratamento de dados exclusivamente automatizados (sem interferência humana) e produza efeitos legais concernentes ao titular ou o afete significativamente.

O artigo 22 do GDPR prevê que o titular de dados pessoais deve ter o direito de não se submeter a uma decisão tomada unicamente por meio do tratamento automatizado de seus dados pessoais, incluindo o perfilamento, ou outras decisões que produzem efeitos legais a seu respeito ou possam lhe afetar de forma significativa. Conforme especificam as *Guidelines on Automated individual decision-making and Profiling for the purposes of Regulation 2016/679*:

> Um processo automatizado produz o que é de fato uma recomendação sobre um titular de dados. Se um ser humano analisa e leva em consideração outros fatores ao tomar a decisão final, essa decisão não se basearia apenas no processamento automatizado. (Tradução livre)[51]

Nesse contexto, a produção de efeitos legais por uma decisão automatizada pode ser entendida como o cancelamento de um contrato, a negativa de acesso a um benefício, a recusa de acesso a um país ou negativa de cidadania, enquanto circunstâncias que afetem o titular significativamente podem ser entendidas como as que geram efeitos negativos prolongados, como discriminação, elegibilidade ao crédito, acesso a serviços de saúde, de educação ou até negativas de emprego.

Assim, como regra geral, o titular de dados não pode ser submetido a decisões unicamente automatizadas, a não ser que o

---

[51] *"An automated process produces what is in effect a recommendation concerning a data subject. If a human being reviews and takes account of other factors in making the final decision, that decision would not be 'based solely' on automated processing."* Disponível em: https://ec.europa.eu/newsroom/article29/items/612053/en. Acesso em: 05 nov. 2022.

tratamento automatizado seja derivado das exceções previstas no mesmo artigo 22 do GDPR quando: (i) expressamente autorizado pela lei dos Estados-Membros da UE; (ii) o tratamento for necessário para performar um contrato firmado com o titular; ou (iii) o próprio titular de dados der seu consentimento válido para a realização do tratamento.

No âmbito de aplicação do Regulamento Europeu, existe também a WP 251, a qual dispõe que o controlador não irá impedir a aplicação do direito de revisão das decisões automatizadas se apenas "fabricar" um envolvimento humano que não seja efetivo, como, por exemplo, se alguém aplicar rotineiramente perfis gerados automaticamente a indivíduos sem influência real sobre o resultado. Isso continua sendo decisão automatizada.[52]

No caso de tratamento de dados sensíveis, as possibilidades de tratamento são ainda mais restritivas, levando em consideração o consentimento válido do titular de dados ou a comprovação de que o tratamento é necessário para o atendimento do interesse público devidamente previsto na Lei, sempre garantindo que as salvaguardas adequadas para proteção dos dados serão aplicadas, e os direitos e liberdades fundamentais do indivíduo serão protegidos.

Dessa forma, a legislação europeia se mostra mais protetiva em relação aos titulares de dados pessoais quando do uso da inteligência artificial para o tratamento de dados pessoais, cabendo aos titulares o direito de somente serem submetidos a essas decisões quando atendidas as exceções acima assinaladas.

Ainda, caso não concordem com a decisão automatizada tomada a seu respeito, os titulares podem requerer o direito de explicação acerca da decisão, exigindo a interferência humana para a demonstração dos critérios utilizados pelo controlador para a tomada de decisão.

Na LGPD, o artigo 20 prevê que "*O titular dos dados tem direito a solicitar a revisão de decisões tomadas unicamente com base em tratamento automatizado de dados pessoais que afetem seus interesses, incluídas as decisões destinadas a definir o seu perfil pessoal, profissional, de consumo e de crédito ou os aspectos de sua personalidade*". Ou seja, não há a premissa de prévia autorização do titular para realização do tratamento automatizado dos seus dados, como exigido no GDPR. Os dados pessoais poderão ser tratados unicamente de forma automatizada e, caso o resultado desse tratamento cause estranheza ao titular, este poderá requerer ao

---

[52] USTARAN, Eduardo; SCHULTZE-MELLING, Jyn. *European data protection*: law and practice. 2. ed. IAPP, 2019, p. 179.

controlador o fornecimento de informações claras acerca dos critérios e procedimentos utilizados para a tomada de decisão.

Em outras palavras, o titular poderá requerer que o controlador preste contas sobre a decisão, para averiguar aspectos discriminatórios que advenham do tratamento de dados. A ANPD também está autorizada pelo §2º do artigo 20 a realizar auditoria para verificação de aspectos discriminatórios em tratamento automatizado de dados pessoais, caso o controlador se negue a oferecer resposta sob a justificativa de observância de segredo comercial ou industrial.

Considerações finais

Como vimos, os direitos dos titulares têm origem nas regulamentações norte-americanas que apontam melhores práticas para o tratamento de informações em ambiente computadorizado e automatizado. Essas regulações surgem na década de 1970, em torno de escândalos de corrupção envolvendo o mau uso de dados pessoais de indivíduos pelas agências federais do governo. Em ato temporal contínuo, o parlamento europeu e a OCDE publicam suas convenções e *guidelines,* as quais ampliam os princípios e garantias dos titulares de dados pessoais. Essas normas se estabelecem, em conjunto, como o alicerce das normas de proteção de dados pessoais em todo o mundo.

A legislação europeia de proteção de dados pessoais – GDPR é fruto da evolução da maturidade regulatória no tema na União Europeia e se estabelece como referência em robustez e técnica para a criação das demais legislações focadas em privacidade e proteção de dados pessoais, inclusive para a legislação brasileira.

Em muito tem a contribuir a experiência da União Europeia com os próximos passos regulatórios no Brasil, especialmente no que tange às *guidelines* e orientações emitidas pelas Autoridades de Proteção de Dados Pessoais e endossadas pela *European Data Protection Board*, já que os direitos dos titulares já estão em sua maioria regulamentados, inclusive quanto ao seu procedimento, e esses documentos esclarecem aos controladores os meios, o mérito, os limites e as restrições da aplicação prática do atendimento aos direitos.

Importante destacar que apesar de as legislações de proteção de dados pessoais analisadas possuírem capítulos dedicados aos direitos dos titulares, a sua interpretação deve sempre se dar de forma sistemática e abrangente, levando em consideração o conjunto de princípios e garantias estabelecidos nos artigos que antecedem a declaração dos direitos em si. Ambas as legislações são robustas e devem ser interpretadas no contexto da transparência, da segurança, do propósito de tratamento entre outros pilares que representam o alicerce para a discussão dos direitos dos titulares.

No Brasil, a agenda regulatória da ANPD prevê o horizonte temporal do primeiro trimestre de 2023 para elaboração e publicação de orientações acerca dos pontos da LGPD que ainda necessitam de orientação e esclarecimento. De acordo com o estudo ora realizado, há referências importantes nas *guidelines* emitidas pelas Autoridades europeias acerca dos direitos dos titulares que podem nortear as melhores práticas ainda pendentes de elucidação no país.

O crescimento do número de reclamações por parte de titulares de dados perante Autoridades e demais órgãos de controle em âmbito nacional demonstra, por si, que o uso indevido dos dados pessoais ainda se mostra uma realidade nas organizações públicas e privadas que tratam dados pessoais, e que há um longo caminho de aculturamento a ser percorrido pela nossa Autoridade para que um nível gerenciado de maturidade se estabeleça no país e a LGPD se torne uma referência institucional, base para todos os processos de tratamento de dados.

Fato é que com a evolução da tecnologia, dos modelos sociais e econômicos baseados em dados, e a expansão da cultura *data driven* nas organizações, a relevância da regulação do tratamento de dados pessoais é crescente, já é uma realidade em nosso país e se mostra fundamental para a sustentabilidade da ordem e da privacidade dos indivíduos.

Referências

ARTICLE 29 DATA PROTECTION WORKING PARTY. *Guidelines on the right to data portability*. Bruxelas, 5 Abr. 2017. Disponível em: https://ec.europa.eu/newsroom/document.cfm?doc_id=44099. Acesso em: 05 nov. 2022.

ARTICLE 29 DATA PROTECTION WORKING PARTY. *Opinion 06/2014 on the notion of legitimate interests of the data controller under Article 7 of Directive 95/46/EC*. Bruxelas, 9 Apr. 2014. Disponível em: https://ec.europa.eu/justice/article-29/press-material/public-consultation/notion-legitimate-interests/files/20141126_overview_relating_to_consultation_on_opinion_legitimate_interest_.pdf. Acesso em: 07 nov. 2022.

BIONI, Bruno Ricardo. *Regulação e proteção de dados pessoais:* o princípio da accountability. 1. ed. Rio de Janeiro, Forense, 2022.

BRASIL. *Lei nº 13.709*, de 14 de agosto de 2018 (Lei Geral de Proteção de Dados Pessoais). Disponível em: https://www.planalto.gov.br/ccivil_03/_ato2015-2018/2018/lei/l13709.htm. Acesso em: 05 nov. 2022.

BRASIL. Congresso Nacional. *Medida Provisória nº 1.124*, de 13 de junho de 2022. Disponível em: https://www.congressonacional.leg.br/materias/medidas-provisorias/-/mpv/153611. Acesso em: 05 nov. 2022.

BRASIL. Autoridade Nacional de Proteção de Dados Pessoais. *Resolução CD/ANPD nº 1*, de 28 de outubro de 2021. Disponível em: https://www.in.gov.br/en/web/dou/-/resolucao-cd/anpd-n-1-de-28-de-outubro-de-2021-355817513. Acesso em: 05 nov. 2022.

BRASIL. Autoridade Nacional de Proteção de Dados Pessoais. *Relatório de Gestão Ouvidoria*. Exercício 2021. Disponível em: https://www.gov.br/anpd/pt-br/canais_atendimento/ouvidoria/anpd-rel-ouvidoria-2021.pdf. Acesso em: 05 nov. 2022.

BRASIL. Autoridade Nacional de Proteção de Dados Pessoais. *Planejamento estratégico 2022-2023*. Disponível em: https://www.gov.br/anpd/pt-br/acesso-a-informacao/planejamento-estrategico-anpd-versao-2-0-06072022.pdf. Acesso em: 05 nov. 2022.

CÂMARA DOS DEPUTADOS. *Lei Geral de Proteção de Dados Pessoais completa quatro anos com avanços e desafios*. Ciência, Tecnologia e Comunicações. 19 ago. 2022. Disponível em: https://www.camara.leg.br/noticias/904176-lei-geral-de-protecao-de-dados-pessoais-completa-quatro-anos-com-avancos-e-desafios/. Acesso em: 05 nov 2022.

CONJUR. Superior Tribunal de Justiça. *REsp nº 1.660.168* – RJ (2014/0291777-1). Relator: Min. Marco Aurélio Belizze. Disponível em: https://www.conjur.com.br/dl/direito-esquecimento-indexacao.pdf. Acesso em: 07 nov. 2022.

COUNCIL OF EUROPE. *Convention 108+*: Convention for the protection of individuals with regard to the processing of personal data. Bruxelas: Council of Europe, jun. 2018. Disponível em: https://www.europarl.europa.eu/meetdocs/2014_2019/plmrep/COMMITTEES/LIBE/DV/2018/09-10/Convention_108_EN.pdf. Acesso em: 05 nov. 2022.

COUNCIL OF EUROPE. Regulation (EU) 2016/679 of the european parliament and of the council, of 27 April 2016, on the protection of natural persons with regard to the processing of personal data and on the free movement of such data, and repealing Directive 95/46/EC (General Data Protection Regulation). Disponível em: https://eur-lex.europa.eu/legal-content/EN/TXT/PDF/?uri=CELEX:32016R0679. Acesso em: 05 nov. 2022.

CRAVO, Daniela Copetti. *Direito à portabilidade de dados*: interface entre defesa da concorrência, do consumidor e proteção de dados. 2. ed. Rio de Janeiro: Lumen Juris, 2022.

ESTADOS UNIDOS DA AMÉRICA. Department of Justice. Records Computers and the Right of Citizens. Julho de 1973. Disponível em: https://www.justice.gov/opcl/docs/rec-com-rights.pdf. Acesso em: 05 nov. 2022.

ESTADOS UNIDOS DA AMÉRICA. Department of Justice. Archives. *Overview of the Privacy Act of 1974*. Disponível em: https://www.justice.gov/archives/opcl/policy-objectives. Acesso em: 07 nov. 2022.

EUROPEAN DATA PROTECTION BOARD. *Guidelines 01/2022 on data subject rights*. Version 1.0. Adopted on version for public consultation. Bruxelas, 18 Jan. 2022. Right of access. Disponível em: https://edpb.europa.eu/system/files/2022-01/edpb_guidelines_012022_right-of-access_0.pdf. Acesso em: 05 nov. 2022.

EUROPEAN DATA PROTECTION BOARD. *Guidelines 5/2019 on the criteria of the Right to Forgotten in the search engines cases under the GDPR*. Bruxelas, 7 Jul. 2020. Disponível em: https://edpb.europa.eu/sites/default/files/files/file1/edpb_guidelines_201905_rtbfsearchengines_afterpublicconsultation_en.pdf . Acesso em: 07 nov. 2022.

EUROPEAN DATA PROTECTION BOARD. *Guidelines on Automated individual decision-making and Profiling for the purposes of Regulation 2016/679*. Bruxelas, 22 ago. 2018. Disponível em: https://ec.europa.eu/newsroom/article29/items/612053/en. Acesso em: 05 nov. 2022.

IAPP. International Association of Privacy Professionals. *Fair Information of Practice Principles*. Disponível em: https://iapp.org/resources/article/fair-information-practices/. Acesso em: 05 nov. 2022.

MALDONADO, Viviane Nóbrega; BLUM, Renato Opice. *LGPD*: Lei Geral de Proteção de Dados comentada. 2. ed. São Paulo: Thomson Reuters Brasil, 2019.

MOBILE TIME. ANPD recebeu 6 mil reclamações desde 2020. 09 ago 2022. Disponível em: https://www.mobiletime.com.br/noticias/09/08/2022/anpd-recebeu-6-mil-reclamacoes-desde-2020/. Acesso em: 05 nov. 2022.

MONTEIRO, Renato Leite; CRUZ, Sinuhe. Direitos dos titulares: fundamentos, limites e aspectos práticos. *In*: FRANCOSKI, Denise de Souza Luiz; TASSO, Fernando Antonio. *A Lei Geral de Proteção de Dados Pessoais LGPD*: aspectos práticos e teóricos relevantes no setor público e privado. 1. ed. São Paulo: Thomson Reuters Brasil, 2021.

OECD. Organisation for Economic Cooperation and Development. *OECD Guidelines on the Protection of Privacy and Transborder Flows of Personal Data*. Paris: OECD, 23 set. 1980. Disponível em: https://www.oecd.org/digital/ieconomy/oecdguidelinesontheptotectionofprivacyandtransborderflowsofpersonaldata.htm#top. Acesso em: 05 nov. 2022.

OECD. Organisation for Economic Cooperation and Development. *The OECD Privacy Framework*. 2013. Disponível em: https://www.oecd.org/sti/ieconomy/oecd_privacy_framework.pdf. Acesso em: 07 nov. 2022.

RECLAME AQUI. *LGPD*. Disponível em: https://www.reclameaqui.com.br/busca/?q=lgpd. Acesso em: 05 nov. 2022.

USTARAN, Eduardo; SCHULTZE-MELLING, Jyn. *European data protection*: law and practice. 2. ed. IAPP, 2019, p. 168-170.

Informação bibliográfica deste texto, conforme a NBR 6023:2018 da Associação Brasileira de Normas Técnicas (ABNT):

BUENO, Samara Schuch; VIANI, Caren Benevento. Direitos dos titulares: uma comparação entre as legislações Europeia (GDPR) e Brasileira (LGPD) de proteção de dados pessoais. *In*: FRANCOSKI, Denise de Souza Luiz; TEIVE, Marcello Muller (coord.). *LGPD*: direitos dos titulares. Belo Horizonte: Fórum, 2023. p. 213-247. ISBN 978-65-5518-500-3.

DIREITO DOS TITULARES E NOVOS SERVIÇOS DE TECNOLOGIAS

MONIKE CLASEN

Introdução

"A invenção está no nosso DNA, e a tecnologia é a ferramenta fundamental que empregamos para desenvolver e aprimorar todos os aspectos da experiência que oferecemos"[1] – afirmou Jeffrey Preston Bezos, fundador da Amazon, em uma de suas cartas aos acionistas, sobre a sua condução na empresa multinacional de tecnologia norte-americana sediada em Washington, Estados Unidos.

A corporação, apesar de concentrar maior parte de sua receita anual como varejista de bens, por meio do *e-commerce*, opera em diversos setores de negócios no âmbito da tecnologia, como computação em nuvem, *streaming* e inteligência artificial. É considerada uma das cinco grandes empresas de tecnologia, juntamente com Google, Apple, Microsoft e Facebook,[2] comercializando produtos e soluções tanto para outras empresas quanto para o consumidor final.

É consabido que a cultura de gestão por dados é ponto nodal na formulação de estratégias na atualidade tanto no âmbito da atividade-meio das empresas quanto em suas atividades-fim.

Isso porque com boas condições de coleta, armazenamento e estruturação da base de dados é possível desempenhar um papel singular no mercado, por melhoria de desempenho em qualquer seara, seja em gestão de pessoas, de insumos, de vendas, na redução de custo,

---

[1] ANDERSON, Steve. *As cartas de Bezos*. Rio de janeiro: Sextante, 2020, p. 143.
[2] LOTZ, Amanda. *Big tech isn't one big monopoly* – it's 5 companies all in different businesses. Published: March 23, 2018. Disponível em: https://theconversation.com/big-tech-isnt-one-big-monopoly-its-5-companies-all-in-different-businesses-92791. Acesso em: 24 jul. 2022.

bem como no aumento da reputação corporativa e na exponencialidade da satisfação do cliente.

Uma modelagem preditiva baseada em uma acurada captação de dados oportuniza o melhor termômetro imediato da dinâmica de uma instituição, antecipa cenários econômicos possíveis e pode funcionar como premissa de estratégias a longo prazo.

A rigor, nenhuma parte da descrição acima representaria riscos à gestão de um negócio, ou, de outro lado, à preservação da integridade de um indivíduo, se nesta gama de dados não estivessem computados dados de características pessoais.

O dado considerado como pessoal consiste em toda informação relacionada a pessoa natural identificada ou identificável,[3] e na sua definição mais sensível,[4] aquela informação ligada a intimidade de crenças ou definições biotipadas sobre origem racial ou étnica, convicção religiosa, opinião política, filiação a sindicato ou a organização de caráter religioso, filosófico ou político, dado referente à saúde ou à vida sexual, dado genético ou biométrico entre outros detalhes.

A busca pela proteção ao dado pessoal constitui movimento antigo ao redor do mundo, e no Brasil, a partir de 2019, qualquer operação de tratamento realizada por pessoa natural ou por pessoa jurídica de direito público ou privado, independentemente do meio, do país de sua sede ou do país onde estejam localizados os dados em questão, passou a dever observar as regras de disposição insculpidas na Lei nº 13.709, publicada em 2018.

Considerando que toda pessoa natural tem assegurada permanente titularidade de seus dados pessoais e garantidos os direitos fundamentais de liberdade, de intimidade e de privacidade, nos termos da mencionada Lei, o presente artigo é apresentado com descrição e reflexões deste tema associadas a propagação de novos serviços de tecnologias.

1 Dado pessoal – o seu titular e o seu poder de influência

Nas relações sociais, independentemente no momento tecnológico, dados pessoais são transmitidos nas mais corriqueiras ocasiões: seja para anotar em um papel informações de contato sobre um terceiro que

---

[3] BRASIL. *Lei nº 13.709 – LGPD*, de 14 de agosto de 2018. "Art. 5º Para os fins desta Lei, considera-se: I – dado pessoal: informação relacionada a pessoa natural identificada ou identificável;"

[4] BRASIL. *Lei nº 13.709 – LGPD*, de 14 de agosto de 2018. Art. 5º, II.

colocou o seu carro à venda, seja para preencher um formulário físico ou digital de pré-cadastro em alguma organização pública ou privada.

No Brasil, em regra,[5] as hipóteses permissivas[6] de coleta e manuseio de dados pessoais[7] de terceiros são itemizadas na seguinte forma:

- mediante o fornecimento de consentimento do seu titular;
- para o cumprimento de obrigação legal ou regulatória pelo controlador;[8]
- pela administração pública, para o tratamento e uso compartilhado de dados necessários à execução de políticas públicas previstas em leis e regulamentos ou respaldadas em contratos, convênios ou instrumentos congêneres;
- para a realização de estudos por órgão de pesquisa, garantida, sempre que possível, a anonimização dos dados pessoais;
- quando necessário para a execução de contrato ou de procedimentos preliminares relacionados a contrato do qual seja parte o titular, a pedido do titular dos dados;
- para o exercício regular de direitos em processo judicial, administrativo ou arbitral;[9]
- para a proteção da vida ou da incolumidade física do titular ou de terceiro;
- para a tutela da saúde, exclusivamente, em procedimento realizado por profissionais de saúde, serviços de saúde ou autoridade sanitária;

---

[5] A LGPG excepciona a sua aplicação nos casos em que o tratamento de dados pessoais for realizado por pessoa natural para fins exclusivamente particulares e não econômicos. Também exepciona a sua incidência quando o tratamento for realizado para fins exclusivamente jornalístico e artísticos; ou acadêmicos, aplicando-se a esta hipótese os arts. 7º e 11 da Lei. A norma em destaque também se abstém das situações concernentes ao exercício das funções do Estado, no Executivo, no Legislativo e no Judiciário, especificamente nos casos que versem sobre segurança pública; defesa nacional; segurança do Estado; atividades de investigação e repressão de infrações penais. A conjuntura de ressalvas de serventia da norma está insculpida no art. 4º, em seus incisos e parágrafos.

[6] BRASIL. Lei nº 13.709 – LGPD. Dos Requisitos para o Tratamento de Dados Pessoais: art. 7º e incisos.

[7] Compreenda-se em coleta e manuseio todas as expressões contempladas no inciso X, do art. 5º: (...) toda operação realizada com dados pessoais, como as que se referem a coleta, produção, recepção, classificação, utilização, acesso, reprodução, transmissão, distribuição, processamento, arquivamento, armazenamento, eliminação, avaliação ou controle da informação, modificação, comunicação, transferência, difusão ou extração;

[8] BRASIL. Lei nº 13.709 – LGPD. Art. 5º. "VI – Controlador: pessoa natural ou jurídica, de direito público ou privado, a quem competem as decisões referentes ao tratamento de dados pessoais;"

[9] Este último, nos termos da Lei nº 9.307, de 23 de setembro de 1996 (Lei de Arbitragem).

- quando necessário para atender aos interesses legítimos do controlador ou de terceiro, exceto no caso de prevalecerem direitos e liberdades fundamentais do titular que exijam a proteção dos dados pessoais; ou
- para a proteção do crédito, inclusive quanto ao disposto na legislação pertinente.

Das possibilidades condicionais que autorizam a coleta e o manuseio de dados pessoais, a opção que melhor descreve a autonomia deliberativa do titular é o consentimento, compreendido como a *"manifestação livre, informada e inequívoca pela qual o titular concorda com o tratamento de seus dados pessoais para uma finalidade determinada"*:[10]

> (...) Assente num princípio liberal de autonomia deliberativa, a legislação de proteção de dados pessoais reconhece um lugar de relevo à vontade individual. De fato, um princípio nodal daquela é a participação do titular dos dados, o que, por um lado, lhe garante uma medida de influência nas operações de tratamento e, por outro, se reflete numa cartilha de direitos assegurados mesmo nos casos em que a licitude do tratamento não decorre do consentimento do titular dos dados. Este acompanhamento das operações de tratamento consubstancia um controle individual sobre os dados pessoais, independentemente do fundamento jurídico do tratamento (...)[11]

> (...) O vetor principal da LGPD é da autonomia privada no ato de consentimento (art. 5º, XII): "manifestação livre, informada e inequívoca pela qual o titular concorda com o tratamento de seus dados pessoais para uma finalidade determinada", da mesma forma que o Marco Civil da Internet (Lei nº 12.965/2014) assegura o consentimento como elemento essencial para o exercício dos direitos relativos à internet e ao exercício da cidadania, na forma de um "consentimento expresso e inequívoco" (...)[12]

Os direitos dos titulares de dados pessoais são medidos pelo seu poder de influência nas operações de tratamento de tais informações.

---

[10] BRASIL. *Lei nº 13.709 – LGPD*. Art. 5º, VII.
[11] KORKMAZ, Maria Regina Rigolon; SACRAMENTO, Mariana. Direitos do titular de dados: potencialidades e limites na Lei Geral de Proteção de Dados Pessoais. *Revista Eletrônica da PGE-RJ*, v. 4, nº 2, 2021.
[12] FORNASIER, Mateus de Oliveira; KNEBEL, Norberto Milton Paiva. O titular de dados como sujeito de direito no capitalismo de vigilância e mercantilização dos dados na Lei Geral de Proteção de Dados. *Revista Direito e Práxis*, v. 12, p. 1002-1033, 2021.

Sua expressão legal consiste no direito a obter, a qualquer momento e mediante requisição, de quem coletou os seus dados:[13]
- confirmação da existência de tratamento;
- acesso aos dados coletados;
- correção de dados incompletos, inexatos ou desatualizados;
- anonimização, bloqueio ou eliminação de dados desnecessários, excessivos ou tratados em desconformidade legal;
- portabilidade dos dados a outro fornecedor de serviço ou produto, mediante requisição expressa e observados os segredos comercial e industrial;
- eliminação dos seus dados;
- informação sobre a possibilidade de não fornecer consentimento e sobre as consequências da negativa;
- revogação do consentimento, outrora concedido, entre outros.

Considerando que o avanço da inovação reflete em novas aplicabilidades da tecnologia e renova a forma de interações comunicacionais, tem-se que a entrega de dados pessoais pelo seu titular deixou de ser espontânea, concessiva e canalizada, alcançando uma qualidade quase que intangível de dissipação, na medida em que os dados passaram a ser capturados e processados de forma sutil ou imperceptível no cotidiano, sob o fundamento, normalmente, de melhoria da experiência do indivíduo em qualquer condição a que este for submetido.

Nesse sentido, a medida de controle e influência (como o direito de retificação) nas operações de tratamento de dados pessoais pelo seu titular passou a ser dificultada, tendo em vista que o modelo incógnito da forma e conteúdo de captação exige um maior esforço de atenção por parte do indivíduo para a sua detecção, especificamente sobre a própria confirmação da existência de tratamento, em seu primeiro momento.

2 Dado pessoal como ativo de mercado

No processo de avanço de interação humana de troca de bens e serviços, a curadoria de dados[14] é considerada excelência de ativo de mercado. A coleta, o processamento e a mineração[15] de dados, em

---
[13] BRASIL. *Lei nº 13.709 – LGPD*. Art. 18.
[14] Curadoria de dados em sentido amplo.
[15] "(...) Um banco de dados deve ser necessariamente atrelado à ideia de um sistema de informação, cuja dinâmica explicita, sequencialmente, um processo que se inicia pela coleta e estruturação dos dados, perpassa a extração de uma informação que, por fim, agrega

sentido estrito, na categoria pessoal, assumem posição de qualidade ainda superior:

> (...) O grande mecanismo econômico identificado é a extração de mais-valia comportamental, que é o processo que extrai as experiências da vida cotidiana dos usuários dados relevantes e as transforma em mercadoria: o usuário entrega os dados por ele produzidos em sua vida cotidiana, as empresas mineram e manipulam esses dados, e a extração/transformação de tais dados retorna ao usuário como melhoras nos serviços prestados pelas empresas.[16]

A captura de valor sobre extração e manuseio de dados pode ser analisada em diversos modelos de exploração, como nos casos de assimetria de informação, para identificação de potencial falha de mercado, e reunião de capital de conhecimento de máquina, ocasião na qual se transfere o conhecimento humano para aplicação robotizada.[17]

O modelo de exploração do excedente do consumidor é aquele que mais atrai a atenção para o objeto de reflexão do presente artigo, pois para a sua consecução necessariamente o modelo reúne, em sua base de gestão, dados de características pessoais especificamente para tracionar estratégia de lucro sobre excedente ou *deficit* entre oferta e demanda, expressadas comumente como "tarifa dinâmica", como ocorre nos resultados de pesquisas feitas em sítios eletrônicos de pesquisa de passagens aéreas ou em solicitações de aplicativos de prestadoras de serviços eletrônicos na área do transporte privado urbano.

A qualidade dinâmica de valor atribuído a um produto ou serviço, premissada na análise de dados pessoais coletados para razão diversa a esse fim, demanda subsunção do estatuto legal em sua

---

conhecimento. Por isso, os bancos de dados não são somente um agrupamento lógico e inter-relacionado do estado primitivo da informação, mas são, também, uma ferramenta que deve criar uma interface para quem o manipula analisar e descobrir informações para tomada de decisões. Tais decisões vão desde a concepção de um bem de consumo ao direcionamento da mensagem publicitária. Possibilita-se, pois, identificar e precisar o perfil do potencial consumidor, seus hábitos e outras 'informações necessárias à tomada de decisões táticas e estratégicas'. É o que se convencionou chamar de mineração de dados ou *data mining*." (BIONI, Bruno Ricardo. *Proteção de dados pessoais*: a função e os limites do consentimento. 2 ed. Rio de Janeiro: Forense, 2020, p. 33-34.)

[16] FORNASIER, Mateus de Oliveira; KNEBEL, Norberto Milton Paiva. O titular de dados como sujeito de direito no capitalismo de vigilância e mercantilização dos dados na Lei Geral de Proteção de Dados. *Revista Direito e Práxis*, v. 12, p. 1002-1033, 2021.

[17] CIURIAK, Dan. *Unpacking the Valuation of Data in the Data-Driven Economy* (27 de abril de 2019). Disponível em: https://ssrn.com/abstract=3379133 ou http://dx.doi.org/10.2139/ssrn.3379133. Acesso em: 24 set. 2022.

acepção ampla protetiva, especialmente porque indica possível mácula da autonomia de vontade do indivíduo.

Sendo assim, o desenvolvimento da interação humana de troca de bens e serviços baseada na curadoria de dados pessoais assume uma zona imprecisa de leitura legal, pois a tecnologia filigrânica aplicada a prestação de serviço e formulação de produtos pode servir como ação de melhoria da experiência do cliente, mas não deve conspurcar a autonomia de vontade deste.

3 Gestão de dados pessoais e serviços baseados em tecnologia

As transformações estruturais de mercado indicam que cada nova tecnologia não dominada consiste numa vantagem competitiva perdida.[18]

> (...) a transformação digital pode ser entendida como um processo ininterrupto, marcado pelo uso de tecnologias digitais no cotidiano das organizações, tendo a agilidade como o principal mecanismo para a reconfiguração estratégica do modelo de negócios, das formas de colaboração e da cultura organizacional. Moreira e Rocha (2019) afirmam que, do ponto de vista organizacional, a transformação digital está relacionada às mudanças profundas e rápidas, envolvendo atividades, processos, competências e modelos, a fim de aproveitar possíveis oportunidades decorrentes da inclusão de tecnologias digitais no negócio. Nwankpa e Roumani (2016) destacam a centralidade de uma base tecnológica na transformação digital. Segundo os autores, as organizações estão sempre se transformando como resposta às mudanças do mercado de atuação, mas, quando se fala em transformação digital, as mudanças são construídas sobre uma base de tecnologias digitais como *big data*, *analytics*, *cloud*, *mobile* e mídias sociais, possibilitando a melhoria de processos e a criação de valor para o negócio da organização.[19]

---

[18] "(...) A inovação é inegavelmente a pauta mor da maioria das discussões no mercado. Se uma organização não a demanda, será devorado por ela. São tantas as nuances resultantes da difusão tecnológica que o movimento que para abarcar todo o potencial extensivo da engenhosidade humana tanto quanto a necessidade desta, um universo paralelo ao real está em desenvolvimento." (CLASEN, Monike. *Experiência do consumidor*: metaverso, intersecção entre o mundo físico e virtual. O Direito no metaverso. Felipe Palhares (Coord.). São Paulo: Revista dos Tribunais, 2022, p. 189.)

[19] DE ALMEIDA, Leonardo Alexandrino; DE LIMA MARTINS, Iracema Maria; MARTINS, Marcelo Augusto dos Anjos Lima. Modelos de negócios, estratégia e inovação: reflexões necessárias na sociedade da transformação digital. *Research, Society and Development*, v. 11, nº 6, p. e298116292020-e298116292020, 2022.

Citável e emblemático exemplo, em território nacional, de resposta à evolução de mercado foi a criação da "AR&Co", resultante de acordo de associação operado em 22/10/2020 entre a empresa Arezzo – fundada em 1972, a maior do varejo de calçados da América Latina[20] – e a empresa Reserva – fundada em 2004, do setor do varejo de vestuário, reconhecida pelos seus afinados programas de relacionamento de cliente[21] de *marketing* experiencial.[22] Perceba-se que a ocorrência gerou a emissão de nota de fato relevante[23] direcionada ao mercado, acionistas e autarquia federal reguladora, e em seu conteúdo restou consignado:

> (...) Mediante a efetivação da Operação, o atual sócio fundador, Rony Meisler, e os executivos e sócios minoritários da Reserva, Fernando Sigal, Jayme Nigri e José Alberto da Silva, continuarão a atuar na qualidade de administradores da Reserva e estarão envolvidos no desenvolvimento pretendido pela Companhia, por meio da "AR&Co", braço exclusivo de vestuário e *lifestyle* do grupo Arezzo&Co, *com destaque para a maximização de competências digitais e tecnologia*, bem como a atenção a critérios ESG (*environmental, social, governance*).[24]

Soluções de ordem tecnológica, como dito, são importantes ativos no mercado e trazem consigo uma vertente bifocal na condução dos negócios por seus gestores/administradores: de um lado, a responsabilidade da conformidade legal, no âmbito individual privado, no aspecto do consumidor, como já comentado neste artigo; do outro, intermediários parceiros de negócios, ou na condição de investidores.

---

[20] Disponível em: https://www.arezzo.com.br/institucional/sobre-arezzo. Acesso em: 24 set. 2022.

[21] A empresa Reserva, em 2015, foi única brasileira declarada pela revista Americana Fast Company, líder de mídia de negócios do mundo, como uma das mais inovadoras da América Latina. Disponível em: https://www.fastcompany.com/3041655/the-worlds-top-10-most-innovative-companies-of-2015-in-latin-. Acesso em: 25 set. 2022.
"Uma das principais práticas de relacionamento com o cliente da loja se tornou um *software* inovador chamado Now. Essa ferramenta registra as preferências do consumidor e o histórico de compras atrelados ao CPF. Com isso, o vendedor responsável pelo cliente consegue criar um relacionamento próximo." Disponível em: https://contilnetnoticias.com.br/2021/06/reserva-marca-de-roupas-masculinas-que-veste-inovacao-e-tecnologia/. Acesso em: 25 set. 2022.

[22] DE SOUSA JÚNIOR, João Henriques. Análise da utilização de estratégias de marketing experiencial por uma marca de vestuário brasileira. *Navus: Revista de Gestão e Tecnologia*, nº 10, p. 72, 2020.

[23] Nos moldes do art. 157, §4º, da Lei nº 6.404, de 1976, e no art. 2º da Instrução CVM nº 358, de 2002.

[24] Fato Relevante. Disponível em: chrome-extension://efaidnbmnnnibpcajpcglcfindmkaj/https://api.mziq.com/mzfilemanager/v2/d/3bfae074-fd9b-4484-b9aa-24496571c987/8e756ba2-93ac-efbd-25a9-ade1ace30d1c?origin=1. Acesso em: 25 set. 2022.

No caso das companhias de capital aberto, como retratado no exemplo da associação entre empresas do varejo de moda, preexiste o dever de divulgação de fato reputado como relevante,[25] na forma da Lei nº 6.404/1976, com apoio na Instrução CVM nº 358,[26] definido como aquele que possa influir, de modo ponderável, na decisão dos investidores do mercado de vender ou comprar valores mobiliários emitidos pela companhia.

Atributos concernentes a inteligência de negócios ou *softskills*[27] até recentemente eram suficientes para alavancar grandes lideranças e livrar as organizações de passivos judiciais na órbita administrativa, civil, penal e trabalhista, além de fermentar boa reputação empresarial com reflexo na manutenção ou no aumento de seu valor de mercado.

As mudanças ocasionadas pela adoção em inovações em tecnologia reservam o diferencial competitivo, porém, em via tangencial, geram proporcionais dilemas e desafios aos seus gestores:[28]

---

[25] O tópico "desenvolvimento de tecnologia" é considerado fato relevante para fins de obrigatoriedade informacional: "Neste contexto, poder-se-ia condicionar a relevância à fatos relacionados à atividade empresarial. De certo modo, a maioria dos exemplos de fatos relevantes estão ligados a isto, como se pode inferir o exame da lista exemplificativa constante da Instrução CVM nº 358 (*e.g.*: renegociação de dívidas; lucro ou prejuízo da companhia, celebração ou extinção de contrato, aprovação, alteração ou desistência de projeto ou atraso em sua implantação, início, retomada ou paralisação da fabricação ou comercialização de produto ou da prestação de serviço; descoberta, mudança ou desenvolvimento de tecnologia ou de recursos da companhia)". (MOTA, Fernando de Andrade. *O dever de divulgar fato relevante na companhia aberta*. 2015. Tese (Doutorado). Universidade de São Paulo, São Paulo, 2015, p. 79 e 145.)

[26] Instrução normativa que dispõe sobre a divulgação e o uso de informações sobre ato ou fato relevante relativo às companhias abertas, disciplina a divulgação de informações na negociação de valores mobiliários e na aquisição de lote significativo de ações de emissão de companhia aberta, estabelece vedações e condições para a negociação de ações de companhia aberta na pendência de fato relevante não divulgado ao Mercado. Disponível em: https://conteudo.cvm.gov.br/legislacao/instrucoes/inst358.html. Acesso em: 24 set. 2022.

[27] "As *softskills* são um conjunto de habilidades de gestão de pessoas, importantes para muitas profissões e cargos. Envolve conceitos relacionados, como traços de personalidade, atitudes, crenças e valores." (MATTESON, Miriam L.; ANDERSON, Lorien; BOYDEN, Cynthia. "Soft skills": a phrase in search of meaning. *Libraries and the Academy*, v. 16, nº 1, p. 71-88, 2016.)

[28] Sobre análise de um possível dilema e desafio para a comunicação, compartilha-se: "Em tese, a violação do dever de divulgar fato relevante poderia ocorrer tanto pela não divulgação de informação que se enquadrasse no critério legal, quanto pela divulgação como relevante, de fato que não atendesse a esses mesmos requisitos. (...) A violação do dever de divulgar deverá ser apurada a partir dos padrões normais de responsabilidade, ponderando as mencionadas dificuldades na identificação de um fato relevante. O administrador deve avaliar o fato tendo por base sua experiência profissional, como menciona Fabio Ulhoa Coelho, mas poderá, mesmo atuando de forma diligente, entender como não relevante um fato que, na verdade, influenciará a decisão de investidores. Nesta hipótese não caberia sua responsabilização. O julgamento deve considerar as informações disponíveis para o administrador no momento da decisão de divulgar, e as circunstâncias em que tal decisão

A velocidade das transformações tecnológicas e sociais e a produção de dados delas decorrentes têm provocado mudanças importantes nas operações, produtos e serviços de pequenas e grandes organizações. Nesse contexto, muitos dilemas e desafios são enfrentados pelos gestores. Entre os desafios está a necessidade de lidar com um crescente volume de dados, aproveitando-os em favor dos objetivos organizacionais.

A vantagem competitiva, inicialmente indicada no início deste tópico, é alcançada normalmente por ocasião de uso ou descoberta de tecnologia radicalmente inovadora (emergente), em crescimento acelerado – internamente, é passível de gerar dilema em sua aplicação; e no âmbito externo, pode exercer impacto considerável imediato, por incerteza do cenário de inserção, dada a sua condição de desenvolvimento inacabado.

As tecnologias emergentes são assim chamadas porque ainda não estão plenamente desenvolvidas e, em geral, nunca estarão totalmente acabadas. Os cientistas sociais Rotolo, Hicks e Martin (2014) salientam esse aspecto em sua descrição: [tecnologia emergente] é uma tecnologia radicalmente inovadora, em crescimento acelerado, que se caracteriza por certo grau de coerência persistente no tempo, com potencial para exercer impacto considerável no contexto sócio-econômico, como se observa em termos de composição dos atores, de instituições e de padrões de interação, além dos processos associados de produção de conhecimento. Seu impacto mais importante, porém, ocorre no futuro, e, portanto, na fase de emergência ela ainda é um tanto incerta e ambígua.[29]

Em termos de emergência e incerteza, a mercantilização dos dados pessoais se torna sensível quando perpassa proveniente do processo denominado mineração, o qual possibilita a descoberta de informações acionáveis em grandes conjuntos de informações, promovendo efeito de valor econômico sobre uma coleção de dados:

O *data mining* é um processo definido pela descoberta, sejam por meios manuais ou automatizados. É útil para a análise exploratória de questões sem noções predeterminadas – então, a mineração de dados é a busca

---

foi tomada. Se o administrador, num juízo adequado, entendeu ser dispensável a divulgação, não deveria ser punido (e nesta avaliação deverá, naturalmente, ser considerada a informação disponível para o administrador no momento da decisão)". (MOTA, Fernando de Andrade. *O dever de divulgar fato relevante na companhia aberta*. 2015. Tese (Doutorado) – Universidade de São Paulo, São Paulo, 2015, p. 195 e 196.)

[29] ARMSTRONG, Paul. *Dominando as tecnologias disruptivas*. Trad. Afonso Celso da Cunha Serra. 1. ed. São Paulo: Autêntica Business, 2019, p. 32.

pela novo, valorável e não trivial em grandes volumes de dados. Também é um esforço cooperativo entre humanos e máquinas, na prática, tendo os dois objetos primários: (I) predição, que envolve o uso de variáveis e campos para prever valores desconhecidos e futuros em interesses variados; e (II) descrição, que foca em procurar padrões para descrever os dados de formas interpretáveis por humanos (KANTARDZIC, 2020, p. 2-3). A mineração de dados é motor da chamada economia digital, ou da mercantilização dos dados, em que os dados pessoais se transformam em mercadoria.

No âmbito prático, percebe-se um grande desenvolvimento de empresas, cujo modelo de negócio é baseado e orientado por dados (pessoais), os quais, por seu refinado desenvolvimento, causam pontual curiosidade no quesito a (as)simetria informacional entre usuários e controladores de dados e medidas de influência sobre tais dados.

a) Uber

A Uber Technologies Inc. é uma empresa que foi criada em 2009 e fornece uma plataforma de tecnologia que usa uma rede massiva comunicacional para promoção de moderno serviço de mobilidade urbana.

De acordo com relatório anual do ano de 2021,[30] emitido pela própria corporação, por força da legislação de câmbio de valores mobiliários vigente nos Estados Unidos, país em que é listada, fora consignado:

> Nossa rede massiva, eficiente e inteligente consiste em dezenas de milhões de motoristas, consumidores, comerciantes, remetentes e transportadoras, *bem como dados subjacentes, tecnologia e infraestrutura compartilhada. Nossa rede se torna mais inteligente a cada viagem.* Em aproximadamente 10.500 cidades ao redor do mundo (a partir de 1º de janeiro de 2022), nossa rede impulsiona o movimento com o toque de um botão para milhões, e esperamos, eventualmente, bilhões de pessoas. (...) Construímos tecnologias próprias de mercado, roteamento e pagamentos. As tecnologias de mercado são o núcleo de nossa profunda vantagem tecnológica e incluem *tecnologias de previsão de demanda, correspondência, despacho e precificação.* Nossas tecnologias tornam extremamente eficiente o lançamento de novos negócios e a operacionalização dos existentes.

---

[30] Disponível em: https://www.sec.gov/ix?doc=/Archives/edgar/data/1543151/000154315122 000008/uber-20211231.htm#i41f3a487140149eaa115f268f79d2e06_16. Acesso em: 24 set. 2020.

Seu modelo de negócio, que indica talhe perfilado na exploração do excedente do consumidor, aponta o tema "privacidade e proteção de dados" como importante elemento influenciador de estratégia transacional:

> Nossa plataforma de tecnologia e os dados do usuário que coletamos e processamos para administrar nossos negócios *são parte integrante de nosso modelo de negócios* e, como resultado, nossa *conformidade com as leis* que tratam da coleta e processamento de dados pessoais *é essencial para nossa estratégia de melhorar a experiência do usuário da plataforma e construir confiança.*

E mais:

> Reguladores em todo o mundo adotaram ou propuseram requisitos relativos à coleta, uso, transferência, segurança, armazenamento, destruição e outros processamentos de informações de identificação pessoal e outros dados relacionados a indivíduos, *e essas leis estão aumentando em número, aplicação, multas e outras penalidades. Dois exemplos de tais regulamentos que têm implicações significativas para nossos negócios* são o Regulamento Geral de Proteção de Dados da União Europeia (o "GDPR"), uma lei que entrou em vigor em maio de 2018 e implementou requisitos mais rigorosos para o processamento de dados pessoais relativos a indivíduos na UE, e a Lei de Privacidade do Consumidor da Califórnia (a "CCPA"), que entrou em vigor em janeiro de 2020 e *estabeleceu novos direitos do consumidor e requisitos de privacidade e proteção de dados para empresas cobertas.* (...) *Espera-se que os reguladores estaduais, municipais e estrangeiros dos EUA continuem propondo e adotando leis significativas que afetam o processamento de informações de identificação pessoal e outros dados relacionados a indivíduos,* como a Lei de Direitos de Privacidade da Califórnia ("CPRA") aprovada na Califórnia em novembro de 2020 (em vigor em janeiro de 2023) e um projeto de lei de proteção de dados pendente na Índia, que entrou em vigor em janeiro de 2020 e estabeleceu novos direitos do consumidor e requisitos de privacidade e proteção de dados para empresas cobertas.

A empresa também declarou a intenção em investir recursos significativos para desenvolver e expandir novas ofertas e tecnologias em outros mercados e registrou preocupação sobre o risco de tal iniciativa:

> Se não gastarmos nosso orçamento de desenvolvimento de forma eficiente ou eficaz em tecnologias comercialmente bem-sucedidas e inovadoras, podemos não obter os benefícios esperados de nossa

estratégia. *Nossas novas iniciativas também têm um alto grau de risco, pois cada uma envolve indústrias nascentes e estratégias e tecnologias de negócios não comprovadas com as quais temos pouco ou nenhum desenvolvimento anterior ou experiência operacional.*

A empresa declara, naturalmente, coletar e processar uma variedade de dados pessoais como:

> (...) endereços de e-mail, números de telefone celular, fotos de perfil, informações de localização, números de carteira de motorista e números de CPF de motoristas, informações de cartão de pagamento do consumidor e conta bancária do motorista e do comerciante em formação.

Estudo por estimativa indica[31] que, na prática, a tarifa e tempo de atendimento coletados na Interface de Programação de Aplicações da Uber emitida com base nos dados de tarifa básica é possível decompor as tais estimativas então fornecidas, deduzindo-se, assim, o indicador de tarifa dinâmica, que é utilizado como fator multiplicador da tarifa base cobrada pela empresa, em momentos nos quais a demanda é maior do que a oferta, em determinada região.

Em outras palavras, os preços cobrados pela prestação de serviço indicam ter caráter dinâmico e podem variar de acordo com o momento de uso, de compra do serviço ou com o segmento de consumo.

Do ponto de vista consumerista,[32] tal prática parece não caracterizar nenhuma irregularidade, uma vez que tal política de preço se encontraria pautada por aumento de oferta e diminuição de demanda, como regra de mercado e elemento da Ordem Econômica[33] constitucionalmente regulada. Esse foi o entendimento de um representante do Ministério Público do Estado de São Paulo ao opinar

---

[31] INSARDI, André *et al. Medindo a acessibilidade*: uma perspectiva de Big Data sobre os tempos de espera e tarifas do serviço da Uber. Dissertação (Mestrado Administração). Escola Superior de Propaganda e *Marketing* – ESPM. São Paulo, 2020, p. 68.

[32] BRASIL. *Lei nº 8.078*, de 11 de setembro de 1990. Código de Defesa do Consumidor. Dispõe sobre a proteção do consumidor e dá outras providências.

[33] BRASIL. Constituição Federal. "Art. 170. A ordem econômica, fundada na valorização do trabalho humano e na livre iniciativa, tem por fim assegurar a todos existência digna, conforme os ditames da justiça social, observados os seguintes princípios: I – soberania nacional; II – propriedade privada; III – função social da propriedade; IV – livre concorrência; V – defesa do consumidor; VI – defesa do meio ambiente, inclusive mediante tratamento diferenciado conforme o impacto ambiental dos produtos e serviços e de seus processos de elaboração e prestação; VII – redução das desigualdades regionais e sociais; VIII – busca do pleno emprego; IX – tratamento favorecido para as empresas de pequeno porte constituídas sob as leis brasileiras e que tenham sua sede e administração no País."

sobre litígio coletivo direcionado contra serviço de mobilidade urbana concorrente ao da empresa em retrato:

> Tal cenário, portanto, não se coaduna, por si só, com contexto de abusividade que deslegitime o aumento de preços das "viagens" intermediadas pela requerida. Pelo contrário, se caracteriza, com efeito, na legítima incidência do princípio da liberdade econômica, valorização do trabalho e livre iniciativa, devidamente resguardados por meio do art. 170 da Constituição Federal. (...) Além disso, conforme ressaltado pela requerida, todas as informações acerca da taxa, ora questionada, é apresentada, previamente, ao usuário, que ciente do contexto adverso, no qual solicita o transporte, e do valor a ser cobrado possui a livre escolha da contratação ou não, conforme se depreende do "Termo de Uso do Passageiro" colacionado às fls. 193/196.[34]

No que tange ao objeto jurídico dados pessoais, a leitura demanda atenção diferenciada: com base em quais parâmetros tal variação ocorre? Eventualmente em base de dados pessoais coletados originalmente para outro fim?

> A opacidade diz respeito ao obscurecimento do funcionamento das plataformas, das operações algorítmicas que as governam. A materialidade técnica da plataforma envolve operações e atores diversos, mas a Uber, como a maior parte das plataformas privadas, mantém como segredo de mercado seus algoritmos e é pouco transparente quanto às lógicas por trás dos mecanismos do Uber Driver.[35]

No silogismo de gestão, a precificação dinâmica de um determinado serviço pode ser considerada um método eficiente para estratégia de lucratividade:

> Os benefícios para as empresas do uso dos métodos de preços dinâmicos são conhecidos há muito tempo, em setores do turismo como companhias aéreas e hotéis cuja capacidade de oferta é limitada (Elmaghraby e Keskinocak, 2003). Com o suporte de tecnologias avançadas, as empresas também podem acompanhar os preços das empresas concorrentes, participando ativamente e influenciando a decisão de preços. Os economistas das empresas argumentam que a diferenciação de preços

---

[34] Parecer ministerial emitido em sede de recurso, nos autos do Agravo de Instrumento nº 2037869-31.2021.8.26.0000, TJSP.
[35] GUERRA, A.; DUARTE, F. *Trabalho plataformizado, assimetrias e vigilância*: notas sobre as ações e tensionamentos da mediação algorítmica no trabalho dos motoristas Uber. SIMPÓSIO INTERNACIONAL LAVITS, v. 6, 2019.

beneficia os lucros das mesmas, porque permite capturar o excedente do consumidor, cobrando valores diferentes de consumidores que têm diferentes sensibilidades aos preços (Lee *et al.*, 2011). (...) O avanço da tecnologia da informação criou novas oportunidades para o controle de reservas, gerando, ao mesmo tempo, maior integração com outras funções importantes de planejamento e gestão. O sucesso do *Revenue Management* de companhias aéreas foi amplamente divulgado, o que estimulou o desenvolvimento de sistemas de gerenciamento de receita para outros setores de transporte e em outras áreas do setor de serviços.[36]

Sob a ótica do exercício do direito dos titulares a proteção de dados, a denominada "opacidade" do processamento de informações de identificação pessoal e outros dados relacionados a indivíduos, nas ocasiões em que o gerenciamento algorítmico conta com a possibilidade de cruzar e administrar em tempo real uma ampla gama de dados gerais, associados a dados pessoais não autorizados para tal fim, merece especial atenção.

A reflexão proposta não ambiciona criticar ou formular movimento obtuso de bloqueio a extração do excedente do consumidor fundada na mais-valia comportamental, nem mesmo ofuscar a ocorrência das mudanças que são construídas sobre uma base de tecnologias digitais baseadas em *big data*, *analytics*, *cloud* e *mobile*, que nomeadamente proveem melhoria de processos e a criação de valor para o negócio da organização.

O que se compele a reflexão é que, na primada normativa, a confirmação da existência de tratamento, bem como o acesso aos dados coletados – que constituem direitos do titular de dados pessoais, nesta circunstância de gestão filigrânica algorítmica, parecem se afastar do objeto central de um pacto de serviço[37] (mobilidade) ou macular a autonomia deliberativa do titular em sua manifestação livre, informada e inequívoca pela qual eventualmente tenha concordado originalmente.[38]

---

[36] SANTOS, Flavio Andrew do Nascimento; MAYER, Verônica Feder; MARQUES, Osiris Ricardo Bezerra. *Precificação dinâmica e percepção de justiça em preços*: um estudo sobre o uso do aplicativo Uber em viagens. Turismo: Visão e Ação, v. 21, p. 239-264, 2020.
[37] BRASIL. *Lei nº 13.709 – LGPD*. Dos Requisitos para o Tratamento de Dados Pessoais. "Art. 7º O tratamento de dados pessoais somente poderá ser realizado nas seguintes hipóteses: (...) V – quando necessário para a execução de contrato (...).".
[38] BRASIL. *Lei nº 13.709 – LGPD*. "Art. 6º As atividades de tratamento de dados pessoais deverão observar a boa-fé e os seguintes princípios: I – finalidade: realização do tratamento para propósitos legítimos, específicos, explícitos e informados ao titular, sem possibilidade de tratamento posterior de forma incompatível com essas finalidades;"

A tomada de decisões e estratégias individuais considerando informações relativas a variação termodinâmica da região, distribuição no tempo e no espaço considerando intenso fluxo de tráfego, são informações conjuntamente passíveis de ser mapeadas, processadas, cruzadas e gerenciadas; todavia, quando associadas a dados pessoais, o quesito a (as)simetria informacional entre usuários e controlador de dados deve ser ponderado, para que o titular do de tal direito possa exercer as medidas de influência que entender pertinente.

b) Amazon Go

De uma maneira geral, o ambiente de consumo – seja físico ou digital – tem se tornado cada vez mais dinâmico. Como uma nova configuração de modelo de negócio para as empresas, ações de automatização em varejo tem sido objeto de estudo e alvo de massivas rodadas de investimento possibilitada pelo dinamismo do mercado de capitais.

A Amazon Go, cadeia de lojas de conveniência física nos Estados Unidos e no Reino Unido, pertencente à empresa de capital aberto Amazon, oferece ao público lojas de conveniência sem operação humana de caixa:

> A experiência é projetada para aqueles que não gostam de ficar em uma linha de caixa. A Amazon se beneficia ao eliminar o custo do *checkout* pessoal. Os clientes usam um aplicativo Amazon Go e escaneiam seus iphones ao entrar na loja. A tecnologia sofisticada rastreia suas compras, permite que eles saiam da loja sem um *check-out* físico e cobram automaticamente em sua conta.[39]

O serviço utilizado no varejo é denominado tecnologia "*Just Walk Out*", ou, em outras palavras, "apenas saia", consistente em promover o pagamento automático na saída após o acompanhamento dos itens retirados/devolvidos na prateleira e, em alguns casos, acompanhando um carrinho virtual do indivíduo – tudo em tempo real.

Para automatização do procedimento,[40] a Amazon Go utiliza uma série de tecnologias associadas, incluindo visão computacional, algoritmos de aprendizado profundo e fusão de sensores para as

---

[39] POLACO, Alex; BACKES, Kayla. O conceito Amazon Go: implicações, aplicações e sustentabilidade. *Revista de Negócios e Gestão*, v. 24, nº 1, p. 79-92, 2018.
[40] POLACO, Alex; BACKES, Kayla. O conceito Amazon Go: implicações, aplicações e sustentabilidade. *Revista de Negócios e Gestão*, v. 24, nº 1, p. 79-92, 2018.

etapas de compra, *checkout*[41] e pagamento associadas a uma transação de varejo.[42]

A rigor, o processo transacional de compra e venda parece ser simples: a Amazon Go coleta e processa dados pautada no permissivo legal de execução de contrato.[43]

Todavia, caso no enredo de automatização do varejo, deste porte, a gestora do empreendimento colete, processe, armazene e minere dados além do propósito transacional, também perpassaríamos por uma assimetria informacional entre o usuário e o controlador de dados.

> A Amazon Go permite que um comprador receba alguns bens oferecidos pela Amazon em troca do dinheiro do comprador. Esta é uma transação comercial normal e cumpre as duas condições fundamentais de um contrato – as partes estão de acordo e algo de valor foi trocado. Em uma loja normal, amigável ao funcionário, essas condições são literalmente encenadas em suas interações com o caixa: você dá a ele algum bem, ele declara um preço, você sinaliza um acordo pagando. Em uma loja Amazon Go, todas as tecnologias sofisticadas existem basicamente para sustentar essa troca contratual na ausência de funcionários humanos. (...) A Amazon pode reter os dados coletados por um período de tempo razoável para verificar o contrato – por exemplo, se você contestar o faturamento ou desejar devolver um item inaceitável. Mas qualquer mineração de dados adicional – e você sabe que é aí que o valor real é produzido para a Amazon – claramente não é necessária para o contrato e, portanto, não pode ser legalmente realizada usando esse fundamento legal.[44]

A visão computacional sobre todo sistema de compra e venda, ao promover a melhoria da experiência de compra, digitaliza todo o ambiente físico para o mundo virtual, criando um gigantesco banco de dados fervorosamente estruturados.

---

[41] A expressão *checkout* utilizada nos sentidos compostos de conferência, finalização e saída.

[42] J. RIBEIRO, B. Clarinha; D. CUNHA, Y. Zhu, C. E. Walter and M. Au-Yong-Oliveira. "The Retail Sector's Bet on Artificial Intelligence: The Portuguese Case" 2022 17th Iberian Conference on Information Systems and Technologies (CISTI), 2022, p. 1-7, doi: 10.23919/CISTI54924.2022.9820259.

[43] BRASIL. *Lei nº 13.709 – LGPD*. Dos Requisitos para o Tratamento de Dados Pessoais. "Art. 7º O tratamento de dados pessoais somente poderá ser realizado nas seguintes hipóteses: (...) V – quando necessário para a execução de contrato."

[44] Comentário emitido sobre o *case* Amazon Go e o regulamento europeu de proteção de dados pessoais. WALTER, TIM. Does Amazon Go + GDPR = Amazon No-Go? Disponível em: http://www.digitalclaritygroup.com/gdpr-amazon-no-go/. Acesso em: 24 set. 2022.

Para que isso seja possível, a Amazon utiliza tecnologia semelhante à dos carros autônomos. O sistema depende muito da fusão de sensores, visão computacional e algoritmos de aprendizado profundo (Amazon Go Editorial Staff, 2017). Embora eles não tenham revelado muito sobre seu avanço tecnológico, parece que a Amazon planeja tornar as câmeras centrais em sua estratégia operacional. Essas câmeras rastrearão não apenas os produtos e sua colocação, mas também os indivíduos que fazem as compras (SWANSON, 2016).[45]

Qualquer registro de operação de reconhecimento de atividade humana que identifique ou torne identificável um indivíduo será caracterizado como um dado pessoal – e juridicamente protegido pelo titular, constituindo um grande desafio de controle por parte dos atores que figuram na relação informacional: seja o controlador, seja o usuário.

Para o controlador, pelas deliberações de estratégia sobre como utilizar a tecnologia disponível; em outra ponta, para o usuário, na sua autoridade de emissão de dados pessoais, pois tornada diminuta, dada a sutileza do método de coleta dessas informações.

> Impulsionados por uma ampla gama de aplicações do mundo real, esforços significativos foram feitos recentemente para explorar técnicas de reconhecimento de atividade humana sem dispositivos que utilizam as informações coletadas por várias infraestruturas sem fio para inferir atividades humanas sem a necessidade de o sujeito monitorado carregar um dispositivo dedicado.
>
> As abordagens e sistemas de reconhecimento de atividade humana livres de dispositivos existentes, embora produzam um desempenho razoavelmente bom em certos casos, enfrentam um grande desafio. (...) Realizamos extensos experimentos em quatro diferentes testes de reconhecimento de atividade livre de dispositivos: *WiFi*, ultrassom, 60 GHz mmWave e luz visível. Os resultados experimentais demonstram a eficácia superior e generalização da estrutura de IE proposta.[46]

Destaque-se que referido modelo de varejo automatizado possui a tendência de popularizar-se:

> Dias depois que a Amazon Go abriu sua loja em Seattle, uma *startup*, AiFi, anunciou que em breve forneceria uma tecnologia semelhante

---

[45] POLACO, Alex; BACKES, Kayla. O conceito Amazon Go: implicações, aplicações e sustentabilidade. *Revista de Negócios e Gestão*, v. 24, nº 1, p. 79-92, 2018.

[46] JIANG, Wenjun *et al*. Towards environment independent device free human activity recognition. In: *Proceedings of the 24th annual international conference on mobile computing and networking*. 2018, p. 289-304.

à tecnologia *Just Walk Out* da Amazon Go. A AiFi afirmou que pode suportar o rastreamento de até 500 pessoas e dezenas de milhares de números de itens de SKU, todos alojados em dezenas de milhares de pés quadrados (PEREZ, 2018). Ao contrário do Amazon Go, o sistema AiFi deveria ser disponibilizado como um serviço de assinatura para lojas familiares e grandes redes. O sistema AiFi foi descrito como sendo capaz de: rastreie o comportamento dos compradores na loja, incluindo se eles estão comprando em grupos, quais itens estão pegando e devolvendo, sua marcha, suas poses corporais, onde vão na loja e identifiquem se estão fazendo algo anormal, como furto. (PEREZ, 2018)[47]

O processo de melhoria da experiência do consumidor por via do varejo automatizado, portanto, possui a tendência de ter significativos avanços imediatos, porém não deverá ser promovido sob premissa de assimetria informacional em relação ao usuário final, sob pena não só da violação de norma de proteção de dados pessoais, mas de representar a contramão do viés de mercado, ou seja, de manter uma vantagem competitiva lícita.

Considerações finais

Ao que parece, de fato a invenção perfila nosso DNA, e a tecnologia constitui ferramenta fundamental para aprimorar as atividades profissionais de todos os seguimentos.

Cada nova tecnologia não dominada está para uma perda de vantagem competitiva tanto quanto para cada nova dominação e aplicação de tecnologia está para um dever proporcional de informação.

As mudanças ocasionadas pela adoção em inovações em tecnologia reservam o diferencial competitivo, porém em via tangencial geram proporcionais dilemas e desafios aos seus gestores, e conforme delineado neste artigo, uma vertente bifocal na condução dos negócios merece ser adotada: a responsabilidade da conformidade legal, no âmbito individual privado, no aspecto do consumidor; do outro, intermediários parceiros de negócios, na condição de investidores e associados.

Como dito, qualquer registro de operação de reconhecimento de atividade humana que identifique ou torne identificável um indivíduo será caracterizado como um dado pessoal, ao passo que a simetria

---

[47] IVES, B., Cossick, K., & Adams, D. (2019). Amazon Go: Interrompendo o varejo? *Journal of Information Technology Teaching Cases*, 9 (1), 2-12. https://doi.org/10.1177/2043886918819092

informacional entre as partes envolvidas no processo cadencial (do controlador ao usuário final) deverá ser mantida.

O grande mecanismo econômico identificado, consistente na extração do excedente do consumidor e mais-valia comportamental, promovido sob filigrania algorítmica, merece atenção e não deve se afastar do objeto central de um pacto de serviço ou macular a autonomia deliberativa do titular em sua manifestação livre, informada e inequívoca pela qual eventualmente tenha concordado originalmente.

Os direitos dos titulares relativos à proteção de dados pessoais estão expressados por sua medida de influência sobre eles, e invenções ou inovações que resultem novos serviços de tecnologia merecem avançar com a preservação da simetria informacional entre as figuras envolvidas nessa teia jurídica.

Referências

ANDERSON, Steve. *As cartas de Bezos*. Rio de janeiro: Sextante, 2020.

ARMSTRONG, Paul. *Dominando as tecnologias disruptivas*. Trad. Afonso Celso da Cunha Serra. 1. ed. São Paulo: Autêntica Business, 2019.

BIONI, Bruno Ricardo. *Proteção de dados pessoais*: a função e os limites do consentimento. 2. ed. Rio de Janeiro: Forense, 2020.

BRASIL. *Decreto nº 7.962*, de 15 de março de 2013. Regulamenta a Lei nº 8.078, de 11 de setembro de 1990, para dispor sobre a contratação no comércio eletrônico.

BRASIL. Ministério da Economia. Comissão de Valores Mobiliários. *Instrução CVM nº 358*, de 2002.

BRASIL. *Lei nº 12.965*, de 23 de abril de 2014. Estabelece princípios, garantias, direitos e deveres para o uso da Internet no Brasil.

BRASIL. *Lei nº 13.709*, de 14 de agosto de 2018. Lei Geral de Proteção de Dados Pessoais (LGPD).

BRASIL. *Lei nº 8.078*, de 11 de setembro de 1990. Dispõe sobre a proteção do consumidor e dá outras providências.

CASTELLS, Manuel. A sociedade em rede: do conhecimento à Política. *In*: CASTELLS, Manuel; CARDOSO, Gustavo (Org.). *A sociedade em rede*: do conhecimento à acção política. Brasília: Imprensa Nacional, 2005.

CIURIAK, Dan. Unpacking the Valuation of Data in the Data-Driven Economy (27 de abril de 2019). Disponível em: https://ssrn.com/abstract=3379133 ou http://dx.doi.org/10.2139/ssrn.3379133. Acesso em: 24 set. 2022.

CLASEN, Monike. *Experiência do consumidor*: metaverso, intersecção entre o mundo físico e virtual. O Direito no metaverso. Coord. Felipe Palhares. São Paulo: Revista dos Tribunais: 2022.

DE ALMEIDA, Leonardo Alexandrino; DE LIMA MARTINS, Iracema Maria; MARTINS, Marcelo Augusto dos Anjos Lima. Modelos de negócios, estratégia e inovação: reflexões necessárias na sociedade da transformação digital. *Research, Society and Development*, v. 11, nº 6, p. e298116292020-e298116292020, 2022.

DE SOUSA JÚNIOR, João Henriques. Análise da utilização de estratégias de marketing experiencial por uma marca de vestuário brasileira. *Navus: Revista de Gestão e Tecnologia*, nº 10, p. 72, 2020.

F. -Y. Wang, R. Qin, J. Li, Y. Yuan and X. Wang. "Parallel Societies: A Computing Perspective of Social Digital Twins and Virtual–Real Interactions". *In*: IEEE Transactions on Computational Social Systems, vol. 7, nº 1, p. 2-7, Feb. 2020, doi: 10.1109/TCSS.2020.2970305.

FORNASIER, Mateus de Oliveira; KNEBEL, Norberto Milton Paiva. O titular de dados como sujeito de direito no capitalismo de vigilância e mercantilização dos dados na Lei Geral de Proteção de Dados. *Revista Direito e Práxis*, v. 12.

GONZALEZ-GONZALES, Inês. MARTINES-RUIZ, Maria Pilar. IZQUIERDO-YUSTA. JIMENEZ-ZARCO, Ana I. Determinantes da experiência do cliente com serviços eletrônicos: o caso das universidades online. *Revista Brasileira de Gestão de Negócios*. Mar. 2020. Disponível em: https://www.scielo.br/j/rbgn/a/BVyNxv6bvc5YM8W9b5vKCPj/?format=pdf&lang=pt.

GUERRA, A.; DUARTE, F. *Trabalho plataformizado, assimetrias e vigilância*: notas sobre as ações e tensionamentos da mediação algorítmica no trabalho dos motoristas Uber. SIMPÓSIO INTERNACIONAL LAVITS, v. 6, 2019.

INSARDI, André *et al*. *Medindo a acessibilidade*: uma perspectiva de Big Data sobre os tempos de espera e tarifas do serviço da Uber. P. 68. Dissertação (Mestrado Administração). Escola Superior de Propaganda e Marketing – ESPM. São Paulo: 2020.

IVES, B.; COSSICK, K., & ADAMS, D. (2019). Amazon Go: Interrompendo o varejo? *Journal of Information Technology Teaching Cases*, 9 (1), 2-12. Disponível em: https://doi.org/10.1177/2043886918819092.

J. RIBEIRO, B. Clarinha; D. CUNHA, Y. Zhu, C. E. Walter and M. Au-Yong-Oliveira. "The Retail Sector's Bet on Artificial Intelligence: The Portuguese Case". 2022 17th Iberian Conference on Information Systems and Technologies (CISTI), 2022, p. 1-7, doi: 10.23919/CISTI54924.2022.9820259.

JIANG, Wenjun *et al*. Towards environment independent device free human activity recognition. *In: Proceedings of the 24th annual international conference on mobile computing and networking*, 2018, p. 289-304.

KORKMAZ, Maria Regina Rigolon; SACRAMENTO, Mariana. Direitos do titular de dados: potencialidades e limites na Lei Geral de Proteção de Dados Pessoais. *Revista Eletrônica da PGE-RJ*, v. 4, nº 2, 2021.

LOTZ, Amanda. *Big Tech isn't one big monopoly* – it's 5 companies all in different businesses. Published: March 23, 2018. Disponível em: https://theconversation.com/big-tech-isnt-one-big-monopoly-its-5-companies-all-in-different-businesses-92791. Acesso em: 24 jul. 2022.

MAI Mozumder, MM Sheeraz, A. Athar, S. Aich e H.-C. Kim. "Overview: Technology Roadmap of the Future Trend of Metaverse based on IoT, Blockchain, AI Technique, and Medical Domain Metaverse Activity," 2022 24th International Conference on Advanced Communication Technology (ICACT). 2022, p. 256-261, doi: 10.23919/ICACT53585.2022.9728808

MATTESON, Miriam L.; ANDERSON, Lorien; BOYDEN, Cynthia. "Soft skills": a phrase in search of meaning. *Libraries and the Academy*, v. 16, nº 1.

MIRAGE, Bruno. Novo paradigma tecnológico, mercado de consumo digital e o direito do consumidor. *Revista Direito do Consumidor*, vol. 125. Set. 2019. Disponível em: https://brunomiragem.com.br/wp-content/uploads/2020/06/003-novo-paradigma-tecnologico-e-consumo.pdf. Acesso em: 05 maio 2022.

MOTA, Fernando de Andrade. *O dever de divulgar fato relevante na companhia aberta*. 2015. Tese (Doutorado). Universidade de São Paulo, 2015.

POLACO, Alex; BACKES, Kayla. O conceito Amazon Go: implicações, aplicações e sustentabilidade. *Revista de Negócios e Gestão*, v. 24, nº 1, 2019.

ROGERS. David. *Transformação digital*: repensando o seu negócio para a era digital. Trad. Afonso Celso da Cunha Serra. São Paulo: Autêntica Business, 2020.

SANTOS, Flavio Andrew do Nascimento; MAYER, Verônica Feder; MARQUES, Osiris Ricardo Bezerra. Precificação dinâmica e percepção de justiça em preços: um estudo sobre o uso do aplicativo Uber em viagens. *Turismo: Visão e Ação*, v. 21, p. 239-264, 2020.

Informação bibliográfica deste texto, conforme a NBR 6023:2018 da Associação Brasileira de Normas Técnicas (ABNT):

CLASEN, Monike. Direito dos titulares e novos serviços de tecnologias. In: FRANCOSKI, Denise de Souza Luiz; TEIVE, Marcello Muller (coord.). *LGPD*: direitos dos titulares. Belo Horizonte: Fórum, 2023. p. 249-270. ISBN 978-65-5518-500-3.

ENTRE O CABO DAS TORMENTAS OU DA BOA ESPERANÇA
COMO NAVEGAR A PROTEÇÃO DOS DIREITOS DOS TITULARES EM UM MUNDO GLOBALIZADO

CHRISTIAN PERRONE

> *Partidos dali, houveram vista daquele grande e notável cabo, ao qual por causa dos perigos e tormentas em o dobrar lhe puseram o nome de Tormentoso, mas el-rei D. João II lhe chamou Cabo da Boa Esperança, por aquilo que prometia para o descobrimento da Índia tão desejada.*
>
> (BARRO, João de. *Décadas de Ásia*.)

Introdução

Os portugueses, durante as grandes navegações, tiveram que enfrentar águas desconhecidas e inúmeros perigos para alcançar o seu objetivo de chegar às Índias. Ultrapassar o cabo que resta ao sul extremo da África não era um feito simples. A alcunha de "Tormentas" não veio do nada. Mas, ao ser cruzado e com o descortinar de novas possibilidades, Dom João II o batizou de "Boa Esperança".

A "navegação" pelos fluxos internacionais de dados tampouco é simples. As águas globais que os acompanham ainda não foram completamente dominadas, e ainda que os diferentes países queiram, por seus esforços, dar conta, sozinhos, de fato é bastante difícil. Isso não quer dizer que não se deva tentar, nem que não exista esperança, pelo contrário. Deve existir é um cuidado, porque lidar com a proteção transfronteiriça de dados não é algo que se possa realizar de maneira simples ou completamente direta.

O presente artigo busca tratar, em um primeiro momento, sobre como a proteção transfronteiriça de direitos de titulares de dados pessoais é um fenômeno global e que depende do ordenamento jurídico interno, assim como também de ordenamentos jurídicos onde o dado seja tratado. Posteriormente, deve-se notar as complexidades que aparecem sempre que ocorre a regulação nacional que visa proteger de maneira transfronteiriça os direitos dos titulares de dados. Por fim, analisa-se quais os elementos e quais os instrumentos disponíveis para a proteção e o exercício dos direitos dos titulares de dados.

1 Entendendo a proteção global de dados

Há muito pouco o que não se beneficia de fluxos globais de dados. Com a crescente digitalização de documentos e serviços, os intercâmbios de dados transfronteiriços ganharam ainda mais peso, impactando diretamente na vida diária dos indivíduos. Apesar dessa fluidez, são limitados os meios internacionais de salvaguardar e garantir a proteção dessa circulação transfronteiriça de dados, particularmente quanto a dados referentes a indivíduos (dados pessoais). Como instrumento internacional de *regulação*, pode-se apontar para a Convenção 108 do Conselho da Europa (e subsequentes protocolos) como dos poucos meios vinculantes *internacionais* que congregam a um número significativo de participantes e que busca regular os fluxos transnacionais de dados.

Na falta de uma regulação global, diferentes países e regiões exploram modelos e mecanismos que permitem regular esses fluxos transfronteiriços de dados.[1] Há referências,[2] como no Regulamento

---

[1] Sobre a complexidade de regular serviços globais em um momento em que não há um consenso sobre o modelo regulatório a ser adotado, veja: LEMOS, Ronaldo e PERRONE, Christian. *platform governance in a time of divide*: navigating the paradox of global tech and local constraints. CIGI online, 14 de fevereiro, 2022. Disponível em: https://www.cigionline.org/articles/platform-governance-in-a-time-of-divide-navigating-the-paradox-of-global-tech-and-local-constraints/.

[2] Para uma análise da extraterritorialidade das jurisdições de maneira global, ver SVANTESSON, D. Internet & Jurisdiction Global Status Report. [S.l.]: Internet & Jurisdicion Policy Network, 2019. Disponível em: https://www.internetjurisdiction.net/

Europeu de Proteção de Dados (conhecido como seu acrônimo em inglês GDPR, *General Data Protection Regulation*)[3] e na Lei Geral de Proteção de Dados Pessoais do Brasil (LGPD),[4] que regulam unilateralmente o tratamento de dados pessoais mesmo além (ou independentemente) das fronteiras territoriais da região ou do país.[5]

Assim como explicita o Advogado Geral (AG) Saugmandsgaard Øe "*in the absence of common personal data protection safeguards at global level, cross-border flows of such data entail a risk of a breach in continuity of the level of protection guaranteed in the European Union*". Igualmente na estratégia para dados da União Europeia, está explícita a visão de que a proteção "*travels with the data no matter where the data is*".[6]

Nesse sentido, essas iniciativas regulatórias buscam criar "bolhas de proteção", espécies de redoma, que envolvam os dados à medida que saem dos limites geográficos jurisdicionais. A *ratio* é de que a proteção de dados não se restrinja a uma espaço territorial delimitado de um país, mas sim que a lei nacional abarque o fluxo do dado. Em outras palavras, de um ponto normativo, há uma busca de abarcar o fenômeno social da circulação de dados como um todo, mesmo que isso queira dizer que algumas vezes não só o objeto de regulação seja transfronteiriço, mas que o escopo territorial da lei nacional seja mais amplo do que somente as fronteiras do país de nacionalidade ou residência do titular ou da origem específica do dado.[7]

Ou seja, através da regulação de um único país busca-se lidar com um fenômeno que é múltiplo, que toca e se veste imbricado em uma relação com mais de um país. Para dar continuidade à metáfora da navegação, um só estado estaria regulando o que ocorre no navio

---

uploads/pdfs/Internet-Jurisdiction-Global-Status-Report-2019-Key- Findings_web.pdf. Acesso em: 18 jan. 2022, p. 57 e ss. Para explorar essa mesma questão de um ponto de vista regional, vide: SOUZA, Carlos Affonso; PERRONE, Christian; CARNEIRO, Giovanna. Internet & Jurisdiction and ECLAC. *Regional Status Report*. [S.l.]: ECLAC, 2020. Disponível em: https://repositorio.cepal.org/handle/11362/46421.

[3] UNIÃO EUROPEIA. Parlamento Europeu. *Regulamento 679/2016* (Regulamento Europeu de Proteção de Dados – GDPR). Bruxelas: Parlamento Europeu, 2016. Disponível em: https://eur-lex.europa.eu/legal-content/PT/TXT/PDF/?uri=CELEX:32016R0679&from=PT.

[4] BRASIL. *Lei nº 13.709*, de 14 de agosto de 2018. Lei Geral de Proteção de Dados Pessoais (LGPD). Brasília.

[5] Inúmeros outros países perseguem mecanismos similares. O que tende a diferenciar uns dos outros diz respeito muito sobre a abordagem de regulação. Alguns, como Canadá, Nova Zelândia e Singapura, em sua abordagem negocial, estabelecem mecanismos de proteção que podem vir a ser mais ou menos flexíveis.

[6] EUROPEAN COMMISSION. *A European strategy for data*. 19 February 2020, p. 23.

[7] Veja: https://blogs.dlapiper.com/privacymatters/uk-ico-clarifies-position-in-respect-of-international-transfers-under-the-gdpr/.

desde sua saída do porto até para *além* de sua chegada ao destino.

De um ponto de vista holístico, a discussão acaba por focar-se em três elementos primordiais: i) no *objeto* a ser regulado ter conexão com mais de um país; ii) na extensão territorial da *competência normativa;* e iii) nos meios disponíveis para fazer valer a regulação proposta.

Todos os três elementos tendem a impactar no *exercício*, pelos titulares, de seus direitos para além das fronteiras nacionais. Isso pois em um contexto internacional, a proteção dos direitos dos titulares não é um feito garantido, depende justamente do arranjo institucional. Na falta de um arranjo internacional ao qual diferentes países se vinculem, não se pode presumir que um direito reconhecido em um ordenamento pode ter resguardo em outro.

A estratégia regulatória utilizada pelos diferentes países não é unívoca; passa pela deliberação sobre as condições e circunstâncias que se relacionam com a "saída" do dado do território nacional, ou a sua coleta, e pela definição das responsabilidades dos atores que tratam esses dados (mais que tudo por sobre os exportadores e importadores de dados).

Nesse sentido, deve-se explorar os modelos de proteção "internacional" de dados para compreender os diferentes caminhos tomados e, por fim, visualizar como eles impactam no exercício transfronteiriço de direitos por parte de titulares de dados.

2 Os modelos de proteção internacional de dados

Em linhas gerais, do ponto de vista de regulação, há que se falar em pelo menos três grandes modelos: (i) o de fluxo livre de dados; (ii) o de obrigações para os exportadores de dados de garantir um nível adequado de proteção; e (iii) um modelo híbrido em que para alguns países – considerados com nível adequado de regulação de proteção – há uma liberdade de circulação, e para outros há que se encontrar um mecanismo que permita a transferência, usualmente através do uso de cláusulas contratuais padrão.

2.1 O modelo de fluxo livre

A lógica de um fluxo completamente livre de dados, na prática, efetivamente não existe. Mas há países, como os Estados Unidos, que entendem que o ponto de partida de uma regulação de transferência internacional de dados deva ser a liberdade de circulação, e somente em situações pontuais, para proteger o interesse público, pode-se restringir o fluxo internacional de dados.[8]

Há que se notar que a organização da ordem jurídica dos EUA como federação faz com que os estados possam regular a matéria de proteção de dados de maneira diferente. Estados como a Califórnia e outros regulam de maneira geral a proteção de dados impondo certas limitações ao fluxo internacional.[9]

O mais importante a se entender sobre esse modo de estruturar os fluxos internacionais é que há uma maior autonomia para as partes lidarem com essas transferências de dados. Pressupõe que os envolvidos nos diferentes pontos do processo de circulação de dados se comprometem com a sua proteção, no entanto não estão adstritos a uma fórmula específica prevista em lei. Além do mais, presume que dentro de um mercado livre, por meio da competição, os atores que melhor protejam dados prevalecerão.[10]

Os titulares de dados têm que a proteção de seus dados depende de uma relação negocial em que o prestador de serviços deve se comprometer de maneira transparente com um nível de proteção que deverá ser garantido e salvaguardado. Dessa feita, na medida que há um compromisso de proteção transfronteiriça, este compromisso deve ser mantido sob pena de descumprimento de obrigação. A estratégia regulatória foca no fato de os exportadores de dados se comprometerem com uma "garantia" do serviço (uma "política de privacidade" ou de

---

[8] A lei que protege dados de crianças (COPPA), por exemplo, é entendida como aplicável a tratamento de dados no exterior. A autoridade responsável pela supervisão dessa lei, a *Federal Trade Commission* (FTC), em suas guias, esclarece o seguinte: "*Foreign-based websites and online services must comply with COPPA if they are directed to children in the United States, or if they knowingly collect personal information from children in the U.S.*" (FTC. *Complying with COPPA*: Frequently Asked Questions. Parte B, 7. Disponível em: https://www.ftc.gov/tips-advice/business-center/guidance/complying-coppa-frequently-asked-questions-0#D.%20Websites%20and%20Online%20Services).

[9] No caso da legislação da Califórnia ("CCPA"), o seu escopo é relativamente amplo, incluindo todas as organizações que "negociam" ("*do business*") no estado. A interpretação faz com que seja amplo o escopo para além das fronteiras do estado e independe de onde os dados efetivamente estão. Importante ressaltar que a regulação não impõe restrições para transferências de dados.

[10] Há pouco, no entanto, que leve a se imaginar que haverá uma "*race to the top*" – busca de maior proteção – em oposição a "*race to the bottom*" – busca de situações em que haja menos proteção e, por conseguinte, um menor custo. Analisando de um ponto de vista das estruturas de poder internacionais está Shaffer, que entende que diferentes atores acabam sendo levados a impor mecanismos de proteção para poder competir no mercado internacional. (SHAFFER, Gregory. Globalization and Social Protection: The Impact of EU and International Rules in the Ratcheting Up of U.S. Privacy Standards. *In:* YALE J. INT'L L., vol. 25, n. 1, 2000, pp. 4 e ss.).

"proteção de dados"), e na medida em que estabelecem de maneira transparente os seus padrões, também estruturam uma proteção transfronteiriça.[11]

2.2 O modelo de obrigações para os exportadores de dados

Outros países, como o Canadá, estruturam seus mecanismos de proteção de dados em caso de transferência internacional de dados de modo a impor obrigações para a instituição exportadora de dados. Essa deve garantir que haja um instrumento (contratual) que obrigue a parte importadora a manter o nível de proteção de dados que existe no país. Em outras palavras, a transferência internacional depende de a parte no Canadá e a parte em outro país entrarem em um acordo para que os dados possam fluir, levando a proteção existente no Canadá para outro país.

A estratégia canadense se dá no sentido de o padrão de proteção fluir precipuamente na proverbial "bolha de proteção" não pela extensão do escopo geográfico da lei de proteção de dados canadense, mas sim pela obrigação de a relação contratual entre exportador e importador ser pautada pelos padrões de proteção em cláusulas ou condições contratuais cujo espírito (e inclusive redação) deve ser o canadense.

O titular de dados, assim, deve buscar a proteção de seus direitos sobre os seus dados pessoais com base no acordo entre exportador e importador. A proteção transfronteiriça dá-se, mais que tudo, pela responsabilidade posicionada por sobre o exportador de dados.

2.3 O modelo híbrido

Outros locais, notadamente a Europa e agora o Brasil, adotam um modelo que busca confluir em ambas as lógicas. De um lado, permite a livre circulação de dados entre países considerados adequados, com níveis de proteção de dados similares ou mais protetivas; e de outro, cria mecanismos (mais que tudo, contratuais) que obrigam a proteção

---

[11] Deve-se ter em mente que os Estados Unidos também são parte da Convenção 108 do Conselho da Europa. Portanto, há uma vinculação com um padrão mínimo de proteção transfronteiriça de dados. Igualmente relevante é que a agência reguladora, *Federal Trade Commission (FTC)*, tem um mandato que trata de fiscalizar essas políticas de privacidade.

de dados, por parte dos exportadores e importadores, para que dados possam cruzar as fronteiras e mesmo assim estarem protegidos.

De fato, na Europa, com o GDPR, e no Brasil, com a LGPD, o que se estabeleceu com base nesse modelo é uma estratégia dúplice. Primeiro, o escopo das normas é estendido geograficamente para além das fronteiras territoriais. Ou, talvez mais bem compreendido, a aplicação das normas deve ser feita a despeito das limitações territoriais ou independentemente da organização territorial dos Estados. Percebe-se, por exemplo, nos artigos 3º tanto do GDPR como da LGPD, que a definição do escopo de aplicação das normas é amplo,[12] sendo pensado para que a proteção dada pela normativa exista mesmo que o dado não esteja sendo tratado nos limites territoriais da região e do país, respectivamente.[13]

Segundo, há uma limitação nas transferências internacionais de dados, essas podendo ocorrer somente em situações nas quais a normativa permite. Em ambos os casos (EU e Brasil) pode ocorrer a transferência quando for para países considerados adequados, quando houver um mecanismo que permita e garanta a proteção (usualmente cláusulas contratuais padrão de proteção de dados) ou quando estiver presente alguma exceção (como consentimento específico e pontual para transferência).[14]

O titular de dados, então, tem os seus direitos garantidos tendo em vista a adequação do país de destino aos padrões de proteção. Tem-se que haveria um paralelismo nos mecanismos de proteção, o que de acordo com a visão tanto do GDRP quanto similar da LGPD incluem

---

[12] SVANTESSON, D. Article 3. Territorial Scope. *In*: KUNER, C.; BYGRAVE, L. A.; DOCKSEY, C.; DRECHSLER, L.; e TOSONI, L. *The EU general data protection regulation*: a commentary/update of selected articles. 2021. Disponível em: https://ssrn.com/abstract=3839645 ou http://dx.doi.org/10.2139/ssrn.3839645.

[13] Uma leitura paralela de ambos os artigos mostra que foram pensados para que a lei fosse aplicável de maneira extraterritorial. É se ver que a Comissão da União Europeia, na exposição de motivos do GDPR, previa que a lógica do art. 3º seria que a proteção de dados colhidos na Europa deveria continuar mesmo quando cruzasse as fronteiras. (COMISSÃO EUROPEIA, *Communication from the Commission to the European Parliament, the Council, the European Economic and Social Committee and the Committee of the Regions, Safeguarding Privacy in a Connected World* – European Data Protection Framework for the 21st Century, COM (2012) 9/3, 25 de janeiro de 2012, p. 10 e ss. Disponível em: https://eur-lex.europa.eu/legal-content/EN/TXT/PDF/?uri=CELEX:52012DC0009&from=en).

[14] Para uma ótima explicação de como essas duas estratégias se ligam, veja: KUNER, Christopher. Territorial Scope and Data Transfer Rules in the GDPR: Realising the EU's Ambition of Borderless Data Protection. *In*: Legal Studies: Research Paper Series. *Cambridge University Press*, paper nº 20/2021, Abril, 2021. Disponível em: http://dx.doi.org/10.2139/ssrn.3827850.

a necessidade de salvaguardar os direitos dos titulares, inclusive com mecanismos executivos de proteção – vias administrativas ou judiciais.

Se não for uma transferência para um país considerado adequado, aí a proteção dependerá do instrumento que permitiu essa transferência, ou melhor, que habilitou a exportação ou "saída" do dado. Em linhas gerais, isso quer dizer instrumentos contratuais que em grande medida são construídos com base em cláusulas contratuais (SCCs em inglês ou CPC em português).

Nesse sentido, a "bolha de proteção" ou é presumida, no caso da adequação, ou é "criada" pelo instrumento negocial.

Os diferentes modelos estabelecem regimes diferentes para a circulação internacional de dados. Seguindo na metáfora náutica, há um regime de comportas que equivalem às fronteiras estatais em que a "navegação" dos fluxos internacionais de dados depende da "liberdade" ou "restrição" dos "portos de origem". No primeiro modelo, estão escancaradas ou não existem as comportas de entrada e saída do "porto";[15] no segundo, estas se abrem após a estruturação de uma relação contratual; no terceiro, estão abertas para países considerados adequados; e quanto aos outros, dependem de mecanismos outros (usualmente contratuais) que permitam a sua abertura.

Em outro plano, a questão dá-se pela *continuidade* da proteção que acompanha os dados – "a bolha de proteção". No primeiro, depende do *interesse* das partes e é regida pelas relações contratuais. No segundo, há uma obrigação legal de estruturação de regimes de proteção, ainda que dependa de efetivação contratual. E, no terceiro, a origem deve ser *legal*, estendendo a aplicação da normativa e do padrão de proteção por obrigação presente em lei.

3 Os desafios da jurisdição

Há que se entender que o Brasil, assim como a Europa, resolveu seguir esse terceiro modelo, no qual a definição das "comportas" do padrão de proteção dentro da "bolha de proteção" está presente em definição legal em que busca realizar três objetivos (seguindo os três fatores mencionados acima, parte): i) responsabilizar os atores nas duas pontas da transferência internacional; ii) estabelecer que o padrão

---

[15] Deve-se notar que isso não quer dizer que não existam proteções, mas sim que essas dependem do "comprometimento" de quem organiza a "rota", em outras palavras, do agente exportador dos dados.

de proteção deve ser ou regido pela norma brasileira ou considerado adequado pela autoridade; e iii) prover mecanismos de fazer valer, de maneira transfronteiriça, esse padrão estabelecido.

Contudo, há uma questão jurisdicional que deve ser levada em consideração para compreender como as águas internacionais dos fluxos de dados não são facilmente navegáveis.[16] Em um contexto nacional, dá-se por garantido que titular de dados terá um claro conhecimento da proteção de seus dados – estabelecida em políticas, contratos ou leis –, que existem instituições para dirimir disputas e que há uma capacidade coercitiva para coibir abusos e fazer valer os direitos.

No plano internacional ou transfronteiriço, essa presunção não existe. Há a necessidade de ou construir esse arranjo específico, o que de maneira internacional quer dizer pela via de cooperação ou coordenação entre Estados, usualmente através de acordos internacionais. Na falta, as estratégias meramente nacionais têm que lidar com uma série de desafios.

O primeiro desses desafios é justamente o limite jurisdicional. Há que se entender que existe uma diferença entre afirmar jurisdição e poder efetivamente impor o seu cumprimento. Com um alcance mais amplo de uma legislação, o risco de ela ser desrespeitada tende a aumentar.[17] Primeiro porque nem todas as pessoas estão a par de que a norma se aplica a elas, e segundo, e potencialmente mais importante, porque existe um limite para a capacidade *executiva* dos Estados. Em outras palavras, a possibilidade de um titular ter os seus direitos garantidos pode estar em risco pelos limites da capacidade de obrigar o seu cumprimento em situações transfronteiriças.

Ainda que exista valor em se afirmar em lei uma extensão ampla do escopo de aplicação e da proteção de direitos dos titulares, como expressa Bygrave ao escrever sobre a Diretiva Europeia 46/95 de proteção de dados, antecessora do GDPR, pode ocorrer *"regulatory overreaching"*. Trata-se de uma forma de *"hybris"* em que o legislador pretende regular

---

[16] Entenda-se jurisdição aqui como poder estatal, o que inclui a capacidade para fazer leis, quanto a capacidade julgá-las, assim como a de fazer valer por meios coercitivos (executivos, *"enforcement"*).

[17] De um ponto de vista nacional, entende-se que "[n]ão interessa ao Estado, porém, estender tão ilimitadamente o alcance espacial de sua jurisdição. Além de sobrecarregar inutilmente seus órgãos judicantes, ainda se arriscaria a entrar em conflito com as jurisdições de outros Estados, sem a possibilidade de tornar efetivas as decisões de seus magistrados." (FREDERICO MARQUES, José. *Instituições de direito processual civil*. Campinas: Millenium, 2000. v. 1, p. 294).

mais do que consegue ter controle sobre.[18] Em outras palavras, pode ser que a lei se comprometa a proteger mais do que de fato o Estado, através de suas instituições, consegue proteger.[19]

Kuner, ao explorar o mesmo ponto da diretiva, comenta que há uma diferença entre o escopo de uma norma e a chance "realista" de haver uma punição (*"enforcement"*).[20] Em outras palavras, ele está expressando que a estratégia a ser utilizada deve ser cuidadosamente estruturada, para que não exista a frustração do titular: ter na lei direitos sem que existam mecanismos formais de fazê-los valer.

Svantesson explica essa situação indicando que existem jurisdições que são "somente para inglês ver" – ou, na expressão usada por ele, *"bark jurisdiction"* –, onde o Estado só está marcando a sua posição, e jurisdições "fortes" – *"bite jurisdiction"* –, nas quais o Estado comina a sua jurisdição com a capacidade de impor e coagir ao cumprimento. Na visão dele, o problema não está em ter uma jurisdição ampla, mesmo que a possibilidade de imposição da norma seja pequena. O risco maior reside em ter uma norma que deveria ser impositiva, mas que efetivamente não o é. Ele parece deixar claro que podem existir normas cujo poder coercitivo (*"enforcement"*) seja difícil ou mesmo complexo desde que elas não dependam dessa força impositiva para funcionar. Zittrain também deixa transparecer que em alguns casos, efetivamente, a autoridade da legislação pode ser suficiente. Ele lembra, no entanto, que essas são exceções e que a capacidade de coerção é parte integrante do direito.

É por esse desafio que os diferentes modelos de proteção tendem a focar no momento e no mecanismo de saída e na responsabilidade dos atores, particularmente naqueles que realizam a exportação de dados. Nessas circunstâncias e nesses momentos é que os governos podem exercer maior controle. Os dados ainda estão em território nacional, e os agentes exportadores de dados tendem a também estar sob maior controle do governo nacional.

O que se quer dizer é que a capacidade de exercício do poder de polícia tanto para fiscalização quanto para sanção tende a ser maior quando no território do país. O exercício do poder executivo depende de, em alguma medida, poder obrigar à coerção. As constrições

---

[18] BYGRAVE, L. European Data Protection: Determining Applicable Law Pursuant to European Data Protection Legislation. *Computer Law & Security Review*, [s.l.], v. 16, nº 4, 2000. DOI: 10.1016/S0267-3649(00)89134-7.

[19] Esposando uma visão similar, ver: REED, C. *Making law for cyberspace*. Oxford: OUP, 2012, p. 49 e ss.

[20] KUNER, C. Data Protection Law and International Jurisdiction on the Internet (Part II). *International Journal of Law and Information Technology*. [s.l.], v. 18, nº 3, 2010.

econômicas e pessoais ocorrem principalmente nos elementos que estão sob o domínio estatal, ou seja, onde se pode mandar uma ordem e esta ser obrigatória e automaticamente exercida. Na prática, isso quer dizer poder enviar um oficial de justiça para fazer cumprir a determinação.

Para continuar na metáfora, é no porto em que o governo tem maior controle sobre o navio e a carga. Fora do porto, depende-se do controle de terceiros, seja a autoridade da bandeira do navio, seja o capitão ou a concordância dos próprios marinheiros. No porto estrangeiro há ainda a autoridade (e jurisdição) de quem tem domínio por sobre esse porto de destino.

Leis como a LGPD e o GDPR, que definem o escopo geográfico da lei sem coextensão com a amplitude de sua jurisdição executiva – capacidade de exercer coerção –, querem na prática controlar o que ocorre no seu "porto", no "mar" e no "porto de destino". Geram, pois, uma expectativa de que os titulares de dados podem exercer os seus direitos ou ter seus direitos protegidos mesmo no exterior.

O risco é que os mecanismos de coerção (e de sanção) "realisticamente" sejam pouco eficazes e, na prática e na realidade, dependam de cooperação de estrangeiros (autoridades ou agentes de tratamento) que podem não ter poder, não estar autorizados ou não estar interessados.

4 Dois exemplos ilustrativos: Schrems II e ADC 51

Para compreender a complexidade de fazer valer os direitos dos titulares em situações transfronteiriças pode ser importante visualizarmos, em casos concretos, as dificuldades que podem aparecer no caminho de buscar a efetividade. O primeiro caso é um exemplo do contexto europeu tratando dos fluxos de dados entre Europa e Estados Unidos e os desafios históricos para fazer conduzir a uma decisão de adequação válida para poder transferir livremente dados de um espaço para outro (Caso Schrems II).[21] O outro trata da requisição nacional de acesso a dados tratados no exterior (ADC 51).[22]

---

[21] UNIÃO EUROPEIA. Corte de Justiça da União Europeia. Caso Data Protection Commissioner v Facebook Ireland Limited and Maximillian Schrems, 16 de julho de 2020. Disponível em: http://curia.europa.eu/juris/document/document.jsf;jsessionid=FF33C757E694BA021756BABCC58DB73C?text=&docid=228677&pageIndex=0&doclang=PT&mode=lst&dir=&occ=first&part=1&cid=2334677. Para uma análise sobre o assunto, veja: PERRONE, C. *Dados internacionais na encruzilhada e o contexto brasileiro: como uma decisão da União Europeia em relação aos EUA pode impactar fluxos de dados para o Brasil*. Jota, [s.l.], 21 jul. 2020. Disponível em: https://www.jota.info/coberturas-especiais/liberdade-de-expressao/dados-internacionais-na-encruzilhada-e-o-contexto-brasileiro-21072020.

[22] BRASIL. Supremo Tribunal Federal (STF). *Ação Direta de Constitucionalidade nº 51*.

4.1 Caso Schrems II

No Caso Schrems II, a Corte de Justiça da União Europeia (CJEU) questionava, entre outros pontos, a decisão de adequação dos Estados Unidos para a transferência internacional de dados estabelecida com base no acordo *"Privacy Shield"* (Escudo de Privacidade).[23] A CJEU teve perante si duas questões principais: 1) se o mecanismo existente no acordo *"Privacy Shield"* estava de acordo com o nível de proteção do GDPR em vista do fato de que no país de transferência (EUA) as autoridades de segurança pública podem requerer os dados pessoais inclusive importados (trazidos da Europa para os EUA); e 2) se as cláusulas padrão contratuais (SCCs no acrônimo inglês) são instrumentos válidos de transferência internacional no contexto de as leis locais dos países de importação poderem não garantir a proteção necessária para os dados pessoais.

Para a discussão em tela, a CJEU tinha que discutir se o acordo *"Privacy Shield"* era suficiente para proteger os direitos dos titulares no país de tratamento de dados, apesar das leis nacionais, que permitiam acesso a dados por parte de autoridades de segurança, limitarem a possibilidade de questionamento desse acesso pelos titulares. Na metáfora, é se o acordo estruturava as obrigações legais de forma que a "lei do porto" fosse protetiva o suficiente para manter a "bolha de proteção".

A resposta da CJEU quanto à validade do *"Privacy Shield"* decidiu de maneira contrária, invalidando a decisão de adequação baseada no acordo. A motivação foi a seguinte: i) a continuidade da possibilidade de organismos de segurança pública requererem dados advindos da UE sem garantias ou a devida análise de proporcionalidade (§§ 164 a 185); e ii) a inexistência de mecanismo efetivo para os titulares de dados da UE se oporem a esse processamento de dados por autoridades públicas (§§ 191 e 2).

Já com relação às cláusulas padrão (SCCs), a Corte não as invalidou *per se* como um mecanismo possível. No entanto, foram expandidas as obrigações dos controladores quanto a situações nas quais a lei local do país de importação exige o processamento de dados para além dos padrões estabelecidos na normativa europeia. Em outras palavras, em consonância com o Considerando 109 do GDPR, a CJEU tornou os controladores responsáveis por realizar uma "minianálise

---

[23] A decisão vem na esteira da Corte já ter retirado os efeitos de um primeiro acordo entre os EUA e a UE, o *"Safe Harbor Agreement"* no caso de 2015, Schrems I.

de adequação"[24] sobre a proteção no país de destino e a capacidade dos importadores, neste país, de cumprirem com os padrões de proteção. Os controladores devem inclusive ter cláusulas adicionais ou suplementares que obriguem essa compatibilidade. Por fim, não existindo as cláusulas, ou essas não sendo efetivas, o controlador deve ser responsabilizado.

Em outras palavras, o caso explicitou a complexidade de fazer valer os direitos dos titulares em um contexto transfronteiriço. Ainda com uma decisão de adequação baseada em acordo internacional ou com cláusulas contratuais como instrumento de proteção contratual, o exercício efetivo dos direitos dos titulares ainda pode estar sujeito a restrições no local de destino. O que resta é a estruturação das obrigações de proteção e a responsabilização dos agentes como meio de instrumentação prática da proteção dos direitos dos titulares.

4.2 Ação Direta de Constitucionalidade no 51

A ADC 51 discute a constitucionalidade do Acordo de Assistência Judiciária em Matéria Penal entre o Governo da República Federativa do Brasil e o Governo dos Estados Unidos da América – internalizado pelo Decreto nº 3.810/2001.[25] O instrumento estabelece para ambos os países a obrigação de prestar assistência judiciária, o que inclui, entre outras atividades, a realização de diligências no sentido de obter elementos de prova (no caso, dados) em seus respectivos países.

Não parece haver uma discordância quanto à constitucionalidade formal do decreto que internaliza o acordo, nem quanto ao conteúdo em si do instrumento. Trata-se, sim, do alcance do seu uso. Em concreto, a questão é se existindo o acordo, e este sendo norma brasileira, não seria este o procedimento específico para a requisição de dados armazenados no exterior.[26]

---

[24] Expressão utilizada por Kuner em sua análise da decisão. Vide: KUNER, C. The Schrems II judgment of the Court of Justice and the future of data transfer regulation. *European Law Blog*, 17 de julho de 2020. Disponível em: https://europeanlawblog.eu/2020/07/17/the-schrems-ii-judgment-of-the-court-of-justice-and-the-future-of-data-transfer-regulation/.

[25] BRASIL. Presidência da República. *Decreto nº 3.810*, de 2 de maio de 2001. Acordo de Assistência Judiciária em Matéria Penal entre o Brasil e os Estados Unidos. Brasília, DF: Presidência da República, 2001. Disponível em: http://www.planalto.gov.br/ccivil_03/decreto/2001/D3810.htm.

[26] A título exemplificativo, a colocação do Ministro da Justiça à época, Sérgio Moro: "não há nenhuma disputa quanto à constitucionalidade do decreto que incorporou esse Tratado de cooperação mútua no ordenamento jurídico brasileiro". Veja também a manifestação do Ministério Público Federal: "É claro que o Decreto MLAT é constitucional, sendo utilizado

Ainda que a questão aqui não trate do exercício dos direitos dos titulares, justamente o contrário, trata da possibilidade de exigir o acesso a dados (informações) para fins de instrução penal, a discussão do caso ilustra a dificuldade de fazer valer ordens judiciais (e, por extensão, o conteúdo de leis nacionais) para além do território.[27]

A complexidade do caso se manifesta precipuamente no fato de os dados necessários estarem no exterior e os atores que teriam controle por sobre eles em parte também estarem no exterior. Na metáfora do barco, a disputa trata da capacidade de exercer poder coercitivo quando o navio está em outro porto e o "capitão" também não está sob o controle jurisdicional do país de origem (aqui entendido o país cujas autoridades requerem o dado para investigação e instrução processual criminal).

No caso específico o argumento central é de que ainda que existisse um procedimento interno que determinasse um escopo geográfico para a requisição de acesso a dados, existiria um conflito jurisdicional em que a lei do outro país, dos Estados Unidos – *Stored Communications Act* (SCA), somente permitiria a entrega de metadados e não do "conteúdo de comunicações dos usuários".[28] Nesse contexto, o "MLAT propicia um meio coerente com o SCA para que as autoridades de investigação penal brasileira obtenham o conteúdo de provedores americanos".[29]

Em linhas gerais, a argumentação dos requerentes da ADC 51 explicita que ainda que se possa ter a aplicação da lei nacional para além de suas fronteiras, essa pode enfrentar no mínimo o potencial conflito com as leis do local do tratamento de dados. Ou seja, na metáfora, a norma do "porto" pode servir como barreira para a aplicação efetiva da lei de origem.

---

para obtenção de provas sobre as quais o Brasil não tem jurisdição, isto é, quando os serviços do provedor de internet são utilizados, mas esse provedor, além de não ter representação no Brasil, não está direcionando seus serviços para o Brasil, situação somente possível com o advento da internet". (BRASIL. Supremo Tribunal Federal. *Manifestação do ex-Ministro da Justiça e Segurança Pública, Sérgio Moro*. Audiência pública sobre controle de dados de usuários por provedores de internet no exterior. Brasília: STF, 10 fev. 2020. Disponível em: http://www.stf.jus.br/arquivo/cms/audienciasPublicas/anexo/ADC51Transcricoes.pdf, p. 34)

[27] Há que se explicitar que parte da disputa no STF resta de compreender se há um procedimento nacional previsto em lei que permita a requisição desses dados diretamente dos agentes que têm a posse no exterior independentemente do uso de instrumentos de cooperação jurídica internacional que é o MLAT, objeto específico da disputa.

[28] BRASIL. Supremo Tribunal Federal. *Manifestação de Todd Hinnen em favor da ASSESPRO*. Audiência pública sobre controle de dados de usuários por provedores de internet no exterior. Brasília: STF, 10 fev. 2020. Disponível em: http://www.stf.jus.br/arquivo/cms/audienciasPublicas/anexo/ADC51Transcricoes.pdf, p. 16.

[29] BRASIL. Supremo Tribunal Federal. *Manifestação de Todd Hinnen em favor da ASSESPRO*. Audiência pública sobre controle de dados de usuários por provedores de internet no exterior. Brasília: STF, 10 fev. 2020. Disponível em: http://www.stf.jus.br/arquivo/cms/audienciasPublicas/anexo/ADC51Transcricoes.pdf, p. 20.

Já quanto aos agentes, podem também existir barreiras, pois aqueles podem ficar em uma situação de estar entre a "cruz e a espada", em que devem cumprir com a obrigação legal da origem e as normas de onde o tratamento ocorre.

5 O exercício transfronteiriço dos direitos dos titulares

Agora que se entende que o modelo de regulação para a proteção dos direitos dos titulares possui grandes desafios, pode-se buscar delinear os principais pontos de atenção e os instrumentos práticos de proteção que existem.

5.1 Pontos de atenção

Na prática, não é porque a lei nacional alberga a proteção para além das fronteiras nacionais que se pode ter como garantida a proteção transfronteiriça. Há limitações que advêm do próprio sistema internacional para o exercício para jurisdição nacional, particularmente no que tange à capacidade executiva, possibilidade de coagir ao cumprimento e a proteção efetiva dos direitos.

Igualmente, os elementos cruciais na proteção dos direitos dos titulares restam na implementação efetiva de mecanismos de transferência internacional que estejam de acordo com os padrões nacionais além de meios de responsabilização dos agentes.

Tem-se que os agentes, particularmente os exportadores de dados, têm uma função crucial, pois do ponto de vista nacional são os principais capazes de garantir a proteção dos dados e o exercício dos direitos dos titulares. Isso porque eles estão usualmente mais próximos dos titulares – muito comumente em uma relação de consumo, ou porque a capacidade coercitiva do Estado é mais direta por sobre esses agentes, haja vista frequentemente terem atuação e estarem no território nacional.

5.2 Instrumentos práticos de proteção

A proteção dos direitos dos titulares depende, no geral, de três categorias de instrumentos: i) os internos dos agentes, aqui incluídos tanto mecanismos de *compliance* quanto encarregados(as) de dados; ii) os administrativos, advindos das autoridades de proteção de dados; e iii) os de resolução de disputas, incluídos aqui também os judiciais.

Os *agentes têm a responsabilidade*, e o *correspondente, o dever* de proporcionar aos titulares meios de exercício de seus direitos, mesmo em situações transfronteiriças. É por isso que cláusulas de proteção de dados estabelecem meios de salvaguardar e garantir que o tratamento de dados exportados seja feito de acordo com os padrões de proteção nacionais. O primeiro local para titulares exigirem os seus direitos deve ser o(a) encarregado(a) de proteção de dados, precipuamente o do agente exportador dos dados. Nesse sentido, o elemento transfronteiriço pode exigir mecanismos para que o que seja necessário seja realizado mesmo se o dado estiver sob posse de outro agente e em outro país. Digamos que é uma versão com particularidades das garantias que devem existir para tratamento de dados entre agentes distintos no mesmo país.

No que trata de *instrumentos administrativos*, dois pontos são cruciais. Primeiro, a regulação e efetivação de análises de decisões de adequação e de mecanismos outros de transferência, significativamente as cláusulas contratuais padrão. Na prática, isso quer dizer um cuidado significativo nos meios de garantir que os direitos poderão ser exercidos. Segundo, a fiscalização e responsabilização dos agentes, mais que todos os exportadores de dados. A educação combinada com sanção, quando necessária, tende a ser o mecanismo mais efetivo de lidar com a efetivação da proteção transfronteiriça.

Por fim, os *mecanismos de resolução de disputas* são fundamentais. A proteção em casos conectados e múltiplos países tende a ser difícil. Muito do debate no ramo Direito Internacional Privado resta atualmente na questão de efetivação dos meios de resolução de disputas, seja no tema específico de fixação de jurisdição (aqui entendida em seu sentido estrito de poder judicial de deliberar sobre um caso), seja na efetivação de mecanismo de cooperação ou de ordens e decisões judiciais. No entanto, há espaços para estruturação de mecanismos simplificados, como seriam os meios de resolução de disputas *on-line*, que não necessariamente precisam estar adstritos a um país específico.[30]

---

[30] Veja a proposta de estabelecimento de mecanismo de disputas *on-line* ao estilo do bem-sucedido mecanismo consumidor.gov.br. (ITS RIO. *Lei Geral de Proteção de Dados e resolução de conflitos*: experiências nacionais e internacionais. Relatório, abril 2020. Disponível em: https://itsrio.org/wp-content/uploads/2020/04/Relatorio_LGPDResolucaoConflitos.pdf.)

Considerações finais

A navegação nas águas turbulentas dos fluxos de dados internacionais não é simples. Os desafios existentes na ordem jurídica internacional fazem com que as estratégias para garantir os direitos dos titulares tenham que levar em consideração a complexidade da amplificação unilateral do escopo da jurisdição nacional. A capacidade de coerção transfronteiriça é, por *design* da ordem internacional, um desafio e usualmente depende de acordo entre os países – independentes e soberanos entre si.

O exercício transfronteiriço de direitos por parte dos titulares, então, acaba por estar muito relacionado com a atuação dos agentes (precipuamente exportadores de dados) e a regulação dos meios de saída de dados. Mecanismos de resolução de disputas podem ser elementos auxiliares, mas sofrem muitas vezes das mesmas dificuldades relacionadas à possibilidade de exigir o cumprimento dos padrões de proteção.

Estamos diante de um cabo tormentoso, mas sempre há esperança nas boas estratégias para lidar com a proteção transfronteiriça de dados.

Referências

BRASIL. *Lei nº 13.709*, de 14 de agosto de 2018. Lei Geral de Proteção de Dados Pessoais (LGPD). Brasília, 2018.

BRASIL. Presidência da República. *Decreto nº 3.810*, de 2 de maio de 2001. Acordo de Assistência Judiciária em Matéria Penal entre o Brasil e os Estados Unidos. Brasília, DF: Presidência da República, 2001. Disponível em: http://www.planalto.gov.br/ccivil_03/decreto/2001/D3810.htm.

BRASIL. Supremo Tribunal Federal (STF). *Ação Direta de Constitucionalidade nº 51.*

BRASIL. Supremo Tribunal Federal. *Manifestação do ex-Ministro da Justiça e Segurança Pública, Sérgio Moro*. Audiência pública sobre controle de dados de usuários por provedores de internet no exterior. Brasília: STF, 10 fev. 2020. Disponível em: http://www.stf.jus.br/arquivo/cms/audienciasPublicas/anexo/ADC51Transcricoes.pdf, p. 34.

BRASIL. Supremo Tribunal Federal. *Manifestação de Todd Hinnen em favor da ASSESPRO*. Audiência pública sobre controle de dados de usuários por provedores de internet no exterior. Brasília: STF, 10 fev. 2020. Disponível em: http://www.stf.jus.br/arquivo/cms/audienciasPublicas/anexo/ADC51Transcricoes.pdf, p. 16.

BYGRAVE, L. European Data Protection: Determining Applicable Law Pursuant to European Data Protection Legislation. *Computer Law & Security Review*, [s.l.], v. 16, n. 4, 2000. DOI: 10.1016/S0267-3649(00)89134-7.

COMISSÃO EUROPEIA. *Communication from the Commission to the European Parliament, the Council, the European Economic and Social Committee and the Committee of the Regions,*

Safeguarding Privacy in a Connected World – A European Data Protection Framework for the 21st Century, COM(2012) 9/3, 25 de janeiro de 2012, p. 10 e ss. Disponível em: https://eur-lex.europa.eu/legal-content/EN/TXT/PDF/?uri=CELEX:52012DC0009&from=en.

EUROPEAN COMMISSION. *A European strategy for data*. 19 fev. 2020, p. 23.

FREDERICO MARQUES, José. *Instituições de direito processual civil*. Campinas: Millenium, 2000. v. 1, p. 294.

FTC. *Complying with COPPA*: frequently asked questions. Parte B, 7. Disponível em: https://www.ftc.gov/tips-advice/business-center/guidance/complying-coppa-frequently-asked-questions-0#D.%20Websites%20and%20Online%20Services.

ITS RIO. *Lei Geral de Proteção de Dados e resolução de conflitos*: experiências nacionais e internacionais. Relatório, abril 2020. Disponível em: https://itsrio.org/wp-content/uploads/2020/04/Relatorio_LGPDResolucaoConflitos.pdf.

KUNER, Christopher. Territorial Scope and Data Transfer Rules in the GDPR: Realising the EU's Ambition of Borderless Data Protection. *In.*: Legal Studies: Research Paper Series. Cambridge University Press, nº 20/2021, Abril, 2021. Disponível em: http://dx.doi.org/10.2139/ssrn.3827850.

KUNER, C. Data Protection Law and International Jurisdiction on the Internet (Part II). *International Journal of Law and Information Technology*. [s.l.], v. 18, nº 3, 2010.

KUNER, C. The Schrems II judgment of the Court of Justice and the future of data transfer regulation. *European Law Blog*, 17 de julho de 2020. Disponível em: https://europeanlawblog.eu/2020/07/17/the-schrems-ii-judgment-of-the-court-of-justice-and-the-future-of-data-transfer-regulation/.

LEMOS, Ronaldo; PERRONE, Christian. *Platform governance in a time of divide*: navigating the paradox of global tech and local constraints. CIGI online, 14 de fevereiro, 2022. Disponível em: https://www.cigionline.org/articles/platform-governance-in-a-time-of-divide-navigating-the-paradox-of-global-tech-and-local-constraints/.

PERRONE, C. *Dados internacionais na encruzilhada e o contexto brasileiro*: como uma decisão da União Europeia em relação aos EUA pode impactar fluxos de dados para o Brasil. Jota, [s.l.], 21 jul. 2020. Disponível em: https://www.jota.info/coberturas-especiais/liberdade-de-expressao/dados-internacionais-na-encruzilhada-e-o-contexto-brasileiro-21072020.

REED, C. *Making law for cyberspace*. Oxford: OUP, 2012, p. 49 e ss.

SHAFFER, Gregory. Globalization and social protection: The Impact of EU and International Rules in the Ratcheting Up of U.S. Privacy Standards. *In.*: YALE J. INT'L L., vol. 25, n. 1, 2000, p. 4 e ss.

SOUZA, Carlos Affonso; PERRONE, Christian; CARNEIRO, Giovanna. Internet & Jurisdiction and ECLAC. *Regional Status Report*. [S.l.]: ECLAC, 2020. Disponível em: https://repositorio.cepal.org/handle/11362/46421.

SVANTESSON, D. *Internet & jurisdiction global status report*. [S.l.]: Internet & Jurisdicion Policy Network, 2019. Disponível em: https://www.internetjurisdiction.net/uploads/pdfs/Internet-Jurisdiction-Global-Status-Report-2019-Key- Findings_web.pdf.

SVANTESSON, D. Article 3. Territorial Scope. *In*: KUNER, C.; BYGRAVE, L. A.; DOCKSEY, C.; DRECHSLER, L.; e TOSONI, L. *The EU general data protection regulation*: a commentary/update of selected articles. 2021. Disponível em: https://ssrn.com/abstract=3839645 ou http://dx.doi.org/10.2139/ssrn.3839645.

UNIÃO EUROPEIA. Corte de Justiça da União Europeia. *Caso Data Protection Commissioner v Facebook Ireland Limited and Maximillian Schrems*, 16 de julho de 2020. Disponível em: http://curia.europa.eu/juris/document/document.jsf;jsessionid=FF33C757E694BA-021756BABCC58DB73C?text=&docid=228677&pageIndex=0&doclang=PT&mode=lst&dir=&occ=first&part=1&cid=2334677.

UNIÃO EUROPEIA. Parlamento Europeu. *Regulamento 679/2016* (Regulamento Europeu de Proteção de Dados – GDPR). Bruxelas: Parlamento Europeu, 2016. Disponível em: https://eur-lex.europa.eu/legal-content/PT/TXT/PDF/?uri=CELEX:32016R0679&from=PT.

Informação bibliográfica deste texto, conforme a NBR 6023:2018 da Associação Brasileira de Normas Técnicas (ABNT):

PERRONE, Christian. Entre o Cabo das Tormentas ou da Boa Esperança: como navegar a proteção dos direitos dos titulares em um mundo globalizado. *In*: FRANCOSKI, Denise de Souza Luiz; TEIVE, Marcello Muller (coord.). *LGPD*: direitos dos titulares. Belo Horizonte: Fórum, 2023. p. 271-289. ISBN 978-65-5518-500-3.

SOBRE OS AUTORES

Caren Benevento Viani
Advogada e consultora na área de Privacidade e Proteção de Dados Pessoais. Certificada pela IAPP como *leader* no gerenciamento de programas de privacidade – CIPM. Especialista em Direito Empresarial e *Compliance* pela Fundação Getúlio Vargas, e Direito e Processo do Trabalho pelo Instituto Internacional de Ciências Sociais (IICS-CEU). *E-mail*: carenbv@gmail.com

Carlos Renato Silvy Teive
Promotor de Justiça e Encarregado pelo Tratamento de Dados Pessoais do Ministério Público do Estado de Santa Catarina. Mestre em Direito pela Universidade Veiga de Almeida – UVA. Graduado em Direito pela Universidade Federal de Santa Catarina – UFSC.

Chiara Spadaccini de Teffé
Doutora e mestre em Direito Civil pela Universidade do Estado do Rio de Janeiro (UERJ). É coordenadora de pesquisa e publicações da Pós-Graduação em Direito Digital do ITS Rio em parceria com a UERJ. Professora de Direito Civil e Direito Digital na Faculdade de Direito do IBMEC-Rio. Leciona como convidada em cursos de pós-graduação e de extensão do CEPED-UERJ, da PUC-Rio, da EBRADI e da EMERJ. Membro da Comissão de Proteção de Dados e Privacidade da OABRJ. Membro do Fórum Permanente de Liberdade de Expressão, Liberdades Fundamentais e Democracia da EMERJ. Foi professora de Direito Civil na UFRJ. Associada ao Instituto Brasileiro de Estudos em Responsabilidade Civil (IBERC). Advogada.

Christian Perrone
Jurista, pesquisador Fulbright (Universidade de Georgetown, EUA), Doutor (UERJ) com foco em regulação internacional e tecnologia. *Fellow* da *Datasphere Initiative* e possui também LL.M. em Direito Internacional pela Universidade de Cambridge (Reino Unido) e Diploma em Direito Internacional dos Direitos Humanos pelo Instituto Universitário Europeu (EUI, Itália). Versou como Secretário da Comissão Jurídica Interamericana da OEA e como Especialista em Direitos Humanos da Comissão e da Corte Interamericana de Direitos Humanos. Atualmente, seus interesses versam em políticas públicas em tecnologia e regulação. É Advogado e Consultor de Políticas Públicas, além de *Head* das áreas de Direitos e GovTech no ITS Rio (Instituto de Tecnologia e Sociedade do Rio de Janeiro) e *Fellow* da *Datasphere Initiative*.

Daniela Copetti Cravo
Procuradora do Município de Porto Alegre. Doutora e Pós-Doutora em Direito pela UFRGS. Diretora Acadêmica da Escola Superior de Direito Municipal (ESDM).

Denise de Souza Luiz Francoski
Pós-graduanda em Direito Digital pela UERJ/ITS (2021-II/2022-II). Mestre em Ciência Política e Jurídica pela Universidade do Vale do Itajaí – UNIVALI (2002/2004). Mestre em Relações Internacionais pela Universidade do Sul de Santa Catarina – UNISUL (1999/2001). Especialista em Direito Econômico Europeu pela *Europa University Lisboa* (1997). Especialista em Administração Pública e Sociedade pela Universidade do Estado de Santa Catarina – UDESC (1997). Pós-graduada pela Escola da Magistratura Catarinense – na 2ª Turma (1987-1988). Bacharel em Direito pela Universidade Federal de Santa Catarina (1980-1985). Atualmente é Desembargadora no Tribunal de Justiça de Santa Catarina – TJSC e integrante da 5ª Câmara de Direito Público. Coordenadora do Comitê Gestor de Proteção de Dados – CGPD (TJSC) desde a sua criação, em 2018 (com recondução ao biênio 2019/2021). Encarregada pelo Tratamento de Dados Pessoais do Poder Judiciário de Santa Catarina. Membro do Grupo de Trabalho destinado à elaboração de estudos e de propostas voltadas à adequação dos tribunais à Lei Geral de Proteção de Dados, do Conselho Nacional de Justiça – CNJ. Compôs o Conselho da Magistratura e o Comitê de Organização de Divisão e Organização Judiciárias (TJSC) no biênio 2018/2019. Promovida a Desembargadora em 2016. Ingressou na carreira da magistratura estadual catarinense no ano de 1988. Coordenadora e autora na obra coletiva *A Lei Geral de Proteção de Dados Pessoais: Aspectos práticos e teóricos relevantes no setor público e privado*, pela editora RT. Autora do livro *Evolução do processo de integração social da União Europeia. Antes e após a Carta Social de 1989*, pela editora da OAB/SC. Autora do livro *Integração jurídico-social do Mercosul. A necessidade do estudo da "Saúde Pública" como um dos segmentos dos Direitos Sociais*, pela editora Juruá. Autora de outros artigos científicos.

Felipe Palhares
Bacharel em Direito pela Faculdade de Ciências Sociais de Florianópolis (CESUSC). Pós-graduado em Direito Empresarial pela Fundação Getúlio Vargas – FGV/SP. Pós-graduado em Direito Societário pelo Instituto de Ensino e Pesquisa – INSPER. Mestre (LL.M.) em *Corporate Law* pela *New York University* – NYU. É a única pessoa do mundo a ter obtido todas as atuais certificações e designações conferidas pela *International Association of Privacy Professionals*, a maior associação global de profissionais de privacidade e proteção de dados (incluindo CIPP/A, CIPP/C, CIPP/E, CIPP/US, CIPM, CIPT, CDPO/FR, CDPO/BR, FIP e PLS). Certificado em *Privacy and Data Protection Foundation* pela EXIN. Certificado como *Data Protection Officer* pela *Maastricht University*. Certificado como *Data Privacy Solutions Engineer* pela ISACA (CDPSE). Professor convidado de matérias de proteção de dados pessoais do INSPER, da FGV/Rio, da Damásio/IBMEC, do ITS Rio, do Tribunal de Justiça do Estado de Santa

Catarina, da Nextlaw Academy e do Instituto New Law. Co-fundador da *Brazilian Legal Society at NYU School of Law*. Selecionado pela the *Law Society* e o *Bar Council of England and Wales* para ser um dos representantes brasileiros no *6th Latin American Young Lawyers' Exchange Programme*. Palestrante internacional, convidado para palestrar em eventos como o *IAPP Global Privacy Summit 2022*, maior evento de privacidade do mundo e a primeira edição que contou com um painel para falar sobre a LGPD composto somente por brasileiros. Coordenador dos livros *Temas Atuais de Proteção de Dados* e *Estudos Sobre Privacidade e Proteção de Dados*. Co-autor dos livros *Compliance Digital e LGPD, LGPD – Manual de Implementação, Compliance no Direito Digital, Manual do DPO, LGPD na Saúd*e, *A Lei Geral de Proteção de Dados Pessoais – LGPD no Setor Público e Privado – Temas Relevantes*, e *LGPD Aplicada*. Autor de diversos artigos sobre proteção de dados publicados em periódicos internacionais e nacionais, como Valor Econômico, Estadão, O Globo, JOTA, Conjur e *DataGuidance*. Advogado, admitido para a prática jurídica no Brasil e no Estado de Nova York (EUA). Reconhecido entre os melhores advogados de proteção de dados no mundo com menos de 40 anos, figurando na lista *40 under 40* da *Global Data Review*. Sócio das áreas de Proteção de Dados e *Cybersecurity*, e *Blockchain* e Inovação do BMA Advogados.
https://www.linkedin.com/in/felipepalhares/
https://www.instagram.com/ofelipepalhares/
felipe.palhares@bmalaw.com.br

Mariana Tomasi Keppen
Mestranda em Direito e Economia pela Faculdade de Direito da Universidade de Lisboa (FDUL). Presidente da Comissão de Estudos sobre *Compliance* e Anticorrupção Empresarial da OAB/PR. Membro consultora da Comissão Especial de Proteção de Dados do Conselho Federal da OAB. Advogada sócia e Diretora da área de *Compliance* e Proteção de Dados do escritório Pironti Advogados.

Monike Clasen
Secretária Jurídica do Tribunal de Justiça de Santa Catarina. Bacharel em Direito (UNISUL). Pós-graduanda em Direito Penal e Processual Penal (UNIVALI/EPAMP/SC). Pós-graduanda em Tecnologia para Negócios: AI, *Data Science* e *Big Data* (PUC/RS).

Nuria López
Doutora em Teoria e Filosofia do Direito pela PUC-SP. Sócia *head* da área de Tecnologia, Privacidade e Proteção de Dados da Daniel Advogados. *Co-Founder* da Technoethics. Professora da Pós-Graduação em Direito Digital da Universidade Presbiteriana Mackenzie. Pesquisadora do Ethics4AI (Mackenzie/IDP).

Oscar Valente Cardoso
Doutor em Direito (UFRGS), Mestre em Direito e Relações Internacionais (UFSC), Especialista em Ciência de Dados e Big Data Analytics (FAMEESP),

Coordenador do Comitê Gestor de Proteção de Dados do TRF4, Diretor Geral da Escola da Magistratura Federal do Rio Grande do Sul, Professor, Palestrante, Escritor e Juiz Federal na 4ª Região.

Pedro Teixeira Gueiros
Mestrando em Direito Civil pela PUC-Rio. Bolsista da Fundação Konrad Adenauer. Advogado. Pesquisador de Direito e Tecnologia no ITS Rio. Integrante do Núcleo Legalite da PUC-Rio. Graduado em Direito pelo Ibmec-RJ.

Roberta Volpato Hanoff
Advogada graduada pela Universidade Federal de Santa Catarina (UFSC). Especialista em Direito Empresarial pela Fundação Getúlio Vargas (FGV) e em Controles Internos e Gerenciamento de Riscos pelo *Internal Control Institute* (ICI – USA). Auditora líder para as normas NBR ISO 37301:2021 e 37001:2016, de Sistemas de Gestão de *Compliance* e Antissuborno. Professora, palestrante, autora e articulista.

Rodrigo Pironti
Pós-doutor em Direito pela *Universidad Complutense* de Madrid, Doutor e Mestre em Direito Econômico pela PUCPR. Diretor Executivo do Instituto Brasileiro de Direito Administrativo e Diretor de Governança e Integridade do Instituto Brasileiro de Estudos Jurídicos de Infraestrutura. Advogado sócio fundador e CEO do escritório Pironti Advogados.

Samara Schuch Bueno
Advogada e consultora nas áreas de Direito e Tecnologia, Privacidade e Proteção de Dados Pessoais. Mestre em Direito Político e Econômico pela Universidade Presbiteriana Mackenzie. Certificada pela IAPP como expert no âmbito regulatório de proteção de dados europeu – CIPP/E. Professora em cursos de pós-graduação em Proteção de Dados Pessoais e Direito Digital. *E-mail*: samaraschuch@gmail.com.br

Valéria Reani Rodrigues Garcia
Advogada, Professora e Escritora. Mestranda LLM – Proteção de dados – LGPD e *GDPR* – Fundação Ministério Público. *Lead Implementer* da Gestão de Privacidade da Informação – ABNT-NBR ISO/IEC 27701, Extensão em *Strategic Thinking* pela University at Albany (*New York*). Especialista em Direito e Privacidade de Dados Pessoais pela Universidade Nova Lisboa – Portugal. Especialista em Direito Digital e *Compliance* pela Faculdade Damásio Educacional. Especialista em Gestão Empresarial pela PUC – Campinas. *E-mail*: valeriareani@primoecampos.com.br

Esta obra foi composta em fonte Palatino Linotype, corpo 10
e impressa em papel Offset 75g (miolo) e Supremo 250g (capa)
pela Artes Gráficas Formato.